外国家庭法及妇女理论研究中心项目
家 事 法 研 究 学 术 文 库
陈 苇 主编

防治家庭暴力立法与实践研究

罗 杰 著

群 众 出 版 社
·北京·

《家事法研究学术文库》顾问

（以姓氏笔画为序）

丛书主编简介

陈苇 女，四川资中县人，1987年于西南政法学院民法专业硕士研究生毕业，获法学硕士学位，留该校任教至今。主要研究方向为婚姻家庭继承法，妇女、儿童、老人权益法律保护。2003年12月至2004年12月，其受国家留学基金资助公派出国留学，作为访问学者到澳大利亚悉尼大学法学院进修外国家庭法一年，现任西南政法大学民商法学院教授、博士生导师、外国家庭法及妇女理论研究中心主任、婚姻家庭继承法及妇女理论教研室主任，兼任家庭法国际学会执行委员会委员、中国婚姻家庭法学研究会副会长，重庆市人民代表大会内务司法委员会咨询专家、重庆市妇联法律顾问，重庆市渝北区人民代表大会代表，重庆市沙坪坝区人民法院“未成年人司法制度研究基地”专家咨询委员会委员。

陈苇教授担任负责人已主持完成并正式出版国家社科基金项目、司法部“法治建设与法学理论研究”项目、重庆市“十五”哲学社会科学规划项目、重庆市教育委员会人文社会科学重点项目等成果著作五部。代表性成果包括：独著、主编、主持翻译的《中国婚姻家庭法立法研究》（第一版、第二版）、《外国婚姻家庭法比较研究》、《中国大陆与港、澳、台继承法比较研究》、《当代中国内地与港、澳、台婚姻家庭法比较研究》、《当代中国民众继承习惯调查实证研究》、《外国继承法比较与中国民法典继承编制定研究》（国家社科基金项目成果著作，入选2010年度首届“国家哲学社会科学成果文库”）、《改革开放三十年（1978~2008）中国婚姻家庭继承法研究之回顾与展望》、《加拿大家庭法汇编》、《澳大利亚家庭法（2008年修正）》、《美国家庭法精要》（第五版）、《澳大利亚法律的传统与发展》（第三版）等著作、译作二十余部；在《中国社会科学文摘》、《中国法学》以及International Journal of Law, Policy and the Family, The International Survey of Family Law, US-China Law Review, 21st Century Law Review等中外学术刊物发表中英文学术论文六十余篇；此外，已主编出版《家事法研究》学术论文集六卷（2005年卷~2010年卷）和“家事法研究学术文库”系列著作七部；应邀与美国、意大利学者合作撰写美国法学院比较家庭法英文教材一部：Practical Global Family Law ——United States, China and Italy（2009年4月在美国出版）。

目　录

前　言 ………………………………………… 陈　苇（1）
自　序 ………………………………………… 罗　杰（1）

引　言 ………………………………………………（1）
一、选题背景 ………………………………………（1）
二、选题价值 ………………………………………（2）
三、研究现状 ………………………………………（3）
四、实证资料 ………………………………………（14）
五、本书思路 ………………………………………（21）
六、观点创新 ………………………………………（24）
第一章　家庭暴力的概述 …………………………（25）
第一节　家庭暴力的内涵界定 ……………………（25）
一、暴力主体 ………………………………………（27）
二、暴力行为 ………………………………………（33）
第二节　家庭暴力的特征分析 ……………………（42）
一、法学视角 ………………………………………（42）
二、人口社会学视角 ………………………………（45）
三、家庭伦理学视角 ………………………………（50）
四、地域文化学视角 ………………………………（54）
第三节　家庭暴力的类型剖解 ……………………（60）
一、从家庭暴力内涵划分 …………………………（60）
二、从暴力行为性质划分 …………………………（61）

三、从受害者的范围划分 ……………………………… (61)
四、从暴力行为模式划分 ……………………………… (61)
五、从暴力行为客体划分 ……………………………… (62)
第四节 家庭暴力的现状与诱因 ……………………………… (63)
一、家庭暴力的现状 ……………………………… (63)
二、家庭暴力的诱因 ……………………………… (70)
第二章 防治家庭暴力的原因与方法 ……………………………… (88)
第一节 防治家庭暴力的原因 ……………………………… (88)
一、家庭价值取向：变化与选择 ……………………………… (88)
二、家庭暴力行为：侵权与违法 ……………………………… (91)
三、防治家庭暴力之定位：人权与正义 ……………………………… (92)
四、主体生存之道：化解与消融 ……………………………… (97)
第二节 防治家庭暴力的方法 ……………………………… (98)
一、国外防治家庭暴力的方法 ……………………………… (98)
二、我国内地防治家庭暴力的方法 ……………………………… (102)
三、防治家庭暴力的方法构建 ……………………………… (109)
第三章 防治家庭暴力的立法考察 ……………………………… (115)
第一节 防治家庭暴力国际立法演变 ……………………………… (115)
第二节 国外防治家庭暴力立法概览 ……………………………… (121)
一、英国防治家庭暴力立法 ……………………………… (122)
二、美国防治家庭暴力立法 ……………………………… (139)
第三节 我国防治家庭暴力立法现状 ……………………………… (143)
一、我国香港地区防治家庭暴力立法 ……………………………… (146)
二、我国台湾地区防治家庭暴力相关规定 ……………………………… (152)
三、我国内地防治家庭暴力立法 ……………………………… (160)
第四节 中外防治家庭暴力立法之比较评析 ……………………………… (173)
一、立法目的评析 ……………………………… (173)
二、立法体例评析 ……………………………… (176)
三、立法内容评析 ……………………………… (179)

第五节　我国防治家庭暴力的立法困境 …………………（181）
一、立法理念较为模糊 ……………………………………（181）
二、分散立法稍显不力 ……………………………………（183）
三、立法内容亟待深化 ……………………………………（184）
四、立法改革成效难续 ……………………………………（185）
第四章　防治家庭暴力的司法考察 ……………………（186）
第一节　国外防治家庭暴力司法现状 ……………………（186）
一、美国防治家庭暴力司法现状 …………………………（186）
二、挪威防治家庭暴力司法现状 …………………………（187）
三、加拿大防治家庭暴力司法现状 ………………………（188）
四、澳大利亚防治家庭暴力司法现状 ……………………（188）
第二节　我国防治家庭暴力司法现状 ……………………（188）
一、我国香港地区防治家庭暴力司法现状 ………………（188）
二、我国台湾地区防治家庭暴力司法现状 ………………（189）
三、我国澳门地区防治家庭暴力司法现状 ………………（189）
四、我国内地部分地区防治家庭暴力的司法现状 ………（192）
第三节　中外防治家庭暴力司法状况之比较评析 ………（224）
一、司法机构评析 …………………………………………（224）
二、司法措施评析 …………………………………………（225）
第四节　我国防治家庭暴力的司法困境 …………………（226）
一、家庭暴力相关立法适用性不强 ………………………（226）
二、警察队伍防治家庭暴力力度欠佳 ……………………（227）
三、法院法官对家庭暴力认识亟待提高 …………………（228）
第五章　家庭暴力救助措施考察 ………………………（230）
第一节　国外家庭暴力救助措施现状 ……………………（230）
一、美国家庭暴力救助措施现状 …………………………（230）
二、英国家庭暴力救助措施现状 …………………………（231）
三、加拿大家庭暴力救助措施现状 ………………………（231）
第二节　我国家庭暴力救助实践现状 ……………………（232）

一、我国香港地区家庭暴力救助措施现状 …………… (232)
二、我国台湾地区家庭暴力救助措施现状 …………… (233)
三、我国澳门地区家庭暴力救助措施现状 …………… (235)
四、我国内地部分地区家庭暴力救助措施现状 ……… (237)
第三节 中外家庭暴力救助措施之比较评析 …………… (263)
一、救助机构评析 ……………………………………… (263)
二、救助措施评析 ……………………………………… (265)
第六章 中国内地家庭暴力法律规制进路 ……………… (268)
第一节 "中国内地防治家庭暴力法"的构思 ………… (268)
一、立法原则 …………………………………………… (273)
二、立法体例 …………………………………………… (283)
三、立法内容 …………………………………………… (283)
第二节 中国内地防治家庭暴力司法措施的完善 …… (286)
一、完善人身安全保护裁定制度 ……………………… (286)
二、限制与未成年子女会面交往令 …………………… (292)
三、修正家庭暴力案件的证据思路 …………………… (293)
第三节 中国内地防治家庭暴力救助措施的优化 …… (297)
一、防治家庭暴力相关机构的设置 …………………… (298)
二、防治家庭暴力各机构职责的归属 ………………… (300)
三、防治家庭暴力社会联动机制的构建 ……………… (303)
四、家庭暴力嫌疑者通报机制的设立 ………………… (305)
五、施暴者处遇计划规范的制定 ……………………… (307)
六、家庭暴力当事人访视制度的建立 ………………… (308)
结 语 ……………………………………………………… (310)
家庭暴力受害者个人访谈实录 …………………………… (312)
参考文献 …………………………………………………… (334)
后 记 ……………………………………………………… (362)
附录 西南政法大学外国家庭法及妇女理论研究中心简介
(中英文版) ……………………………………………… (365)

CONTENTS

FOREWORD ………………………………… Chen Wei(1)
PREFACE ………………………………………… Luo Jic(1)

Introdution ………………………………………… (1)
Ⅰ Research Background ………………………… (1)
Ⅱ Research Values ……………………………… (2)
Ⅲ Research Status ……………………………… (3)
Ⅳ Empirical Datas ……………………………… (14)
Ⅴ Train of Thoughts …………………………… (21)
Ⅵ Innovation Ideas ……………………………… (24)
Chapter Ⅰ An Overview of the Domestic Violence ……… (25)
Section 1 The Definition of Domestic Violence ……………… (25)
Ⅰ Violent Subject ………………………………… (27)
Ⅱ Violence Behavior ……………………………… (33)
Section 2 Analysis of the Characteristics of Domestic Violence ………………………………………… (42)
Ⅰ Law Perspective ………………………………… (42)
Ⅱ Population Sociology Perspective ………………… (45)
Ⅲ Family Ethics Perspective ………………………… (50)
Ⅳ Regional Culture Perspective …………………… (54)
Section 3 Analysis of the Type of Domestic Violence ……… (60)

Ⅰ From the Connotation of Division of Domestic Violence ………………………………………………… (60)
Ⅱ From the Nature of Violence ………………………… (61)
Ⅲ From the Victim's Division …………………………… (61)
Ⅳ From Violent Behavior Pattern ………………………… (61)
Ⅴ From Violent Behavior Object ………………………… (62)
Section 4 The Status and Causes of Domestic Violence …… (63)
Ⅰ The Current Situation of Domestic Violence ………… (63)
Ⅱ The Causes of Domestic Violence …………………… (70)
Chapter Ⅱ The Reasons and Methods of Anti – Domestic Violence ………………………………………… (88)
Section 1 the Reasons of Domestic Violence ……………… (88)
Ⅰ Family Values: Change and Choice …………………… (88)
Ⅱ Domestic Violence: Tort and Illegality ……………… (91)
Ⅲ The Localization of Anti – Domestic Violence: Human Rights and Justice ……………………………………… (92)
Ⅳ Subject To Survive: Dissolve and Ablation …………… (97)
Section 2 The Methods of Anti – Domestic Violence ……… (98)
Ⅰ The Anti – Domestic Violence Methods of Some Foreign Countries ………………………………………… (98)
Ⅱ The Method Of Anti – Domestic Violence of Some China's Inland Provinces ……………………………………… (102)
Ⅲ The Establishment of Anti – Domestic Violence Methods ……………………………………………… (109)
Chapter Ⅲ The Research of Anti – Domestic Violence Legislation ……………………………………… (115)
Section 1 the Evolution of International Legislation ………… (115)
Section 2 The Overview of Some Foreign Countries ……… (121)
Ⅰ Britain ……………………………………………… (122)

Ⅱ The United States ………………………………………… (139)
Section 3 The Current Legislation States of China's Anti – Domestic Violence ………………………… (143)
Ⅰ China's Hong Kong ………………………………………… (146)
Ⅱ China's Taiwan ………………………………………… (152)
Ⅲ China's Mainland ………………………………………… (160)
Section 4 The Comparative Analysis of Anti – Domestic Violence Legislations Between Chinese and Foreign Countries ………………………………… (173)
Ⅰ Legislative Purposes ………………………………………… (173)
Ⅱ Legislative Systems ………………………………………… (176)
Ⅲ Legislative Contents ………………………………………… (179)
Section 5 The Legislative Predicament of China's Anti – Domestic Violence ………………………… (181)
Ⅰ Legislative idea is vague ………………………………… (181)
Ⅱ Dispersive Legislation is weak ………………………… (183)
Ⅲ Legislative content needs to deepen …………………… (184)
Ⅳ Legislative reform is fruitless ………………………… (185)
Chapter Ⅳ The Judicial Review of Anti – Domestic Violence ………………………………………… (186)
Section 1 The Satets of Judicial of Anti – Domestic Violence of Some Foreign Countries ……………………… (186)
Ⅰ The United States ………………………………………… (186)
Ⅱ Norway ………………………………………… (187)
Ⅲ Canada ………………………………………… (188)
Ⅳ Australia ………………………………………… (188)
Section 2 The Current Judicial States of China's Anti – Domestic Violence ………………………… (188)
Ⅰ China's Hong Kong ………………………………………… (188)

Ⅱ China's Taiwan …… (189)
Ⅲ China's Macao …… (189)
Ⅳ China's Mainland …… (192)
Section 3 The Comparative Analysis of Anti – Domestic Violence Judicials Between Chinese And Foreign Countries …… (224)
Ⅰ The Judiciaries …… (224)
Ⅱ Judicial Measures …… (225)
Section 4 The judicial Predicament of China's Anti – Domestic …… (226)
Ⅰ The effect of relative domestic violence Legislation is poor …… (226)
Ⅱ The enforcement of police force is below the average …… (227)
Ⅲ The understanding on domestic violence of judge needs to deepen …… (228)
Chapter Ⅴ The Research of Domestic Violence Assistance Measures …… (230)
Section 1 The Current States of Domestic Violence Assistance of Some Foreign Countries …… (230)
Ⅰ The United States …… (230)
Ⅱ British …… (231)
Ⅲ Canada …… (231)
Section 2 The Current States of Domestic Violence of China …… (232)
Ⅰ China's Hong Kong …… (232)
Ⅱ China's Taiwan …… (233)
Ⅲ China's Macao …… (235)
Ⅳ China's Mainland …… (237)

Section 3 The Comparative Analysis of Domestic Violence Assistance Measures Between Chinese And Foreign Countries ……… (263)
Ⅰ Aid Agencies ……… (263)
Ⅱ Relief Measures ……… (265)
Chapter Ⅵ The Legal Regulation Approaches of Domestic Violence of China's Mainland ……… (268)
Section 1 The Design of "China's Anti – Domestic Violence Law" ……… (268)
Ⅰ Principles of Legislation ……… (273)
Ⅱ System of Legislation ……… (283)
Ⅲ Contents of Legislation ……… (283)
Section 2 The Improvement of Anti – Domestic Violence Judicial Measures In China's Mainland ……… (286)
Ⅰ The Perfection of Protection Order System ……… (286)
Ⅱ The Restriction of Children Communication To Meet ……… (292)
Ⅲ The Correction of Domestic Violence Cases Evidence ……… (293)
Section 3 The Optimization of Anti – Domestic Violence Assassitance Measures In China's Mainland ……… (297)
Ⅰ The Set – Up of Anti – Domestic Violence Related Settings ……… (298)
Ⅱ The Attribution of Anti – Domestic Violence Agencies Responsibilities ……… (300)
Ⅲ The Construction of Anti – Domestic Violence Social Linkage Mechanism ……… (303)
Ⅳ The Establishment of Domestic Violence Suspects Notification Mechanism ……… (305)
Ⅴ The Establishment of Abuser Treatment Plans ……… (307)

Ⅵ The Establishment of Domestic Violence Parties Visiting System …………………………………………… (308)
Conclusion …………………………………………………… (310)
The Interview Records of Domestic Violence Victims …… (312)
Bibliography …………………………………………………… (334)
Postscript ……………………………………………………… (362)
Appendix
Introduce to the Research Center on Foreign Family Law And Women's Theory Of Southwest University Of Political Science And Law, China (Chinese And English) ……………………………………………… (365)

前　言

自1978年西南政法学院复办以来，我国著名的婚姻法专家、中国法学会婚姻法学研究会副总干事杨怀英教授担任我校婚姻法研究方向的学科带头人。1985年3月至7月，我校承担了司法部委托的全国法律专业婚姻法师资进修班的教学任务。当时全国著名的婚姻法专家巫昌祯、杨大文、王德意、李忠芳、任国钧等教授应邀前来我校，与我校全国著名的婚姻法专家杨怀英教授及胡平等教师一起为来自全国的婚姻法师资进修班学员们上课，传授婚姻法学的理论知识和教学经验。如今，该婚姻法师资进修班学员们大部分都成为各高校的婚姻法领域的著名专家学者和骨干教师，他们为国家培养了大批优秀的人才。因此，可以说，我校是我国婚姻法学人才培养的摇篮。在科研方面，杨怀英教授先后主编出版了《滇西南边疆少数民族婚姻家庭与法的研究》（法律出版社1988年出版）、《中国婚姻法论》（重庆出版社1989年出版，1991年荣获重庆市社科优秀科研成果三等奖）、《凉山彝族奴隶社会法律制度研究》（四川民族出版社1994年出版，1996年荣获四川省社科优秀科研成果二等奖）等专著和教材。1995年杨怀英教授去世后，由中国法学会婚姻法学研究会常务理事邓宏碧教授担任婚姻法学科带头人。邓宏碧教授、胡平副教授等老教师带领婚姻法课程的教师们继续努力进行教学和科研工作。尤其值得指出的是，邓宏碧教授主编的《中国少数民族人口政策研究》（国家社会科学"八五"规划重点科研项目，重庆出版社1998年出版），2001年荣获重庆市社会科学优秀科研成果一等奖。

本人于1979年9月考入西南政法学院法律系本科学习，1983年6月毕业任教一年后，于1984年9月考入西南政法学院攻读民法专业硕士研究生，师从杨怀英教授，主要研究婚姻家庭法。1987年7月本人硕士研究生毕业后留校任教至今。我在母校学习和从事教学科研工作至今已有30多年了。在这30多年期间，在母校各级领导和老师们的辛勤培养下，我由一名学生成长为教授、博士生导师、博士后合作导师；于1996年5月起担任民法教研室副主任，于1999年5月起担任民法教研室主任，于2003年5月起至今担任婚姻家庭继承法教研室主任。在婚姻法学界老一辈专家的辛勤培养下，本人于1996年7月起担任中国法学会婚姻家庭法学研究会理事；于1999年7月起担任中国法学会婚姻家庭法学研究会常务理事；于2004年7月至今，担任中国法学会婚姻家庭法学研究会副会长。2003年12月至2004年12月，本人受国家留学基金资助由教育部公派出国留学，作为访问学者到澳大利亚悉尼大学法学院进修家庭法一年。我留学回国后，于2005年1月向学校提出了建立"西南政法大学外国家庭法及妇女理论研究中心"的书面申请。2005年4月1日，西南政法大学校长办公会议批准同意该研究中心成立，任命我担任主任。

自2005年4月该研究中心成立后，本人夙夜忧虑，恐负厚望，带领研究中心的教师和研究生组成科研创新团队，勤奋科研，不敢懈怠。近七年，我担任项目负责人，主持完成并公开出版的专著、译著有十余部:《外国婚姻家庭法比较研究》（重庆市哲学社会科学"十五"规划项目，2006年1月出版）、《加拿大家庭法汇编》(2006年1月出版)、《中国大陆与港、澳、台继承法比较研究》（重庆市教委人文社科项目，2007年1月出版）、《当代中国民众继承习惯调查实证研究》（国家社科基金项目子课题，2008年1月出版）、《澳大利亚家庭法（2008年修正）》（重庆市教委人文社科重点项目，2009年1月出版）、《美国家庭法精要》（2007年第五版，

2010年3月出版）、《改革开放三十年（1978～2008）中国婚姻家庭继承法研究之回顾与展望》（西南政法大学重点项目，2010年1月出版）、《中国婚姻家庭法立法研究》（第二版，2010年1月出版）、《外国继承法比较与中国民法典继承编制定研究》（国家社科基金项目结项成果，入选2010年度《国家哲学社会科学成果文库》，全国哲学社会科学办公室在《出版说明》中指出，入选成果代表当前相关领域学术研究的前沿水平，体现我国哲学社会科学界的学术创造力，按照"统一标识、统一封面、统一版式、统一标准"的总体要求组织出版，2011年3月出版）、《澳大利亚法律的传统与发展》（第三版，2011年5月出版）、《当代中国内地与港、澳、台婚姻家庭法比较研究》（中国司法部部级科研项目，2012年5月出版）等。此外，应邀与美国、意大利学者合作撰写美国法学院比较家庭法英文教材一部：*Practical Global Family Law——United States, China and Italy*（2009年4月在美国出版）。

为促进婚姻家庭继承法领域的学术研究和学术交流，本人于2005年起创办《家事法研究》学术论文集刊。自《家事法研究》首卷面世以来，历时六年，先后出版了2005年卷至2010年卷共计六卷，推出了一批具有前沿性的学术论文，培养了一批学术新人，受到学术界同人和实务界人士的肯定和好评，产生了良好的社会影响。为进一步扩大《家事法研究》的学术影响，经本人提出申请，中国法学会婚姻家庭法学研究会常务理事会研究同意，《家事法研究》从2011年卷起始转为"中国法学会婚姻家庭法学研究会"的会刊。可以相信，今后在该研究会的精心主办下，《家事法研究》将在法学理论研究与司法实务探索相结合的沃土中更加茁壮成长，枝繁叶茂！

长江后浪推前浪。为了推出婚姻家庭继承法学研究领域具有前沿性、创新性的学术著作，培养学术新人，本人主编出版《家事法研究学术文库》丛书。此套丛书主要遴选婚姻家庭继承法研究领域具有前沿水平的博士学位论文和学术专著组成，每年拟出版

2~3部著作。本学术文库丛书出版的目的，旨在通过出版婚姻家庭继承法学研究领域的前沿学术著作，进一步提升家事法研究的理论水平，推出一批婚姻家庭继承法学研究领域的新秀，促进我国婚姻家庭继承法学研究朝着更深、更广的方向发展，以更多的优秀研究成果为国家的立法和司法服务。本学术文库2012年已出版以下四部著作：《婚姻家庭法之女性主义分析》、《基于性别的家庭暴力之民法规制——中国法与美国法之比较》、《亲属法的伦理性及其限度研究》、《人文主义视阈下的离婚法律制度研究》。2013年将出版以下三部著作：《遗产债务法律制度研究》、《防治家庭暴力立法与实践研究》、《私法自治视域下的老年人监护制度研究》，以飨读者。

最后，对群众出版社的编辑老师们对本文库丛书辛勤的编辑工作，我表示衷心的感谢！

陈　苇

2012年8月28日

自　序

家庭暴力践踏个人尊严、动摇婚姻家庭、影响社会稳定。防治家庭暴力已成国际共识，针对家庭暴力立法已成国际潮流，司法介入、社会救助是我国基本的防治家庭暴力手段，日渐获得举国上下的普遍认同。我国法学界关于家庭暴力问题的研究重心正在由家庭暴力的内涵、类型、原因、特征等转向家庭暴力的发生率、覆盖率、救济率，通过司法程序确保家庭暴力当事人的合法权益，通过社会救助方式实现社会对家庭暴力零容忍态度的全面铺开，通过专门防治家庭暴力立法保障婚姻家庭与社会的和谐与稳定。家庭暴力的既有研究多专注于对家庭暴力的定义与发生，存在着问题盲点较多、比较研究较欠缺、实证研究较薄弱等问题。家庭暴力案件审判程序的整体完善、人身安全保护裁定制度的改革、家庭暴力采证方式与证据规则、施暴者处遇计划、各机构行政责任分配、家庭暴力嫌疑者通报机制、防治家庭暴力社会联动机制等方面研究日渐成为学术研究的热点。笔者认为，集中研讨防治家庭暴力，有利于实现防治家庭暴力领域研究的综合与系统，有利于及时回应实务界的防治家庭暴力努力，有利于确保我国家庭暴力案件审判的公正与准确，有利于推动家庭暴力案件民事审判程序的改革，有利于为我国防治家庭暴力的宏观改革和微观实践提供可行性建言，以求最大限度地发挥实际应用价值。

本书研究的基本思路和方法主要以比较法分析和实证考察为基本研究方法，关注问题盲点、拓展比较研究、突出实证研究，立足既有研究成果，整体思考我国防治家庭暴力的立法完善、司法改革、社会救助健全。理论界与实务界对“家庭暴力”认识分歧的焦点在于“暴力主体”与“暴力行为”不明确，对何为家庭暴力认知不一。家庭暴力具有三大法学特征：行为隐蔽、手段多样、后果不确定。除此之外，其还具有人口社会学、家庭伦理学、地域文化学等特征。分析家庭暴力的国际国内情势，阐明家庭暴力发生的严重程度。家庭暴力诱因表现在四个方面：施暴者个人潜藏的自卑与憎恶；受虐妇女综合征；家庭暴力的代际遗传；不平等性别关系的再生产。本书分析了防治家庭暴力的原因，并着力探讨防治家庭暴力的方法，提出应当提升个人防治家庭暴力的意识，鼓励社会非正式支持系统的健康发展，增强社会正式支持系统的有效运行，最终构建防治家庭暴力的社会联动机制。与此同时，在立法方面，本书梳理了防治家庭暴力国际立法的发展历程，考察了英国，美国，我国的香港、台湾地区以及内地防治家庭暴力的情况，总结评析前述各国及地区防治家庭暴力立法之特色并反思我国家庭暴力立法的现状。在司法方面，本书简介了国外家庭暴力司法介入实况，考察了美国、挪威、加拿大、澳大利亚防治家庭暴力的司法现状。简介我国香港、台湾地区防治家庭暴力的实况，以实证调研为基础，反思我国内地近几年家庭暴力案件审判程序的改革实践，评析前述各国及地区防治家庭暴力的司法机构和司法措施，总结内地防治家庭暴力的司法困境。在社会救助方面，本书简介国外家庭暴力救助措施实况，考察美国、英国、加拿大家庭暴力救助措施的现状。简介我国香港、台湾地区家庭暴力救助措施运行，并以实证调研为基础，反思我国内地近年家庭暴力社会救助实践，总结不足所在。

在此研究基础上，本书着重提出了我国内地家庭暴力法律规制的完善途径。其主要有如下思考：

首先，构思“中国防治家庭暴力法”：第一，选择专门防治家庭暴力立法模式。必要性在于：保障公民的基本人权；现行防治家庭暴力力量、力度、效果不尽如人意；顺应防治家庭暴力立法国际发展潮流。可能性在于：既有立法与司法实践提供了立法依据和本土经验；提升了公民对家庭暴力的认知度为出台专门防治家庭暴力法奠定了社会基础；国际防治家庭暴力经验及域外相关立法为出台专门防治家庭暴力法提供了可资参考与借鉴；我国签署的防治家庭暴力一系列国际公约均明确表示防治家庭暴力是国家责任；专家学者们的立法建议稿为出台专门防治家庭暴力法缩小了理论与实际的差距。第二，遵循社会性别主流化理念。基本思路在于：诸多地方性防治家庭暴力法规业已出台，法学理论界研讨多年并已拿出学者建议稿，亟须国家立法层面回应。修正现行《妇女权益保障法》[①]、《婚姻法》，强化防治家庭暴力力度，从宏观上冲击性别结构，促进实质的性别平等。设立防治家庭暴力专门机构，降低公权力干预家庭暴力的条件，建立全社会联动干预机制，完善家庭暴力法律责任体系。第三，立法内容多元化。应当突破传统模式，综合既有法律法规，内含兼具民事、刑事、行政相关内容，力求做到法官在适用个案时能够有法可依，有法可援。第五，实体程序一体化。原因在于：区分实体或程序，在立法上难以衔接，会给法官适用法律带来不便；对于家庭暴力这样一个“特殊对象”的法律规制无必要严格区分实体法或程序法，将二者融入一部专门法，实施效果可能

① 本书为了行文方便，如无特殊需要，书中所涉我国法律名称均省略“中华人民共和国”几个字，如《中华人民共和国妇女权益保障法》简称《妇女权益保障法》，依此类推。

更佳。

其次，整体思考我国家庭暴力司法介入的实用型选择，从三个方面提出了具体思路：第一，完善人身安全保护裁定制度。研究“人身安全保护裁定制度”，有利于及时回应实务界的改革努力，有利于推动我国家庭暴力案件举证责任分配的合理与公正，有利于为构建我国专门防治家庭暴力法进行理论和实践上的准备。第二，限制与未成年人子女会面交往令。以“子女最大利益”为首要考虑因素，全面审酌未成年子女的安全，责令施暴者遵守会面交往的注意事项，如有违背命令者，法院应当依职权予以禁止并有权依法没收其缴纳的保证金。第三，修正家庭暴力案件的采证手法和证据规则。家庭暴力案件应适用特定的证据规则，确立非法证据的采信标准；举证责任转移到受害者时，应适度采用“盖然性占优势”的证明标准；通过完善或改革立法对司法鉴定次数进行限制或采取“复核鉴定”，由司法鉴定专家委员会复核鉴定的结论为效力层次最高的鉴定结论；培养塑造家庭暴力受害者的证据意识，引导其在具体案件中采用合法的取证方式，有效地收集和保存证据。

再次，提出家庭暴力社会救助措施的构想思路，主要包括六个方面：第一，设立防治家庭暴力的相关机构，包括设置家庭暴力防治委员会和防治家庭暴力中心，提供24小时电话专线服务、紧急救援装置以及心理、住宅、追踪辅导、经济扶助、法律服务、庇护场所等。第二，规范各防治家庭暴力机构的职责，家庭暴力的社会救助单位种类较多，其职责也应当根据各机构性质而定。第三，努力形成防治家庭暴力社会联动机制，依靠立法、司法、执法、社会救助等社会各界共同努力形成的一种就如何认定家庭暴力、以何种方式防治家庭暴力、采用何种措施惩治施暴者以及依靠何种手段救助受害者的“综合力量”，其主要由社会正式支持系统和社会非正式支持系统构成。第四，构建家庭暴力嫌疑者通报机制，当事人所在单位、教育、医疗、信访、妇联及其他社会组织相关机构自发现家庭暴力存在时起 24 小时内向家庭暴力防治委员会通报嫌疑者，必要时请求公安执法机关和其他相关机构配合工作，力求做到将发现的家庭暴力嫌疑者遏制在萌芽阶段以及有效及时制止已经升级的家庭暴力行为。第五，设置对施暴者实施具有积极辅导和治疗色彩的“施暴者处遇计划”，在未来防治家庭暴力立法中明确计划之制定机构、具体内容、评估标准、执行机关及职责等内容。第六，设立家庭暴力当事人访视制度，各家庭暴力防治机构有义务采取询问观察当事人及周围邻里的方式对家庭暴力受害者进行定期回访，及时检查防治工作的实效，并根据效果规划下一步工作的开展。

当然，受制于我国家庭暴力方面的司法信息、社会信息难以充分获取的现实，本书只能立足笔者尽最大努力获得的间接信息，难免受制于信息之局部性、零散性和片面性，再加上笔者学力有限，虽然倾尽全力而为，在某些论证方面可能难免心有余而力不足，在观点上难免存在欠妥甚至不当之处。在此，恭请列位专家、师长、同仁不吝批评赐教。

罗　杰

2012 年 8 月于秦皇岛·燕山大学

引　言

愚蠢的人经常显示厚颜的暴力。

——［美］爱默生

一切暴力都可以不经斗争就使对方屈服，却不能使对方顺从。

——［俄］托尔斯泰

一、选题背景

家庭暴力，对家庭和社会都会造成严重危害，许多国家都运用法律手段予以禁止。目前，世界上已有美国、英国、加拿大、澳大利亚、肯尼亚等120多个国家和地区制定了禁止家庭暴力的法律，运用法律手段进行预防和制裁。在我国，防治家庭暴力已成为立法者、法学研究者乃至整个社会广大民众关注的重要现实问题之一。

一直以来，颇受社会媒体、公众关注的家庭暴力事件从未消停。2006年5月11日，福建省寿宁县武曲镇张兴因人格扭曲疯狂连续持刀伤害4人，其母亲和长姐均惨死刀下；2006年12月7日，南京市高淳县阳江镇沈传超因酗酒与母亲发生争执，踢死其母，涉嫌故意伤害罪被提起公诉；2007年12月13日，长春市二道区居民姚军常年殴打妻子张丽（再婚），张丽因惧怕家庭暴力，无奈忍受其多次强暴自己与前夫的年仅14岁的女儿；2007年5月31日，网络疯传一篇署名为“伯宸仲龙”叙述的真实事件：《爸爸，求您别再打我》，一名小学四年级的男孩因作业未完成遭到父亲狠毒暴打，身体多处受伤，造成其严重的心理疾病；2011年9月4日，“疯狂英语”创始人李阳的外籍妻子通过微博曝光了其遭受家庭暴力的多张照片，李阳被公众俎伐，家庭暴力话题再次成为社会和媒体关注议论的焦点；2011 年 10 月 24 日，“北大硕士殴打父母，实施家庭暴力”事件再次在社会上引起轩然大波……家庭本应是宁静与幸福的港湾，家庭暴力的存在却使其“翻江倒海”。家庭暴力是侵犯人权、破坏家庭和谐，引起刑事犯罪的罪魁祸首，是一种与现代文明格格不入的社会毒瘤。因此，反对家庭暴力不仅应当是公民个人的责任，而且理应成为社会和国家必须承担的职责。

我国对家庭暴力的研究，学术界要么习惯于对防治家庭暴力立法进行整体的总览描述或全景观察，要么着力研究防治家庭暴力特别司法保护措施或微观规则，缺乏总体上的理论进路和框架，研究具有分散性，结论缺乏系统性。本书力图打破这一程式，聚焦防治家庭暴力的具体措施，借助于实证研究，考察实况、探究问题、寻求对策，以推进我国防治家庭暴力立法、司法、执法、救助等措施改革之完善。

二、选题价值

近年来，家庭暴力问题日益受到法学界的广泛关注和深入探讨。对家庭暴力的立法规制、司法介入、救助措施愈受重视。家庭暴力法律内涵的界定、类型剖解、特征分析、诱因探求、人身安全保护裁定制度、家庭暴力案件取证手法、施暴者的民刑责任、施暴者处遇计划规范、家庭暴力嫌疑者通报机制、家庭暴力当事人访视制度、防治家庭暴力社会联动机制等日渐成为学界关注的焦点和理论研究的富矿。在此背景下，笔者以“防治家庭暴力立法与实践研究”为研究内容，是基于以下考虑：

第一，专门研究我国家庭暴力在立法规制、司法介入、救助措施三方面的运行实况，系统清理已有成果，分析所取得的成就和仍存在的不足，努力实现防治家庭暴力领域研究的综合化和系统化。

第二，针对防治家庭暴力领域中的前沿问题进行研究，填补理论研究空白。通过对美国，加拿大，澳大利亚，挪威，我国香港、台湾地区等对家庭暴力司法介入与社会救助进行较为全面的洞察，以期为我国防治家庭暴力类型化研究提供丰富饱满的域外经验。

第三，借助于实证研究，立足中国防治家庭暴力实况，提供抽样调查地区家庭暴力现状的第一手实证调查资料，践行司法法学道路。因限于人力、物力、财力，笔者仅对河北、甘肃、四川各抽取一市（一区）、一县、一乡民众以及重庆沙坪坝区人民法院、四川德阳旌阳区人民法院审理家庭暴力案件、德阳城北人民调解委员会受理家庭暴力案件、重庆沙坪坝区妇联处理家庭暴力事件之现状进行实证调查，并选取审理家庭暴力案件法官、受理家庭暴力案件民警、处理家庭暴力事件的妇联人员、人民调解员及家庭暴力当事人进行访谈，力求做到以实事说话，分析家庭暴力现状与原因，力争做到以点带面，客观评价防治家庭暴力的成就与不足，阐明我国出台专门防治家庭暴力法的必要性与可行性，为未来立法提供可靠的现实国情依据。

第四，力争为我国防治家庭暴力的宏观改革和微观实践提供可行性建言，最大限度发挥实际应用价值。从实际出发，立足分析我国当前的相关立法、司法、社会救助措施之不足，提出改进完善我国内地立法、司法、救助措施，以期构建最新的较为完整的防治家庭暴力社会联动机制。

三、研究现状

关于家庭暴力，国内外研究成果主要集中于理论研究领域，重点在于家庭暴力的内涵界定、立法规制、司法干预等，高质量研究成果丰硕。然而，囿于家庭事件的敏感性与隐秘性，研究多属"理想设计"。深入了解家庭暴力当事人的心理状态、家庭暴力案件审判程序等研究并不多。其具体而言有以下几点：

（一）国内关于家庭暴力的现有研究成果，大致可分为五类：

第一，防治家庭暴力的综合性研究成果。例如：巫昌祯、杨大文主编的《防治家庭暴力研究》一书收录了30篇"中英维护妇女合法权益，防治家庭暴力研讨会"论文，加强了公众和法律工作者对于维护妇女权益的法律意识，增加了中英双方在维护妇女权益和家庭暴力研究方面的交流。[①] 张李玺、刘梦主编的《中国家庭暴力研究》亦属中国法学会《反对针对妇女的家庭暴力对策研究与干预》项目之一，该书以针对受暴女性为对象，探讨了家庭暴力的发生频率、暴力类型、原因、危害等，提出了干预对策。[②] 陈苇著的《论预防和制止我国家庭暴力的法律对策》一文主要针对集合各种社会力量，建立一个防范家庭暴力行为的合力系统，从根本上消除家庭暴力发生的根源，提出了预防和制止相关法律对策。[③] 张红艳著的《法律透视：婚姻家庭暴力》一书论述了关于家庭暴力方面的法律问题，从探析研究家庭暴力问题之意义着手，分析了家庭暴力的内涵与法律特征，研究了家庭暴力之侵权以及导致的离婚纠纷等后果的处理、家庭暴力对青少年成长及社会稳定带来的影响以及关于正当防卫与紧急避险等问题。[④] 荣维毅、宋美娅主编的《反对针对妇女的家庭暴力——中国的理论与实践》一书针对家庭暴力，从理论分析、调研报告、干预对策三方面进行研究。[⑤]

第二，立足我国防治家庭暴力立法的研究成果。例如：高凤仙著的“家庭暴力防治法规专论”一书详细介绍了美国家庭暴力法之理论发展与立法概况，我国台湾地区“防治家庭暴力法”制定前的传统“法律”，防治家庭暴力“立法”、修改及争议问题研究，中外保护令制度探究，家庭暴力防治委员会之组织与功能，从邓如雯杀夫案看我国台湾地区家庭暴力刑事案件之处理，警察在家庭暴力案件中的角色扮演，司法人员对于家庭暴力案件的处理。[⑥] 陈明侠等主编的《家庭暴力防治法基础性构建研究》一书是在4000多

---

① 巫昌祯、杨大文主编：《防治家庭暴力研究》，群众出版社2000年版。

② 张李玺、刘梦主编：《中国家庭暴力研究》，中国社会科学出版社2004年版。

③ 陈苇：《论预防和制止我国家庭暴力的法律对策》，群众出版社2000年版。

④ 张红艳：《法律透视：婚姻家庭暴力》，中国法制出版社2006年版。

⑤ 荣维毅、宋美娅主编：《反对针对妇女的家庭暴力——中国的理论与实践》，中国社会科学出版社2002年版。

⑥ 高凤仙：“家庭暴力防治法规专论”，台湾五南图书出版公司2004年版。

份对公众、1000多份对立法、司法人员关于家庭暴力认识的问卷调查，以及对城市与农村、社区多机构合作防治家庭暴力模式探索等一系列行动研究的基础上撰写而成的。该书包含了《家庭暴力防治法》之建议稿、法律释义、问卷调查报告，城市、农村、医疗干预家庭暴力模式要点以及国内外关于家庭暴力的法律、法规、政策文件。[①] 于东辉的《家庭暴力防治法立法建构的思考》一文论述了在家庭暴力已成为全球性社会问题的情形下，制定一部专门的《家庭暴力防治法》应属根本举措，该法应坚持国家有限干预、意思自治、综合防治三大原则，并从民、行、刑三方面建构。[②] 高凤仙的“家庭暴力之立法运动与整体防治网络的建立”一文论述了我国台湾地区关于防治家庭暴力“立法”运动前因后果以及整体防治家庭暴力网络的构建过程。[③] 李明舜的《制定反家庭暴力法的几点思考》一文论述了我国制定专门的防治家庭暴力法之必要性与可行性，重点分析了防治家庭暴力法之立法目的、依据、适用范围、基本原则、基本内容，提出了创新性、务实性的建议。[④] 李洪祥的《家庭暴力之法律概念解析》一文主要在分析我国关于家庭暴力的法律与国际公约等法律文件存有较大差距的基础上，提出对家庭暴力的主体、客体、方式、程度和行为环境的范围进行深入分析方可准确界定何为家庭暴力，进而才有可能为我国防治家庭暴力立法提供参考意见之观点。[⑤]

第三，针对防治家庭暴力展开的社会性别理论研究成果。例

---

① 陈明侠等主编：《家庭暴力防治法基础性构建研究》，中国社会科学出版社2005年版。

② 于东辉：《家庭暴力防治法立法建构的思考》，载《法学杂志》2007年第4期。

③ 高凤仙：“家庭暴力之立法运动与整体防治网络的建立”，载（台湾）“万国法律”2002年总第114期。

④ 李明舜：《制定反家庭暴力法的几点思考》，载《中华女子学院学报》2003年第2期。

⑤ 李洪祥：《家庭暴力之法律概念解析》，载《吉林大学社会科学学报》2007年第4期。

如：夏吟兰、李明舜的《针对妇女的家庭暴力法律干预之实证研究》是2002年中国法学会论文，该文以实证调研为基础，论述了法律针对妇女的家庭暴力应如何干预。[①] 褚杏子的《婚姻暴力下女性被害者之研究——以女性主义观点出发》一文从女性主义的观点出发，分析了数多案例，研究了婚姻暴力下的女性受害者。[②] 黄列的《家庭暴力：妇女面临的人权问题》一文论述了20世纪70年代对妇女的暴力成为女权主义运动关注的焦点后，妇女开始自行组织，采用社会性别分析方法透视了受虐妇女的生活状态。[③] 陈敏的《从社会性别的视角看我国立法中的性别不平等》一文提出了在现今我国法律对女性权益的保护仍停留在形式平等层面上的境况下，亟须完善立法以达到男女权利实质平等。[④] 夏吟兰、郝佳的《家庭暴力法律防治理念刍议——女性主义视角下的社会正义观》一文从女性主义视角分析了家庭暴力立法防治理念的构建与完善。[⑤] 陈苇、冉启玉的《公共政策中的社会性别——〈婚姻法〉的社会性别分析及其立法完善》一文论述了公共政策的制定应当具有社会性别视角以便实现男女真正的平等，现行婚姻法中仍有某些规定缺乏性别意识，提出了应当从社会性别平等的角度完善防治家庭暴力立法。[⑥] 郭慧敏的《社会性别与妇女人权问题——兼论社会

---

① 夏吟兰、李明舜：《针对妇女的家庭暴力法律干预之实证研究》，中国法学会2002年论文。

② 褚杏子：《婚姻暴力下女性被害者之研究——以女性主义观点出发》，台湾大学法律学研究所2000年硕士论文。

③ 黄列：《家庭暴力：妇女面临的人权问题》，载《环球法律评论》2003年第2期。

④ 陈敏：《从社会性别的视角看我国立法中的性别不平等》，载《法学杂志》2004年第3期。

⑤ 夏吟兰、郝佳：《家庭暴力法律防治理念刍议——女性主义视角下的社会正义观》，载《妇女研究论丛》2010年第3期。

⑥ 陈苇、冉启玉：《公共政策中的社会性别——〈婚姻法〉的社会性别分析及其立法完善》，载《甘肃政法学院学报》2005年第1期。

性别的法律分析方法》一文认为用社会性别对妇女人权的考察应当从“以妇女为本”转变到“以社会性别为本”，方可从更广阔的层面上分析男女两性的角色、需求、地位以及相互关系。① 莫瑞丽、袁泽民的《从和谐的视野看亲密关系的冲突——家庭暴力与女性犯罪研究》一文论述了男性对女性实施的家庭暴力及其所引发的女性犯罪就是两性不平等导致冲突的极端表现，提出制止家庭暴力与预防女性犯罪是建构和谐社会的基础。② 王晖的《关于家庭暴力产生原因的社会性别分析》一文分析了家庭暴力的起因并非属于特定个人或家庭，而应当归结为社会文化传统，从社会性别角度分析原因，则是不平等的社会性别关系，因此，应当探究家庭暴力产生的深层次原因，才有可能彻底祛除家庭暴力。③ 唐灿著的《家庭与性别评论》一书主要分析了当代中国家庭结构的变动，其中，专门从不平等性别关系对中国家庭暴力进行分析，提出家庭暴力是社会不平等性别关系生产之结果。④ 张彩凤、沈国琴的《家庭暴力案件中警察权的权限及行使原则——社会性别主义视角下的分析》一文论证了警察权介入针对妇女的家庭暴力案件存在有限度的正当性基础，提出了警察在行使权力时须遵循必要之原则——法治框架内积极干预的原则、兼顾公权目标与受害者意愿原则、兼顾制裁与教育原则、程序正当原则。⑤ 秦志远的《论基于性别的家庭暴力的民法规制——中国法与美国法之比较研究》一文运用社会性别理论，分析防治家庭暴力的人权基础、防治家庭暴力法的价值

① 郭慧敏：《社会性别与妇女人权问题——兼论社会性别的法律分析方法》，载《环球法律评论》2005 年第 1 期。

② 莫瑞丽、袁泽民：《从和谐的视野看亲密关系的冲突——家庭暴力与女性犯罪研究》，载《河南大学学报》（社会科学版）2008 年第 2 期。

③ 王晖：《关于家庭暴力产生原因的社会性别分析》，载《新疆大学学报》2008 年第 6 期。

④ 唐灿：《家庭与性别评论》，中国社会科学出版社 2008 年版。

⑤ 张彩凤、沈国琴：《家庭暴力案件中警察权的权限及行使原则——社会性别主义视角下的分析》，载《中国人民公安大学学报》（社会科学版）2009 年第 1 期。

取向和制度功能、进而对中美两国防治家庭暴力的实体法和程序法进行比较研究，最后提出完善中国防治家庭暴力民事法制之建议。[①]

第四，域外防治家庭暴力的研究成果。例如，夏吟兰著的《美国现代婚姻家庭制度》一书详细介绍了美国家庭法渊源，其中，“特殊的家庭问题”一章研究了美国家庭成员间侵权行为的豁免与家庭暴力。[②] 荣维毅、黄列主编的《家庭暴力对策研究与干预——国际视角与实证研究》一书集日本、美国、丹麦、加拿大、中国学者研究家庭暴力之大成，介绍了日本、美国、丹麦、加拿大防治家庭暴力的举措，从理论探讨、社会救助和行政司法干预等方面反思了我国防治家庭暴力的现状，提出了可资借鉴之经验。[③] 李银河的《近年来国外对妇女受暴力侵害状况研究综述》一文介绍了近年来国外对妇女受暴力侵害的状况。该文虽属20世纪90年代，但对国外众多国家妇女受暴力侵害介绍甚为详细，对于后人研究家庭暴力实为有利。[④] 陆红的《谈美国的家庭暴力》一文论述了家庭暴力不仅是美国人婚姻、家庭、社会的顽劣之症，也是美国刑事司法制度面临的难题之一。[⑤] 贾金风的《法国家庭暴力的发生现状与预治》一文是根据1995年第16期法国《新观察》（Le Nouvel Observateur）刊登的西尔维·韦朗（Sylvie · Veran）的一篇名为《对200万受暴力妇女的调查》翻译而成。该文从侧面反映了法国

---

① 秦志远：《论基于性别的家庭暴力的民法规制——中国法与美国法之比较研究》，西南政法大学2009年博士学位论文（以此博士学位论文为基础撰写的著作《论基于性别的家庭暴力的民法规制——中国法与美国法之比较》由群众出版社于2012年1月出版）。

② 夏吟兰：《美国现代婚姻家庭制度》，中国政法大学出版社1999年版。

③ 荣维毅、黄列主编：《家庭暴力对策研究与干预——国际视角与实证研究》，中国社会科学出版社2002年版。

④ 李银河：《近年来国外对妇女受暴力侵害状况研究综述》，载《国外社会科学》1995年第9期。

⑤ 陆红：《谈美国的家庭暴力》，载《法学杂志》1997年第6期。

受暴妇女合法权益的丧失，提出妇女要摆脱家庭暴力，首先是自身觉悟的提高，同时伴有社会各部门的支持与配合。① 曹诗权的《中英维护妇女权益、防止家庭暴力研讨会综述》一文是中英两国对维护妇女权益防止家庭暴力会议的论文集成，其中介绍了英国防止家庭暴力之举措值得借鉴。② 高凤仙的“论国外家庭暴力委员会之组织与功能”一文介绍了美、英等国家庭暴力委员会之组成结构与功能，为我国台湾地区防治家庭暴力“立法”提供了较新的参考意见。③ 薛宁兰的《挪威反家庭暴力的立法、实践及其启示》一文重点介绍了挪威的专门防治家庭暴力法与司法实践，总结了宝贵经验。④ 黄列的《家庭暴力：从国际到国内的应对（上）》一文介绍了从国际社会到典型国家防治家庭暴力的法律规制。⑤ 陈苇、秦志远的《我国台湾地区防治家庭暴力立法与司法之研究及启示》一文在阐述我国台湾地区防治家庭暴力相关规定现状的基础上，评析和总结其有益的经验，进而提出完善我国大陆地区防治家庭暴力立法与司法的建议。⑥ 张秀鸳、韦爱梅的《谈台湾家庭暴力加害人处遇计划之建构》一文重点对我国台湾地区施暴者处遇计划规范制度的构建进行研究。⑦ 刘晓梅的《英国反家庭暴力的立法、实践

① 贾金凤：《法国家庭暴力的发生现状与预治》，载《中华女子学院学报》1997年第2期。

② 曹诗权：《中英维护妇女权益、防止家庭暴力研讨会综述》，载《法商研究》2000年第3期。

③ 高凤仙：“论国外家庭暴力委员会之组织与功能”，载（台湾）“司法周刊”1996年总第790期。

④ 薛宁兰：《挪威反家庭暴力的立法、实践及其启示》，载《环球法律评论》2003年第2期。

⑤ 黄列：《家庭暴力：从国际到国内的应对（上）》，载《环球法律评论》2002年第2期。

⑥ 陈苇、秦志远：《我国台湾地区防治家庭暴力立法与司法之研究及启示》，载陈苇主编：《家事法研究》（2006年卷），群众出版社2007年版，第37～69页。

⑦ 张秀鸳、韦爱梅：《谈台湾家庭暴力加害人处遇计划之建构》，载《律师杂志》2006年总第267期。

及其启示》一文重点对英国防治家庭暴力立法与司法实践进行研究，并提出了对我国防治家庭暴力立法与司法实践可资借鉴之经验。[①] 蒋月的《论警察介入和干预家庭暴力——若干国家和地区的经验及其对中国的启示》一文以美国、英国、加拿大、我国台湾地区警察介入家庭暴力的模式作为比较基础，提出我国应借鉴其他国家和地区警方介入家庭暴力之有益经验，建立以公安机关为主体的多机构合作防治家庭暴力模式。[②] 史长青的《台湾家庭暴力之处理机制：从公力救济到乡镇市调解》一文重点论述了我国台湾地区对家庭暴力受害者从公立到私立救济之途径。[③] 马忠红的《中美警察干预和处置家庭暴力案件比较研究》一文对我国与美国警察介入家庭暴力案件之做法进行比较评析，提出完善我国执法机关干预家庭暴力的方法之路径。[④] 方金华的《对国外介入家庭暴力的考察及启示》一文论述了在许多欧美国家不断加强对家庭暴力研究、完善治理家庭暴力的各种法制措施的背景下，我国面临现代法制起步晚，司法机关欠主动介入之缺陷，提出应当借鉴国外发达国家司法介入家庭暴力之举措，结合我国司法实践，完善适合我国国情的司法介入家庭暴力之规制。[⑤]

第五，通过实证方法对防治家庭暴力的研究。例如，宋美娅、薛宁兰主编的《妇女受暴口述实录》一书收集了28位家庭暴力受害女性之口头描述受暴经历，反映了我国不同层次、背景的女性均

---

① 刘晓梅：《英国反家庭暴力的立法、实践及其启示》，载《法学杂志》2006年第3期。

② 蒋月：《论警察介入和干预家庭暴力——若干国家和地区的经验及其对中国的启示》，载《福建行政学院福建经济管理干部学院学报》2007年第1期。

③ 史长青：《台湾家庭暴力之处理机制：从公力救济到乡镇市调解》，载《台湾研究集刊》2010年第5期。

④ 马忠红：《中美警察干预和处置家庭暴力案件比较研究》，载《武汉公安干部学院学报》2010年第1期。

⑤ 方金华：《对国外介入家庭暴力的考察及启示》，载《重庆交通大学学报》（社会科学版）2008年第1期。

都遭受过家庭暴力之事实。[①] 肖树乔著的《国际人权、法律和中国受虐妇女现状》一书从实证调研出发，全面呈现了我国受虐妇女生活艰苦之现状，提出我国应当遵循国际人权与法律，对受虐妇女进行及时救济。[②] 陈敏主编的《呐喊，中国女性反家庭暴力报告》一书是基于2005年中国法学会在浙江、甘肃、湖南、四川等省进行的实证调研，反映了家庭暴力在我国发生的频繁度与宽泛度。[③] 陈苇著的《我国农村家庭暴力调查实证研究》一文主要在对我国农村地区进行关于家庭暴力调研的基础上，重点分析了农村地区家庭暴力受害者之心态、状态以及法律如何规制农村家庭暴力。[④] 张伟、马钰凤的《家庭暴力司法干预的调查与思考——以陕西省为例》一文是对陕西省部分市县的法院、检察院、公安机关进行的家庭暴力司法干预之实证调研报告，分析了陕西省家庭暴力发生之原因、类型、特点与后果，提出应当切实提高公安、司法工作人员的综合素质和执法水平以及制定陕西省专门防治家庭暴力之地方性法规。[⑤]

这些研究成果均立足其本身主题研究家庭暴力。对本书而言，有些研究成果极为深入可直接吸收，有些成果的研究方法颇值得借鉴，有些成果提供了非常重要的实证资料，对笔者的写作有很大帮助。

（二）国外关于家庭暴力的研究现状，说明如下：

1948年《世界人权宣言》、1959年《儿童权利宣言》、1966年《公民权利和政治权利国际公约》、1990年《儿童权利公约》、1993年《消除对妇女一切形式的歧视》以及《消除对妇女的暴力行为宣言》、1994年《防止、惩罚和消除对妇女暴

① 宋美娅、薛宁兰主编：《妇女受暴口述实录》，中国社会科学出版社2003年版。

② 肖树乔：《国际人权、法律和中国受虐妇女现状》，九州出版社2007年版。

③ 陈敏主编：《呐喊，中国女性反家庭暴力报告》，人民出版社2007年版。

④ 陈苇：《我国农村家庭暴力调查实证研究》，载陈苇著：《中国婚姻家庭法立法研究》，群众出版社2010年版。

⑤ 张伟、马钰凤：《家庭暴力司法干预的调查与思考——以陕西省为例》，载《河南省政法管理干部学院学报》2010年第3期。

力公约》等国际公约早已明确尊重人权、防治家庭暴力。诸多国外学者针对家庭暴力撰写了高水平的学术论著。① 以及相关

① Kelly Barth, *Domestic Violence*, Greenhaven Press, 2009. Mike Wilson, book editor, Domestic violence, Greenhaven Press, 2009. Holly Cefrey, *Domestic violence*, Rosen Pub. Group, 2009. Edited by Michael Freeman., *Domestic Violence*, Ashgate, 2008. Abigail Sterne, *Domestic Violence and Children*, Routledge, 2008. Eavan Boland, *Domestic Violence: Poems*, W. W. Norton, September 2, 2008. Mandy Burton, *Legal Responses to Domestic Violence*, Routledge Cavendish, September 4, 2008. Margi Laird McCue., *Domestic Violence: a Reference Handbook*, ABC – CLIO, 2008. Joyce Zoldak., *When Danger Hits Home: Survivors Of Domestic Violence*, Mason Crest Publishers, 2009. Donald G. Dutton, *Rethinking Domestic Violence*, UBC Press, February 15, 2007. *Encyclopedia of Domestic Violence*, Routledge, February 22, 2007. Richard L. Davis, *Domestic Violence: Intervention, Prevention, Policies, and Solutions*, CRC, March 7, 2008. Laura Richards, *Policing Domestic Violence (Blackstone's Practical Policing Series)*, Oxford University Press, USA, November 15, 2008. Donald G. Dutton, *Rethinking Domestic Violence*, University of British Columbia Press, May 30, 2006. Lorraine Radford, *Mothering Through Domestic Violence*, Jessica Kingsley Publishers, July 31, 2006. Jocelyn, E Andersen, *Woman Submit! Christians & Domestic Violence*, One Way Cafe Press, May 15, 2007. *Indira Jaising*, *Law of Domestic Violence [IMPORT]*, Universal Law Publishing Co Ltd, July 2007. R. C. Bird, *Domestic Violence*, Family Law Publications, June 2003. Katherine van Wormer and Albert R. Roberts, *Death By Domestic Violence: Preventing The Murders And Murder – Suicides*, Praeger Publishers, 2008. Ellen L. Bowen, *Domestic Violence Treatment for Abusive Women: A Treatment Manual*, Brunner – Routledge, 2008. David M. Haugen, book editor, *Domestic Violence: Opposing Viewpoints*, Greenhaven Press, 2005. *Domestic Violence And Its Reverberations*, Nova Science Publishers, May 11, 2006. Bernice R Kennedy, *Domestic Violence: A. K. A. Intimate Partner Violence (IPV)*, iUniverse, Inc., June 18, 2007. American Bar Association, Commission on Domestic Violence, the Impact of Domestic Violence on Your Legal Practice, American Bar Association, 1996. Bates LM, Schuler SR. Socioeconomic Factors and Processes Associated with Domestic *Violence In Rural Bangladesh*, Int FAM Plan Perspect, 2004, 12. Chris Shilling, *The Body and Social Theory*, London: Sage Publications, 1993. Davis, Cretney and Collins, *Simple Quarrels*, Clarendon Press, 1994. *Domestic Violence*, *Break the Chain*, Published by the Home Office in Collaboration with the Crown Prosecution Service and Others, Jan1 1999. Elizabeth, *Modern Moral Philosophy*, Philosophy, 1958 (33). Etienne. Gk, Linda. Ld, James. Am, *World Report on Violence And Health*, World Health Organization, Geneva, 2002. Eve S Bazaar and Carl G Bazaar, *Domestic Violence; The Criminal Justice Response*, Second Edition Sage Publications, 1996. Eve S. Buzawa and Carl G. Buzawa, *Domestic Violence: the Criminal Justice Response* (1996 *2nd Edition*), Sage Publications, 1996. Fortin, *Children's Rights and the Developing Law*, Butterworths, 1998. Gill Hague and Ellen Malos, *Domestic Violence: Action for Change*, 2nd Edition, New Clarion Press, 1998. Kyriacou Dn, Anglin D, Taliaferro E, *Risk Factors for Injury to Women from Domestic Violence Against Women*, N Engl J Med, 1999. Mayer BW, Coulter M, *Psychosocial Aspects of Partner Abuse*, J of Nursing, 2001. Mildred Daley Pagelow, Lloyd W. Pagelow, *Family Violence*, Greenwood Publishing Group, 1984. The Law Reform Commission, *Domestic Violence*, Australian Government Publishing Service, Canberra, 1986.

学术论文。①，其理论研究均富有成效。针对家庭暴力高质量的国外研究对本书的参考价值颇大。本书在外文资料的收集上主要针对西文文献，力求尽可能最大限度地收集和利用相关研究成果。

---

① Bird, *Domestic Violence and Protection from Harassment* (*3rd edn*), Family Law, 2001. David. Johannes, *Domestic Violence Scandal*, the New York Times, 28th March, 2009. Hutchinson, Roberts and Setright, *International Parental Child Abduction*, Family Law, 1998. Jessica J. Eckstein, *Reasons for Staying in Intimately Violent Relationships*: *Comparisons of Men and Women and Messages Communicated to Self and Others*, Journal of Family Violence, 26 October 2010. Law Commission, *Domestic Violence and Occupation of the Family Home*, LC No 207, 1992. Lea Kacen, *The "Extended Self" and "It" in the Dynamics of Violent Relationships*: *Learning from Personal Life Stories on Social Conflicts*, Journal of Family Violence, 20 October 2010. Lisa M. Martirinson, *Comment*: *An Ananysis of Resources for African – American Female Victims of Domestic Violence in Wisconsin Wisconsin*, Women's Law Journal, Fall. 2001. Mullender and Morley, *Children Living with Domestic Violence*, Whiting and Birch, 1994. Nichole Miras Mordini, *Mandatory State Interventions for Domestic Abuse Cases*: *An Examination of the Beefectos on Victim Safety and Autonomy*, 52 Darake L. Rev. 295, winter, 2004. Scott D. Easton, Carol Coohey, Patrick O' leary, Ying Zhang and Lei Hua, *The Effect of Childhood Sexual Abuse on Psychosexual Functioning During Adulthood*, Journal of Family Violence , 23 November 2010. Taner Akar, F. Nur Aksakal, Birol Demirel, Elif Durukan and Seçil Özkan. *The Prevalence of Domestic Violence against Women among a Group Woman*: *Ankara*, *TurkeyDomestic Violence against Women in Ankara*, Journal of Family Violence, Volume 25, Number 5, July 2010. *Using the Police and the Courts and What Can the Police Do For Me*? Domestic Violence Handbook (1995 Edition), *New York*: *New York State Coalition against Domestic Violence*, 1995. Zink, Therese, Levin, Linda, Putnam, Frank, Beckstrom, Andrew, *Accuracy of Five Domestic Violence Screening Questions With Nongraphic Language*, Clinical Pediatrics, No. 2, Vol. 46. Lynn Westbrook, *Digital Information Support for Domestic Violence Victims*, Journal of the American Society for Information Science and Technology, 2007, NO. 3, Vol. 58. Swogger MT, Walsh Z, Kosson DS, *Domestic Violence And Psychopathic Traits*: *Distinguishing The Antisocial Batterer From Other Antisocial Offenders*, Aggressive Behaviour, 2007, No. 3, Vol. 33. Allen, NE; Lehrner, A; Mattison, E; Miles, T; Russell, A, *Promoting Systems Change In The Health Care Response To Domestic Violence*, Journal of Community Psychology, 2007, NO. 1, Vol. 35.

四、实证资料

家庭暴力涉及当事人隐私，谈及难免敏感。相关的实证资料收集不易，现成的实证资料相对有限。笔者在调研中深切感受到了受害者对家庭暴力“不可说”，法院对家庭暴力“不清楚”，警察对家庭暴力“不方便”。几经努力，收集到下列实证资料：

第一，既有研究成果中的实证资料。考察既有研究成果可知，有关家庭暴力方面的实证研究主要集中于实体法领域，程序法领域并不多见。通过研读实体法领域有关家庭暴力的实证研究成果、程序法领域有关家庭暴力案件审判程序的实证研究成果，挖掘其中蕴涵的相关信息，取而用之，不但能够丰富资以分析的实证资料，还能用于研究结论的比对检测，在直接性实证资料不足的情况下，实为便利和可行的解决方案，行文中笔者将充分运用该类资料。

第二，家庭暴力受害者访谈记录。笔者通过妇联、法院等提供的帮助，联系到了7位愿意讲述自身遭受家庭暴力的受害者。为保护其隐私，文中各受害者均用化名，并且，根据访谈内容记录了受害者的“亲身经历”。笔者置身其境静心观听，体验着受害者对婚姻的绝望、对家庭的灰心、对自身的无奈，这些将或隐或现地反映于行文之中。

第三，家庭暴力主审法官访谈记录。家庭暴力案件的主审法官是审判程序的亲历者，是程序运作的指挥者和体验者，通过挖掘法官的程序体验能够弥补理论研究者的体验不足。当然，仅仅了解个别法官的程序体验远不足以对我国家庭暴力案件的审判程序进行整体观察，必须了解不同地区的多位法官的程序体验，以此为基础整合成为研究者的间接体验，便能弥补个别法官亲身体验代表性不足的问题，通过多重体验的冲突与比较，还能使这种体验更全面进而弥补亲历性不足的问题。囿于抽样调研的局限性，笔者仅直接或间接与数十位家庭暴力案件的审理法官交流，了解法官在家庭暴力案件程序运作中的感知与思考。

笔者采用发放书面问卷与访谈相结合的方式，分别于2011年1月至2月对四川德阳旌阳区人民法院家庭暴力案件主审法官以及于2011年4月至9月对重庆沙坪坝区人民法院家庭暴力案件主审法官进行调研。共发放问卷10余份，该问卷涵盖了家庭暴力案件裁判过程等影响审判的主要方面，设计为12个问题（选择题和问答题形式）。笔者最终在回收的有效问卷中结合访谈内容筛选整理出3份典型的具有代表性的访谈记录。

第四，受理家庭暴力事件妇联工作人员访谈记录。为了解妇联工作人员对处理家庭暴力事件的看法，笔者采用发放书面问卷与访谈相结合的方式，分别于2011年1月和2011年4月对四川德阳旌阳区妇联和重庆沙坪坝区妇联进行调研，并对十余名妇联工作人员进行了个人访谈，设计了关于处理家庭暴力事件的9个问题。最终筛选出两份有代表性的访谈记录。通过对妇联工作人员的访谈，知悉了妇联工作人员对家庭暴力认识不足、相关法律法规适用性不强、不平等性别关系持续再生产等问题，提出社会救助机构应当寻求适合自身的最理想的防治家庭暴力措施，在现有男强女弱的两性关系模式下，尤其应当对家庭暴力受害的女性提供足够的资源使其受到激励，摆脱其在“低水平”的生存环境中延续悲哀的困境。

第五，处理家庭暴力案件人民调解员访谈记录。为了解人民调解员处理家庭暴力事件的实况，笔者于2011年1月至2月在四川省德阳城北人民调解委员会进行调研，并对5名人民调解员进行个人访谈，共设计了关于家庭暴力的9个问题，主要包括：制止家庭暴力最好的方法、家庭暴力投诉到人民调解委员是否有助于解决家庭问题、对家庭暴力是否应采取法律干预、现有法律或司法解释是否有力、专门的防治家庭暴力法是否必要、人民调解委员会处理是否得力、及时有效地处理家庭暴力最理想的途径等，最终整理并筛选了两份有代表性的访谈记录。

第六，家庭暴力案件裁判文书。家庭暴力案件裁判文书是记载法院审理过程和裁判结果的司法文书，是家庭暴力案件审理过程和裁判结果的书面表达，展示着法院对家庭暴力案件事实认定和法律适用的整个过程，承载着与家庭暴力立法适用有关的诸多程序信息，既是实现国家量刑权的凭证，也是法院裁判过程的重要依据，还是社会公众观察和评价司法活动的重要媒介。研读分析家庭暴力裁判文书，挖掘提炼其中的程序信息，可以感知我国家庭暴力案件审判程序的运作现状，在难以直观感受审判过程的情况下，家庭暴力案件裁判文书不失为一种相对理想的替代性手段。通过实证调研，采集到家庭暴力案件裁判文书共583份，数据主要如下：

笔者自2011年1月10日至2月20日在德阳市旌阳区人民法院调研。首先，在裁判文书收集过程和样本选择上，本书选用的裁判文书收集是先初步收集再适当筛选。笔者在该院裁判文书档案室查询了2006年至2010年民事案件裁判文书，并抽样调取每年度第20~60卷，共收集裁判文书1000余份，其中关于家庭暴力案件裁判文书140余份。初步收集完成后，通过逐份研读，提取其所含程序信息，输入计算机生成数据库。因有些裁判文书非常简略，所含程序信息有限，达不到考察审判程序运行之目的，因此，在研读和输入过程中，以所含程序信息多寡为标准进行多次筛选，最终确定125份裁判文书作为考察样本（见表1）。其次，确定了程序信息的提取项目，并在研读和输入过程中不断补充、调整这些项目，经过研读、输入、多次复查之后，最终确定16个提取项目，主要包括：施暴者的性别、年龄、文化程度、职业，受害者的性别、年龄，文化程度、职业、是否涉及未成年人；家庭暴力发生的原因、发生情形、采取的方式、法院的审理结果，当事人是否撤诉及撤诉原因、法院审理依据的法律法规、离婚经济帮助或离婚损害赔偿等。

表1　2006～2010年德阳市旌阳区人民法院家庭暴力案件裁判文书抽样资料情况简表（单位：份）

类　别		民事案件总量	抽样民事案件总量	家庭暴力案件总量
合　计		9722	1000	125
审结年度分布	2006年	1478	200	31
	2007年	1729	200	15
	2008年	2165	200	21
	2009年	1890	200	27
	2010年	2460	200	31

笔者自2011年4月4日至5月27日在重庆市沙坪坝区人民法院调研。在裁判文书的收集、样本的选择、提取项目的拟定上，笔者仍然采用先初步收集再适当筛选的方式。共收集到2008年至2010年家事法案件裁判文书1934份，其中家庭暴力案件裁判文书458份。然后，对关于家庭暴力案件的裁判文书进行分类：离婚案件、继承案件、赡养案件、抚养费纠纷案件、抚养权纠纷案件、离婚后财产纠纷案件以及其他案件（见表2）。在提取项目的设计上，笔者在德阳市旌阳区人民法院调研提取项目设计的基础上加以改进，最终确定了16项，主要包括：2008～2010年度人民法院审理家庭暴力案件的情况、审理的家庭暴力案件之施暴者和受害者的性别、年龄、职业、文化程度，家庭暴力发生的原因、方式、侵害对象、案件审理结果（是否存在离婚损害赔偿或离婚经济补偿）、家庭暴力案件证据认定形式、审理案件依据的法律法规、申请人身安全保护裁定情况等。

表 2　2008～2010 年重庆市沙坪坝区人民法院家庭暴力案件裁判文书资料情况简表（单位：件；百分比）

类型 \ 数量		沙坪坝区	
		件	百分比
家事法案件	总计	1934	100.00%
家庭暴力案件	合计	458	23.68%
	离婚	450	98.25%
	继承	0	0
	赡养	1	0.22%
	抚养费	0	0
	抚养权	0	0
	离婚后财产纠纷	4	0.87%
	其他	3	0.66%

第七，人民调解委员会家庭暴力案件受理文书。笔者自 2011 年 1 月 17 日至 2 月 2 日在德阳市城北人民调解委员会调研。在此次调研中，笔者在街道办工作人员的配合下运用实地调查、分析案卷、与人民调解员访谈相结合的调研方法，深入到基层单位实地调研，共收集到城北人民调解委员会 2008～2010 年受理家事法案件 70 件，其中涉及家庭暴力 15 件（见表 3）。在调取人民调解委员会受理和处理家庭暴力案件文书信息的过程中，笔者设计了 13 项提取项目：2008～2010 年人民调解委员会受理家庭暴力案件的数量，施暴者和受害者的性别、年龄、职业、文化程度，家庭暴力发生原因、情形、侵害对象以及对案件的处理结果。本书将以这些实证数据作为研究基础，力求剖析家庭暴力的起因、过程、结果，并力争对我国人民调解委员会的防治家庭暴力工作进行有益的经验总结以及对处理家庭暴力案件中存在的棘手问题进行积极反思。

表 3　2008～2010 年德阳市城北人民调解委员会受理家庭暴力案件资料情况简表（单位：件；百分比）

类型　　数量		城北	
		件	百分比
家事法案件	总计	70	100.00%
受理家庭暴力案件	合计	15	21.43%
	离婚	4	26.67%
	继承	0	0
	赡养	4	26.67%
	抚养费	0	0
	抚养权	0	0
	离婚后财产纠纷	0	0
	其他	7	46.66%

第八，投诉到妇联的家庭暴力事件记录。笔者自 2011 年 4 月 15 日至 2011 年 6 月 28 日在重庆市沙坪坝区妇联调研，采集到 2009 年和 2010 年妇联登记和处理婚姻家庭事件共 302 件，其中涉及家庭暴力 80 件，分别涵盖离婚、继承、赡养、抚养费、抚养权、离婚后财产纠纷等。在研读和分析妇联处理家庭暴力事件的文书过程中，设计了 14 项提取项目：2009～2010 年妇联处理家庭暴力事件情况、施暴者和受害者的性别、年龄、职业、文化程度、家庭暴力发生原因以及妇联对家庭暴力事件的处理结果（见表 4）。笔者力求深层次洞察我国社会救助机构的本土资源在防治家庭暴力方面取得的成绩与仍存在的不足，以期在未来防治家庭暴力立法中提出别样的防治思路。

表4　2009～2010年重庆市沙坪坝区妇联受理家庭暴力事件资料情况简表（单位：件；百分比）

类型 \ 数量		沙坪坝区	
		件	百分比
婚姻家庭事件	总计	302	100.00%
家庭暴力事件	合计	80	26.49%
	离婚	68	85.00%
	继承	0	0
	赡养	0	0
	抚养费	0	0
	抚养权	0	0
	离婚后财产纠纷	0	0
	其他	12	15.00%

第九，家庭暴力民众抽样调查问卷。2011年6月至8月，笔者采用问卷调研的方式，分别向河北、四川、甘肃部分民众共发放关于家庭暴力问卷180份［各省60份，本着三地数量基本平衡原则，向地（县）级市和农村地区各发放30份］，回收168份，回收率为93.33%。因问卷填写的遗漏与被调研者个人因素，最终确定有效问卷143份，有效问卷率为79.45%（见表5）。

表 5 河北、四川、甘肃抽样民众样本总表及分布（单位：份）

省份	样本数量	城镇居民数量	农村居民数量
河北	51	28	23
四川	43	23	20
甘肃	49	25	24
城镇居民合计		76	
农村居民合计			67
样本合计	143		

当然，由于实证研究的经验不足以及调研的实际困难，导致本书涉及的实证资料存在着一些问题：实证资料的收集针对性不强，问卷调查的样本数量较少导致其代表性不足，实证资料与研究对象的关联性相对间接，可能影响结论的准确性。笔者在行文中将注意处理这些不足，通过多项间接资料的比对和印证，尽可能将这些不足带给研究结论的消极影响降到最低。

五、本书思路

基于家庭暴力在我国将长期存在的现实，笔者有意涉足家庭暴力领域；基于我国家庭暴力案件之程序进程，笔者关注家庭暴力案件的民事程序；基于防治家庭暴力立法在研究家庭暴力领域的核心地位，笔者以“防治家庭暴力立法与实践研究”为研究主题；基于我国防治家庭暴力的研究现状和不足，笔者拟以比较法分析和实证考察为基本研究方法，以系统思维为指导思想，在努力贡献知识增量的同时力图整合既有研究成果，以期推动我国防治家庭暴力立法规制、司法介入、社会救助研究结论的体系化。具体而言：

第一，关注“问题盲点”。有关家庭暴力的很多问题点已被学界前贤充分关注和再三研讨，研究成果颇丰，很多“问题点”已基本达成共识。可以说，已经不大可能再发现什么新的论据来证明有重述之必要了，如再以面面俱到的体例示人，难免大面积拾人牙慧。当然，有关防治家庭暴力的研究，“问题盲点”依然存在，如虐待与家庭暴力关系、新型家庭冷暴力、人身安全保护裁定制度、家庭暴力防治委员会、防治家庭暴力中心、施暴者处遇计划规范、家庭暴力嫌疑者通报机制、家庭暴力当事人访视制度等问题，或学界关注不多，或观点尚待商榷。正如福柯所言：“我努力使那些仅仅因其一目了然而不为人所见的东西为人们看见”① 笔者之努力也正是专注于那些太过“一目了然”而“不为人所见”或“视而不见”的“问题盲点”，力求在资料和结论上有所创新。

第二，拓展比较研究。考察域外制度，争取洋为中用，这是我国多年来理论研究和司法改革的习惯思维，探讨我国防治家庭暴力立法、司法、救助措施的完善，有必要系统考察可资借鉴的域外经验。国际公约中有关家庭暴力的规定为我们进行制度改革设定了最低标准；法治发达的英国、美国为我们展示了其相对先进的制度设计和运行实际；在我国香港、台湾地区，相对于其人口规模来说，家庭暴力获罪相对较多，由于其在文化传统上与大陆同根同源，其防治家庭暴力立法亦颇值关注。本书的比较法考察将以国际公约，英国，美国，我国香港、台湾地区防治家庭暴力立法为考察对象，提炼相关经验、突出介绍英国，美国，我国香港、台湾地区关于防治家庭暴力的相关制度。

第三，突出实证研究。有关家庭暴力的官方统计实证研究不多，有关家庭暴力案件审判程序的实证研究更少。本书立足第一手实证资料，着眼于细微之处的深入挖掘，力求通过实证研究将相关问题说清谈透，真正发现和解决问题。

第四，立足于既有研究成果，探讨我国防治家庭暴力的改革思路。前文已言及，有关家庭暴力的研究，法学界在很多方面已基本

---

① Michel Foucault, *The Archeology of Knowledge*, *in Foucault Live*, Trans, John Johnson, Semiotext(e) Foreign Agent Series, 1989, p. 46.

达成共识，笔者以学界通说为基础，整理整合既有研究成果，客观中肯地评价我国家庭暴力情势和防治家庭暴力的运作现状，系统分析家庭暴力案件的现行审判程序、社会救助的缺陷所在，深入探讨制度改革的合理进路，整体思考我国防治家庭暴力的改革完善。

本书采用的主要研究方法包括：其一，比较研究法。全面系统地梳理英国，美国，我国香港、台湾地区防治家庭暴力的相关立法，重点考察英国、美国、加拿大、挪威、澳大利亚等国家防治家庭暴力的司法介入与社会救助措施的特色，为研究我国内地防治家庭暴力立法、司法以及救助措施奠定良好的域外比较基础；其二，实证调研法。对我国河北、四川、甘肃、重庆地区进行针对家庭暴力抽样实况调研，选取部分法院的家庭暴力审理案件实证调研，通过发放问卷、案件统计、个案访谈、与有关人员座谈、收集相关部门的统计资料等方法，获得第一手实证资料，并通过解剖“麻雀”的方式，揭示解决存在问题的有效路径；其三，综合研究法。运用法学、社会学、心理学等知识进行综合性研究，利用全方位视角，对个人、家庭关系与社会制度、文化背景进行综合分析，全面认识家庭暴力这一社会现象，寻求有效防治路径，达到建立和谐的婚姻家庭关系，促进构建和谐社会之目的。

本书研究的难点主要在于研究资料的收集获取上。其一，英文资料的收集有一定难度。笔者通过充分运用中国国家图书馆、香港公共图书馆、网络资源、远程委托代为收集等方法收集和运用部分第一手英文资料。其二，直接的第一手实证调查资料的收集较为困难。家庭暴力问题具有隐秘性，与隐私权有关，故其较为敏感，现成的实证调查资料相对有限。笔者将通过向抽样的部分民众发放问卷进行调查，与人民法院、人民调解委员会、妇联组织等实务部门的同志合作，采集家庭暴力案件的司法文书、调解文书、投诉记录以及争取与家庭暴力当事人取得信任的前提下对其进行个人访谈，并通过倾听了解受害者的心路历程等方式来解决这一难题。

六、观点创新

“防治家庭暴力”实非新题目，相关研究很多也很深入。本书以此问题为进路，运用新资料、新方法，专注“问题盲点”，力求在具体问题上深入，致力于细微处创新。

本书在研究资料、学术主张上的主要创新努力如下：

1. 深入研讨“家庭暴力”之认定，具体分析暴力主体与暴力行为，深入探讨家庭暴力之内涵以及家庭成员之定义。

2. 依托最新英文资料，系统介绍英国、我国香港家庭暴力立法之特色。

3. 运用实证研究的方法，依据实证研究的资料，从地域文化学视角分析家庭暴力的认知差异，提出应当尊重文化风俗习惯，对不同地区的防治家庭暴力途径予以特色研究；考察分析我国内地家庭暴力案件审判、家庭暴力事件投诉之现状，揭示问题、探讨对策，阐述继续完善人身安全保护裁定制度、修正家庭暴力非法证据排除规则及具体方案，求解社会救助对策，主张设立家庭暴力嫌疑者通报机制、构建家庭暴力当事人访视制度。

4. 全面评析我国家庭暴力的立法现状，总结成效、揭示不足，考察司法需求，探讨优化配给，以社会性别主流化理念为基础，对我国内地防治家庭暴力立法、司法、救助措施提出修改补充之建议。

第一章　家庭暴力的概述

第一节　家庭暴力的内涵界定

家庭暴力，是一种以不平等的社会制度为基础的制度性暴力。20 世纪 70 年代，国际社会开始共同关注家庭暴力。为保护妇女的人权，联合国相继通过了一系列国际公约和文件：《消除对妇女一切形式的歧视公约》（1979）、《维也纳宣言和行动纲领》（1993）、《消除对妇女暴力宣言》（1993）、《行动纲领》（1995）、《家庭暴力示范立法框架》（1996）等。在中国，1995 年在北京召开的第四次世界妇女大会开启了防治家庭暴力立法之航程，家庭暴力问题自此在我国开始引起广泛关注。

尽管如此，无论是在国际层面还是在国家层面，“家庭暴力”之法律内涵仍尚未统一。《消除对妇女的暴力宣言》第 1 条规定，针对女性的暴力是指发生在家庭内部的使女性的生殖器官等遭受严重损伤的暴力行为。[①]《消除对妇女一切形式的歧视公约》之“消除对妇女歧视委员会”于 1992 年通过了第 19 号建议，将基于性别的暴力定义为：“其为女性而对之施加的或对女性危害特别严重的暴力。包括身体、心理、性的伤害行为或者威胁施加此类行为以及

① 本书所引用的联合国公约及文件内容均来自联合国官方网站，http://www.un.org/zh/index.shtml. 访问时间：2011 年 7 月 15 日。

其他剥夺自由的行为。”[①] 联合国妇女暴力特别报告员也对“家庭暴力”作出阐释：由于女性在家庭内所扮演的角色，因此而遭受到直接或间接的发生在家庭内部的暴力行为。[②]

除了国际公约和文件对家庭暴力进行定义外，美国、英国、澳大利亚、加拿大等受虐妇女运动开展较早的国家亦从不同学科的视角尝试界定“家庭暴力”。[③] 美国的《家庭暴力标准法》明确指出了针对家庭内部成员实施的且对其造成了身体残害或令其具有一定程度的害怕之暴力行为，就是家庭暴力。个人的自卫不能被当做家庭暴力行为。[④] 美国律师协会（ABA）全国家庭暴力委员会指出：“家庭暴力是当一方亲密伴侣使用身体暴力、胁迫、恐吓、隔绝孤立以及情感、性、经济暴力的方式，试图对另一亲密伴侣权力控制时发生的行为。没有任何一种身体行为可以充分被界定为家庭暴力。心理、社会和家庭因素综合发生作用，才会产生施暴行为的环境。”[⑤] 加拿大对家庭暴力界定为倾向于身体暴力和情感暴力。《英国1996年家庭法法案》规定家庭暴力行为注重施暴者的控制支配。[⑥] 英国一些政府、司法机构也对家庭暴力的定义作出各自不同的解释。例如，英国皇家警察认为家庭暴力是指“在曾经或现在

---

① *Raoul Wallenberg Institute of Human Rights and Humanitarian Law*, General Comments or Recommendations Adopted by United Nations Human Rights Treaty Bodies, Vol1Ⅳ, Committee on the Elimination of Discrimination against Women (Lund 1998), p. 32.

② *Raoul Wallenberg Institute of Human Rights and Humanitarian Law*, General Comments or Recommendations Adopted by United Nations Human Rights Treaty Bodies, Vol1Ⅳ, Committee on the Elimination of Discrimination against Women (Lund 1998), p. 5.

③ 如法学、社会学、心理学、病理学、女权主义等视角。

④ “*Model Code on Domestic and Family Violence: General Provisions.*”,资料来源：http://www.stopdv.org.cn/cn/index.asp. 访问时间：2011年9月13日。

⑤ American Bar Association, *Commission on Domestic Violence*, *The Impact of Domestic Violence on Your Legal Practice*, American Bar Association, 1996, pp. 11 - 13. 转引自黄列：《家庭暴力：从国际到国内的应对（上）》，载《环球法律评论》2002年春季号，第109页。

⑥ Kate Standley, *Family L aw*, Macm illan Press, Ltd, 1997.

有亲密关系伴侣之间发生的在身体、性、情感、经济上的伤害行为，其性质不由发生时间或地点决定”。英国内务部曾在宣传品上作如下表述：“家庭暴力是控制行为，包括在各种亲密关系中发生的在身体、性、情感上的虐待。”① 澳大利亚于1986年通过的《家庭暴力报告》写到精神暴力应当被包含于家庭暴力。②

不同的国情决定了家庭暴力内涵的差异。科学界定家庭暴力，需与各国各地区的文化传统与背景、家庭暴力发生的现状与变化、广大民众对家庭暴力的认识程度相结合。尽管如此，笔者以为，无论各国各地区对家庭暴力内涵界定如何不一，其范畴都应包含三方面——“家庭”、“暴力”、“家庭暴力”。本书拟从分析家庭暴力主体与暴力行为出发，力求对“家庭”、“暴力”、“家庭暴力”之法律内涵作较全方位的阐释。

一、暴力主体

在家庭暴力内涵的界定中，“主体”占据核心地位。正确认识家庭暴力主体，有利于保障应受保护当事人的权益，有利于促进家庭暴力理论研究，有利于提高家庭暴力的防治效率，有利于增强家庭暴力的禁止实效。

研究家庭暴力的主体范围，首先须正确理解什么是“家庭”。家庭有广义和狭义之分，广义的家庭指人类在进化不同阶段上出现的各类型家庭利益集团；狭义的家庭指由一夫一妻制构成的单元。所谓一般意义上的家庭，主要是指占社会主导潮流的处于规范概念的由家庭成员构成的单位，如父母子女同堂的核心家庭模式或几代人同堂的联合家庭模式。然而，一般意义上的家庭内涵与实际上在

① *Domestic Violence*: *Break the Chain*, published by the Home Office in collaboration with the Crown Prosecution Service and others (Jan1999) 1.

② *The Law Reform Commission*, *Domestic Violence*, Australian Government Publishing Service, Canberra 1986, pp. 15 ~61.

许多情形下并不符合所谓的当代家庭模式。[①] 当代家庭模式，主要是指女性作为户主的家庭，无论该类女性是已婚还是未婚或是离婚，因考虑到性或其他因素，选择独立居住或者与子女共居。[②] 无论是在东方国家还是在西方国家，随着性解放与女权主义的发展，出现了愈来愈多的未婚同居；随着离婚、寡居、被遗弃、借腹生子、试管婴儿、捐赠或购买精子等手段得到子女的趋势流行，出现了愈来愈多的单亲家庭；随着性观念、性取向潮流的改变，出现了愈来愈多的同性结合。发生在非婚同居、单亲家庭、同性结合等所谓的现代意义上的"家庭"主体之间的暴力，在一定程度上、一定时间内均难以很快地被认可进入狭义的传统家庭内涵之中。笔者以为，正确合理地理解"家庭"之内涵，都必须考虑到与各国各地区密切相伴的新生事物。因为任何时期、任何阶段、任何种族对"家庭"的理解，都会或多或少受到经济、人口、文化、政治等其他相关因素的影响。并且，该种影响度还在不断变化之中。联合国针对女性暴力之报告明确记载，任何对家庭的界定，都关涉到个人对其家庭生活的一种具有包容性的感受，家庭暴力是发生在家庭内部之中的，因此，对家庭暴力的界定也是基于对家庭内涵的理解之后的基础之上。当暴力不被纳入狭义家庭之内涵中时，对何谓家庭暴力则会成为产生扭曲的理解，因为在未亲身经历暴力的前提下肯定难以理解什么才是真正的家庭暴力。尽管如此，国家和社会更应当倾向于对养老、看护等概念的重新定义。[③]

---

① *Violence against Women in the Family*, *Report by Special Rapporteur Submitted to* 55 *Session*, Commission on Human Rights, E/CN14/1999/681。转引自黄列：《家庭暴力：从国际到国内的应对（上）》，载《环球法律评论》2002年春季号，第107页。

② *Commission on Human Rights*（*52the session*）, Report of the Special Rapporteur on Violence E/ CN14/ 1996/ 53（Feb 1, 1996），资料来源：http://www. 1unhchr/ch/Huridocda/Opendocument. 访问时间：2011年8月10日。

③ *Commission on Human Rights*（*52 the session*）, Report of the Special Rapporteur on Violence,（E/CN14/1996/5）, Feb 1, 1996.

国外对家庭暴力主体的认识不一。在美国，“家庭暴力”普遍用来指“发生在当前和前任伙伴间的暴力”。美国法律中并无家庭暴力的标准定义，各州对其界定也不尽相同（一个州可能会并存多个含有“家庭暴力”不同定义的不同法规）。[①] 在英国，家庭暴力通常被视为处于亲密关系或家庭关系之下，往往是成年异性之间的暴力行为，施暴者绝大多数是男性。英国妇女援助联盟认为：家庭暴力主体包括丈夫、男朋友、性伴侣、情人、同居者、前性伴侣、前夫、朋友、儿子、父亲、兄弟、叔伯或其他亲密的家庭成员。[②] 英国《1996年家庭法法案》对家庭暴力的界定是：“个人为了控制或支配与之存在或曾经存在过某种亲属关系中的他人所采取的任何暴力或虐待行为（不论这种行为是肉体的、性的、心理的、感情的、语言的或经济上的）”。[③] 可见，该法认为家庭暴力的主体包括配偶、前配偶、同居者、前同居者。1995年12月通过的新西兰《家庭暴力法案》第4条对“家庭关系”的定义中涵盖了伴侣、家庭成员、日常共居一室者及关系密切者。[④] 其承认同性恋伙伴是该法第2条解释的合法缔结婚姻关系的“伴侣”和“任何按照婚姻的本质关系共同生活者（无论同性还是异性、无论现在或过去能否合法地缔结婚姻关系）”。[⑤] 法国《1996年家庭法案》第四部分“家庭住宅和家庭暴力”规定了“因家庭暴力而接受家庭救济的人员有配偶、前配偶、同居者和前同居者”。由此可见，国外对家庭暴力主体的界定大多倾向于有共同生活之实，并非一概强调有

---

① 荣维毅、黄列：《家庭暴力对策研究与干预》，中国社会科学出版社2003年版，第23页。

② Gill Hague and Ellen Malos, *Domestic Violence: Action for Change*, 2nd Edition, New Clarion Press, 1998, pp. 13 ~ 41.

③ Kate Standley: *Family Law*, Macmillan Press Ltd., 1997, p. 71.

④ Bill Atkin, *Dealing with Family Violence: Family Law in New Zealand* 1995, in Bainhamed. The International Survey of Family Law 1995, The Netherlands, p. 386.

⑤ 巫昌祯、杨大文：《防治家庭暴力研究》，群众出版社2000年版，第84页。

亲属关系之名；不局限于婚姻、血缘、法律关系构成的家庭，基本都将由同居者、前夫、前男友、同性者维系的现代意义上的“家庭”包括在内。

家庭暴力主体是一个具有较强民族性、文化性、道德性的概念。我国应当从本国国情与传统道德观念出发，不能一味地将国外对家庭暴力主体的宽泛概念盲目“移植”，也不能一味地将同性结合、同居关系一并纳入家庭暴力主体中。[①]“家庭是由一定范围内的亲属构成的生活单位，包括共同生活单位与一定范围的亲属两个要素。”[②] 研究家庭暴力的主体理应包含此两要素。根据我国相关法律的规定，家庭暴力的主体宜限定在直系血亲之间（法律拟制直系血亲、有扶养关系的继父母与继子女）；共同生活至少 1 年的兄弟姐妹、公婆与儿媳、岳父母与女婿之间；不存在亲属关系或虽存在亲属关系但不共同生活的，原则上不应被认为是同一家庭的成员，不能成为家庭暴力的主体。然而，笔者认为，第一，家庭暴力的主体不应以具有我国现行立法规定的抚养、赡养、扶养关系为限；第二，有法律上的扶养关系并不能当然成为家庭暴力的主体；第三，直系血亲之间因血缘、日常生活关系的特殊性和社会对家庭成员身份的普遍认同，无论是否同居都可以成为家庭暴力的主体。

非婚同居者是否成为家庭暴力的主体之一，在我国学界还存有争议。有学者认为，家庭暴力可发生在婚姻家庭、未婚同居家庭、同性恋家庭中，可发生在夫妻间、曾有配偶关系者间、伴侣间、父母子女间、兄弟姐妹间、祖孙间以及其他家庭成员间。[③] 有学者认为，将非婚同居者纳入家庭暴力主体的观点对从社会学角度广泛地

---

① 其中，由于同性婚姻在我国尚未有可被接受度，因此，本书将对其不作深入探讨。另外，关于是否将所有的同居关系均纳入家庭暴力主体范围，下文对此有详细论述。

② 杨大文主编：《婚姻法教程》，法律出版社 1992 年版，第 2 页。

③ 李明舜：《制定家庭暴力法的几点思考》，载《中华女子学院学报》2003 年第 2 期，第 32 页。

研究家庭暴力具有一定的积极意义，而且也能与外国立法较接近，但从法学角度和我国的实际情况看，曾有配偶关系者之间、未婚同居的两性之间、同性恋之间并不是真正意义上的家庭关系。将其纳入到家庭暴力的主体范围，实际上不仅承认了这种非正常关系的合法性，与现行法律和社会观念有严重冲突，而且主体范围的泛化还会分散我国目前禁止家庭暴力起步阶段的有限力量。①

在我国地方性立法中，有些将非婚同居者列入家庭暴力的主体范围，如《银川市预防和制止家庭暴力条例（草案）》（2009 年 8 月 5 日）中“家庭成员”包含了夫（妻）、父（母）、子（女）、兄弟（姐妹）、祖（外）父母、孙（外）子女、儿媳、女婿、公（婆）、岳父（母）等成员。对以夫妻名义共同生活的非婚同居者之间实施的暴力行为，也参照相关内容执行。② 有些未将非婚同居者列入家庭暴力的主体范围，如《海南省预防和制止家庭暴力规定》（2005 年 9 月 28 日）第 2 条第 2 款规定：“本规定所称的家庭成员是指夫妻、父母（养父母）、子女（养子女），以及有扶养关系或者共同生活的继父母、继子女、祖父母、外祖父母、孙子女、外孙子女和兄弟姐妹等。”《温州市预防和制止家庭暴力规定》（2006 年 11 月 4 日）第 4 条规定：“本规定所称的家庭成员是指夫妻、父母、子女、祖父母、外祖父母、孙子女、外孙子女和兄弟姐妹等。”《宁波市预防和制止家庭暴力条例》（2008 年 10 月 6）第 2 条第 2 款规定：“本条例所称家庭成员，是指配偶、子女（养子女）、父母（养父母），以及有抚养、扶养、赡养关系或者共同生活的继子女、继父母、兄弟姐妹、祖父母、外祖父母、孙子女、外孙子女、儿媳（女婿）、公婆（岳父母）等亲属。”有些则尚未提

---

① 焦少林：《家庭暴力的主体与特征》，载《安庆师范学院学报（社会科学版）》2005 年第 3 期，第 25 页。

② 潘从武：《非婚同居遭“家庭暴力”也受保护　银川出台法规预防和制止家暴》，载《法制日报》2009 年 8 月 10 日，第 7 版。

及家庭暴力的主体，如《湖南省人民代表大会常务委员会关于预防和制止家庭暴力的决议》（2000 年 3 月 31 日）、《宁夏回族自治区人大常委会关于预防和制止家庭暴力的决议》（2001 年 9 月 7 日）、《江西省人民代表大会常务委员会关于预防和制止家庭暴力的决定》（2002 年 7 月 29 日）、《陕西省人民代表大会常务委员会关于预防和制止家庭暴力的决议》（2002 年 11 月 29 日）、《黑龙江省人民代表大会常务委员会关于预防和制止家庭暴力的决定》（2003 年 6 月 20 日）、《湖北省人民代表大会常务委员会关于预防和制止家庭暴力的决议》（2003 年 7 月 25 日）、《山西省人民代表大会常务委员会关于预防和制止家庭暴力的决定》（2003 年 9 月 27 日）、《河北省预防和制止家庭暴力条例》（2004 年 7 月 22 日）、《辽宁省预防和制止家庭暴力规定》（2005 年 5 月 28 日）、《内蒙古自治区预防和制止家庭暴力条例》（2006 年 4 月 1 日）、《西安市预防和制止家庭暴力条例》（2005 年 8 月 31 日）、《青海省预防和制止家庭暴力条例》（2005 年 11 月 26 日）、《河南省关于预防和制止家庭暴力的决定》（2006 年 3 月 29 日）、《重庆市预防和制止家庭暴力条例》（2006 年 5 月 19 日）、《吉林省预防和制止家庭暴力条例》（2007 年 1 月 12 日）、《新疆维吾尔自治区预防和制止家庭暴力规定》（2008 年 11 月 29 日）等。可见，在我国地方性反家庭暴力立法中，绝大多数省市均未将非婚同居者列入家庭暴力主体的范围。

笔者认为，不能盲目移植国外立法，将非婚同居者一并列入家庭暴力主体。应当从我国的国情和一般民众的认识出发，将非婚同居者附带一定条件地列入家庭暴力主体较为妥当。首先，应当对同居关系予以科学界定。有学者认为，同居关系是指“未办理结婚登记的异性或同性双方当事人，自愿持续地公开共同生活 2 年以上，或自愿持续地公开共同生活 1 年以上并有双方的共同子女，构成事实伴侣关系。同居者有下列情形之一的，不构成事实伴侣关系：一是为直系血亲和三代以内旁系血亲；二是患有医学上认为不应当结婚的疾病；三是一方或双方为未成年人；四是一方或双方已有配偶、事实伴侣或登记伴侣。”① 同性结合在我国尚未成为广大民众可接受的主流观点，“未办理结婚登记的同性”应当予以删除。同居关系应当是指“未办理结婚登记的异性双方当事人，自愿持续地公开共同生活2年以上，或自愿持续地公开共同生活1年以上并有双方的共同子女，构成事实伴侣关系。同居者有下列情形之一的，不构成事实伴侣关系：一是为直系血亲和三代以内旁系血亲；二是患有医学上认为不应当结婚的疾病；三是一方或双方为未成年人；四是一方或双方已有配偶、事实伴侣或登记伴侣。”只有同时具备以上四方面，才可考虑将非婚同居者列入家庭暴力的主体范围。其次，家庭暴力须为非对称型。② 再次，非婚同居发生的家庭暴力必须产生特定的法律后果。这样，将非婚同居者有条件地作为家庭暴力主体之一不仅不会将主体泛化，而且有利于区分短暂性同居暴力与长久性同居暴力行为的性质，有利于保护同居者及其共同子女的合法权益。

二、暴力行为

研究家庭暴力行为的角度多种多样。③ 本书从厘清家庭暴力与虐待的关系、探究“冷暴力”是否是家庭暴力行为的“变种”两

---

① 陈苇：《中国婚姻家庭法立法研究》（第2版），群众出版社2010年版，第196页。

② 关于对称型与非对称型家庭暴力的详细论述，详见本章第三节“家庭暴力的类型剖解”。

③ 如有研究家庭暴力行为的性质、表现方式、类型化等多种视角。

方面为视角，对家庭暴力行为进行阐述。[①]

（一）虐待与家庭暴力

关于“家庭暴力”与“虐待”，许多学者进行了理论探讨，但观点终未达成一致。梳理各家观点，可简要概括为四种：第一，“家庭暴力”包含“虐待”。此种观点认为，家庭暴力的外延宽于虐待，不仅包含作为的暴力，还包含不作为的暴力，虐待被包含于“泛家庭暴力”的内涵中。家庭暴力的范围比虐待宽泛。[②] 第二，“虐待”包含“家庭暴力”。此种观点认为，虐待是家庭暴力的一种常见形式，二者的主要特征相同，表现形式大同小异，家庭暴力并非一定是虐待。[③] 第三，二者各自独立，互不交叉。第四，二者本质相同，后果相异。该种观点认为，家庭暴力与虐待两种行为都对家庭成员的身体和精神造成了一定的伤害，但伤害程度却不同，[④] 通常的殴打辱骂不构成虐待，更不构成虐待罪，但却构成家庭暴力。[⑤]

以上各种观点虽然均有其合理性，却都不能完整地揭示“家

---

① 对家庭暴力行为的研究，本书仅选择从家庭暴力与虐待的关系和“冷暴力”两方面进行，主要考虑有二：第一，目前，在我国家庭暴力学术研究中，关于家庭暴力与虐待之关系、冷暴力是否应当纳入法律予以规制等问题仍然是争议焦点所在，导致司法实践中出现“同一案件，不同结果”的差异，司法实务部门对此也感到处理棘手与不力（可通过笔者对部分司法实务部门人员访谈内容予以佐证）。第二，本书并非忽略对家庭暴力行为的性质、表现方式、类型化进行研究，相关论述详见本章第三节“家庭暴力类型剖解”部分。

② 巫昌祯：《中国婚姻法》，中国政法大学出版社 2001 年版，第 68 页。此外，2012 年 2 月 29 日，江苏省人民代表大会常务委员会法制委员会副主任委员刘克希明确表示，我国目前专门制定一部“反家庭暴力法”十分必要。该法应当将夫妻之间的性暴力、虐待、遗弃等冷暴力行为均列入家庭暴力的范畴。资料来源：http://www.js.xinhuanet.com/xin_wen_zhong_xin/2012-02/29/content_24797680.htm. 访问时间：2012 年 3 月 6 日。

③ 蒋月、张莉编著：《新婚姻法导读》，厦门大学出版社 2001 年版，第 112 页。

④ 杨大文：《婚姻家庭法学》，复旦大学出版社 2002 年版，第 113 页。

⑤ 李霞：《家庭暴力法律范畴论纲——基于性别的角度》，载《社会科学研究》2005 年第 4 期，第 90 页。

庭暴力”与“虐待”的真实含义及其关系。第一种认为“家庭暴力”包含“虐待”的观点，将家庭暴力的外延不恰当地扩大，将家庭暴力宽泛化，不仅将二者内涵相混淆，而且将虐待中的非暴力行为也认作是家庭暴力，这是不科学的。第二种认为“虐待”包含“家庭暴力”的观点，将偶然性、一次性的家庭暴力包含于虐待之中，实际上是将法律意义上的虐待之内涵曲解，因为虐待的一个非常重要的特征为“持续性和经常性”，偶然性的家庭暴力显然并非是法律意义上的“虐待”。第三种认为“家庭暴力”与“虐待”各自独立的观点只看到了二者的区别，忽视了二者的联系，是片面的。第四种认为“家庭暴力”与“虐待”本质相同后果不同的观点混淆了二者的内涵，将伤害后果作为区分二者唯一因素不妥。

“家庭暴力”与“虐待”内涵的界定关乎国家立法例的选择。目前，世界上有两种立法例，其一为不区分“家庭暴力”与“虐待”，或将“家庭暴力”包含于“虐待”之中，或将“虐待”包含于“家庭暴力”之中，如英国，日本，澳大利亚以及我国的香港、台湾地区。其二为区分“家庭暴力”与“虐待”，二者分属不同的概念，如法国、美国、瑞士、意大利。

我国立法体例区分“家庭暴力”与“虐待”。《未成年人保护法》明确规定了应当禁止虐待、残害未成年人，并禁止对其实施家庭暴力（第10条）。禁止拐卖未成年人（第41条）。救助机构和福利机构的人员应尽职尽责，不能歧视未成年人；不得在办理收留抚养工作中牟取利益（第43条第3款）。救助机构和福利机构的人员如未尽救助职责或者歧视未成年人或者在救助过程中谋取私利，应当依法受到行政处分（第70条）。《老年人权益保障法》规定禁止虐待或者遗弃老年人（第4条第3款）。2001年修正的《婚姻法》明确规定禁止家庭暴力、虐待以及遗弃（第3条第2款）。继父母子女关系者不得互相虐待或歧视（第27条第1款）。“实施家庭暴力”是法定离婚理由之一（第32条第3款第2项）。居

(村)民委员会，当事人所在单位应当对暴力行为进行制止（第43条)。对家庭成员实施家庭暴力者应当依法追究其刑事责任（第45条)。家庭暴力是请求离婚损害赔偿的法定理由（第46条)。2001年《最高人民法院关于适用〈中华人民共和国婚姻法〉若干问题的解释（一)》(以下简称《婚姻法司法解释（一)》) 明确界定了家庭暴力之内涵（第1条)。可见，我国禁止虐待的立法，如《未成年人保护法》和《老年人权益保障法》先于禁止家庭暴力的立法，如现行《婚姻法》和《婚姻法司法解释（一)》。我国在禁止虐待的立法中并无家庭暴力的概念，可以说虐待包含了家庭暴力。禁止家庭暴力相关立法出台后，“家庭暴力”和“虐待”之间才开始有了区别，虐待着重强调“持续性”和“经常性”，家庭暴力着重强调“作为性”。其间的重合之处仅体现在“持续性、经常性的家庭暴力，构成虐待”的法律条文中。

笔者认为，虐待强调行为的“持续性和经常性”，包括作为的暴力和不作为的非暴力。家庭暴力强调“作为”，包括偶发性暴力和经常性暴力。二者既相对独立，又有重合。所谓虐待，是指对家庭成员进行持续性、经常性的歧视、折磨、摧残，使其在身体上、精神上遭受损害的行为，包含了暴力和非暴力两种行为，其中，暴力行为的方式为“作为”，非暴力行为的方式为“不作为”，但均具备“持续性和经常性”的特征。所谓家庭暴力，按照《婚姻法司法解释（一)》第1条的规定：“……‘家庭暴力’，是指行为人以殴打、捆绑、残害、强行限制人身自由或者其他手段，给其家庭成员的身体、精神等方面造成一定伤害后果的行为……”包含了偶发性暴力和经常性暴力两种，但均具备“作为”的特征（如图1所示)。

家庭暴力与虐待相同之处表现为：第一，发生的主体相同，二者均发生在家庭成员之间；第二，以作为方式的经常性的家庭暴力行为既包含于“虐待”也包含于“家庭暴力”；第三，二者造成的伤害后果均包含身体侵害和精神侵害；第四，二者均可作为提起离

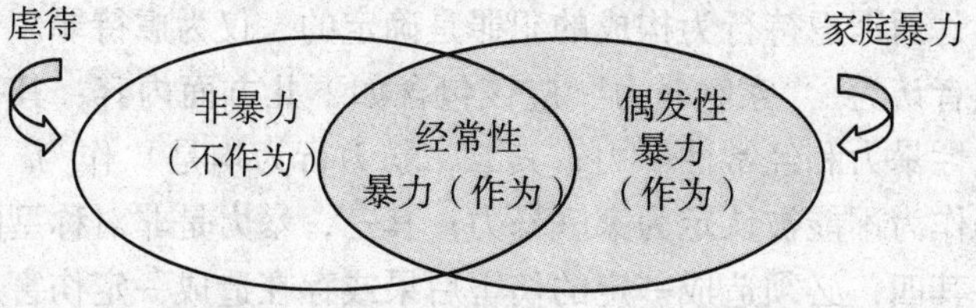

图 1　家庭暴力与虐待关系分析

婚诉讼和离婚损害赔偿的法定理由。

家庭暴力与虐待的差异主要有：其一，行为方式不同。虐待既可以由积极行为（作为）方式构成，如殴打、辱骂、恐吓等，也可以由消极行为（不作为）方式构成，如歧视、经济控制、不给付生活费、患病不给治疗等。① 家庭暴力只能由积极行为（作为）方式构成，如殴打、威胁、捆绑、辱骂、恐吓等。其二，时间性不同。虐待行为具有持续性、经常性，家庭暴力不仅有持续性、经常性，还有偶发性、间断性。其三，刑事法律责任不同。实施家庭暴力，既可能构成故意伤害罪或故意杀人罪或其他罪名，也可能构成

① 需说明的是，虐待中的“非暴力”与“不理不睬”的“冷暴力”是完全不同的概念。笔者认为，“虐待”、“家庭暴力”关系是“和而不同”，但“冷暴力”既非虐待也非家庭暴力。本书在“新型家庭冷暴力”部分有详细论述。

虐待罪，而因虐待行为构成的犯罪是确定的，仅为虐待罪。①

笔者认为，“家庭暴力”应该包含如下几方面内容：其一，包含偶发性暴力和经常性暴力；其二，暴力行为均是“作为”，非暴力的不作为不能被认定为家庭暴力；其三，暴力是非对称型的法定暴力；其四，必须造成一定的伤害后果或存在造成一定伤害后果的可能性；其五，法律责任存在层级之分，无论偶发性或经常性，均应视伤害后果的严重程度予以区分，“经常性”应成为量刑的重要考量因素（如图 2 所示）。

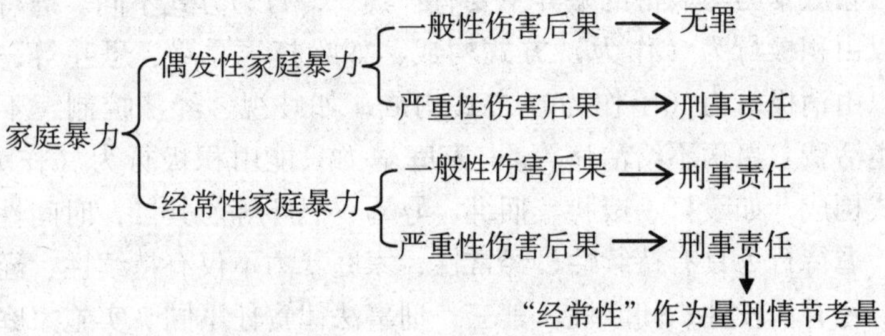

图 2　家庭暴力（作为）内涵及其法律责任分析

虐待应当包含如下几方面内容：其一，具有持续性和经常性；

---

① 此外，还有一种观点值得商榷，即是关于虐待中的“威胁”与家庭暴力中“威胁”的区别。有学者认为，虐待中的“威胁”不同于家庭暴力中的“威胁”，前者不以实施武力相威胁，后者以实施武力相威胁。换而言之，虐待中的“威胁”只有施暴者的单纯威胁，并非强制受害者立即就范，此种“威胁”具有潜在性，偏向于精神恐吓，而家庭暴力中的“威胁”包含了施暴者实施威胁和受害者受到威胁就范两部分，此种“威胁”具有现实危险性。（王礼仁：《家庭暴力的类型化分析——以我国婚姻法关于家庭暴力的规定为主要对象》，2010 年 8 月 22 日，宜昌法院网：http://ycfy. chinacourt. org/public/detail. php? id = 5112. 最后访问时间：2011 年 4 月 15 日。）对此，笔者认为，“威胁”应当包含两层意思，即“用武力、权势胁迫”和“使某人面临危险”。虐待中的“威胁”和家庭暴力中的“威胁”理应同时具备施暴者实施威胁和受害者受到威胁就范两部分，均属精神恐吓。认为虐待中的“威胁”仅是施暴者的单纯威胁的观点是不妥当的，因为施暴者的威胁就是以受害者不服从而可能受到某种伤害结果为目的。因此将虐待中的“威胁”和家庭暴力中的“威胁”加以区分是不必要的。

其二，包含作为的暴力和不作为的非暴力；其三，作为、经常性暴力行为的刑事法律责任应视伤害后果的严重程度区分是否构成虐待罪，若是一般性的伤害后果，则构成虐待罪（如图 3 所示）。

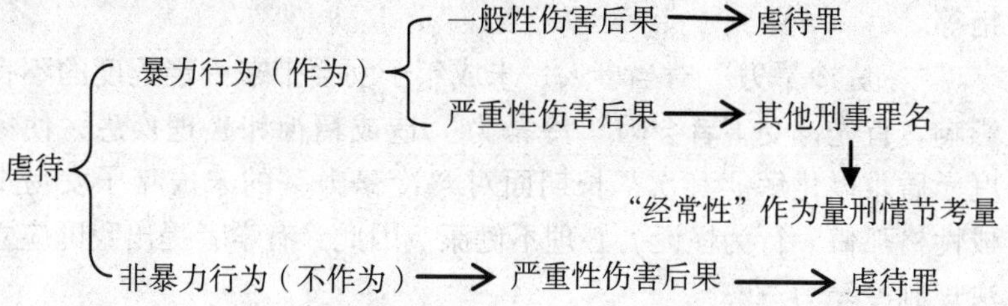

图 3 虐待（持续性和经常性）内涵及其法律责任分析

厘清家庭暴力与虐待的内涵、关系以及各自所对应的法律责任，不仅有助于行政司法实务部门和社会组织在处理相关案件时对二者科学的认知，避免法律之间出现自相矛盾，最大限度地保障当事人的合法权益，还有助于促进我国防治家庭暴力立法的进步和完善。

（二）家庭“冷暴力”

界定家庭暴力，不得不提“冷暴力”。随着社会经济的发展、公民教育素质的提高、思维观念的改变，家庭矛盾的处理方式中出现了一种所谓的“新型家庭暴力——冷暴力”。近年来，无论是在学术期刊、报纸杂志，还是在文艺小说、电视媒体中，均频频出现“冷暴力”字眼。

关于“家庭冷暴力”的界定各说不一。有的认为，冷暴力是家庭成员通过非理性的方式处理家庭矛盾的行为。① 有的认为，家庭暴力的表现不仅仅是粗鲁的打骂，其在现实生活中的表现形式出现了明显的新动向。在法院受理离婚案件中，存在家庭暴力现象的

① 张文霞、朱冬亮：《家庭社会工作》，社会科学文献出版社 2005 年版，第 8 页。

占总数的近1/3，涉及冷暴力（精神暴力）的案件几乎占一半。[1]可见，“冷暴力”的特征主要有二：其一，不作为方式；其二，基本表现为不理不睬、冷淡疏远、轻视放任、漠不关心、拒绝敷衍等。

“家庭冷暴力”对当事人、未成年子女会带来一定程度的不良影响。首先，受害者会因“冷暴力”造成精神和心理疾患，使家庭矛盾难以化解。其次，长期面对“冷暴力”的未成年子女易造成性格孤僻、行为怪诞、心理不健康。因此，有学者提出我国应立法规制冷暴力。[2]

然而，笔者以为，第一，“冷暴力”的提法在一定程度上欠科学。《现代汉语词典》中对“暴力”释义是“强制的力量；武力”。“暴力”，顾名思义，指野蛮性、强制性、武力性行为。所谓的“家庭暴力新形式——冷暴力”，重点在于“冷”，即“不使用武力、不野蛮行为、不理不睬、不作为、非暴力”。因此，将“非暴力”说成“暴力的一种”，从其表达上来讲有混淆视听之嫌，从其内涵上来讲，“冷暴力”实际上否认了家庭暴力的特有内涵。原因在于：将家庭成员感情不和的现象，如拒绝交流、漠不关心、拒绝同居等都作为家庭暴力，实际上是一种“泛家庭暴力”的错误观点，其结果必将会削弱反家庭暴力的立法价值。第二，“冷暴力”的提法在一定程度上具有危害性。其主要表现如下：

首先，不利于保护弱势群体的权益。“冷暴力”主体与家庭暴力主体不同。家庭暴力主体有强弱之分，“冷暴力”主体则不区分性别年龄和强者弱者。立法与司法禁止家庭暴力，目的在于保障弱势群体的权益。然而，“冷暴力”的提法使得弱势群体也成了“反

---

① 刘双玉：《家庭冷暴力法律仍是空白》，载《北京日报》2003年6月25日，第6版。

② 荣维毅、宋美娅：《反对针对妇女的家庭暴力——中国的理论与实践》，中国社会科学出版社2002年版，第54页。

与禁止”的对象，这无疑与立法和司法目的有冲突。①

其次，不利于司法、执法的统一。一是“冷暴力”与立法之法定暴力易混淆。法定暴力与非法定暴力在立法上有严格的界限，法定暴力须承担相应的法律责任，如在我国立法上可以成为离婚的法定条件、承担离婚损害赔偿，情节严重的还须负一定的刑事责任。“冷暴力”并非法律概念，将其与法定暴力同等对待，实际上严重混淆了二者的界限，不利于司法的正确适用；二是“冷暴力”与“因感情不和而分居”易混淆。在我国立法上，“因感情不和而分居满二年”是法定离婚理由之一，将夫妻感情不和现象降格为“冷暴力”，会造成执法混乱；三是“冷暴力”与“虐待之不作为方式”易混淆。如前所述，虐待包含两种行为：作为的暴力行为，如殴打、辱骂、恐吓等；不作为的非暴力行为，如歧视、经济控制、不给付生活费、患病不给治疗等。“冷暴力”的主要特征是“不理不睬”，其与虐待中的“非暴力”是完全不同的概念。若将视为同一，“冷暴力”也应当按照法律规定承担相应法律后果，这势必造成司法、执法不一。

再次，不利于正确区分与夫妻一般生活准则的界限。夫妻一般生活准则调整范围包含了“双方不理不睬”，将其定义为“冷暴力”并视为违法行为，要求当事人承担相应的法律责任，会不适当扩大责任追究范围造成社会的不稳定。

“冷暴力”并非法律概念，不应是法律调整对象，其不等同于精神暴力，也不等同于不作为暴力。暂不宜进入现行立法中，亦不

---

① 通过实证调研和访谈大体了解到：在现实生活中，女性作为弱势群体在家庭中采用“冷暴力”多于男性。原因是由于性别、体力等差异，男性多采用诸如武力的一些积极作为的方式，女性多采用诸如不说话、不理睬等一些消极的不作为的方式。若这些消极不作为的方式都被认为是家庭暴力，那么容易造成一种误解，即一方采用“冷暴力”，另一方则用“热暴力”，双方都采用了暴力行为，均负一定法律责任。甚至还有可能，男性认为女性先使用暴力，责任应该大于男性，从而抵消男性使用“热暴力”的法律责任。这样的结论明显谬误。

宜作为家庭暴力之下属概念。①

第二节　家庭暴力的特征分析

一、法学视角

通常，分析家庭暴力特征都是从研究家庭暴力内涵入手。例如，“家庭暴力是指行为人以殴打、捆绑、残害、强行限制人身自由等造成家庭成员一定伤害后果的行为。具有行为隐蔽性、手段多样性、后果严重性等特征。”②“家庭暴力是违法行为，为法律所禁止；多发生在家庭成员之间；侵害对象是家庭成员的身体和精神；形式为殴打、残害、限制人身自由或其他手段。法律特征有：主体是家庭成员；客体是家庭成员的人身权利（包括精神）；主观是故意，客观为殴打等手段造成伤害后果的行为。”③“家庭暴力有如下特征：主体双方具有较大的反差性；隐蔽性；时间连续性；主观故意性。”④“家庭暴力犯罪有行为的违法性、隐蔽性；时间的连续性、反复性；手段的多样性；后果的严重性；司法救济的困难性等

---

① 诚然，“家庭冷暴力”暂时还不能通过立法或司法予以处理，然而，对于“家庭冷暴力”受害者的救济方式，笔者以为有两种解决渠道：其一，利用本土资源，如向妇联及其他社会组织找寻劝导途径；其二，当事人之间进行沟通、交流、理解，认识到冷暴力并非能够有效解决家庭矛盾，反而促使矛盾激化。

② 赵庆丽、杨彩方：《家庭暴力的特征与宽严相济刑事政策的适用》，载《法治快报》2008 年 3 月 25 日，第 5 版。

③ 刘继华：《谈家庭暴力的法律特征》，载《黑龙江省政法管理干部学院学报》2002 年第 2 期，第 85 ~ 86 页。

④ 肖仁辉：《家庭暴力的内涵、特征及其防治》，载《福建政法管理干部学院学报》2007 年第 3 期，第 86 页。

特征。”[①]“家庭暴力的主要特征有：隐蔽性和逆变性。”[②]

梳理学界观点，结合本书研究内容，笔者归纳家庭暴力的法学特征如下：

第一，主体身份的特定性。家庭暴力的主体与其他侵权主体不同，特指直系血亲之间，包括法律拟制的直系血亲和有扶养关系的继父母与继子女；共同生活至少1年以上的兄弟姐妹、公婆与儿媳、岳父母与女婿之间；未办理结婚登记的异性，且自愿持续地公开共同生活两年以上，或自愿持续地公开共同生活1年以上并有双方的共同子女之间。

第二，施暴手段的多样性。施暴者对受害者造成身体侵害一般采用的暴力方式有殴打、拳脚、毁容、杀害，同时还伴用枪、刀、皮带、汽油、硫酸、烟头等进行攻击等；造成精神侵害一般采用的暴力方式有威胁、恐吓、诽谤、辱骂等；造成性侵害一般是男性施暴者强迫与女性发生性行为或性接触等。

第三，暴力后果的严重性。家庭暴力不仅会严重摧残受害者的人格尊严、人身自由、身心健康，还会严重影响未成年子女的健康成长。生活在家庭暴力环境下的未成年人，相较于生活在健康正常环境中成长的未成年人更易敌视他人、报复社会。

第四，暴力行为的隐蔽性。绝大多数受害者都存在一个误区：家庭暴力属个人隐私。告知“外界”不仅不会缓解家庭矛盾，反而会影响婚姻和家庭稳定。家庭暴力一般发生在“私人场所”，外界难以及时知晓。即使有他人劝解或警察介入，受害者往往碍于“面子”或“家丑不可外扬”而忍气吞声、隐瞒真相、内部消化。由此，家庭暴力极强的隐蔽性造成其暴露难、追究难、举证难。

---

① 黎光宇：《我国家庭暴力特征、成因及其对策研究》，载《南昌航空大学学报》(社会科学版) 2007年第3期，第40~41页。

② 李梅：《我国家庭暴力犯罪的特征及其对策》，载《河南司法警官职业学院学报》2008年第3期，第32~33页。

第五，行为手段的控制性。家庭暴力当事人之间，在力量、地位对比上具有较大的反差。处于相对强势地位的施暴者意图控制受害者的人身与心理。

第六，施暴者的主观故意性。无论基于何种原因，采用何种手段，施暴者主观上都具有侵害的故意，即明知自己的暴力行为会或可能会给对方造成身体上或精神上的伤害，却仍然希望或放任这种伤害结果的发生。

第七，暴力行为的逆变性。“家庭暴力逆变”有两种类型，一是指受害者（多指女性）采取“以暴制暴”对抗施暴者，甚至采用极端的手段将其致伤或致死，由本来意义上的“受害者”转变为施暴者①；二是指家庭暴力发生后，受害者因缺乏有效的救济途径，在极度压抑的状态下，采取逃避、自杀等消极方式，力争摆脱暴力。

以上对家庭暴力法学特征的总结均是基于其概念本身。除此之外，笔者拟从不同视野和学科入手，以期对家庭暴力特征作较全方位的理解与诠释。②

---

① 曾毅：《谈家庭暴力及其预防》，载《求实》2006 年第 2 期，第 107 页。

② 本书除分析家庭暴力法学特征外，特意选取了三种不同的视角——人口社会学、家庭伦理学、地域文化学。其原因在于：家庭暴力作为严重的社会症结之一，研究其防治问题应当是综合法学、社会学、人口学、心理学、医学、伦理学、犯罪学、地域学等多种学科。从不同学科的视角出发，方能全面透彻研究家庭暴力这颗社会毒瘤的源起、禁止、防治、救济。但是，因笔者囿于自身研究水平与能力的有限，仅选取与家庭暴力最为密切的三种学科予以初步性粗浅分析，以寻求能够在前辈们研究家庭暴力特征的基础上，从他类角度对其作进一步诠释与理解。

二、人口社会学视角

有学者曾经运用人口社会学科[①]知识研究家庭暴力。[②] 虽已历时十年，但其采用的多级分层抽样方法[③]以及 Logistic 逐步回归分析方法[④]却使笔者深受启发。基于前辈学者的人口社会学方法论研究，选取四川省德阳旌阳区、秀山路街道、城北圣乡村，分别代表主城区、街道、农村作为研究对象。在调查筛选的 346 户家庭中，通过随机整群抽样出存在家庭暴力 100 户家庭。[⑤] 经统计，施暴者 68 人，受害者 54 人。同时，按照多级分层抽样方法，根据家庭结构的大致配对状况再选取无家庭暴力的 100 户家庭，并在其中选取 65 人作为施暴者对照组。在被抽样的两组家庭（有家庭暴力 100 户与无家庭暴力 100 户）中，核心家庭（夫 + 妻 + 子/女）分别占 71% 和 73%；再婚家庭分别占 8% 和 7%；单亲家庭分别占 16% 和 7%。通过运用 SPSS（Statistical Product and Service Solutions）软件

---

① 人口社会学是社会学和人口学相互交融的边缘学科，主要探讨社会和文化发展过程中人口的状况，重点研究诸如人口出生率、死亡率、迁移类型、人口基本构成等问题。其从社会变量和人口变量的相互关系中研究社会发展对人口变化过程的影响以及人口变化带给社会发展的结果。该学科方法论尤其具有特色，主要在于深入城乡社区进行实地调查，获取第一手数据资料。调查方法一般包括个案调查、抽样调查、回访调查、跟踪调查等，在分析数据资料的基础上，定量与定性结合、微观与宏观结合，最终进行综合性比较研究。[佟新：《人口社会学》（第 3 版），北京大学出版社 2008 年版，第 15 ~ 16 页。]

② 曹玉萍等：《家庭暴力的社会人口学特征》，载《中国行为医学科学》2006 年第 3 期，第 251 ~ 253 页。

③ Etienne. GK, Linda. LD, James. AM, *World Report on Violence and Health*, World Health Organization, Geneva, 2002, 1891.

④ 用 Logistic 逐步回归分析方法研究家庭暴力的步骤大致为：选择三组性质不同的人群——A 为施暴者组，B 为受害者组，C 为施暴者对照组。其中，A 与 C 的因变量是“是”或“否”为家庭暴力施暴者。自变量则可以根据研究目的予以分类，如年龄、性别、经济收入、文化程度等，以分析家庭暴力发生与这些因素的关联性以及危险性。

⑤ 随机整群抽样出存在家庭暴力有 106 户家庭，为方便计算，随机去掉 6 户，100 作为研究基数。

技术，对随机抽样的施暴者组（A）、受害者组（B）、施暴者对照组（C）分别在年龄大小、性别差异、经济收入、文化程度四方面进行分析。

第一，按照每10岁为一个年龄段，统计A、B组各年龄段人数并计算出P值（衡量两组数据构成是否存在明显的差异，P值越小，差异就越明显。）经统计，A组与B组的年龄构成差异具有显著性（P<0.001）。两组均以30~39岁年龄段分布居多，分别占41.17%和27.731%（见表6）。

表6　施暴者组（A）与受害者组（B）的年龄分布（单位：个，百分比）

组别	人数	≤18岁	19~29岁	30~39岁	40~49岁	50~59岁	≥60
A	68	1 （1.47%）	5 （7.35%）	28 （41.18%）	20 （29.41%）	11 （16.18%）	3 （4.41%）
B	54	8 （14.81%）	9 （16.67%）	15 （27.78%）	11 （20.37%）	6 （11.11%）	5 （9.26%）
P=0.000<0.001							

第二，统计A、B各组性别人数，计算百分比和P值。施暴者（A）组68人中，男性55人（80.88%），女性13人（19.12%），受害者（B）组54人中，男性11人（20.37%），女性43人（79.63%）。两组性别构成比差异具有显著性（P<0.001）（如图4）。

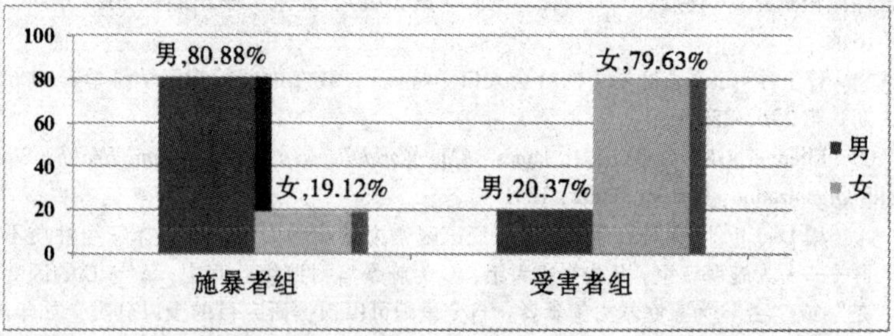

图4　施暴者组（A）与受害者组（B）的性别比（单位：百分比）

施暴者（A）组中，未成年人（<18 岁）男性 1 人，女性无；受害者（B）组中，未成年人（<18 岁）男性 4 人，女性 5 人。未成年人性别差异无显著性。A 组中的成年男性 54 人（80.60%），女性 13 人（19.40%）；B 组中的成年男性 7 人（15.56%），女性 38 人（84.44%）。成年性别构成比差异具有显著性（P<0.001）（如图 5）。

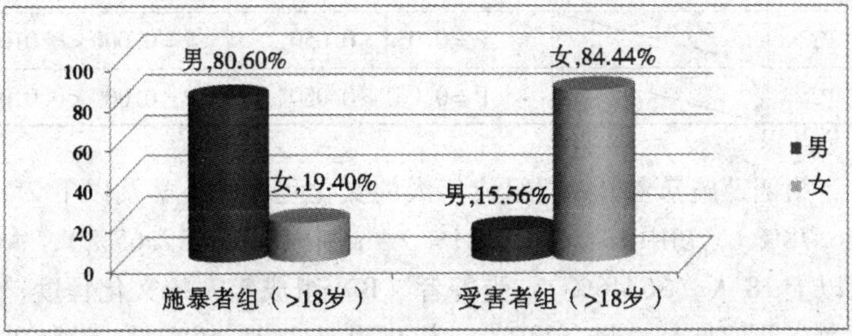

图 5　施暴者组（A）与受害者组（B）的成年性别比（单位：百分比）

第三，经统计①，施暴者（A）组成年人有 67 人（98.53%），月均收入 1211.6 元；受害者（B）组成年人有 45 人（83.33%），月均收入 632.4 元；施暴者对照（C）组成年人有 61 人（93.85%），月均收入 1572.2 元。A 组与 B 组年龄差异无显著性（P=0.054>0.05），月均收入有明显差异（P=0.000<0.01）；A 与 C 组年龄差异也无显著性（P=0.061>0.05），但月均收入却有显著性（P=0.000<0.01）。（见表 7）

① 为了解被调查者的个人经济收入状况，笔者事先将有经济收入信息的列为被筛选样本，然后再通过随机筛选以确定最终样本。

表7 施暴者组（A）、受害者组（B）、施暴者对照组（C）成年人的经济收入对照（单位：个，百分比）

组别	人数(个)	>18 岁(个,%)	月均收入(元)
A	68	67(98.53%)	1211.6
B	54	45(83.33%)	632.4
C	65	61(93.85%)	1572.2
P1		P=0.054>0.050	P=0.000<0.010
P2		P=0.061>0.050	P=0.000<0.010

第四，施暴者（A）组成年人的文化程度，小学及以下25人（36.78%），初中13人（19.11%），高中12人（17.65%），大学及以上18人（36.46%）；受害者（B）组成年人的文化程度，小学及以下24人（44. 42%），初中9人（16.60%），高中9人（16.60%），大学及以上12人（22.38%）。两组文化程度差异无显著性（P=0.057>0.050）。（见表8）

表8 施暴者组（A）与受害者组（B）成年人的文化程度对照（单位：个，百分比）

组别	人数	小学及以下	初中	高中(中专)	大学及以上
A	68	25(36.76%)	13(19.12%)	12(17.65%)	18(26.47%)
B	54	24(44.44%)	9(16.67%)	9(16.67)	12(22.22%)
P=0.057>0.050					

根据以上四方面的数据分析可知：其一，施暴者与受害者均以30~50岁年龄段构成比例最高，尤其是在施暴者中，该年龄段比例几近3/4，占70.58%。该年龄段者正值中青年，同时担负家庭与社会的双重责任，因此容易引发家庭暴力。其二，家庭暴力与性

别息息相关，有学者称之为“性别暴力”。[①] 施暴者男性居多，女性遭受家庭暴力的危险度是男性的5倍多。一方面，传统父权、夫权封建思想仍然根植于部分人群中，文化的积淀导致男性在家庭中的特权地位仍难以动摇；另一方面，男权社会的制度文化必然导致男性在家庭中居于支配地位，一旦与其思想不符合时，暴力就成为解决冲突最有利的武器之一。其三，家庭暴力与当事人的经济收入有密切关系。经济收入决定着家庭地位，收入相对较高的一方对家庭贡献较大，地位较高，收入相对较低的一方则自卑并顺从，一旦无原则顺从，家庭暴力发生概率则增大。其四，家庭暴力与当事人的文化程度密切相连。有研究显示：“施暴者与受害者文化程度都较低，大多都没有受过教育。”[②] 文化程度低可能导致其在社会中的竞争力较弱，经济收入较少，用暴力手段来宣泄精神压力的可能性较高，以达到在家庭中感到自我满足。受教育程度低者传统观念相对较强，接受新事物、新思想的能力相对较弱，与社会的脱节容易导致与他人交流出现障碍，情感难以沟通容易产生误解，这也是引发家庭暴力的危险因素之一。[③] 然而，有学者认为，高学历人群发生家庭暴力呈上升趋势，学历文凭高不仅是受害者的保护因子，[④] 也是配偶施暴的高危因子。[⑤] 但是，由数据分析得出该结论并非完全正确。笔者以为，文化程度高低的确在一定程度上会影响

---

① Oetzel J, Duran B, *Intimate Partner Violence in American Indian and /or Alaska Native Communities: A Social Ecological Framework of Determinants and Interventions.* An Indian and Alaska Native Mental Health Research, 2004, 11, pp. 49 ~ 68.

② Sattzman LE, Green YT, Marks JS, *Violence against Women as A Public Health Issue, Comments from the CDC*, American Journal of Preventive Medicine, 2000, 19, pp. 325 ~ 329.

③ Kyriacou DN, Anglin D, Taliaferro E, *Risk Factors for Injury to Women from Domestic Violence against Women*, N Engl J Med, 1999, 341, pp. 1892 ~ 1898.

④ Bates LM, Schuler SR, *Socioeconomic Factors and Processes Associated with Domestic Violence in Rural Bangladesh*, Int Fam Plan Perspect, 2004, 12, pp. 190 ~ 199.

⑤ Mayer BW, Coulter M, *Psychosocial Aspects of Partner Abuse*, Am J of Nursing, 2001, 102, p. 24.

家庭暴力的发生，高学历人群中的确也有家庭暴力始作俑者，然而，经过对数名当事人的访谈可知，对学历的主观认可与评价是关键因素，主观评价低是家庭暴力发生的高危因子之一。

家庭暴力的特征是多方面的。[①] 因样本的有限及分析的粗浅，使得研究不能对家庭暴力的特征进行人口社会学的全方位诠释。但是，根据数据显示，家庭暴力与年龄、性别、经济状况、文化程度等因素均有密切关系，尤其是经济收入与文化程度均较低的女性属高危人群。了解家庭暴力人口社会学的危险因素，可为在高危人群中开展反家庭暴力宣传、促使立法对家庭暴力的禁止、提高各界对家庭暴力的识别能力提供科学的理论依据。

三、家庭伦理学视角

伦理，是调节人际关系行为（包括个人与个人、个人与社会或群体、各群体之间）的价值原则和规范。道德，是人类生活和行为的一种善的价值意义和规范。[②] 二者均强调行为准则的重要性。从严格意义上讲，二者有所区别：伦理更凸显理性、客观、社会性，强调正义、正当；道德更内含主观、内在、个体性，强调美德、善良。虽然伦理与道德在内涵上存有差异，但是在多数情况下二者是等同且连用的。

家庭伦理，也称家庭道德关系，是指家庭关系应当遵循的道德

---

① 张亚林：《论家庭暴力》，载《中国行为医学科学》2005 年第 14 期，第 385 页。

② 万俊人：《寻求普世伦理》，北京大学出版社 2009 年版，第 22 页。需要注意的是：中国古代典籍中，“伦”与“理”，“道”与“德”分属不同范畴。“伦”意指人际关系，“三纲五伦”之“五伦”即父子、君臣、夫妇、长幼、朋友之间的关系。如“圣也者，尽伦者也。”（《荀子·解蔽》）；“理”意指万物运行的成法，人们行为的准则。如“天地有大美而不言，四时有明法而不议，万物有成理而不说。”（《庄子·知北游》）；“道”意指人之为人的根本、规律、合理、正当等。如“仁也者，人也。合而言之，道也。”（《孟子·尽心下》）；“德”意指对人生命意义升华的一种原则。如“德者，得也，得其于心，而不是之谓也。”（《四书集注·论语注》）等。

准则与行为规范。“一切社会之中最古老且唯一的自然社会，就是家庭。”① 家庭是基于人类的两性结合与血缘关系而形成的具有特定社会功能的关系形态，是人类社会最早、最基本、最自然的社会细胞。“每日在重新生产自己生活的人们开始生产另外一些人，即增殖，这就是夫妻之间、父母子女之间的关系，也就是家庭。”② 可以说，家庭是情爱、性爱、占有欲、嫉妒心、义务感、责任心共同作用之产物。③ 家庭伦理作为一种行为准则，是基于一定社会中家庭生活的共同需要。一方面，家庭伦理将夫妻秩序纳入了家庭秩序，禁止乱伦。“任何对乱伦的压制，其前提条件都是家庭关系要得到社会的承认，并被社会组织起来。只有当社会把一种社会性赋予了这种亲属关系以后，它才能够去阻止亲属间的性结合；否则，这对社会就没有什么意义了。”④ 另一方面，家庭伦理规范人类自身行为，强调家庭内部的和谐及家庭成员的相互尊重。可见，家庭伦理道德具体应表述为：“贞操坚定，妒忌适当；约束自己，尊重对方；多贡献，少要求，多原谅，少责备；无效尤，不成恶。”⑤ 有关家庭生活的一切以及亲属关系的状态均受家庭伦理道德观念的支配，其随着父权、夫权、平等权观念下的家庭形态变化而变化。家庭伦理道德具有如下特征：时代性，不同的时代铸就不同的家庭伦理；传承性，家庭伦理相沿成习，最终成为规范家庭关系的道德尺度；变异性，家庭伦理与特定社会、特定时代相适应；地域性，家庭伦理因时空距离而有所差异；民族性，不同民族因宗教信仰、文化习惯的不同，家庭伦理也会或多或少存在差异；共通性，“道德既具有适用于一定社会和文化的多样性与特殊性，又具有适用于

---

① ［法］卢梭：《社会契约论》，何兆武译，商务印书馆2003年版，第5页。

② 《马克思恩格斯全集》（第3卷），人民出版社1960年版，第32页。

③ 唐雄山：《人性平衡论》，中山大学出版社2007年版，第127页。

④ ［法］爱弥儿·涂尔干：《乱伦禁忌及其起源》，汲喆等译，上海人民出版社2006年版，第12页。

⑤ 李世家：《现代台湾与传统伦理文化》，贵州人民出版社2001年版，第152页。

一切社会和文化的普遍性与一般性……"[1] 人类共同的家庭伦理，超越了民族、宗教、风俗、法律、时空。[2]

家庭伦理道德具有一定的稳定性，然而，其又与一定社会的经济基础息息相关，既包括促进社会发展，体现人文关怀的伦理传承，也包括阻碍社会发展，漠视人性价值的伦理传承。家庭暴力属于后者，其是对家庭伦理道德的践踏、对人性的泯灭，在短时期内还难以得到消解。

第一，家庭暴力是文化嬗变过程中新旧家庭伦理冲突的结果。综观中国历史，男尊女卑、夫权统治、"三从四德"、"男权至上"思想已贯穿千年。女性是生存在男性统治下的附属品。"娶来的妻子买来的马，任我跨来任我打"、"三天不打，上房揭瓦"、"女性是祸水"等均暗含着在男权社会中对女性人格价值的贬低与诅咒，男性在社会中占据的多数资源、获得的尊贵地位、享受的特殊权利使得女性受到强权镇压、歧视待遇均有合理化与正常化解释，野蛮粗暴地侵害家庭成员利益，尤其是女性的人身自由权、生命健康权均有"合情合理"的土壤资源。随着性别平等理念的传播，男尊女卑的家庭伦理正被逐步荡涤与变迁。一元道德评价逐步演变为多元，家庭内部出现了不同的个人道德观与价值观，家庭伦理原则亦由家庭本位转变为个人本位。人人有权追求幸福，人人有权张扬个性。个人意识的迅速扩张使得家庭伦理道德强调的"义务"与"责任"逐渐消除，个人对情感的高期待与对家庭和谐的低满意并存且形成一股张力。曾经只被要求扮演"家庭妇女"的女性因性别角色的变迁亦在努力打破"男主外，女主内"的传统家庭伦理模式。尽管如此，男权社会的"伦理传统"依然尚未彻底散尽，新旧杂陈现象屡屡出现，新旧家庭伦理观念冲突频频。趋向现代文

---

① 王海明：《伦理学原理》，北京大学出版社 2001 年版，第 88 页。

② 王歌雅：《中国婚姻伦理嬗变研究》，中国社会科学出版社 2008 年版，第 17～23 页。

化伦理道德与固守传统性别角色伦理道德的碰撞与摩擦，导致家庭暴力，尤其是两性战争的爆发与持续。

第二，家庭暴力是虚假平等意识下家庭伦理道德的沦丧。任何国家、任何社会在转型时期都会面临巨大的道德困境——传统家庭伦理道德的解体，新生家庭伦理道德的滋长。[①] “父母，一也；父之父母，母之父母，亦一也。男女，一也；男之子，女之子，亦一也。人之于父母，一也，女子在室于父母，出家于父母，岂有异乎！重服于舅、姑、夫，轻服于父母，非厚其所薄而薄其所厚也。”[②] “当女性能够取得同男性一样的智识成就的状况变得明显之时，为女性在社会中获得参与政治、就业、教育生活的平等权利而进行的斗争便得到了强有力的动力，结果冲破了许多早先妨碍女性获得平等待遇的法律上或非法律上的障碍。”[③] 基于正义观念上的平等价值是重要的家庭伦理原则，包括家庭成员身份、人格、权利、义务等各方面的平等，不分尊卑、贵贱，人人都是人格独立的主体，他人应予以尊重、包容、理解、爱护、关心。然而，在固有的家庭伦理道德中，男性人格吸收了女性人格，平等仅作为口号而存在。随着经济的快速发展，传统家庭结构——规模庞大，已逐步演变成为现代家庭结构——小型化、简单化、多样化。家庭伦理轴心由夫妻关系取代父子关系，婚姻自由度的增强导致个人自我约束的减弱，个人缺乏对家庭应有的担当、缺乏保持家庭感情稳定的调适机制、缺乏代际伦理应当的传承与归位，出现亲属关系的疏远与“孝亲”观念淡化的现象。[④] 功利主义价值观削弱了家庭应有的关

---

① 高乐田：《传统、现代、后现代：当代中国家庭伦理的三重视野》，载《哲学研究》2005 年第 9 期，第 1 页。

② 《潜书注・备孝》。

③ ［美］E・博登海默：《法理学：法律哲学与法律方法》，邓正来译，中国政法大学出版社 2004 年版，第 315 页。

④ 金一虹：《转型期家庭伦理道德的矛盾冲突与新的整合》，载《江海学刊》1997 年第 4 期，第 21 页。

怀、合作、协调、情感交流的功能。伦理关系的移位、虚假平等意识的潜移默化、家庭伦理道德的沦丧导致对妇女、未成年人、老年人的暴力发生概率较高。

第三，家庭暴力是个人道德水平低下“不伤害原则”的失范。家庭暴力受害者个人的心理因素与施暴者个人的道德水平是家庭暴力发生的内在因素。受害者的弱者心理、猜疑心理、厌恶心理、习惯心理是家庭暴力发生的诱导因素。然而更为关键的是，“一个道德水平高，道德品质好，道德人格高尚的人，能自觉地抵制社会上各种不道德的思想和行为，能及时地对自己的思想、言行进行自我反省。一个道德水平低下的人没有高度自觉性，没有严于解剖自己的决心与勇气，不能对自我不道德的思想和行为自觉地开展斗争。”① 施暴者由于不能正确检查、解剖、纠正自我，不能及时清洗不良思想，不能对自己的行为进行自我教育与改正，就会导致家庭暴力。同时，“不伤害原则”，即“人类之所以有权利可以个别地或者集体地对其中任何分子的行动自由进行干涉，唯一目的只是自我防卫。这就是说，对于文明群体中的任一成员，之所以能够施用一种权力以反其意志而不失为正当，唯一的目的只是要防止对他人的危害。”② 在个人道德水平低下的环境下失去控制，致使施暴者有完全行动的自由，不必向他人、家庭、社会负责，对其至多予以忠告、规劝、远离，最终必然会导致家庭暴力的升级。

四、地域文化学视角

地域文化的形成是一个不断发展变化的长期过程，具有相对稳定性。任何国家和地区都有自身独特的地域文化。“法律的约束力

---

① 巫昌祯、杨大文主编：《防治家庭暴力研究》，群众出版社 2000 年版，第 104 页。

② ［英］约翰·斯图亚特·密尔：《论自由》，许宝骙译，商务印书馆 2006 年版，第 10 页。

来源于人们的同意。"① 我国地大物博，传统文化源远流长，② 然而，"百里而异习，千里而殊俗。"③ 对于家庭暴力，民众的接受程度、个人的忍耐程度均与各地区的经济发展、文化水平、风俗习惯、地理环境等因素密切相关。曾经有学者就家庭暴力做过地区性实证调研，④ 并就采集的样本分析被调研地区民众对家庭暴力的一系列认知，颇具特色。我国城市与农村经济发展快慢不一，家庭暴力在各地区的表现方式、可接受程度亦存在差异。笔者在河北省（东部）、四川省（中部）、甘肃省（西部）搜集样本，分别在三

---

① ［美］罗斯科·庞德：《法律史解释》，邓正来译，中国法制出版社 2002 年版，第 19 页。

② 蒋宝德、李鑫生主编：《中国地域文化》（上），山东美术出版社 1997 年版，第 8 页。

③《汉书·王吉纪》。

④ 例如：陈苇、倪丹：《我国农村家庭暴力调查实证研究——防治对农村妇女的家庭暴力》，载陈苇主编：《家事法研究》（2007 年卷），群众出版社 2008 年版，第 131～135 页；蒋月、林艳琴等：《中国家庭暴力问题实证研究——以福建省为例》，载《金陵法律评论》2006 年第 1 期，第 34～67 页；陈钟林、张芳：《家庭暴力受虐妇女社会支持网络构建的实证研究——以天津市为例》，载《妇女研究论丛》2006 年第 5 期，第 29～33 页；牛敏静：《从家庭暴力视角对城市夫妻家庭地位的实证探析——基于陕西省铜川市虎头山社区的调查》，载《技术与市场》，第 56～57 页；单彦彦：《关于妇女家庭地位现状的分析与思考——以山东为例》，载《秦安师专学报》2004 年第 5 期，第 33～35 页；李莉、李玲：《妇女 NGO 在反家庭暴力中的社会救助机制与行动策略——基于湖北妇女 NGO 发展的调查》，载《中华女子学院山东分院学报》2010 年第 2 期，第 25～30 页；苏敏：《吕梁地区农村妇女家庭暴力调查与研究》，载《法学之窗》2010 年第 12 期，第 21 页；林少菊、彭科莲、张范湄：《湖南省家庭暴力中女性犯罪的调查与分析》，载《湖南公安高等专科学校学报》2001 年第 5 期，第 19～24 页；王晓丹：《为妇女呐喊——边疆农村家庭暴力的调查与思考》，载《西南民族学院学报》（哲学社会科学版）2002 年第 10 期，第 30～33 页；叶志海等：《广州和深圳市孕产妇家庭暴力现况调查》，载《中华预防医学杂志》2005 年第 3 期，第 18 页；江波、杨晖：《探讨传统性别文化与家庭暴力的关系　对陕西农村妇女一项问卷调查结果的分析》，载《中华女子学院山东分院学报》2008 年第 3 期，第 18～23 页；柏晶、白艳：《走出家庭暴力的阴影——对吉林省家庭暴力现象的调查》，载《长春理工大学学报》（社会科学版）2009 年第 3 期，第 365～369 页；张伟、马钰凤：《家庭暴力司法干预的调查与思考——以陕西省为例》，载《河南省政法管理干部学院学报》2010 年第 3 期，第 37～44 页等。

省各选取一个地（县）级市和一个农村地区，将已婚者作为调研对象。必须说明，由于笔者人力、物力、财力有限，此样本搜集数量不多，尽管如此，亦能从一定程度上了解地域文化的差异性带给民众对家庭暴力不同的认知。

首先，依据经济发展水平与地域特色两个基本原则，选定河北省秦皇岛市海港区与深河乡、四川省德阳市旌阳区与圣乡村、甘肃省渭源县与田家河乡作为调研地点。秦皇岛市位于河北省东北部，现辖海港区、北戴河区、山海关区和抚宁县、昌黎县、卢龙县、青龙满族自治县，总面积 7812.4 平方公里，总人口 268 万。2010 年全市财政收入超过 140 亿元。海港区是秦皇岛市政治、经济、文化的中心，总面积 204.7 平方公里，总人口 54.39 万。德阳市位于四川盆地成都平原东北边缘，现辖旌阳区、中江县、罗江县，代管广汉市、什邡市、绵竹市，总面积 5818 平方公里，总人口 388 万。2010 年全市财政总收入 187.4 亿元。旌阳区总面积 648 平方公里，总人口 65.69 万。渭源县位于甘肃省中部，总面积 2065 平方公里，总人口 34 万，辖 8 镇 8 乡。田家河乡位于渭源县西南部，全乡占地面积 69 平方公里，耕地 29234 亩，人均占有耕地 2.6 亩。

其次，采用问卷调研方式，共发放问卷 180 份，回收 168 份，回收率为 93.33%，最终确定有效问卷 143 份，有效问卷率为 79.45%。其后，统计出被调查者年龄、文化、民族、婚龄、职业等基本状况（见表 9）。

再次，将各地对家庭暴力的认知、夫妻吵架打架频率、处理途径选择进行分别统计。

由此，居民普遍比村民，经济发展较快的地区普遍比经济发展较慢的地区对家庭暴力的认知程度高、夫妻打架频率低，但在选择救济上差别却不明显，均是“家庭内部解决”居多，“有关部门解决”次之，“经法律途径解决”最少（见表 10、表 11，图 6）。

表9　河北、四川、甘肃抽样被调查者基本情况（单位：个，百分比）

被调查者基本情况统计概览		样本总量		城镇居民		农村村民	
		人数	100%	人数	100%	人数	100%
		143	100%	76	100%	67	100%
年龄	30岁以下	27	18.88	13	17.11	14	20.90
	31~50岁	51	35.66	25	32.89	26	38.81
	51~70岁	33	23.08	18	23.68	15	22.38
	71岁以上	32	22.38	20	26.32	12	17.91
文化	小学及以下	48	33.57	14	18.42	34	50.75
	中学（中专）	41	28.67	25	32.89	16	23.88
	大专	26	18.18	15	19.74	11	16.42
	本科及以上	28	19.58	22	28.95	6	8.95
民族	汉族	126	88.11	66	86.84	60	89.55
	少数民族	17	11.89	10	13.16	7	10.45
婚龄	5年以下	24	16.78	15	19.74	9	13.43
	6~10年	35	24.48	21	27.63	14	20.89
	11~20年	49	34.47	23	30.26	26	38.81
	20年以上	35	24.27	17	22.37	18	26.87
职业	公务员	16	11.19	10	13.16	6	8.96
	农民	46	32.17	0	0	46	68.66
	农民工	20	13.99	15	19.74	5	7.46
	工人	13	9.09	12	15.79	1	1.49
	个体	6	4.20	5	6.58	1	1.49
	公司职员	5	3.50	3	3.95	2	2.99
	医生	3	2.10	3	3.95	0	0
	教师	17	11.89	12	15.79	5	7.46
	军人	0	0	0	0	0	0
	无业	9	6.29	8	10.52	1	1.49
	退休	8	5.59	8	10.52	0	0

表10　河北、四川、甘肃抽样民众对家庭暴力的认知（单位：个）

行为＼地区	河北		四川		甘肃	
	城镇居民	农村村民	城镇居民	农村村民	城镇居民	农村村民
殴打家庭成员	21	15	20	11	16	6
辱骂家庭成员	9	8	11	6	12	2
取笑对方的缺陷或弱点	2	0	6	1	4	0
长期不理睬对方	8	2	3	4	6	1
限制对方与朋友或他人交往	6	2	4	3	4	0
强迫过性生活	7	3	11	9	9	1
长期拒绝过性生活	5	1	4	2	3	0
妻子因不生育或不生男孩而被歧视、虐待	23	4	19	15	21	3
对夫、妻、父母或子女进行经济控制	18	1	14	7	12	4
有能力而不供养经济不能自立的家庭成员	14	2	7	8	9	2
其他	25	9	20	16	22	7

表11　河北、四川、甘肃抽样民众夫妻吵架打架频率（单位：个，百分比）

吵架打架频率	河北				四川				甘肃			
	城镇居民		农村村民		城镇居民		农村村民		城镇居民		农村村民	
	人数	%	人数	%	人数	%	人数	%	人数	%	人数	%
每周一次	2	7.14	3	13.04	1	4.35	2	10	2	8	2	8.33
每周几次	0	0	6	26.09	0	0	0	0	1	4	2	8.33
每月一次	4	14.29	2	8.70	2	8.70	4	20	3	12	6	25
每月几次	6	21.43	5	21.74	2	8.70	5	25	2	8	3	12.5
几月一次	6	21.43	6	26.08	3	13.04	6	30	6	24	8	33.34
从未	10	35.71	1	4.35	15	65.21	3	15	11	44	3	12.5

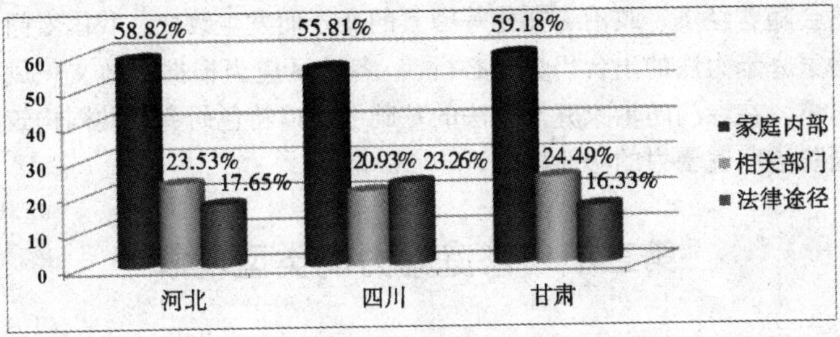

图6　河北、四川、甘肃抽样民众家庭暴力处理途径选择（单位：百分比）

最后，家庭暴力具有地域文化性特征。一般来说，城市地区、文化水平较高者对家庭暴力的认知均比农村地区和文化水平较低者更为全面和科学；在解决方式上，城市与农村差异不大。但从被调查者所填写的问卷中明显可以看出，文化水平较高者比文化水平较低者所选择的途径相对理智；渭源县属西北地带，少数民族较之于西南地区的德阳与东北兼华北地区的秦皇岛较多，经济发展水平也次于后两地，民众对家庭暴力的认知程度明显低于后两者，部分民众甚至认为"打骂媳妇天经地义，即使打到流产或断胳膊少腿，都是家务事"。秦皇岛东北人居多，东北人因地理环境、饮食起居等影响，个性均较为粗犷，部分民众认为"随便打骂媳妇"亦属正常现象。因此，防治家庭暴力须在统一性立法下根据各地风俗习惯、地理环境以及民众认知而"因地制宜"，选择符合本地区的防治家庭暴力举措。

诚然，"实证研究基本上应该归结为一切方面对存在物作系统评价，并放弃探求其最早来源和终极目的，不仅如此，还应领会对该现象的研究不能成为任何绝对的东西，因为其始终与我们周遭状况息息相关"。[①] 因此，被调研地区民众对家庭暴力认知的差异必

① ［法］奥古斯特·孔德：《论实证精神》，黄建华译，商务印书馆2001年版，第10页。

然会随着经济、政治、文化等因素的变迁而发生改变。我国专门防治家庭暴力法的出台仍势在必行，[①] 各地区应当根据当地文化风俗习惯，在专门防治家庭暴力法的基础上予以特色研究，共同构筑我国防治家庭暴力的法律体系。

第三节 家庭暴力的类型剖解

不同的国情、社会意识形态、个人价值观、方法论、视角、标准都会或多或少地影响和左右对家庭暴力的理解。[②] 正确全面地认识家庭暴力，除了对其本身概念予以分析外，还应当对其进行类型化区分，从不同角度、不同方面探求不同类型的家庭暴力应有之内涵。如前所述，中外立法和理论关于家庭暴力的界定存有差异，笔者将对家庭暴力从五个方面进行类型化分析：

一、从家庭暴力内涵划分

从家庭暴力内涵进行划分，可将其区分为：

（1）不区分家庭暴力与虐待。其或将家庭暴力包含于虐待之中，或将虐待包含于家庭暴力之中，如英国，日本，澳大利亚，我国的香港、台湾地区。

（2）区分家庭暴力与虐待。其将家庭暴力与虐待分属不同范畴，各自独立，如法国、美国、瑞士、意大利。

---

① 关于中国专门反家庭暴力立法的论述请详见本书第六章内容。

② 如有学者认为：“在我国《婚姻法》司法解释（一）对家庭暴力的概念界定中，受害主体与暴力手段等方面外延太窄，这实际上就是根据设定一种所谓的‘万能’概念作为评判标准，有的甚至照搬或套用其他国家家庭暴力的概念作为评价标准。司法解释中的‘家庭暴力’应当包含经济控制等非肢体暴力。”（陈敏：《关于家庭暴力认定难的思考》，载《法律适用》2009 年第 2 期，第 38 页。）

二、从暴力行为性质划分

在暴力行为的法律性质上，家庭暴力可区分为：

（1）造成民事法律后果的家庭暴力。该种家庭暴力行为属违法行为，施暴者应当承担民事法律责任。

（2）造成刑事法律后果的家庭暴力。该种家庭暴力行为属犯罪行为，施暴者应当承担刑事法律责任。

三、从受害者的范围划分

家庭暴力在主体范围上有两种划分方式：

（1）从性别划分。可划分为：其一，对女性的暴力。《消除对妇女暴力宣言》是联合国专门针对禁止对妇女暴力的国际公约。我国1992年《妇女权益保障法》（2005年修正）第46条也专门规定了“禁止对妇女实施家庭暴力”；其二，对男性的暴力。诚然，无论从生理，还是从政治、经济地位来看，女性处于弱势群体，尤其是夫妻暴力中。但是，也不能排除男性成为家庭暴力受害者。

（2）从家庭成员关系划分。可划分为：其一，夫妻暴力；其二，父母子女间的暴力（包括对老人的暴力、对未成年子女的暴力）；其三，对异性同居者的暴力。

四、从暴力行为模式划分

家庭暴力从行为模式上可划分为：

（1）肢体暴力，是指使用身体某部位或借用外界器具等对受害者实施的暴力行为，其重在强调“作为”。

（2）言语暴力，是指以包含字眼、声调等言语方式威胁、恐吓、诽谤、辱骂受害者，造成其情绪激动的暴力行为。其也重在强调“作为”。[①]

---

① 不作为的虐待以及家庭冷暴力不属于本书研究的家庭暴力。

五、从暴力行为客体划分

行为客体，也称行为对象，指家庭暴力行为所指向的对象。[①]

（1）身体暴力。也称“肉体暴力”，指施暴者对受害者进行人身不法侵害的行为，是最典型最常见的家庭暴力。

（2）精神暴力。是“肉体暴力”之外的一种暴力，指家庭暴力行为对受害者在心理上进行了严重的冲击和困扰。此种暴力将施暴者的愤恨投射到受害者身上，其虽不会使受害者受到身体伤害，但足以使受害者心灵受到严重践踏。

（3）性暴力。指在违反女性意愿的情况下，男性故意或有计划地强迫其从事性行为，侵害其性自由，致使女性产生恐惧、羞辱。性暴力并非单纯性欲行为，而是以性作为工具的暴力侵害行为，是身体暴力与精神暴力的一种特殊综合体。

本书研究的家庭暴力，从类型区分来看：

其一，本书研究对象前提是区分了虐待与家庭暴力二者。原因在于，由于我国禁止虐待立法先于禁止家庭暴力立法，（如《老年人权益保障法》、《未成年人权益保护法》等早先立法中，尚无家庭暴力的概念，仅有虐待）。现行《婚姻法》首次规定“禁止家庭暴力”后，我国立法才开始区分家庭暴力与虐待。

其二，本书研究对象是属于民事违法行为的家庭暴力。施暴者应当承担民事法律后果。原因在于：根据我国内地《婚姻法司法解释（一）》第1条的规定，施暴者给其家庭成员的身体、精神等方面造成一定伤害后果的应当承担相应民事法律责任。其中，“一

---

① 除了身体暴力、精神暴力、性暴力外，还有一种称为“财产暴力”，即施暴者用摔打、破坏财产作为暴力手段。笔者以为，财产暴力并不能成为家庭暴力的一种。原因在于：第一，财产暴力针对的是财产（物），家庭暴力针对的是受害者（人）；第二，财产暴力的结果是财产的破坏，家庭暴力的结果是受害者遭受人身、精神侵害。若施暴者以摔、打、砸等手段对家庭成员造成了精神恐惧，情节严重并符合虐待的，可以被认定为“作为性虐待行为”。

定伤害后果”达到刑罚裁量的家庭暴力所致后果有质的区别。造成刑事法律后果的家庭暴力不属于本书研究的内容。

其三，本书以研究针对妇女、老年人和未成年人弱势群体为主。因为，妇女、老年人、未成年人是家庭暴力主体中的弱势群体，其中又以针对妇女的家庭暴力居多。值得注意的是，我国内地现行《婚姻法》第32条（法定离婚条件）和第46条（离婚损害赔偿）所称的家庭暴力，仅指夫妻暴力。[①] 我国《老年人权益保障法》、《未成年人权益保护法》均有专门针对禁止对老年人和未成年子女实施家庭暴力的规定。此外，禁止对异性同居者的暴力多见于国外立法，[②] 本书研究的家庭暴力也将异性同居者纳入研究范围。

其四，本书研究对象是包含肢体暴力和言语暴力行为模式的家庭暴力。强调施暴者使用肢体或借用外界器具，或采用威胁、诽谤、辱骂的方式，使受害者遭受伤害的行为。

其五，本书研究对象是包含身体暴力、精神暴力、性暴力的家庭暴力。

对家庭暴力进行类型化区分，有利于进一步正确认识家庭暴力的内涵；有利于从不同角度分析家庭暴力类型；有利于在立法、司法、执法过程中对家庭暴力进行分门别类地处理，提高防治效率，增强防治实效。

第四节　家庭暴力的现状与诱因

一、家庭暴力的现状

（一）国外家庭暴力发生现状

家庭暴力的发生不分国界、种族、制度、阶级。

---

① 我国现行《婚姻法》第3条、第43条、第45条所称的家庭暴力，并不局限于夫妻暴力，而是包括其他家庭成员之间的家庭暴力。

② 例如英国、加拿大等。

在美国，家庭暴力问题近几年来重新成为公众关注的焦点，尤其是针对女性的家庭暴力像“瘟疫”一样蔓延。根据司法部统计的数据，2002 年，发生了逾 50 万件家庭暴力事件。美国国会于 1994 年通过了《针对妇女暴力法案》，2003 年政府为在各地设立家庭中心拨款 2000 万，同时还为受害者提供咨询和其他服务。2001 年美国发生的家庭暴力案件较之于 1993 年大幅度下降（降幅达 47%）。针对男性的家庭暴力事件数量由 1993 年的 16 万件降到了 2002 年的 7.2 万件，降幅达 55%。全国每年因家庭暴力造成的住院、药品的开支将近 6000 万。[①] 2008 年，纽约州参议员希兰·蒙塞拉蒂因被控曾用敲碎一只酒杯的锋利边缘袭击女友被州参议院除名；2009 年，纽约州长助理戴维·约翰森袭击女友，州长戴维·帕特森出手干预该起指控高级助理的家庭暴力案件，宣布不得竞选连任并将戴维·约翰森停职停薪。[②] 根据美国家庭暴力防治基金会的统计，美国女性因家庭暴力遭受的伤害频率每年高达 200 万次，2007 年对女性使用强暴或性侵害的家庭暴力数量高达 24.83 万件，较于 2005 年的 19.06 万件，平均每天增长 500 件。[③] 中国国务院新闻办公室 2011 年 4 月 10 日发表的《2010 年美国的人权纪录》指出，美国在每年 130 万名家庭暴力受害者中，女性占 92%，平均每天就有 3 名因家庭暴力而死亡。2008 年开始到现在，纽约市警察局共有 23 万多起家庭暴力报案，2009 年，有 34.6% 的女性受害者被丈夫或男友杀害。据统计，加利福尼亚州每年接到家庭暴

---

① 潘云召：《美国治理家庭暴力成效显著》，载新华网，http://news.xinhuanet.com/world/2004-03/06/content_1348697.htm. 访问时间：2011 年 9 月 13 日。

② “*David. Johannes: Domestic Violence Scandal*”, The New York Times, 28th March, 2009.

③ Judith, “*Domestic Violence and Depression*”, 资料来源：http://domesticviolencestatistics.org/domestic-violence-and-depression/. 访问时间：2011 年 9 月 13 日。

力投诉案超过4500件。[①] 根据大赦国际[②]的报告统计："美国每天有2名以上的妇女死于因家庭暴力导致孕产并发症。在过去20年中，美国黑人孕产妇死亡率是白人孕产妇的4倍，与白人孕产妇相比，得不到或晚得到产前护理的印第安土著妇女和阿拉斯加土著妇女是3.6倍，非洲裔妇女是2.6倍，拉丁裔妇女是2.5倍。"[③]

在英国，司法进修委员会于2009年9月4日公布的一项调查研究报告指出：近年来，家庭暴力受害者逾40%为男性。由于这一比例超出意料，英国内政部和犯罪调查对该数据进行了大致核实，结果表示确实如此，其中，逾50%的男性均遭受身体侵害。该研究报告还指出：2006~2007年，男性受害者比例达43.7%，2007~2008年上升到45.5%，2008~2009年有所下降，为37.7%。2008~2009年，英国遭受家庭暴力的男性总数超过4.1万人，女性仅为2700人。[④]

在澳大利亚，家庭暴力是造成受害者无家可归的罪魁祸首，其中又以女性和儿童所占比例最大。根据堪培拉某非政府组织统计，2009年约有4.6万名女性因家庭暴力无家可归，其中近半数住在

---

① 王茜：《美国每年有130万名家庭暴力受害者，女性占92%》，载展恒基金研究中心，http://www.myfp.cn/news/1310163.html. 访问时间：2011年9月10日。

② 大赦国际（Amnesty International－AI）于1961年5月28日在伦敦成立。其宗旨是"动员公众舆论，促使国际机构保障人权宣言中提出的言论和宗教自由"。其有别于其他组织的特征是：为维持中立、公正与完整的独立性，该组织在每一地区的分会都不能对本身的"个案"表达关切。大赦国际每年召开一次理事会会议，其资金均来源于个人捐款、会费或当地筹款。目前，其在全球150个国家和地区拥有110万名以上的会员和在80多个国家的4349个地区性组织会员及54个国家会员。载大郝国际官方网站，http://www.amnesty.ch. 访问时间：2011年9月12日。

③ 载大赦国际官方网站，http://www.amnesty.ch/de. 访问时间：2011年9月13日。

④ 《英国家庭暴力40%受害者是男性》，载《广州日报》2010年9月7日，A12（国际版）。

简易避难所。[①] 根据澳大利亚新州大学 Rachelle Braaf 博士的统计显示，家庭暴力每年使澳大利亚经济损失超过 130 亿元。可见，家庭暴力对澳大利亚造成的财政安全（就业、生产力、医疗系统、育儿经费、法律体制等）已产生了重大影响。[②]

在法国，20 世纪 80 年代末，根据当时法国妇女权利国务秘书米歇尔·安德烈女士接受《法兰西晚报》采访时的报道，遭受丈夫殴打的法国妇女多达 200 万名。[③] 与欧洲和北美其他国家不同，法国关于家庭暴力没有任何可靠的官方统计数字。尽管如此，根据法国团结协会的人士大致估算，至少有 1/10 的法国妇女遭过配偶的殴打，生活在家庭暴力中的孩子估计高达 45000 名。有专家指出，近 15000 名儿童因受虐待而致死，每天就有两个孩子因此丧生。目前在法国，每年遭受丈夫殴打致死的女性就有上百人，另外，还有一些婴儿被杀害。如今还出现了越来越多的青少年开始动手殴打父母的新型家庭暴力。[④] 2007 年，根据法国《新观察家》最新统计报道，法国每 3 天就有 1 名女性被男性伴侣殴打致死。每 13 天就有 1 名男性被女性伴侣杀死，而在这些案件中一半女性曾遭到过被害男性伴侣的殴打。家庭暴力不仅会给男女双方造成精神伤害，还会造成财产损失。法国经济学、社会学、管理学研究中心都认为，家庭暴力事件每年造成的国家财产损失超过 10 亿欧元。[⑤] 根据法国警察机构与宪兵机构公布的一份联合调研报告指出，2008 年，法国共有 193 人死于家庭暴力，其中包括 9 名儿童，累计发生

---

① 江亚平：《澳大利亚家庭暴力导致数万妇女无家可归》，载腾讯网，http://news.qq.com/a/20090310/000496.htm. 访问时间：2011 年 9 月 8 日。

② 《家庭暴力令澳大利亚年损失逾 130 亿》，载澳洲新快网，http://www.xkb.com.au/html/news/shehui/2011/0307/53654.html. 访问时间：2011 年 9 月 8 日。

③ 郭河兵主编：《图说法国女性》，团结出版社 2005 年版，第 75 页。

④ 贾金风：《法国家庭暴力的发生现状与预治》，载《中华女子学院学报》1997 年第 2 期，第 70 页、第 72 页。

⑤ 《法国家庭暴力触目惊心》，载《钱江晚报》2007 年 6 月 14 日。

的“非极端”暴力事件高达23万起，比2007年增长了6.4%，其中，家庭暴力事件达16万起。此外，2008年，法国因家庭暴力共致死193人，其中包括157名成年女性受害者，27名成年男性受害者，施暴者均为其配偶、同居者、恋人。此外，还有9名儿童死于父母实施的暴力。①

（二）我国家庭暴力发生现状

在中国，家庭暴力现象比较严重，偏远农村地区尤甚。例如，温州市家庭暴力投诉中心是浙江省第一个专门接受女性家庭暴力投诉的维权机构，自2009年建立开始，仅在5个工作日就已接到投诉30余起。根据投诉中心介绍，前来投诉的妇女中，大部分都不止一次遭到丈夫不同程度的虐待。② 据调查，中国家庭暴力发生率为29.7%～35.7%，其中受害者90%是女性。根据温州市妇联的统计，2005年家庭暴力问题投诉量较2000年翻了一番，夫妻暴力占家庭暴力总投诉的97.6%。在龙湾区法院两年审理的近400多起婚姻案件中，当事人有提到家庭暴力的占四成，但因70%没有足够证据，法院最终认定的仅有7件。③ 根据山西大同市妇联的调查，近年来，大同市家庭暴力问题日趋严重，不但数量激增，而且施暴手段愈发残忍，严重危害了家庭与社会的和谐稳定。④ 全国妇联权益部在一项针对儿童的调查中表明：在暴力家庭中成长的孩子，自杀的可能性比正常家庭的孩子高6倍，犯罪几率高74倍，吸毒、酗酒的可能性高50倍。⑤ 根据我国妇联的抽样数据显示，

---

① 尚栩：《法国去年193人死于家庭暴力》，载《赣东都市》2009年6月18日。

② 《对家庭暴力勇敢说“不”》，载《浙江日报》2009年12月10日，第7版。

③ 令泉：《温州首发“人身保护令”反家庭暴力立法时机成熟》，载《中国商报》2009年7月17日，第7版。

④ 刘培现：《遏制家庭暴力，地方法规“呼之欲出”》，载《大同日报》2009年8月26日，第5版。

⑤ 张浩淼：《儿童遭遇家庭暴力，维权存在法律空白》，载《重庆日报》2009年3月6日，第15版。

有16%的妇女曾经遭到丈夫殴打。在每年约40万个离婚或解体的家庭中，因家庭暴力原因的占1/4。尤其是在离婚家庭中，家庭暴力的发生几乎占据一半比例。安徽省安庆市妇联的工作人员表示，家庭暴力在安庆市并不少见。近两年来，关于家庭暴力投诉妇联的有284件，占投诉总量的54.3%。2007年迎江区妇联共受理婚姻家庭类事件25件，其中，涉及家庭暴力的就有一半。根据市妇联的一项调查，约有24%的女性犯罪源于家庭暴力。[①] 根据山西省太原市妇女法律服务中心提供的数据，2007年共收到家庭暴力信访案件167件，2008年收到93件，2009年上半年收到61件。在这些家庭暴力案件中，夫妻暴力占89%，同居暴力占11%。主动愿意离婚的女性受害者（包括解除同居关系）占40%，可离可不离的占31%，不愿离婚的占29%，其他占16%。可见，太原市家庭暴力在逐年下降。特别是2008年8月全国妇联、中央宣传部、最高人民检察院、公安部、民政部、司法部、卫生部等国家七部委联合出台《关于预防和制止家庭暴力的若干意见》（以下简称《预防和制止家庭暴力意见》）后，女性的法律意识不断提高。[②] 根据苏州市妇联权益部提供的数据，2009年上半年，市妇联接访的317件婚姻家庭纠纷中，91件涉及家庭暴力。与2008年同期相比，同类事件有所增长，出现暴力倾向的家庭也由原来的以外来人群为主逐渐向白领人群转移。（91件家庭暴力事件中，白领占了几乎一半）。[③] 2008年6月，全国政协社会和法制委员会组织专题组就婚姻家庭中的人身权利保护情况赴湖南、浙江、北京进行调研。发现尽管各地高度重视防治家庭暴力，但仍普遍存在，各地家庭暴力发

① 常艳等：《反家庭暴力的妇女维权新观察》，载《安庆日报》2009年5月11日，第3版。

② 张佳、陈立源：《家庭暴力，呈逐年下降趋势》，载《太原日报》2009年11月26日，第3版。

③ 肖平：《家庭暴力白领占四成》，载《苏州日报》2009年8月13日，第A03版。

生比例都较高，一些县以上妇联受理的有关家庭暴力案件占整个信访量的12%～14%；类型主要有肢体暴力、性暴力、精神暴力和经济暴力；受害者的范围多发生在夫妻之间和父母子女之间，主要是妇女、儿童和老人。[①] 陕西省女子监狱和省妇联的联合调查显示，近几年，陕西省女子监狱因婚姻家庭问题引发暴力犯罪的女性共171人，截至2007年4月，由家庭暴力引发的以暴制暴案件占了95.3%。[②] 自2004年来，全国妇联每年有关家庭暴力的投诉均在4万件左右，其中，精神暴力比其他暴力更普遍。根据中国法学会2010年对浙江、湖南、甘肃三省3500多个家庭的调查显示，家庭精神暴力普遍存在。尽管如此，一项网络调查表明，超过50%的受访者都认为，限制配偶与朋友交往、长期不与配偶说话、拒绝与配偶过性生活、耻笑配偶缺陷弱点等精神层面的暴力都不是家庭暴力。[③] 南通市通州区妇联最新统计显示，2008年的接待来访中，农村妇女因遭遇家庭暴力寻求援助的约占总接访量的四成。南通市市公安局"110"接到家庭暴力投诉在1年时间内也都过百。[④] 内蒙古通辽市家庭暴力近年来居高不下，并呈逐年上升趋势。暴力方式复杂、暴力程度加剧，恶性案件时有发生。截至2011年，市妇联共受理信访案件1664件，其中婚姻家庭类共1020件，占信访总量的61%，涉及家庭暴力450件，占婚姻家庭类的44%。[⑤] 甘肃省妇联统计数据表明，家庭暴力投诉约占妇联系统每年投诉总量的

---

① 蒋菡：《家庭暴力多发，委员建议出台制止家庭暴力法》，载《工人日报》2009年3月9日，第7版。

② 陈敏：《家庭暴力离婚案件不宜调解结案》，载《法制日报》2009年7月17日，第3版。

③ 王瑜：《家庭暴力受害者渴望保护伞》，载《工人日报》2009年7月19日，第2版。

④ 钱向荣等：《通州110一年接到投诉百起以上——农村家庭暴力引人关注》，载《南通日报》2009年4月24日，第B02版。

⑤ 红钰：《人身侵犯及家庭暴力成妇儿维权两大热点》，载《通辽日报》2009年2月11日，第5版。

25%左右，并呈持续上升趋势。[①] 某长期关注和研究未成年人权利保护的专业机构自2004年至2010年期间共接待了38起涉及未成年人家庭暴力的咨询案件。中心对2008年1月至2011年1月期间媒体报道的300件未成年人遭受家庭暴力案件进行了跟踪调研，发现86.33%是父母施暴。其中，因家庭矛盾拿孩子发泄引发的家庭暴力案件比例达27.67%，13%因错误的管教观念，其他原因还有诸如生活困难、重男轻女等。一般情况下，针对未成年人的家庭暴力案件发生后，仅有2%的未成年人可能"揭发"父母的家庭暴力行为，绝大多数因受亲情影响或能力所限，极少报告。其他家庭成员、村委会、居委会也多以管教孩子是私事为由不予干涉，往往是出现了特别严重的后果才会报案。[②] 2011年1月至3月，北京市一中院法院研究发现，在100件离婚案件中，28件的女方当事人表示遭受男方家庭暴力，其中8人提出离婚损害赔偿，占全部案件的8%，1人获得了法院支持，仅占3.5%，其余均因证据不足未获支持。[③]

综上，家庭暴力不仅仅发生在一国之内，其在世界各国均已经成为社会关注的焦点问题之一，其严重性已经警示各国人民亟须认真对待。

二、家庭暴力的诱因

家庭暴力成因形形色色，总体归纳主要有四个方面：首先，历史原因。无论哪个国家或地区，传统男权文化均是家庭暴力发生的根源之一。其次，主体原因。家庭成员的经济与社会地位的差异性

① 张丽丽：《我省家庭暴力投诉呈现持续增长趋势》，载《甘肃经济日报》2009年11月25日，第2版。

② 朱磊：《反家庭暴力立法不能缺少儿童视角》，载《法制日报》2011年4月16日，第3版。

③ 李铁柱：《反家庭暴力立法，别忽视"冷暴力"》，载《检察日报》2011年9月2日，第4版。

易致强势地位的成员在家庭中居于主导支配地位；文化水平一定程度上决定了个人素质的高低，缺乏自信、容易偏执的家庭成员常常会背离非暴力的行为规范。再次，社会原因。社会对于家庭暴力的发生须担负一定责任，正是由于缺乏有效的社会引导和救助渠道，使得受害者的安全不能完全得到保障，施暴者行为不能完全得到及时制止。最后，法律原因。立法无论先进或滞后，都需与本地区社会发展水平和人们认知水平相契合。过度超前的先进立法和过度滞后的落后立法均不能有效防治和规制家庭暴力。从以上几个方面原因进行延伸分析，笔者认为，应当从个体、家庭、社会三方面深入探讨家庭暴力诱因。家庭暴力主体——施暴者与受害者的个人因素、家庭暴力氛围的代际传递、社会性别非主流化以及不平等性别关系的再生产均是家庭暴力产生的具体诱因所在。

（一）施暴者特质心理

暴力的现实使用不会体现在每个人身上，然而，潜在的受害者在社会性别角色化的过程中却一直存在，尤其是在男性施暴者对女性受害者抱有支配欲和控制欲时尤甚。虽然“男女平等”意识似乎早已泛化，性别歧视深受厌恶痛绝，但在人们的心灵深处，仍然难以摆脱性别差异带来的性别间的支配与控制。笔者针对20位男性做过一个小测试①，请他们简单回答三个问题：“A. 您是否曾经使用身体暴力解决问题?”“B. 您是否曾经遭遇过其他男性的身体暴力而受到伤害?”“C. 您是否曾经目睹过其他男性使用身体暴

① 此小测试的目的并非在于对被质疑的20位男性就关于身体暴力情态进行定量定性分析，而是笔者试图通过设计的三个问题得知暴力是否已在男性群体中成为一种共同的生活经验。诚然，女性群体没有被作为质疑对象似乎有以偏概全之嫌，然而，笔者认为，就目前而言，针对妇女的家庭暴力仍然占据主流，男性施暴者数量远远超过女性施暴者，因此，笔者仅对男性进行了此项小测试。因为选择范围有限，此20位男性是从笔者随意选择的50位男性中，根据各年龄、职业、文化程度进行分类筛选而择定，其基本情况如下：第一，年龄均在25～70岁；第二，职业包括教师、法官、警察、医生、学生、工人、农民、银行职员、编辑、公务员、公司职员、个体、无业；第三，文化程度包括文盲、初中、高中、本科、硕士、博士。

力?”从20位男性的回答中可知：每位至少对其中一个问题回答为“是”（见表12）。

表12　20位男性曾经使用、遭受、目睹身体暴力情形

问题＼序号	1	2	3	4	5	6	7	8	9	10	11	12	13	14	15	16	17	18	19	20
A	是	是	/	是	/	是	是	/	是	/	/	是	/	是	是	是	是	/	是	/
B	/	是	是	是	是	/	是	/	/	是	是	/	是	/	是	/	是	是	是	是
C	是	是	是	/	是	是	是	是	是	是	是	/	是	是	是	是	是	是	是	是

注：A——“您是否曾经使用过身体暴力解决问题?”

B——“您是否曾经遭遇过其他男性的身体暴力而受到伤害?”

C——“您是否曾经目睹过其他男性使用身体暴力?”

对男性而言，“暴力”可以说是一种社会习得。就参与小测试的20位男性来讲，暴力已成为他们一种共同的“生活经验”，至少绝大部分男性可能会视暴力为一种维护尊严的有效措施、一种能够证明力量的可靠证据、一种回应他人威胁的可以接受的方式。在男性社会性别角色化的过程中潜藏着暴力心态的倾向和暴力行为的养成。原因在于：其一，社会对男性提出的要求之一是可能利用身体力量解决冲突。从生理角度来看，男性有着超越女性的身体力量，因此，男性似乎理应承担起帮助保护女性的责任，可以说，男女均已习以为常的社会规范似乎再无必要论证正确与否。[①] 然而，当这种认识泛化后，特定情况下男性用身体力量解决冲突就必然会

① 从韦斯特马克的观点来看，人类属于动物界，亦受动物界一般的规律支配。因而，研究人类家庭婚姻的历史，必须从阐明它在动物界的根源开始。婚姻植根于本能，只能用生物学事实才能予以阐明。该本能是作为类人猿与原始人之共同祖先的高级灵长类种那里继承下来的遗产。这种本能驱使男性与女性同居并保护她们，即使在性关系终止以后也还是这样。参见［芬兰］E. A. 韦斯特马克：《人类婚姻史》（第一卷），李彬等译，商务印书馆2002年版，第42～45页。在笔者看来，韦斯特马克在研究人类婚姻方面单纯强调生物本能，完全忽视社会因素的倾向虽有失偏颇，但是，其在论证男性天生具有保护帮助女性的欲望之观点却值得深思。

升级为暴力。“暴力”存在三种社会化进程：授权、惯例化、人性的丧失。授权，是由于环境非常确定以使得每个人都免除了做出个人道德选择责任的一个过程；惯例化，是由于行为是相当有组织的以至于没有提出道德问题的机会的一个过程；人性的丧失，是由于行为人对行为目标及其自身态度结构使得他们没有必要也没有可能从道德的角度出发来考虑他们二者的关系。① 可见，社会在一定层面上是鼓励“合理化暴力”的存在。② 实际上，在男性辞典中，“勇敢”的潜义包含了暴力。③ 其二，女性崇拜男性的身体力量。在人类早期，力量是人存活、地位与权力的决定性因素。如今，部分纠纷的解决仍然要靠力量或力量威胁，武器的发明也可以说是男性力量的另一种延伸形式。从根本上讲，男性从心底是绝对信赖用力量解决冲突的功用。女性对男性力量的崇拜心理不仅仅在于形式上存在美感，更多在于功用上的美感。换个角度而言，男性实则是靠自身的力量才得以建立或具备社会上的优势地位。在存在冲突时，男性更愿意在女性面前展示力量，即使仅能起到威慑作用。暴力成为了男性在面对无法解决冲突时唯一可使用的杀手锏。其三，社会对男性如何不使用暴力去解决冲突缺乏正确的引导。当许多男性在和他人发生冲突时，当支配、权利、面子得不到满足而心理失衡时，社会对男性暴力的期许和认可彰显出正统教导绝对的苍白无力。因此，男性施暴者几乎没有体验到用适当理智的方法去处理这些心态失衡的成就感，身体力量的宣泄对象一旦成为“人”，暴力就会不可避免地发生。

无论施暴者个人的特点、成就、地位的差异有多大，无论暴力行为的严重程度、复杂程度、表现方式如何不一，所有施暴者均存

---

① ［英］韦恩·莫里森：《理论犯罪学——从现代到后现代》，刘仁文译，法律出版社2004年版，第193页。

② 例如：保家卫国、刑事侦讯、体育比赛，等等。

③ 例如：“士为知己者死”、“为朋友两肋插刀”、“肝脑涂地也在所不惜”，等等。

在或多或少共同的心理特质。这些作为施暴行为心理动因的共同心理特质并非静态存在，相反能够左右感受。施暴者也许并没有意识到自身已存在这些特质，也许并不认为自身已受到这些特质的驱使，然而，这些特质却已经深深潜藏于施暴者的内心之中。

1. 自卑情结。自尊是人对自己的价值、成就等产生积极评价后的情感体验，多数施暴者都有一种较差的自尊。① 健全的自尊是一种心灵成就，是一种自我肯定。低自尊会给自身带来很大压力，如不能正视则会产生强烈的挫败感。从心理结构上分析，自尊由四方面构成：重要感觉，即是否感到本人受到重要人物的喜爱和赞赏；能力感，即是否具有完成本人认为很重要任务的能力；品德感，即是否认为本人达到伦理或道德标准的程度；权力感，即影响本人和他人生活的程度。② 施暴者表面上看起来似乎很“强硬”，但隐藏在其“威风八面”的施暴行为背后却存在以上四方面的缺失感、不满足感、失败感，从而具有深深的自卑感。因此，施暴者的自卑心理成为其施暴行为的心理动力。

自卑心理本身并不会成为问题症结，相反，如果能够将度把握好，还可促使进步。然而，自卑一旦成为疾病，则会成为暴力行为的根源。“当个人面对一个他无法适当应付的问题时，他表示绝对无法解决此问题，这时候出现的便是自卑情结。”③ 笔者分析，施暴者自卑情结主要来自以下五方面：

第一，喜好依赖。施暴者存在极度依赖他人的情绪，尤其是男性施暴者，不仅喜好依赖女性对其在生活上的照料，而且喜好依赖女性对其在心理上的支撑，如关注、支持、肯定、安全、价值、力

① Eve S. Buzawa and Carl G. Buzawa, *Domestic Violence: the Criminal Justice Response* (1996 *2nd Edition*), SAGE Publications, 1996, pp. 1 ~ 34.

② 陶勑恒：《男性施暴者特质的心理学分析》，载荣维毅、宋美娅主编：《反对针对妇女的家庭暴力——中国的理论与实践》，中国社会科学出版社 2002 年版，第 52 页。

③ ［奥］A·阿德勒：《自卑与超越》，黄光国译，作家出版社 1986 年版，第 47 页。

量等。实际上，施暴者从女性身上所得远超本人感受，其自卑情结亦不断反复强化着该种心理依赖，使之更难以去感受到自身本想所得。潜藏于施暴者内心的自卑情结使得其感受到自身无能，然而出于本能的虚荣心则必须掩盖。因此，一旦出现矛盾，施暴者往往将错误根源归咎于他人或命运，为自己找寻宣泄怨愤的借口。其不能清楚明白，更无法坦然接受事实：只有本人才能处理和把握自己的情绪和感受，只有本人才能使自己安全与快乐，本人感受到的痛苦亦必须且只能由本人来负责。

第二，疑心病重。负有责任本身就能给人带来自我成就感和价值感。男性优势文化使得其感到自身在社会和家庭中所承担的责任，此种负责感实为一种权力感，其亦体现在部分女性身上。施暴者并不一定具备责任感，或得不到“被责任”的满足感，但他们认为自己有责任承担起教导家人如何处理问题。正因为施暴者在社会上难以实现自我价值最大化从而导致自卑感亟须得到补偿，使得其在家庭中的主宰和教导欲望更强烈。

健全的人格应具备良好的自我责任感，相信自己有能力在道德规范内做出合理选择，不仅能够承担“自己”的责任，而且信赖他人能够承担责任。施暴者在家庭中“过度负责”，“我有权力和能力影响我想影响的任何人和事”，实际上是一种指向于外在的操纵——通过对他人“负责”以达到自己对能力和权力的满足。其在口头上往往会声称为自己的行为负责，实际上却总是从外部来解释自己的行为，在不切实际处处碰壁而感到挫败后，又会对自身能力或价值产生怀疑，陷入自卑。自卑使得施暴者不敢面对自身的脆弱，因此只能求救并指向于外部。然而，其对外部同样存在不信任，唯有采取责备外界的方法才能平衡内心的失落，唯有质疑他人才能为自身行为找寻合理的借口。

第三，优先自我控制。施暴者都有一种优先的自我控制模式。① 其控制欲往往会达到极端，尤其是男性施暴者，权力欲望的膨胀使其在社会或家庭中几乎想操纵一切，最大范围和最大限度地发挥影响力。实际上这是不可能的。施暴者总认为他人是成功的，无法从重要感、能力感和权力感上获取自尊体验，从而存在一种无法把握的恐慌感。大部分施暴者在潜在自卑心结的作用下，利用心理或身体上的暴力手段来维持控制。

施暴者过于强烈的控制欲，使其可能会不计后果地去避免各种失控现象。恰恰相反的是，其经常会处于失控的威胁中，缺乏安全感，感到被忽视、无价值、无能力、无地位。无论家庭内外，无论客观上看来已然成就，其对失败都会过分敏感和恐惧。因此，施暴者总会尽全力去坚持和追求自身认为已经或即将拥有的控制欲求。实际上，无论外表如何踌躇满志或不可一世，其内心都是脆弱、恐惧、痛苦的。施暴者无法了解矛盾的真实原委，同时伤害着他人和自己，在控制欲火的烧灼下，一旦丧失控制能力，唯有暴力才可能让其获取所谓的“自尊体验”。

第四，人我界限不分。安全、自信、高自尊的人必然是人我界限清晰的人。施暴者缺乏明晰的人我界限。其往往无视自身目睹的、希望的、要求的“她或他”，仅从自身拟定的标准出发，要求他人如自己希望的那般思想和行动。人我界限不清的人经常会处于一种混沌不清的状态，施暴者就是如此。由于对伤害感到恐慌，在心理上总会和他人保持一定的距离，却又容易让他人在不适当的时候越过自身心理界限。在家庭内部，即使面对配偶，也会害怕配偶的拒绝、否定、控制、离去，感到孤立无助。因为施暴者控制欲极强，却又总感到自身被他人控制，所以不断处于痛苦挣扎状态，内心早已滋生出使用暴力得到解脱的想法。

---

① Eve S. Buzawa and Carl G. Buzawa, *Domestic Violence: The Criminal Justice Response* (1996 *2nd Edition*), SAGE Publications, 1996, pp. 1 ~ 34.

第五，内外界限不清。个人也存在界限问题——“外在个人”和“内在个人”[①]。“外在个人”是人格面具，其目的“在于给人一个好的印象以便得到社会的承认”。[②] 人格面具是社会生活的基础，是个人扮演社会角色的需要，是能够保证人与人之间正常相处，帮助个人实现目的并取得成就的工具。然而，若过分沉湎于“外在个人”，就会和“内在个人”产生对立或冲突，使得个人整体处于紧张状态。健康、安全、高自尊的人是能够将内外个人加以区分的，能够正视“内在个人”，能够分清自身之内外界限的人。

施暴者缺乏清晰的自我内外界限。其会为所谓的“面子”损耗自己的心力资源，试图使用人格面具来文饰整体的自己。一般而言，多数施暴者都会努力扮演出镇静、成功、文明等，实际伪装程度难以让他人把握。施暴者自我内外界限不清的情况极度危险。因为：其一，现实生活中，核心家庭在空间上的隔离性和与文化中的“家丑不可外扬”使得家庭对施暴者而言非常安全，其压抑的愤怒一旦爆发可能无法控制；其二，长期紧张扮演“理想角色”使之心力交瘁，易致心理疾病；其三，人格面具“迷惑”了施暴者自己，使其不了解“内在个人”仍具备发展潜能。

2. 潜藏憎恶。施暴者的暴力行为可能是出于不满等情绪的宣泄，但若深层次分析，则会发现施暴者实际上潜藏着一种憎恶心理。

笔者分别寻找了10位男性和女性，请他们用词语形容异性的一些特点。[③] 10位男性用来表示女性特点的词语共24个：6个褒

---

① 笔者姑且将“内外个人”分别命名为“外在个人”与“内在个人”。“外在个人”意指暂时让他人看到的外在的自己，“内在个人”意指个人身心内真实的自己。

② ［美］霍尔等著：《荣格心理学入门》，冯川译，生活·读书·新知三联书店1987年版，第48页。

③ 笔者做此测试的目的在于，试图通过两性对异性使用的含褒义、中性、贬义等词语的分属情况来进一步分析两性之间的内在关系。

义词，4 个中性词，14 个贬义词。其中，褒义词占 25%[①]，中性词占 16%，贬义词接近 60%，每个贬义词几乎都能投射出男性从心底对女性的一种厌烦或憎恶（见表 13）。

表 13　10 位男性用来形容女性特点的词语

褒义	中性	贬义	
美丽 漂亮 可爱 温柔 女强人 细心	家庭妇女 爱穿高跟鞋 母性泛滥 爱做主	小心眼 霸道 泼妇 爱说闲话 唠叨 头发长见识短 狐狸精	嫉妒心强 傍大款 爱报复 红颜祸水 小气 疑心重 毒蝎

女性用来形容男性特点的词语共 20 个：6 个褒义词，3 个中性词，11 个贬义词。其中，褒义词占 30%，中性词占 15%，贬义词接近 55%，每个贬义词几乎也能够映射出女性从心底对男性的一种讨厌或憎恶（见表 14）。

表 14　10 位女性用来形容男性特点的词语

褒义	中性	贬义	
强壮 有气魄 有安全感 细心 有能力 称职的丈夫	爱抽烟 爱当家 爱做主	脾气臭 霸道 爱打人 小气 疑心重 好赌	嫉妒心强 有钱就变坏 爱报复 大男子主义 心狠

施暴者这种潜在的憎恶心理，原因相当复杂。笔者分析可能与

① 部分词语如“美丽”、“漂亮”等仅是从男性欣赏感官的角度出发而言，“女强人”是否属于褒义词有待商榷，因为使用此词的男性可能心态较为复杂。

以下两方面有关：第一，施暴者过去的经历。绝大部分施暴者在成长过程中均受到过来自家庭或外界的不良影响，导致从小在感官上就对异性产生了不懈或蔑视；第二，施暴者面对的现实刺激。几乎每位施暴者都会从现实生活中感到来自异性的压力、威胁和伤害，尤其是一些感到尚未实现自身价值的男性，易将女性在社会上的成就以及女性参与社会竞争作为导致自己失败的根源。社会在发展，女性觉悟在提高，面临的机遇在扩宽，社会成就必然增大。作为男性，若其感受到来自女性的阻力从而威胁到了自身群体的发展，则对女性产生某种泛恨。同样的，作为女性，在面对就业歧视、教育歧视从而丧失了应有机会时，亦会对男权社会以及男性群体产生心理不平衡的憎恶。

如今，男女平等的呼声致两性对异性的憎恶较少公开表达。然而，这并不能说明升级为施暴者的憎恶就已彻底消失，相反，施暴者将其潜藏于心，在其感到能够在所谓安全的对象处发泄出来时，暴力就会不可避免地发生。

3. 非理性思维。施暴者认为其愤怒的情绪及暴力行为都是因为事件本身直接引起的。实际上，事件本身并非是引起个人行为和情绪反应的直接原因，个人对事件产生的看法、态度和评价才是情绪及行为反应的根源所在，直接受到其所持的一些基本信念的制约。一般而言，人的基本信念存在理性与非理性两类，情绪困扰及其带来的不良行为是非理性信念（不合逻辑思考过程）的结果。施暴者对所遇到的事情产生不良的反应，实际上是一个非理性的、带有偏见的、过分主观的思考历程。心理学家艾里斯认为："过度、极端的思考会蒙蔽生活中的感觉与行为。错误的思考会使生活瘫痪、无效。非理性想法会使人产生情绪困扰、焦虑、罪恶、无价值、沮丧等。"①

---

① 吴丽娟：《让我们更快乐：理性情绪教育课程》，台湾心理出版社 1998 年版，第 7~8 页。

于施暴者而言，性别偏见和歧视是导致暴力行为的最基本的非理性信念，与其他非理性信念结合在一起后，必然会引发对自身所遭遇的事件不合理思考，带来非理性的情绪或行为。有学者曾经罗列出常见的11种非理性信念及由此产生的非理性的、错误的思考公式[①]（见表15）。

表15　施暴者信念及特质、非理性信念及思考公式

施暴者信念与特质	导致不良情绪与行为的非理性信念	导致的错误思考公式 原来的思考→错误思考
1. 女性要取悦男性	一个人应被周围每一个人喜欢或称赞	我喜欢如此→我应如此
2. 能力、成就、价值	一个人有能力并在各方面取得成就才有价值	很难办→没有办法
3. 女性是红颜祸水	某些人是邪恶的，理应受到惩罚	也许→一定
4. 男性在家必须如意	当事情不如意时，天就要塌下来	我有时→总是
5. 配偶应使“我”幸福	不幸福、不快乐都是他人、环境造成的	某些→所有的
6. 男性女性都靠不住	须非常关心危险的事情，须时刻防止其发生	可惜→糟透了
7. 人天生就是如此	逃避困难和责任比面对困难与责任容易	我表现不好→我不好
8. 家庭应靠配偶操持	一个人不依靠他人无法生活	我感到烦恼→使我烦恼
9. 都是以前的原因	过去的经历决定和影响现在的行为	好像是如此→确实如此
10. 女性需要教导和管理	一个人应为别人的难题与困扰紧张或烦恼	目前如此→必然永远如此
11. 媳妇不打倒不行	每个问题仅有唯一解答，找不到灾难就临头	多数人都这么想→想法肯定正确

注：笔者在原表的基础上有所增补。

① 陶矜恒：《男性施暴者特质的心理学分析》，荣维毅、宋美娅主编：《反对针对妇女的家庭暴力——中国的理论与实践》，中国社会科学出版社2002年版，第61页。

4. 能力不足。施暴者通常缺乏一些相关处事能力，如不善于自我肯定，突遇冲突时往往缺乏协调能力，面对他人指责无法自我调节等。

第一，缺乏自我肯定。一个善于自我肯定的人通常会采取适当的方式去实现目的，但是，施暴者难以正确地向家人表达愿望。首先，其不会考虑家人所需所感；其次，其不能明晰地表达想法。某些时候，可能还会简单甚至粗暴地回绝家人的请求或一味无条件地接受。该种处事方式容易让家人感到不合作、勉强、抵触甚至怨恨。在家人和自己均不满意的状况下，施暴者则开始怀疑自身能力。第二，难以协调冲突。施暴者的暴力行为更多地发生在冲突或矛盾尖锐时。通常，施暴者缺乏冲突省察能力和理性处理冲突的能力。如与家人在情绪上已出现对立时却浑然不知，待冲突爆发后又不能理性对待，无法清楚地表达自身感受。然而，施暴者在事后通常觉得平安无事，认识不到冲突产生的根源，导致家庭矛盾恶性循环。第三，无法正视指责。面对家人的评价和看法，施暴者非常敏感，尤其是感到对方有蔑视或敌视情绪时。施暴者内心的自卑和脆弱使其难以承受责难，其对待批评或指责非常敏感，更不用提到反思自身的行为。第四，难以调整情绪。情绪处理对任何人来说都至关重要，对施暴者而言尤甚。首先，施暴者难以理清情绪的线索，看不到自身行为是不良情绪使然。其次，施暴者容易压抑情绪且不善于表达。当面临冲突时，不懂得澄清不良感受，导致在不愿承认的前提下用暴力解决痛苦。最后，施暴者不善于察觉别人的情绪，使其在人际交往中出现问题。一次暴力可能造成受害者的顺从，但在施暴者眼中也许是和睦家庭的开端，其根本看不到暴力存在的伤害和危机。

通过对施暴者特质心理的透析，可以了解到，施暴者作为个体，不良情绪和暴力行为具有内在的心理动因，这是导致家庭暴力重要的诱因之一。

（二）受虐妇女综合征

受虐妇女综合征（Battered Woman Syndrome）原属社会心理学的名词，最早提出者是美国人沃克。20 世纪 70 年代末，其在北美法律中正式入法。①

受虐妇女综合征是由暴力循环（Cycle of Violence）和习得性无助（Learned Helplessness）两个概念组成。② 暴力循环是指暴力在婚姻或同居关系中发生的周期性循环变化。"沃克暴力循环理论"指出："许多在家庭暴力中的女性能够预见下一轮暴力事件的发生及其严重程度。女性能够从常规暴力方式的细微变化中感受到更危险暴力侵害的即将来临，能感受到正面临致命不法侵害的威胁。"③ 暴力循环包含三个阶段——"紧张关系形成阶段"（Tension Building Phase）、"恶性暴力阶段"（Acute Battering Incident）、"爱的痛悔阶段"（Kindness and Contrite Loving Behavior）。其中，第一阶段常伴有轻微暴力且持续时间较长，受虐妇女为了逃避暴力威胁，想尽办法满足施暴者的任何要求；第二阶段的暴力发生频率与程度和第一阶段不可同日而语，其与受虐妇女毫无关系，而是施暴者行为的严重失控所导致，受虐妇女能够提前意识到此阶段暴力发生的严峻性，某些时候甚至只有提前"引爆"，才能够提前进入下一阶段；第三阶段可谓雨过天晴，施暴者真诚地忏悔并付诸行动以求得到受虐妇女的原谅，抱有传统观念的受虐妇女认为"从一而终"才是对婚姻的忠贞，因此选择了帮助施暴者"改掉坏毛病"，然后，第三阶段又再次循环到第一阶段。由此，家庭暴力周而复始，受虐妇女饱受痛苦煎熬，长期过着提心吊胆的日子。

---

① 资料来源：公益律师网，http://www.wrpil.org.cn/PageInfo/CN/ShowNews.aspx?ID=20090916000002. 访问时间：2011 年 7 月 4 日。

② 陈敏：《关注绝望的抗争：受虐妇女综合症的理论与实践》，载《中国妇女报》2000 年 11 月 2 日，第 3 版。

③ 李宏良：《一起刑事案件辩护的反思》，载 110 法律咨询网，http://www.110.com/ziliao/article-132762.html. 访问时间：2011 年 7 月 4 日。

习得性无助一词源于心理学家马丁·沙利格文（Martin Seligman）在20世纪60年代的一次试验。[①] 雷诺尔·沃克认为，受虐妇女对暴力行为已经造成其心理瘫痪进而愈发感到被动，最终选择铤而走险。在西方国家的关于家庭暴力受害者犯罪原因的理论研究中受虐妇女综合征可以作为当事人正当防卫的采信证据。[②] 当然，以受虐妇女综合征作为证据进行辩护并非一定成功。[③] 我国目前对于专家证言的法律地位和采纳的相关程序均还处于完善阶段，对于"受虐妇女综合征"理论研究与实践操作还在不断研究中。某些女性受害者之所以会沦为施暴者，并非在于她们是天生"受虐狂"，而是作为施暴者的丈夫对她们的长期打骂彻底摧毁了其自尊心与自信心，这才使其只有采取"以暴制暴"的方式得到"解脱"。可以说，受虐妇女综合征并不仅仅可作为法律制度与司法实践中的专家

---

① 马丁·沙利格文将几条狗放在一只铁笼子里，每天不定时地电击铁笼子的各部位。刚开始，狗在笼子里不断跳跃试图躲避电击，但它们很快发现无处可躲，于是停止了积极的躲避行为，而改为采取尽量减少痛苦的方式，如受到电击时，脸朝下趴在铁笼子里一动不动等。它们似乎明白：与其无望地躲避倒不如静静地忍受。（陈敏：《关注绝望的抗争：受虐妇女综合症的理论与实践》，载《中国妇女报》2000年11月2日，第3版。）

② 例如，受虐妇女综合征作为可采证据最早是用于加拿大的司法实践。1987年，22岁的琳·拉娃莉长期受到同居男友的谩骂和毒打，身心备受折磨。在一次晚会上，男友无端对她拳打脚踢。拉娃莉逃到楼上卧室，躲到衣橱里，但男友把她拖出来狠狠打了一顿，威胁她说待客人离去后，要杀了她。在极度恐惧中，拉娃莉在男友离开卧室时，从背后开枪杀了他。她因而受到谋杀罪的指控。审理此案时，辩护律师出示了大量的证据，证明她的男友在同居期间经常对她施暴。专家证人出庭作证，证明拉娃莉患有明显的受虐妇女综合征。一审法官采纳了专家证据，裁定正当防卫的辩护成立，拉娃莉无罪释放。公诉人不服，提起抗诉。上诉法院的多数法官认为，一审法官采纳这种专家证据是不合适的，故裁定撤销原判，重新审理。1990年此案上诉到加拿大最高法院。最高法院的九位大法官们一致同意受理此案的上诉。经审理，该专家证据被裁定为可采证据。（陈敏：《关注绝望的抗争：受虐妇女综合症的理论与实践》，载《中国妇女报》2000年11月2日，第3版。）

③ Walker, Alice. *In Search of Our Mothers' Gardens: A Womanist Prose*, New York: Harecourt Brace Jovanovich Publishers, 1984.

采信证据，而且也是家庭暴力，特别是女性“以暴制暴”的诱因所在。

（三）家庭暴力代际传递

一般而言，从构成来看，家庭是以夫妻为核心，由子女组成的血缘集体。家庭成员情感的相互性是建立在共同的生物基础之上，遗传使父亲与子女、母亲与子女具有一定的相似性。遗传上的联系是家庭成员相互信赖的基础。家庭成员过着衣、食、住、行等方面共同的生活，保持着密切关系。[①]“家庭”同“人”一样，一旦患上“恶性疾病”则难以根除，若还有“遗传病史”，就更会影响子女及后代。有家庭暴力存在的家庭，子女发生精神障碍和暴力行为的可能性较大，因为家庭整体关系出现的问题导致家庭动力系统产生了扭曲和家庭疾病的代际遗传。“家庭暴力对未成年人的影响不止是给其造成的肉体创伤和恐惧、痛苦等精神刺激，有研究表明，在家庭暴力环境中长大的孩子在模仿、使用暴力方面的几率是一般家庭中孩子的1.5倍。”[②]

家庭暴力代际传递源于家庭成员在家庭中定位的体验，最终表现为个人在家庭中的暴力实践。[③] 个体行为并非独属于自己的行为，而是对周围社会的一种模仿。与受害者一样，施暴者也是社会环境和家庭疾病的牺牲品。也就是说，父母之间的暴力与子女成年后对配偶的暴力之间具有正相关性。[④] 家庭是人们有可能“体验”到暴力的第一个场所。[⑤] 当身处家庭暴力环境下的未成年子女亲眼

① ［日］久世敏雄、长田雅喜：《家庭关系的心理透视》，李艳、苗登明译，吉林人民出版社1990年版，第2页。

② 凌鸿：《论少年法庭的受案范围》，载《青少年犯罪问题》2002年第2期，第34页。

③ 陶勑恒、郑宁：《家庭暴力干预培训系列教材——施暴者教育与辅导培训手册》，中国社会科学出版社2004年版，第36页。

④ 刘梦：《个人家庭社会：多元的视角——国外虐妻研究综述》，载《浙江学刊》2001年第5期，第115页。

⑤ 乐国安：《西方社会心理学新进展》，暨南大学出版社2004年版，第185页。

目睹或亲身经历了暴力行为，因其人格的最深层面正处于形成期，且缺少机会学习适当解决冲突的技能和非暴力肯定行为，[①] 因此极其容易习得：用暴力来解决家庭问题是一种合理合法的行为方式。未成年子女从“经验”中获取家庭暴力行为的形式、频次、态度、激发环境、指向目标、效果等。[②]

（四）不平等性别关系再生产

社会产生对女性家庭暴力的共同根源就在于不平等性别关系的再生产。不平等性别关系的再生产有着特殊的文化根源。美国社会学家罗伊·F·鲍迈斯特尔提出的“角色理论”与“符号互动”理论对诠释家庭暴力的发生起了关键性作用。[③] 在“角色理论”与“符号互动”理论发展的过程中，鲍迈斯特尔又进一步提出了“身份不一致”理论。[④] 由此，当个人自我认知的角色与现实的实际角色发生冲突，当个人没有在他人处得到某种成功的证明，当个人认为应当属于自己的社会地位没有实现，缺失感就会使其自卑，如恰逢其是男性至上且家庭观念浓烈者，则会将其自尊所受到的伤害形成的内心挣扎与矛盾通过暴力来控制对方。

不平等性别关系再生产有着特殊的社会机制。Pagelow 提出的“过程理论”（Process Model of Violence）对理解家庭暴力的发生起

---

① 黄列：《家庭暴力的理论研讨》，载《妇女研究论丛》2002 年第 3 期，第 56 页、第 61 页。

② 张李玺、刘梦主编：《中国家庭暴力研究》，中国社会科学出版社 2004 年版，第 103 页。

③ 该理论认为：每个人的角色都是社会赋予的，同时也是依靠社会维持和改变的。社会将角色规范设定在文化、习惯等大系统中，在这种角色影响下个人会对某些情境做出特定反应。这种反应已为个人所内化，成为个人人格的一部分。

④ 该理论认为：个人身份的不一致可能引发婚姻暴力，这并非指规范本身会产生暴力，而是假定社会宏观的文化规范或角色期待与微观个人角色的实现或实践之间的不一致会产生暴力。（[美] 罗伊·F·鲍迈斯特尔：《恶——在人类暴力与残酷之中》，崔洪建等译，东方出版社 1998 年版，第 195 页。）

了引导性作用。[①] 处于弱势地位的一方在家庭关系互动中的本质、需要、角色、定位是受到日常生活经验所经历的男性权威结构的影响。女性权益被剥夺的经历是因为父权秩序的强硬，在该秩序下，男性权力不可避免地控制着女性的生活世界，男性权力通过控制女性的身体来实现统治。[②]

英国社会学者安东尼·吉登斯（Anthony Giddens）的“结构性二重性”理论厘清了人类行动者的社会实践与社会制度、社会秩序之间的关系。[③] 不平等性别关系再生产亦如此，一方面，受限于性别不平等造成了女性资源相对缺乏，[④] 受害女性对丈夫的家庭暴力行为“偏于”合理化解释；另一方面，受害女性在共同知识

① 该理论认为：“若丈夫实施暴力变成一种习惯或模式，必然是家庭中存在着一种稳定的互动‘过程’。该过程往往是某一暴力行为出现后，另一方‘反应’的方式，会影响暴力行为的方向与路线。由此，存在两种假设：一是夫妻殴打关系中处于弱势的配偶越能接受暴力作为对压力的反应方式时，殴打越会发生；二是配偶越是愿意维持彼此关系，越固守传统观念，殴打则越不会导致关系的结束。”（Mildred Daley Pagelow, Lloyd W. Pagelow, Family violence, Greenwood Publishing Group, 1984, p. 37.）

② Simith, Dorothy E., Sociology from Women's Experience: A Reaffirmation, Sociological Theory 10, No. 1, 1992, p. 88.

③ 该理论认为：社会系统的结构性特征，既是不断组织的实践条件，又是实践的结果。结构并不是外在于个人的……其既具有制约性又赋予了行动者的主动性。人类的社会活动具有循环往复的特性，它们虽然并非由社会行动者所创造，但却持续不断由它们再创造出来。社会行动正是通过这种反复创造社会实践的途径来表现作为行动者自身；同时，行动者借助这些活动再生产出使其得以发生作用的前提条件。社会实践循环往复的过程是以人类行动者认知能力所特有的反思性为特征，实践的连续性则是以反思性为前提，而反思性则是因为存在着实践的连续性，因此行动者以认知能力和共同知识为特点的反思性与实践的连续性之间的反复过程导致了社会秩序的生产与再生产。（[英] 安东尼·吉登斯：《社会的构成》，李康等译，生活·读书·新知三联书店 1998 年版，第 4 页。）

④ 吉登斯认为，在权力的生成过程中有两种资源类型：权威性资源（Authoritative Resources）与配置性资源（Allocative Resources）。前者是权力生成过程中所需要的非物质资源，后者是权力生成过程中所需要的物质资源，包括自然环境与人工物质产品。（佟新：《不平等性别关系的生产与再生产——对中国家庭暴力的分析》，载唐灿主编：《家庭与性别评论》（第 1 辑），社会科学文献出版社 2008 年版，第 240 页。）

下具有的反思性又导致其在社会实践上的连续性。因此，不平等性别结构通过两性互动得以延续，家庭暴力通过两性互动得以循环。

从个人、家庭、社会角度出发分析家庭暴力的诱因，个人（施暴者与受害者）因素（如个人素质、所受教育、性格角色、心态定位）应当是引发家庭暴力的内在因素，家庭（生活背景、代际传递）因素以及社会（传统男权文化、失效的社会引导机制、不平等性别关系）是引发家庭暴力的外在因素。家庭暴力施暴者与受害者均正是在具备内在因素的基础上受到外在因素的影响才分别“担任”施暴与受害的角色。

第二章 防治家庭暴力的原因与方法

第一节 防治家庭暴力的原因

家庭暴力违背了伤害原则，践踏了人权，背离了正义，使受害者的人身与心理遭到危害，是严重的侵权违法行为。因此，防治家庭暴力是个人、社会、国家、国际社会面临的维护人类安全的共同任务之一。

一、家庭价值取向：变化与选择

价值取向，是指在一定文化背景下选择占据优势的观念形态，是个人认同并被内化成为人格结构中的核心部分，也具备评价、指引、调节个人行为之功能。家庭价值取向，是个人对家庭所抱持的某种信念和态度，是个人评价家庭存在意义和目的的标尺。家庭价值取向的变化左右和影响着个人的家庭生活、个人与家人的关系（包括夫妻、亲子、亲属关系等）。在我国传统家庭观念中，精华与糟粕互相掺杂，同时影响着个人、群体、社会对家庭的信念。积极的家庭价值取向蕴含了中国传统文化的精髓，左右了个人的行为方式，例如：重德主义、以德为本；爱国主义、家国结合；非功利主义、重义轻利；仁爱主义、尊老爱幼；自强不息、勤劳节俭等。

从古至今，一般而言，家庭事务都被归为“个人”、“内部”

之领域。家庭价值取向倾向于“内部消化”、“不为外部所知”、“外界不宜介入”。该种信念的源起还得追溯到罗马法时代的公私法的划分。在古希腊的法学领域，“公”与“私”的观念就已出现，如政治学家伯里克利认为：“在处理私人纠纷时，每个人在法律面前都是平等的，但在国家的公务中，每个人又都必须遵守法律。”其后，公元3世纪，罗马法学家乌尔比安在其著作《学说汇纂》中首次提出了公法与私法的划分理论：“某些法律造福于公益，某些造福于个人。公法见之于宗教事务、机构以及国家管理机构之中。公法的规范不得由个人之间的协议而变更，对于私法而言，个人之间的协议就是法律。”查士丁尼大帝在《法学阶梯》中进一步肯定了该分类：“法律学习分为公法与私法两部分。公法涉及罗马帝国之政体，私法涉及个人之利益。”在罗马法时期，由于受到历史条件与主权者意志的限制，公法可以说是徒有其名，公法关系一般由习惯法或王室法律进行调整。家庭内部事务在罗马法时代属于私法领域，国家、行政等公权力机构均无法介入，即使在罗马法时代发生了家庭内部成员互相殴打致伤致死等事件，也一律由私法进行调整和规制。

随着我国社会主义市场经济的不断发展与法学理论研究的持续深入，公私法的划分被法学界逐渐认可，家庭价值取向也发生了天翻地覆的变化。17世纪至18世纪，资产阶级革命的胜利，提出民主、自由、分权、竞争，限制国家权责，由此，现代意义上的公法应运而生，划分公私法更符合了现实的需要，划分界限也更为明确。然而，在这个时期，家庭事务仍然被归类为私人领域，国家一般不予干预。20世纪，划分标准开始被注入新元素，公私法逐步相互渗入，私人领域的部分事件也开始进入公法领域进行规制和调整。家庭暴力是否也应受到公权力的干预，笔者以为应当先从公私法的划分根据分析。关于公私法的划分根据一直未达成共识，代表性学说有：第一，利益说。该学说认为公法是国家利益者为之，私法是个人利益者为之，其实质内容也存在某些不足，因为公私利益的分界点无法确定，抽象的公共利益不存在，私益的出发点和终结点就是公益。虽然婚姻家庭事务是属于个人与个人、个人与家庭之间关系的产物，但家庭暴力是对个人人身、精神的严重伤害，表面上看，其确属于“私益”，然而进一步分析可知，个人的安危关乎婚姻的稳定，关系家庭的和谐，更关乎社会的稳定，家庭暴力危害的不仅仅是受害者个人的私益，而且还危害到了社会和国家的公益。因此，公权力应当而且必须干涉家庭暴力。第二，主体说。该学说认为，公私法的划分根据在于处于法律关系的一方主体是否代表了公共权力，其不足之处在于，难以阐释公权力与个人之间的契约订立，难以说明公权力机构在何时才是代表了公权，又在何时代表了私权。一般意义上的暴力事件需要公权力的介入，发生在家庭成员之间的暴力事件则更应当需要公权力的干预，原因在于：较之于一般暴力主体，家庭暴力主体之间存在更为亲密的关系，暴力发生在两类彼此关系不同的主体之间，亲密关系者更易招致严重的侵害，如借家庭暴力属于私事不宜被公权力干预为由，那么亲密者之间的暴力行为则难以有效、及时制止。第三，权力服从说。该学说认为凡事关涉到管理、服从之法则为公法，凡事关涉到平权者间的法则为私法，其不足之处在于忽视了介于国家与私人之间的团体组织，忽视了众多非国家社会团体也具备诸多管理职能，忽视了公法领域中也存在诸如国家机构之间的对等关系。个人利益关系到社会与国家的稳定，社会与国家有义务为个人利益的获得提供必要的保障。家庭暴力侵害了家庭成员的个人利益，使其难以求得安全与发展，国家有必要保障受害者的切身利益。

诚然，用侵权豁免理论来解释家庭暴力不宜被公权力介入有一定的道理。因为，家庭暴力是一种有别于其他暴力的侵权行为，造成了受害者人身与精神的双重摧残，但囿于家庭暴力主体的特殊性，主体之间可能存在夫妻关系、亲子关系、同居关系等，其又不能完全等同于一般暴力行为之性质。公权力介入家庭暴力，最关键的考虑点就是介入后对个人、家庭、社会造成的影响。笔者以为，家庭价值观已经发生了改变，个人价值最大化才能使得国家价值最大化，国家的发展是建立在个人的发展之上，而个人的发展需要安全的环境、安稳的背景。家庭暴力是属于非常严重的侵权行为，甚至会危害到受害者的生命。如果一个国家连个人最基本的人身权都不能保障，又何来谈发展？因此，侵权豁免可以用于特殊主体之间，但家庭暴力确属例外，公权力应当而且必须干预家庭暴力，这应当是国家防治家庭暴力立法中首当其冲应当解决的问题。

二、家庭暴力行为：侵权与违法

人身是人身权的客体，具备三种含义：一是指人体，“一失人身，万劫不复”；二是指品性，“王郎，逸少（羲之）之子，人身亦不恶，汝何以恨乃尔？”[①]；三是指人格利益，“人身权的客体是人在精神上、躯体上、道德上的利益，它存在于权利主体的人身，不具有经济学上的价值和使用价值，对该利益的享有是权利人对人格、身份利益进行直接支配。”[②] 人身权是绝对权，权利的法律效力及于任何人，除了权利人之外的其他任何人都负有不得侵犯权利人人身权的义务，当人身权受到非法侵害时，权利主体依法享有请求权，可以诉请法院依法保护，制裁侵权者[③]；人身权是专属权，不得让与、抛弃、继承，只为特定的民事主体所享有；人身权是支配权，权利主体可以直接支配权利客体，具有排他性。[④]

家庭暴力是严重的侵犯人身权的违法行为。目前，世界上已有美国、英国、加拿大、澳大利亚、法国、德国、日本、新西兰等120多个国家和地区对防治家庭暴力专门立法，“责令实施家庭暴

---

① 《辞源》（修订版），商务印书馆2009年版，第86页。

② 王利明：《人格权法新论》，吉林人民出版社1994年版，第207页。

③ 佟柔主编：《中国民法学·民法总则》，中国人民公安大学出版社1990年版，第107页。

④ 杨立新：《人身权法论》（第3版），人民法院出版社2006年版，第59页。

力的行为人承担民事责任，其实就是责令其承担侵权责任，因为家庭暴力都构成侵权行为。责令行为人承担侵权责任，赔偿受害者的人身、财产、精神损害，无疑是保护受害者最重要的方法。因此，侵权责任是救济受害者、惩罚家庭暴力行为的基本功能。"① 针对家庭暴力的侵权与违法，公众、社会、政府、法律等都应当发挥其"应有职能"予以"限制"与"惩罚"，个人才能感受安全，社会才能获得稳定。

三、防治家庭暴力之定位：人权与正义

价值，是在主体与客体的关系互动中产生的客体满足主体需要的属性。"'价值'这一概念是从人们对待满足其所需的外界物之关系中产生的；表现了被人利用之关系的物的属性；表示物的有用或使人愉快等属性；实际上是表示物为人而存在。"② 法律价值，是在作为主体的个人、集团、阶级、社会、国家等与作为客体的法律，在互动过程中形成的价值关系。③"法律价值是指主体通过认识、评价、实践促使法律适应和服从主体的内在尺度而形成的法律对主体的从属关系。"④ 家庭暴力的防治法律价值，是以防治家庭暴力的理念作为客体，体现在对作为主体的人之需要的满足。家庭暴力防治价值多元，如平等、效率、人权、正义等。其中，人权与正义是其他防治价值定位的根本，是家庭暴力防治最基本、最初级的理念。

---

① 杨立新：《规定侵权责任，反对家庭暴力的"防火墙"》，载《检察日报》，2003年3月19日。

② 《马克思恩格斯全集》第19卷，第406页；第26卷，第139页、第326页。转引自徐国栋：《民法基本原则解释——以诚实信用原则的法理分析为中心》（增删本），中国政法大学出版社2004年版，第350页。

③ 谢鹏程：《基本法律价值》，山东人民出版社2000年版，第6页。

④ 卓泽渊：《论法的价值》，载《中国法学》2000年第6期，第24页。

人权，反映了个人对社会的要求，[1] 人权是针对有人不把他人当做人对待的社会现实的一种回应。[2] 在人类历史上，人经常被作为工具或手段而对待，经常被作为打击或迫害对象而存在。西方启蒙思想家从人性和自然法出发，提出了“天赋人权”理论，[3] 强调人生而自由平等。20 世纪 70 年代末，卡雷尔·瓦萨克首次提出

---

① 夏勇:《人权概念起源——权利的历史哲学》，中国政法大学出版社 2001 年版，第 4 页。

② 李步云、陈佑武:《人权与“权利”的异同》，载徐显明主编:《人权研究》(第 3 卷)，山东人民出版社 2003 年版，第 156 页。

③ 在西方思想史上，人权理论从人权观念萌芽到理论形成、系统、定型有一条较为清晰的发展脉络。萌芽阶段：13 世纪～14 世纪，人权观念起源于意大利，15 世纪，通过文艺复兴运动扩张到整个欧洲，唤醒了人们的主体意识，该思想解放运动要求以个性、自由代替神性，以人的理性、经验代替神学的蒙昧主义或神秘主义，以人的个性解放代替教会的禁欲主义，以个人奋斗代替宗教宿命。人文主义思潮强调“以个人主义为核心，以自由、平等为基点的人道主义”。这成为人权理论最早的思想渊源。理论形成并系统化阶段：17 世纪，荷兰资产阶级思想家提出了“天赋人权”的观点，人权理论初步形成。后经英国哲学家、经验主义开创人约翰·洛克通过阐发自然权利学说，归纳了“天赋人权”的理论内涵，将人权理论系统化为几个基本点：人权是天赋的，与生俱来；人权是抽象的，超阶级的；人权的基点是个人，个人人权高于一切；人权的主要内容是生命权、健康权、自由权和财产权，而财产权是核心。（沈宗灵主编：《法理学》，高等教育出版社 1994 年版，第 192～193 页。）此后，法国思想家孟德斯鸠、卢梭，美国思想家杰弗逊、潘恩等继承并发展了人权理论。潘恩还将“天赋人权”定义为“是人在生存方面所具有的权利，包括所有的智能上的权利、思想上的权利以及所有那些不妨害别人的天赋权利而为个人自己谋求安乐的权利”。（［美］托马斯·潘恩：《潘恩选集》，马清槐译，商务印书馆 2004 年版，第 146 页。）

"三代人权"①：第一代强调保护公民的生命权，人身自由权、安全权，私有财产权，其均免遭国家专横行为之侵害；第二代人权指经济、社会和文化权利；第三代人权指集体人权，强调公民享有自决权、发展权、健康环境权、和平与安全权等。② 如今，针对这种制度性的男权文化下的家庭暴力行为，联合国高度通过了一系列国际公约与联合国文件，③ 保障人权亦愈发受到各国人民、政府和国际组织的重视，现已成为世界各国公认的准则。④ 然而，人权概念尚

---

① "三代人权"的概念是1979年由时任联合国教科文组织人权与和平处处长的卡雷尔·瓦萨克（Karel Vasak）提出。（张爱宁：《国际人权法专论》，法律出版社2006年版，第11页）然而，关于此概念还存在诸多分歧，如美国学者杰克·唐纳德认为："'代'的比喻是令人困惑的：生物学的上一代产生下一代。这就表明，第一代公民权利和政治权利必须确立于经济和社会权利之前，而经济和社会权利必须先于相关的权利而存在。技术上的代的比喻更加令人困惑。新一代技术代替过时的上一代技术，并且执行过时的上一代技术的功能。而就一切人权都相互依存的公认的观点来说，这两种解释都是不着边际的……集体人权不是一种权利，而仅是一些人或一些国家的一种利益上的要求、愿望和主张。"（[美] 杰克·唐纳德：《普遍人权的理论和实践》，王浦劬译，中国社会科学出版社2001年版，第170页。）

② 徐显明：《人权建设三愿》，载徐显明主编：《人权研究》（第2卷），山东人民出版社2002年版，第4页。

③ 例如：1948年联合国大会通过《世界人权宣言》、1959年《儿童权利宣言》、1966年《公民权利和政治权利国际公约》、1979年《消除对妇女一切形式的歧视公约》、1985年联合国第三次世界妇女大会的成果性文件《内罗毕前瞻性战略》、1990年《儿童权利公约》、1993年维也纳第二次世界人权大会的成果性文件《维也纳宣言和行动纲领》、1993年联合国大会通过的《消除对妇女暴力宣言》、1995年第四次世界妇女大会通过的《行动纲领》、1996年联合国经济及社会理事会人权委员会第52次会议通过的《联合国标准守则》之"家庭暴力示范立法框架"等文件。

④ 杨宇冠主编：《联合国人权公约机构与经典要义》，中国人民公安大学出版社2005年版，第3页。

未得到完全统一。①

无论对人权概念如何界定和阐释，作为世界各国面临的共同的社会问题——家庭暴力，不仅对受害者的生命、自由、安全、人格等人权构成了严重威胁和侵犯，而且对施暴者而言，也使其丧失了安全、平等、救赎、尊严等人权。② 所谓平等，是要求男女在社会和家庭中不受歧视，然而，对受害者实施的各种形式的暴力行为都是对其人格的严重歧视，践踏了受害者的平等权。人格是公民作为个人所必须具有的资格，③ 施暴者作为个人，其人权亦同样应当得到保障。由此推知，暴力的发生基于两个因素，个体因素与制度因素。④ 社会缺乏对暴力行为的正确引导和家庭疾病的代际传递，导致个人逐渐演变成为施暴者。从某种程度上讲，正是因为施暴者的基本人权——受教育权、平等权、安全权、救赎权等没有得到有效保障，才会实施暴力侵权行为。因此，无论是遵循国际社会倡导的保障人权，还是从尊重和保护受害者与施暴者的人权视角出发，防治家庭暴力都是刻不容缓的。

正义，是道德的一种系别，其对社会而言，具有举足轻重的作用。任何一个理论，无论其如何高贵、优雅、效率、经济，如果是非正义的，人类就必须对其进行修正、改革或摒弃。因为，正义从

---

① 例如，有的从道德意义上使用，托马斯·弗莱纳认为："人权就是人按其本性生活并与他人生活在一起的权利。"（[瑞士] 托马斯·弗莱纳：《人权是什么》，谢鹏程译，中国社会科学出版社 2000 年版，第 132 页。）有的从法律意义上使用，如《牛津法律大词典》定义为："人权，就是人们主张应当有或者有时明文规定的权利。这些权利在法律上得到确认并受到保护，以此确保个人在人格和精神、道德以及其他方面的独立得到最全面、最自由的发展。"（[英] 戴维·M·沃克：《牛津法律大词典》，李双元等译，法律出版社 2003 年版，第 538 页。）

② 白桂梅：《国际人权法与消除对妇女暴力的行为：中国的理论与实践》，载白桂梅主编：《国际人权与发展》，法律出版社 1998 年版，第 403 页。

③ [德] 黑格尔：《法哲学原理》，范扬，张企泰译，商务印书馆 2009 年版，第 48 页。

④ 夏吟兰、郝佳：《家庭暴力法律防治理念刍议——女性主义视角下的社会正义观》，载《妇女研究论丛》2010 年第 3 期，第 8 ~ 9 页。

来就不是被妥协的。[①] 英国哲学家安斯库姆曾经说道，正义是美德。[②] 英国哲学家桑德尔也认为，正义是社会制度的首要美德。[③] 美国政治哲学家和伦理学家约翰·罗尔斯认为，制度的正义在于，制度的施行使得个人不用区分权利与义务，使得社会冲突能够达致平衡。[④] 法学家乌尔比安认为，正义是一种意志。[⑤] 英国哲学家和经济学家约翰·斯图尔特·穆勒认为，正义就是公道。[⑥] 苏格兰哲学家阿拉斯代尔·查莫斯·麦金泰尔认为，正义是给每个人（包括给予者本人）应得的本分。[⑦] 因此，正义是价值与道德范式的结合体，要求每个社会人充分享有人之所以为人的基本要素。[⑧]

家庭暴力是对正义的严重冲击。首先，其是一种非道德和反人性的行为，是对家庭整体"恰当的平衡"进行的破坏，是对正义目标的冲击。其次，家庭暴力摧毁了人类追求美好和睦生活的目标，成为一种解决家庭利益冲突的手段，是对正义价值的冲击。再次，家庭暴力剥夺了家庭成员的身体、人格、自由、尊严，严重侵蚀了家庭关系网中个体的亲密关系，是对正义内容的冲击。家庭暴力是对正义目标、价值、内容的全方位颠覆。在防治家庭暴力问题上，不能从单极初步的正义观出发，而应当关注两性在家庭与社会

---

① 石元康：《罗尔斯》，广西师范大学出版社2004年版，第6~7页。

② Elizabeth Anscombe: Modern Moral Philosophy, Philosophy, 1958 (33), pp. 1~19. 转引自夏吟兰、郝佳：《家庭暴力法律防治理念刍议——女性主义视角下的社会正义观》，载《妇女研究论丛》2010年第3期，第9页。

③ ［美］迈克尔·J·桑德尔：《自由主义与正义的局限》，万俊人等译，译林出版社2001年版，第29页。

④ ［美］约翰·罗尔斯：《正义论》，何怀宏等译，中国社会科学出版社1988年版，第25页。

⑤ ［美］E·博登海默：《法理学：法律哲学与法律方法》，邓正来译，中国政法大学出版社2004年版，第264页。

⑥ ［英］约翰·穆勒：《功用主义》，唐钺译，商务印书馆1957年版，第48页。

⑦ ［美］阿拉斯戴尔·麦金太尔：《谁之正义？何种合理性?》，万俊人等译，当代中国出版社1996年版，第56页。

⑧ 例如，自由、平等、生命、安全、人格、尊严等。

中所处的不平等地位，用全面、系统的正义观去发掘人性内容，注重现实防治效用的有效深化，从抽象正义迈向具体正义，毕竟，为人类所切实享有的正义才是真正的正义。

四、主体生存之道：化解与消融

19 世纪后期，英国自由主义的代表性人物约翰·斯图尔特·密尔提出了一条“极其简单的原则——伤害原则（Harm Principle)”。伤害原则，也称“不干涉原则”（Non - interference Principle)，指“人类之所以有理有权可以个别地或集体地对其中任何成员的行为自由进行干涉，唯一目的就是自我保护。权力能够违背文明共同体任何成员的意志而对他进行正当干涉的唯一目的，便是防止他对于他人的伤害。他自己的利益，不论是物质的还是道德的，都不足以成为充足的理由……任何人的行为，对社会负责任的部分只能是那些与他人相关的行为。在仅仅关涉自身的部分中，其独立性是绝对正当的。对于他自己及其身心，个人便是最高统治者。”① 该原则本质上是在社会与个人之间划定了合法与非法的边界，也就是说，任何个人对自身的心理和身体都拥有全权，限制其自由唯一正当的理由则是个人行为影响了他人并对他人造成了伤害。由于任何个人行为只要关涉到他人的部分就须对社会负责，因此，从“积极意义”上来讲，个人为了自我利益可以合法地干涉任何一个其他个体的行为，从“消极意义”上来讲，就是防止对他人的伤害。

“伤害原则”并非是为社会对个人行为的干涉提供正当依据，恰恰相反，个人在不伤害他人的前提下都拥有属于自身的一切自由，享有属于自身的一切权利。“安全”是人类最强烈的需要，个人“安全”的缺失导致其难以生存。按照密尔的观点，“伤害”其

① ［英］约翰·斯图尔特·密尔：《论自由》，于庆生译，中国法制出版社 2009 年版，第 16 ~ 17 页。

他个人必须满足两个条件：一是一个人须对其他人负有某种义务；二是一个人须对其他人有明确的伤害，或者有明确伤害的危险。家庭暴力行为不仅违反对于他人人身自由安全不侵犯的特定义务，而且违反对于公众和社会秩序稳定的特定义务。施暴者与受害者个人对自身的心理与身体都有足够的“自由”支配权，任何强权均不能予以剥夺。然而，当施暴者的“自由”权利过界并伤害到受害者的“自由”与“安全”时，受害者失去“宁静”的生活，“难以生存”，施暴者获取一时的“满足”，但失去“自由”，主体之间均“得不偿失”。因此，防治家庭暴力是对主体自由的引导，是对主体利益得失冲突的化解，是对主体矛盾升级的消融。

第二节　防治家庭暴力的方法

各国对家庭暴力的处理方式各有特点。综合起来，大都从立法、司法、社会救助等方面着手。

一、国外防治家庭暴力的方法

在美国，《反对对女性行暴法》是全美防治家庭暴力的典型法律。部分地方法院还专门设立了家庭暴力法庭，并由专门训练，并具备了心理学、教育学、法学等专业知识的法官担任。2011 年通过了《反对暴力迫害妇女》（移民法案），该法案规定移民（包括无证移民和偷渡移民）如受到美国公民或永久居民配偶的虐待，可以在没有配偶的支持下，提供可以证明本人受虐的证据。值得注意的是，该法案虽名为保护女性，但在实际过程中，部分男性也成为受益者。[①] 民事保护令制度源于美国。家庭暴力受害者申请保护令较容易，只要难以忍受配偶实施的家庭暴力，就可到法院申请，

① 《2011 年 4 月：反对暴力迫害妇女法案》，载 http://www.oltarsh.com/ch/april20113.php. 访问时间：2011 年 9 月 13 日。

法院亦会批准该受害者一定时限的保护。美国民事保护令内容一般包括：禁止施暴者在一定时间、地点接触受害者，禁止监护子女，禁止施暴者在一定时间内携带枪支等。一般来说，保护令的有效期为1年至2年，受害者可通过打电话寻找警察或直接到法院以自诉的方式申请。[①] 此外，美国政府也采用各种方式倡导支持防治家庭暴力。1994年通过的《反对家庭暴力法》要求政府每年要拨出至少10亿美元。自2002年来，政府每年拨款3.9亿美元专门用于司法部开展的防治家庭暴力工作，同时也为地方政府和非官方机构提供一定的指导和资金支持。在执法上，美国警方主要采取积极主动介入的工作方式，各州法律均授权警察在执行任务时发现有显而易见的家庭暴力嫌疑者，即使非现行犯，也须进行无令状逮捕；警察有义务告知受害者享有的权利及可实行的保障措施，有义务护送受害者到医疗或庇护机构，有义务对受害者说明如何依法定程序申请民事保护令。如受害者无法获得必需的赔偿时还有权起诉政府或警察局，诉求则是警察或政府不能对家庭暴力的投诉作出必要的、足够的反应而导致侵犯人权事件的发生。旧金山的警察署成立了一个警察署反应部，共有18人专门处理家庭暴力案件。每月大约都有450件左右的投诉案件，其中近50%会起诉到法院。警察接到报案必须第一时间赶到现场，首先要做的就是立即制止暴力的发生，接着才是询问受害者的相关情况，并查阅之前是否有受暴记录，最后再决定是否对施暴者予以逮捕，同时撰写调查报告交给检察官。旧金山共有58个郡，各郡选出1名检察官，有130名律师为58名检察官服务，其中，8名专门跟踪处理家庭暴力案件。值得注意的是，家庭暴力案件情节轻微的，施暴者也须被送至学校学习1年(学会如何对待家人)，1年后，每隔1个月或2个月还须向检察官汇报近期表现，情节严重的则由检察官起诉到法院。一般而言，家

---

① 刘文：《应借鉴保护令制度防治家庭暴力》，载《中国青年政治学院学报》2002年第1期，第136页。

庭暴力案件比普通的殴打处罚要重。妻子打电话报警，丈夫把电话抢走或妻子在照看孩子时被丈夫打骂，丈夫就已构成犯罪。旧金山法院专门成立了家庭暴力法庭，可以保释的施暴者须缴纳5000美金至30000美金，当然，一定时间内如果未犯罪该罚金可被退回，否则没收。犯罪且情节严重的判3年以下监外执行并须经常汇报，或者1年至少要上50次培训班。[①] 美国民间为家庭暴力受害者提供帮助的活动开展较早，1974年成立了首个专门为家庭暴力受害妇女成立的庇护站。目前，全国各地纷纷建立庇护所和援助中心，美国现已有10多家专门防治家庭暴力的全国性非官方机构。20世纪90年代初，全美妇女组织以妇女代言人的身份开展了逾200个防治家庭暴力方面的项目。为筹集防治家庭暴力基金，该组织于60年代起就开始游说政府，目的在于得到政府的拨款。

在英国，除了立法外，政府防治家庭暴力方法中最具特色的就是设立"家庭暴力注册簿"。英国政府规定：因家庭暴力被处以6个月以上的犯罪人之名将会连续七年登记在"家庭暴力登记簿"上，而刑罚达两年半以上的犯罪人，其姓名将会被终生注册。"登记簿"不只一份，其经过复印多份的方式分别派发到警察局或某些社会服务机构，目的在于在这些机构需要雇佣人员时，有权查阅登记簿，以便筛选应聘员工。

在丹麦，位于哥本哈根市著名的"丹那之家"是首个受虐妇女庇护所。其引人注目的并非是庇护所本身的运行机制，而是创建和维持的百年辛酸历史遗留下来的防治家庭暴力精神。"丹那之家"最初是丹麦国王弗雷德里克七世之妻路易斯·克里斯汀·丹那女士出资建造的。丹那女士个人极具社会性别意识，由于其出身卑微且社会地位低下遭到皇室拒绝授予王后之头衔，她充分体会到社会底层人民尤其是身心受到摧残和剥夺的女性之痛苦，于是她用

---

① 韩冰：《美国预防和反对家庭暴力的法律措施》，载北京法院网，http://bjgy.chinacourt.org/public/detail.php? id=91003. 访问时间：2011年9月14日。

继承国王的大笔遗产修建了一座设计考究的楼房，同时还成立了受虐妇女基金会，为受暴妇女提供庇护，同时，她还为受虐儿童（尤其是女孩）改建了杨格斯普里斯城堡作为孤儿院。然而，1977年，哥本哈根市房屋管理局以消防安全为名计划迁走“丹那之家”。为保住“丹那之家”，逾20个妇女组织决定联合筹资购买，但囿于资金缺乏终未成功。1979年11月2日，逾300位妇女“占领”了“丹那之家”，以实际行动“保家”，最终赢得社会各界的同情，1980年4月终于成功，次年重新启用。“丹那之家”的诞生标志着“丹那之家”的妇女对家庭暴力的零容忍，是打破家庭暴力沉默文化的里程碑，也是丹麦防治家庭暴力社会化、政治化、法律化的开始。如今，丹麦对家庭暴力受害者建立的庇护所已超过2000所，庇护所的运作开支也被纳入各级政府的财政预算。①

在澳大利亚，为提供申请民事干涉令（类似民事保护令）者服务，法院24小时都有人值班。警察接警后会迅速赶到现场，询问当事人及其他知情人如邻居、同住的其他人等并记录在案，以备日后进入法庭时作为证据使用。警察有权对施暴者现行拘留，同时还负有向受害者进行安慰之义务，并为其获取司法救济提供各种指导和帮助。此外，每个社区都有专门的处理家庭暴力事件的工作人

---

① 有学者认为，“丹那之家”运动为防治家庭暴力带来诸多反省和思考：其一，防治家庭暴力过程中仍然缺失社会性别意识。一项社会行动一旦作为政府的常规工作，便失去了原有革命性和活力，一旦国家视庇护所为己任，女性就被边缘化。因此，针对妇女的家庭暴力作为两性不平等的结构性问题自始就未进入以政府为主导的庇护视野；其二，丹麦政府经营的妇女庇护所具备的最典型特征是专业的管理方法。政府雇佣的经专业培训的社会工作人员并非女权主义者，丹麦妇女庇护所运动的政治性和社会性别色彩大大地被淡化，施暴者也仅仅被称为“心理障碍者”。诚然，政府和社会各界团体为受害妇女提供多种服务，然而，从根本上讲，由于庇护所运动过程中日渐放弃的女权主义原则以致妇女的主导地位被政府所代表的主流文化“掩盖”了，因此，实质并未消除暴力存在的真正原因——性别不平等的社会和文化结构。（葛友俐：《丹那之家和丹麦受虐妇女庇护所运动》，载反对家庭暴力网，http://www.stopdv.org.cn/cn/article.asp? id = 153，访问时间：2011年10月13日。）

员，方便受害者随时进行咨询或投诉。

在法国，立法明定家庭暴力分为四种：精神（语言）暴力、身体暴力、性暴力、经济暴力。针对不同程度的家庭暴力，法国《刑法典》规定了严厉程度不同的刑罚：一般而言，处以1年到10年有期徒刑，同时处以1.5万欧元到15万欧元的罚款；施暴者恶意电话骚扰的判处有期徒刑1年及1.5万欧元罚款；施暴者进行死亡威胁的，判处有期徒刑3年及4.5万欧元罚款。[①] 2010年7月13日，法国国民议会通过了“预防家庭暴力法案”，主要包含三项创新内容：一是准许法官使用“保护裁定”；二是确立了“精神暴力”罪名；三是批准“电手镯”试验。其中，“保护裁定”是受害者向司法机关请求帮助的一种有效手段，类似于美国民事保护令制度。“保护裁定”期限是4个月，受害者在期限内决定离婚的，期限可获延长。该法案已明定夫妻或同居者之间的恶语相向、言语威胁、侮辱等“心理暴力”属刑事犯罪，违法者最高获刑3年，并罚7.5万欧元。[②]

根据“反对针对女性施暴的民意会”的一项调研显示，在西班牙，个人从幼儿园起就开始学习如何以和平方式解决争议；2004年建立了西班牙中央资料库。在瑞典，法律规定了防治家庭暴力和救助家庭暴力受害者以及跟踪施暴者的一系列方法。在荷兰，一项被称为“同甘共苦”的科目被纳入到未成年人的课程之中。[③]

二、我国内地防治家庭暴力的方法

在中国，各机构都倡导对家庭暴力“零忍耐”，即对任何形式的家庭暴力，个人不应遭受，社会不应容忍。在立法上，目前尚无

---

① 高远：《法国对家庭暴力适用重典》，载《中国妇女报》2007年8月16日。

② 柳阎：《新法案规定夫妻间言语施暴也可入狱，法国首开心理暴力为刑事犯罪先例》，载《法制日报环球大视野》2010年7月13日。

③ 王雷：《反对家庭暴力，欧洲各国措施不尽相同》，载《中国社会报》2007年1月22日。

专门防治家庭暴力法，关于家庭暴力的规制被分散于现行《婚姻法》等诸多基本法律法规之中。2008年3月的《审理指南》，目前已选择了大部分法院试行。2008年7月31日，七部委联合下发《预防和制止家庭暴力意见》，同时，部分省、市根据各地实际情况也陆续出台了地方性法律规章。

除此之外，防治家庭暴力的社会救助措施在各地区也开展得各有特色。根据全国妇联权益部资料显示，家庭暴力投诉数量近年来呈持续增长态势，每年的群众投诉约5万件，占全国妇联系统信访量的1/10。目前，全国大多数省份建立了“110”防治家庭暴力报警中心，共建立400多个妇女庇护所和救助站，天津、辽宁、江苏等地还将因遭受家庭暴力而无家可归的困难人群纳入当地民政部门的救助范围。许多省市司法行政部门在法律援助中心里专门设立了妇女法律援助站，21个省份的卫生系统建立了家庭暴力伤情鉴定中心。[①] 2011年11月24日，湖南长沙市各级法院共发出人身安全保护裁定30余份，运用司法手段对受害者进行人身保护。值得注意的是，2011年4月，浏阳市法院发出了全国首份保护儿童的人身安全保护裁定。目前，长沙已经建立起法院、公安、妇联、检察、司法、民政等多部门密切配合的综合维权网络，2010年成立了湖南首家“家庭暴力庇护救助中心”，受害者可在救助中心免费居住7天。[②] 2011年3月4日，江苏常州市武进区首个婚姻家庭矛盾纠纷调处对接点在武进区公安局新城派出所成立。该派出所和基层妇联成立对接点，负责调解本地区婚姻家庭纠纷。该对接点设立了专门的家庭暴力投诉站。截至2011年6月，该投诉站已成功调解62起婚姻家庭纠纷。2008年福建省新城派出所成立了“陈静联

---

① 王长路：《反对家庭暴力，法律框架期待成型》，载《中国妇女报》2009年3月10日，第A01版。

② 《长沙3年发30多份“人身保护令”受害者要保留证据维权》，载红网湖南频道，http://hn.rednet.cn/c/2011/11/23/2439867.htm. 访问时间：2011年11月24日。

调室工作六法”，全区警民联调室的专业化和规范化水平均得到有效提升，为受害者提供了较为完备的调节机制。[①] 深圳“罗湖区家庭暴力防护中心”自2004年8月成立以来，建成了以社区为单元的延伸至街道和区的三层次体系。2007年，罗湖区与香港社区服务社联合成立了“罗湖区港人家庭社工服务站”，取得了佳绩。[②] 2008年，深圳市成立了国内首个由民间机构开展的综合性防治家庭暴力服务项目。该项目计划成立家庭暴力防护中心、开设服务热线和网站，主要从预防、干预、支持三个层次对家庭暴力进行系统防治。[③] 2005年，州妇联专门与州公安局联合成立了“家庭暴力110联动报警中心”。[④] 广东仁化县黄坑镇积极开展“反暴力，促平安”工作，在全镇7个村和1个居委会中，设立反家庭暴力投诉点，该镇于2009年11月荣获仁化县首个“先进示范镇”称号。[⑤] 2009年8月，江西省景德镇市防治家庭暴力妇女庇护中心正式成立，该中心实行“自愿、无偿”的管理方式，得到庇护救助的妇女在离开救助站后，中心还将视情况定期回访和跟踪服务。[⑥] 2008年10月17日，江苏省无锡市崇安区法院签发我国首份“人身保护令”，提供“创可贴”式心理辅导，构建了防治家庭暴力六项机制

---

① 赵家新：《常州武进：“警察劝架”调解62起家庭纠纷》，载《人民公安报》2011年6月29日，第2版。

② 袁粮钢：《罗湖区家庭暴力防护中心成绩显著，对案件有效调处率逾九成》，载《深圳特区报》2009年11月20日，第A07版。

③ 叶海燕：《反家庭暴力社工援助项目深圳启动》，载《中国妇女报》2009年11月30日，第A02版。

④ 刘亚：《构建和谐平安家园——全州妇联组织“反家庭暴力”纪实》，载《黔西南日报》2009年3月14日，第1版。

⑤ 黄坑：《仁化首个平安家庭“先进示范镇”》，载《韶关日报》2009年12月3日，第A04版。

⑥ 黄志鸿：《景德镇市反家庭暴力妇女庇护中心成立》，载《中国社会报》2009年9月11日，第2版。

综合模式。[1] 2009年11月开始实施的《北京市实施〈中华人民共和国妇女权益保障法〉办法》将家庭暴力正式纳入公安机关的出警范围，但却无具体的操作规范。虽然该《办法》规定民警可以介入，但介入方式却含糊不清。有学者认为，只有让公安机关的出警具有真正的意义才能从细节处着手保障受害者合法权益。[2] 目前，全国已有近60个城市依托民政部门的救助管理站设立了家庭暴力庇护中心，为因遭受家庭暴力造成无家可归或有家难归的受害者提供救助。[3] 江苏省南京市家庭暴力庇护中心——“南京市家庭情感驿站”是由南京市民政局、市妇联发起，在市公安局、市司法局等共同配合下成立的，旨在为遭受家庭暴力的受害者进行辅导和服务。庇护中心成立后又与社区“家庭情感驿站”和“妇联维权热线12338”实现对接，建立了接访、资格审查、入住登记等一系列机构，打造了一支由妇联、民政救助专员、心理学、社会学专家及志愿者等共同组成的社会救助队伍。[4] 2009年7月20日，广东珠海市香洲区法院发出了首份婚内人身安全保护裁定，防治家庭暴力“香洲模式”进而开始闻名。香洲法院开始了一系列“吃螃蟹”的举动：建成全国首个家庭暴力案件合议庭；设置全国首个专门针对家庭暴力案件立案的窗口。[5] 2010年6月，上海市安亭镇成立了“疏心大姐维权室”，集合了社区工作人员、法官等同志出

---

① 丁国锋：《无锡崇安法院反家庭暴力从“吃螃蟹”到“家常便饭”，六项机制试水综合审判模式》，载《法制日报》2009年7月17日，第5版。

② 侯莎莎：《家庭暴力被正式纳入了公安机关出警范围，民警干预家庭暴力尚无具体操作规范》，载《北京日报》2009年11月2日，第7版。

③ 于怀清：《民政部：推广徐州、大连家庭暴力庇护先进经验》，载《中国妇女报》2009年7月14日，第A04版。

④ 王丽玲、练红宁：《南京市成立家庭暴力庇护中心》，载《中国社会报》2009年5月7日，第2版。

⑤ 戎明昌：《让家庭暴力受害者敢于说“不”》，载《南方日报》2009年8月5日，第A10版。

任调解员，专门为受暴女性进行心理疏导和维权的指导。[①] 广西壮族自治区贵港市公安局港南分局桥圩派出所为防治家庭暴力摸索了“四个提升”。[②] 沈阳市公安局沈河分局五里河派出所依照现行《婚姻法》的规定，研究了一套干预家庭暴力的新模式，为辖区内有“家庭暴力史”的家庭设立了“特别档案”，当事人只要有“劣迹”被记录在案，他们都会负责到底。[③] 截至2011年4月，天津市已经建成1428个“半边天家园”，城市覆盖率达到82.3%。作为妇女维权服务阵地，半边天家园不断完善法律与心理帮助中心、就业再就业指导中心、文化宣传活动中心、学习教育培训中心、家庭生活服务中心、弱势群体救助中心的服务功能。近两年化解和处理矛盾纠纷1.6万余件，对近2000多名妇女实施法律援助。[④] 湖南省突破社会管理创新理念，将相关职能部门的力量整合起来，在全国率先将“家庭暴力现象”纳入全省社会治安综合治理考评办法，形成了政府主导，法院、公安、检察、司法行政、妇联、民政、工会、共青团、当事人所在单位、基层人民调解组织等部门联动，综合防治家庭暴力的工作体制。[⑤] 河北省沧州市全力打造了妇女信访代理无障碍绿色通道，把信访工作融入全市群众工作大格局中，实现了妇女信访代理工作与全市各级联合接访体系的无缝对接。[⑥] 湖南省茶陵县法院以优化环境为主要突破点，为发生家庭暴力的夫妻

---

① 李维苇、刘必华：《“疏心大姐”帮安亭妇女排忧解难》，载《东方城乡报》2010年10月5日，第A03版。

② 田桂营、代斌：《“五心调解法”化解夫妻仇恨》，载《法治快报》2010年8月2日，第1版。

③ 孙智超：《五里河派出所探索新家庭“息战”模式——57份“家庭暴力档案”专管“家务事”》，载《沈阳日报》2011年5月10日，第A05版。

④ 李川：《半边天家园撑起妇女一片天——本市打造妇女工作坚强阵地和温暖之家》，载《天津日报》2010年7月7日，第1版。

⑤ 陈勇：《部门联动反家庭暴力》，载《湖南日报》2011年6月22日，第4版。

⑥ 刘红荣：《沧州创建妇女信访代理绿色通道》，载《中国妇女报》2011年6月28日，第A02版。

创造温馨的调解环境，使能够用一杯清茶、一番交心等平和的方式解决矛盾，淡化“公堂”色彩。[①] 黑龙江省伊春市带岭区妇联为防治家庭暴力、保障妇女合法权益构建了温馨的“姊妹港湾”。该区妇联在全区街道社区、企事业单位、农业村屯建立了36个维权热线和信访窗口、妇女维权合议庭、“110”报警中心、伤情鉴定机构，社区成立了妇女法律援助工作站、“家庭暴力受害者庇护中心”、“蒲公英”法律宣讲团和维权志愿者队伍。形成了成员单位定期例会、首问负责、协调议事、跟踪服务等20余项长效机制，形成了妇女维权“一条龙”服务，探索出了防治家庭暴力最新途径。[②] 贵州省德江县合兴乡司法所、综治办依托开展“六进村”活动的契机，以电影放映进村为平台，积极开展法律、法规宣传服务，深受群众欢迎并取得实效。截至2011年10月13日，该乡共组织宣传53场次，发放各类法律法规宣传册6100余份，其中主要是针对防治家庭暴力的内容。[③] 杭州市西湖区法院开设针对妇女维权的流动模拟法庭，家庭暴力案件审理以及防治家庭暴力宣传是主要内容。[④] 2010年7月，甘肃省首家防治家庭暴力庇护中心在张掖市成立，受害者在接受免费住宿的同时还可接受保密的心理咨询服务。[⑤]

家庭暴力是一个不分国界和阶级的社会问题，全世界各国应努力携手互相交流防治家庭暴力经验，秉承“还世界一个安宁”的

---

① 陈政、熊亚媛：《茶陵：一个基层法院的诉前调解环境打造》，载《人民法院报》2011年4月25日，第8版。

② 张萌、杨巍：《带岭区妇联构建温馨“姊妹港湾”》，载《伊春日报》2011年2月26日，第1版。

③ 朱昭武：《德江合兴法律服务进村显成效》，载《法制生活报》2010年10月20日，第2版。

④ 赵海旭：《妇女维权流动模拟法庭昨开庭》，载《杭州日报》2011年3月4日，第A02版。

⑤ 周文馨：《甘肃省成立首家反家庭暴力庇护中心》，载《法制日报》2010年7月20日，第7版。

信念共同维护和保护家庭暴力受害者的合法权益。我国分别与澳大利亚、美国等进行交流。该项目希望通过政府间的合作达到逐渐消除家庭暴力之目的。[①] 2007 年 7 月 19 日，中澳反家庭暴力研讨培训会的与会人员到辽宁省鞍山考察，参观了铁西区启明街道富民社区、繁荣派出所、家庭暴力避救中心、伤情鉴定机构等。[②] 2009 年 4 月 20 日至 23 日，全国妇联在湖南长沙召开了中澳合作国家级反家庭暴力培训研讨会，来自全国妇联、澳大利亚人权委员会、最高院和其他各级法院、妇联以及长沙市岳麓区政法委等机构共一百余人参加了会议。会议一共设置了 8 个专题，主要包括：性别视角与制度完善、完善人身安全保护裁定、合理分配举证责任、创新多机构合作机制、调解策略，这特别对于法院更好地落实司法为民，高质量、高效率地分配司法正义起到了积极的推动作用，也为防治家庭暴力新途径的探索起到了指引之用。[③] 2009 年 12 月 9 日，中澳合作反家庭暴力立法研讨会在南京举行。研讨的主题在于，构建中国的防治家庭暴力法律框架、预防和制止家庭暴力的相关措施、人身安全保护裁定等，通过中澳双方专家的交流，研讨修改了拟定的《预防和制止家庭暴力法》。[④] 2011 年 4 月 25 日至 4 月 30 日，“2011 年反家庭暴力法官培训国际项目”在重庆市举行。该次法官培训项目由西南政法大学与美国律师协会联合主办，西南政法大学民商法学院和外国家庭法及妇女理论研究中心联合承办。参加者有来自美国的专家（萨晶妮女士：美国律师协会法治项目中国项目

---

① 高欣：《中澳反家庭暴力研讨培训会在沈召开》，载《辽宁日报》2007 年 7 月 18 日，第 2 版。

② 赵晓英：《中澳反家庭暴力研讨培训会与会人员来鞍》，载《鞍山日报》2007 年 7 月 20 日，第 A01 版。

③ 黄斌：《通过司法途径推动反对家庭暴力——中澳合作反对家庭暴力培训研讨会综述》，载《妇女研究论丛》2009 年第 4 期，第 91 ~ 96 页。

④ 姜军：《中澳合作反家庭暴力立法研讨会在宁举行》，载《江苏法制报》2009 年 12 月 10 日，第 1 版。

的项目经理；杰里·鲍尔斯法官：美国杰弗逊郡家事法庭审判长，巡回法官；罗宾·朗杰女士：北大卡他大学助理教授）和美国律师协会法治项目部中国项目办公室的代表，有来自全国人大法工委的领导、最高院应用法学研究所的专家，有来自北京、重庆、安徽、陕西、山东、广东、福建、四川、湖南等地的法官、检察官和律师，以及西南政法大学外国家庭法及妇女理论研究中心的教师等。法官培训项目分“性别平等参与式培训方法的培训”和“提高家庭暴力案件审理技能的培训”两阶段进行，取得了非常好的效果。近年来，全国妇联一直积极致力于推动防治家庭暴力立法，连续4年都建议将防治家庭暴力纳入国家的立法计划。2010年，全国妇联对国内外防治家庭暴力状况做了进一步调查：40%的夫妻承认有婚姻暴力，60%的未成年人都遭受过父母一方或双方的暴力。目前，我国防治家庭暴力法已经进入最后的调查论证阶段，全国妇联将把近年来的调查结果反馈到全国人大常委会法工委进行汇总，为最后的防治家庭暴力法出台做充分准备。①

三、防治家庭暴力的方法构建

一个社会问题的提出，离不开当时的社会环境。家庭暴力成为一个国际社会普遍关注的问题，起源于国际社会20世纪六七十年代以来风起云涌、蓬勃发展的妇女运动。在家庭暴力从社会问题到政策问题的建构过程中，有一些“社会操作者”（也可称之为“社会力量”）——新闻媒体、利益集团、社会有识之士、敏感人士参与其中，他们运用各自组织淘汰和筛选社会问题的规则，通过一系列的社会认知和社会行为互动，使家庭暴力不断“问题化”。② 西

---

① 陈荞：《反家庭暴力立法进入预备阶段》，载《京华时报》2011年9月7日，第4版。

② 杨静：《反对家庭暴力的政策成因——社会建构论的观点》，载荣维毅、宋美娅主编：《反对针对妇女的家庭暴力——中国的理论与实践》，中国社会科学出版社2002年版，第163、167页。

方女权主义法学的核心思想——性别平等在进入中国本土语境后，与近代中国所倡导和践行的“男女平等”的内在文化发生冲突，致使法律文本背后存在复杂的权利关系。[①] 传统的父权、夫权主义、女性的“三从四德”思想、法律的父爱立场、社会非正式系统的单一、正式联动机制的乏力，致使我国防治家庭暴力工作任重道远。

防治家庭暴力，在途径选择上应注重多样性、地域性、有效性、综合性。笔者以为，防治家庭暴力应从个人、社会、国家三个层面入手。提升个人防治意识、构建社会支持系统、出台国家专门法律应当成为家庭暴力防治途径的重点选择。[②]

（一）提升个人家庭暴力防治意识

个人对家庭暴力的正确认识、对防治家庭暴力途径的选择，在实践中是一个充满矛盾的发展过程，需要实践、认识、再实践、再认识的多次反复才能最终完成。

个人防治家庭暴力意识受到诸多因素的影响。究其根源，男权文化和夫权思想是家庭暴力产生的历史文化根源，“男尊女卑”的夫权统治贯穿了数千年；“三从四德”的奴役思想使女性置于男性统治之下；“天下无不是的父母，父叫子死，子不敢不死”的惩戒之术困扰了子女的自由思想；“君为臣纲、父为子纲、夫为妻纲”的封建礼教让掌握家庭经济大权的家长对家属当然地拥有至高的支配权。如此深厚的“文化传统”、“文化遗留”——崇尚男性对女性实施暴力、父母对子女进行惩戒的历史传统，如今依然深刻影响着当代的中国家庭，限制着个人对家庭暴力的认知水平，左右着个人对家庭暴力防治途径的选择。

---

① 郭慧敏：《性别平等的法律文本政治——男女平等基本国策语境下的言说》，载黄列主编：《性别平等与法律改革——性别平等与法律改革国际研讨会论文集》，中国社会科学出版社2009年版，第50页。

② 本部分仅对提升个人家庭暴力防治意识与构建社会支持系统（正式与非正式）予以简要论述，其中，社会正式支持系统（立法、司法、执法、社会救助）的详细论述请见本书第三、四、五、六章。

“幸福的家庭是相似的，不幸的家庭各有各自的不幸。”① 然而，有一类家庭存在共同的“不幸”——家庭暴力。家庭暴力是严重阻碍社会进步、影响家庭和睦的腐蚀剂。在该类家庭中，相似之处很多：施暴者有着共通的特点、暴力行为有着类似的表现方式、受害者有着同样的思维观点等。因此，无论施暴者还是受害者，无论男性还是女性，无论成年人还是未成年人，都应当具备对家庭暴力的“预警”思路，提升个人对家庭暴力的防治意识，给个人、家庭、社会带来最基本的“安全”。

提升个人对家庭暴力的防治意识并非易事。在讲求“男女平等”的现代社会中，传统心理动机仍具有强烈的影响力。因此，“循序渐进”地开展相关工作不仅是必要的，而且是可能的。笔者以为，应当从以下几方面入手：提高女性的经济地位，努力消除就业歧视、性别歧视、教育歧视；在各乡镇、各社区开展社会性别培训项目，例如：宣传“生男生女都一样”、“不得虐待遗弃女婴”，使女性，特别是农村女性在家庭内部有发言权、自主权、决策权；在全国范围内铺开防治家庭暴力的普法宣传，加大宣传力度，尽力“洗清”“男尊女卑”的封建传统思想，增强受害者的自我保护意识，使其能够知晓法律是保护自己最坚实的武器，是捍卫自己权利最有利的工具。

（二）增强非正式支持系统的有效性

社会支持系统，指对社会弱势群体提供的一种帮助的选择性社会机制，是通过一定的社会资源，运用一定的社会网络系统，凭借一定的物质手段和精神手段，帮助弱势群体解决在日常生活中遇到的困扰和危机，保持家庭与社会的正常运行。社会支持系统是家庭暴力受害者重要的社会资源之一，是由具有相当密切关系和一定信任程度的人所组成的。社会支持系统分为两种：一是社会非正式支

① ［俄罗斯］列夫·托尔斯泰：《安娜·卡列尼娜》，杨楠译，北京燕山出版社2005年版，第1页。

持系统；二是社会正式支持系统。

社会非正式支持系统主要是靠人类的血缘、地缘关系等建立起的一种社会支持网络，主要是通过家庭、亲友、邻里、学校、宗教、同乡、社团、职场中的血缘、地缘关系的扩展来解决社会弱势群体生存、安全、发展等问题。

家庭暴力受害者有可能受到地域文化、社会习惯、宗教信仰等因素的影响，不惜代价地隐忍痛苦。笔者通过对数位受害者的访谈发现，受害者寻求社会非正式系统的帮助，如向亲戚、朋友、邻里求助是必经过程，然而仅有部分得到了有效帮助。大多数亲戚、朋友、邻里对家庭暴力受害者的态度大同小异，有的不仅不能使其从痛苦中走出来，反而支持其继续忍受施暴者的折磨（见表16）。

表16　社会非正式支持系统与家庭暴力受害者的分析框架

社会非正式支持系统	社会非正式支持系统的态度与行为	家庭暴力受害者的反应与处境
亲属	责备、压制、传授经验	“我应当负责”
朋友	劝慰、评价	“我错了，不应当……”
邻里	“为了孩子，忍一忍”	“忍耐、忍耐、忍耐”
宗教	“宁拆十座庙，不破一桩婚”	“家庭暴力是合理的”

社会非正式支持系统与家庭暴力受害者的互动主要表现为：第一，社会非正式支持系统对受害者求助的反馈强化了“家庭暴力是私事”的观念；第二，社会非正式支持系统对受害者的质疑、责备将受害者推进孤立无援的境地，使其认为“家庭暴力是合理的”；第三，社会非正式支持系统对受害者以暴制暴行为予以否定，使其认为“家暴是正常的”。

作为家庭暴力受害者最直接的求助“机构”（或称“人群”）——社会非正式支持系统，理应担负起对受害者最初级的救济和帮助的重任。增强社会非正式支持系统的有效性，追根究底仍然是对家庭暴力的认知问题。因此，社会性别平等理念不仅应当被纳入立法过程，更重要的是，其必须且应当成为防治家庭暴力观念的主流。只有人人具备社会性别平等观念，社会非正式支持系统的全新构建才会在防治家庭暴力中起关键性作用。

（三）构建社会正式支持系统——立法改革、司法完善、社会救助

社会正式支持系统主要指通过政府机关、法检系统、事业单位、医疗单位、群众组织①、地域性组织②、其他性质的专业组织③等连接的一种社会支持网络，解决社会弱势群体的生存、安全、发展等问题。

家庭暴力受害者寻求社会正式支持系统的帮助，主要是向施暴者单位告发、向妇联组织反映、向派出所报案、向法院提起诉讼。笔者通过对数位家庭暴力受害者的访谈、对派出所一线民警的访谈以及对法院、妇联组织、人民调解组织的实证调研数据分析发现，社会正式系统对家庭暴力受害者提供的帮助仅是局部有效的，仍然有部分受害者并未得到有效救济。

社会正式支持系统缘于自身运行的乏力以及社会大环境对家庭暴力的容忍文化的影响，使得家庭暴力受害者难以找到有效的社会正式支持系统之方式，一般情况下，受害者向施暴者单位告发，单位一般都会“不管、劝告”，甚至提出“质疑”；向妇联组织反映，一般都会被告知“忍一忍就过去了”或者“夫妻打架是正常的，床头打架床尾和”；向派出所报案，一般得到的结果是“清官难断家务事”或“出警不及时”；向法院提起诉讼，或因证据不足而不予立案、驳回起诉，或因“夫妻感情尚未破裂”而被判决不离婚等（见表17）。种种的不利结果造成受害者对社会体制的失望，对

① 例如：工会组织、青联组织、妇联组织等。

② 例如：社区居委会、村民委员会等。

③ 例如：非营利组织（NPO）、职业联合组织、医学会等。

个人前途的绝望，家庭暴力仍在继续。

表17　社会正式支持系统与家庭暴力受害者的分析框架

社会正式支持系统	社会正式支持系统的态度与行为	家庭暴力受害者的反应与处境
施暴者单位 妇联组织 公安派出所 人民法院	质疑、劝告、不管 劝慰、评价 “夫妻打架是平常事” “不受理”、“不及时出警” 驳回起诉、不判离婚 社会需要稳定	无奈，家庭暴力继续 “没人可以帮我” 暴力继续 无助，暴力继续且加强 无奈、不被支持，暴力继续

社会正式支持系统与家庭暴力受害者的互动主要表现为：第一，社会正式支持系统对受害者求助的反馈导致家庭暴力的升级；第二，社会正式支持系统对受害者的推诿与排斥使其感到无奈与无助；第三，社会正式支持系统对受害者以暴制暴的行为予以重视，使得真正的家庭暴力施暴者不能绳之以法。

综上所述，作为家庭暴力受害者最有效的求助“机构”——社会正式支持系统，必须担负起对受害者最终极的救济重任。笔者以为，首先，专门防治家庭暴力的法律亟须出台。其次，各地区应当根据当地文化背景制定防治家庭暴力的条例规章，已经制定的应当继续加以改革，没有制定的应当及时制定，尤其是农村地区，更应当根据当地风俗习惯制定适宜本地区的防治家庭暴力法规。再次，公安派出所出警速度应当及时，执法环境的混乱必然使得受害者群体利益难以得到保障，同时，派出所对家庭暴力案件的处理方法应当及时有效。最后，妇联、社区以及其他 NGO 社会组织应当发挥其应有功能，并且和派出所、法院等行政、司法系统形成统一机制，构建防治家庭暴力的社会正式系统的联合机制。只有立法的改革、司法的完善、执法的改善、社会救助的配合，社会正式支持系统才有可能与家庭暴力受害者形成互动，增强受害者反抗暴力的信心和力量。

第三章　防治家庭暴力的立法考察

第一节　防治家庭暴力国际立法演变

家庭暴力是非常严重、极端恶劣的社会问题之一。基于性别的暴力构成了对人权与尊严的灾难性侵犯，联合国通过了一系列国际公约和文件，针对人权问题进行规制，防治家庭暴力日渐成为国际社会之共识。① 世界各国均存在程度不一的家庭暴力。例如：在美国，根据司法部统计局公布的数据，2002 年发生了近 50 万起家庭暴力事件，根据犯罪受害者中心提供的数据，在 18 岁至 65 岁的女性中，几乎每 4 人当中就有 1 人正在或曾经遭受家庭暴力。② 在英国，90% ~97% 的施暴者都是男性。③ 在德国，根据联邦家庭、妇

---

① 《联合国妇女发展基金：中国 35% 婚姻中存在暴力》，载《中国反对家庭暴力网络通讯》2008 年 4 月，第 32 页。

② 潘云召：《综述：美国治理家庭暴力成效显著》，载新华网，http://news.xinhuanet.com/world/2004-03/06/content_1348697.htm. 访问时间：2011 年 7 月 12 日。

③ ［英］玛丽安·海斯特：《家庭暴力——英国调研概览》，载中国法学会、英国文化委员会、中国法学会婚姻法学研究会、中国人民大学婚姻家庭研究所编著：《防治家庭暴力研究》，群众出版社 2000 年版，第 46 页。

女和青年部[①]的一项调查结果显示：约1/3的德国家庭存在家庭暴力。[②] 在法国，绝大多数的妇女都曾经遭受家庭暴力，据统计，其中一半都是配偶施暴。[③]

联合国一直将家庭暴力与妇女权益保障作为关注点之一。为消除针对妇女的暴力，保护妇女的人权，联合国以国际公约或条约的形式率先进行国际立法。国际区域性组织也在联合国的指引下有所举措。其发展历程及其对人权保障规定的最低标准如下：

1948年12月10日，联合国通过了第217A（Ⅲ）号决议，颁布了《世界人权宣言》。其中，在序言部分，明确载明了《世界人权宣言》颁布之目的，即在于对尊严、平等、自由、人权、正义、和平的追求，在于对野蛮、暴力的痛恨，在于对暴政、压迫的反抗，在于对价值、权利的重申，在于对世界各国实现和谐愿望的尊重。第3条规定每个人都应当享有人权。第12条规定应当尊重不得攻击任何一个人的家庭、不得侮辱任何一个人的名誉、不得蔑视任何一个人的荣誉。第25条规定了每个人都应当享有必要的衣、食、住、行的福利，享受必要的医疗和社会服务。第29条规定了

---

① 德国联邦家庭事务、老年、妇女及青年部（Bundesministerium für Familie, Senioren, Frauen und Jugend）位于柏林，是德国联邦部会之一。其创建与发展历史是：1953年，德国成立联邦家庭事务部（Bundesministerium für Familienfragen），1957年改名为联邦家庭及青年事务部（Bundesministerium für Familien - und Jugendfragen），1963年改名为联邦家庭及青年部（Bundesministerium für Familie und Jugend），后与1961年成立的卫生部合并为联邦青年、家庭及卫生部（Bundesministerium für Gesundheit），1986年，改名为联邦青年、家庭、妇女及卫生部（Bundesministerium für Jugend, Familie, Frauen und Gesundheit），1991年，卫生领域独立成为联邦卫生部，剩余则分为联邦妇女及青年部（Bundesministerium für Frauen und Jugend）、联邦家庭及老年部（Bundesministerium für Familie und Senioren）。1994年，两部会再度合并为联邦家庭事务、老年、妇女及青年部。（资料来源：http://www.bmfsfj.de/. 访问时间：2011年11月28日。）

② 载山西新闻网，http://www.daynews.com.cn/sjdsb/bban/B3/60885.html. 访问时间：2011年7月14日。

③ 黄列：《两种反对家庭暴力战略评析》，载荣维毅、宋美娅主编：《反对针对妇女的家庭暴力——中国的理论与实践》，中国社会科学出版社2002年版，第119页。

个人行使权利的同时必须接受法律范围内的限制，该限制是保障他人享受自由与权利的最基本的尊重，这是基于道德与社会秩序的合理需要。由此可见，《世界人权宣言》强调了禁止基于性别不平等的歧视存在，强调了人应享有的基本人权。

1950 年 11 月 4 日，欧洲理事会于罗马签署了《欧洲保障人权和基本自由公约》，该公约是首个区域性国际人权条约，是欧洲理事会防治家庭暴力法律举措的基础性文件。其中，第 2 条规定任何人的生命权应受法律保护。第 3 条规定任何人不得被施以酷刑或者使其受到非人道的侮辱待遇和惩罚。

1966 年，联合国大会通过的《公民权利和政治权利国际公约》遵循了联合国宪章原则。其中，第 3 条规定了男性和女性享有的平等权利。第 6 条第 1 款规定人人享有固有的生命权。第 9 条第 1 款和第 16 条规定了任何人有权享有人身自由和安全以及在任何地方都有权被承认在法律前具有人格。

1967 年 11 月 7 日，联合国大会第 2263（XXII）号决议通过了《消除对妇女一切形式歧视公约宣言》，在第 1 条明确记载了对妇女的歧视是不公平且构成侵犯人格尊严的罪行。第 3 条规定应当采取一切可行性措施取消基于女性卑下观念的惯例。

1979 年 12 月，联合国通过了第 34/180 号决议，颁布了《消除对妇女一切形式的歧视公约》，该公约是国际妇女权利法案。其中，第 1 条规定了男女应当平等，无论在政治经济还是社会地位上。第 3 条规定了谋求妇女的发展，应当着重在政治等领域中利用一切资源，促使妇女享有真正意义上的自由。然而，囿于当时的历史背景，各国政府对被认为是家务事的家庭暴力作出了一定程度上的且有选择的“容忍”，因此，公约并未提及家庭暴力问题。尽管如此，该公约却为防止和消除基于性别的家庭暴力提供了最基本、最初级的立法指引。

1985 年 8 月 27 日，联合国第三次世界妇女大会第 A/RES/35/136 号决议通过了《提高妇女地位内罗毕前瞻性战略》，该文件首次明确提出了暴力是阻碍妇女生存和发展的最主要的绊脚石。

1992 年，《消除对妇女一切形式的歧视公约》第 19 号的“一般性建议”[①]，即基于性别的暴力严重抑制了女性享有的权利和自由能力。此外，对“妇女的暴力”作出定义。第 23 条规定了家庭暴力是有害的暴力形式之一。该一般性建议标志着国际社会第一次以公约形式正式宣布应当禁止家庭暴力，其也是《消除对妇女的暴力行为宣言》的前奏篇章。

1993 年 6 月，世界人权大会的《维也纳宣言和行动纲领》明确规定女性的权利不容剥夺。此外，强调了在消除对妇女暴力方面应做的工作。[②] 可见，该纲领正式确立了女性的人权，是国际社会正式承认妇女人权的标志性文件。

1993 年 12 月，联合国通过了第 48/104 号决议，通过了《消除对妇女暴力宣言》。该《宣言》明确界定了家庭暴力的含义。此外，该《宣言》还要求各缔约国应当谴责家庭暴力，并制定涉及防治家庭暴力的法律等措施，以彻底消除家庭暴力。[③] 在该《宣言》出台前，多数政府都倾向于对妇女的暴力视为私人事务，而不是人权问题。因此，《宣言》在一定程度上推动了国家对家庭暴力的关注，尽力对防治家庭暴力采取立法、司法、行政、社会救助等措施，以达到彻底消除之目的。

1994 年，美洲国家间组织通过了《防止、惩罚和消除对妇女暴力公约》，该公约承认一切基于性别的暴力均是对人权的侵犯，

---

① 1989 年消除对妇女歧视委员会第 12 号“一般性建议”提出：国家在其报告中应包括有关暴力及其所采取措施的信息。

② 《维也纳宣言和行动纲领》第 1 部分序言、第 2 部分第 9 段、第 3 部分之“妇女的平等地位和人权”。董云虎、刘武萍编著：《世界人权约法总览》（续编），四川人民出版社 1993 年版，第 989 ~ 1000 页。

③ 朱晓青：《消除对妇女家庭暴力的法律举措》，载荣维毅、宋美娅主编：《反对针对妇女的家庭暴力——中国的理论与实践》，中国社会科学出版社 2002 年版，第 283 页。

任何以性别为基础的造成死亡或身体、性、心理伤害的，无论发生在公共场合还是在私人生活中，都是家庭暴力。该公约规定了个人和非政府组织有权向美洲国家人权委员会提出指控。其作为首个以公约形式明确规定对妇女暴力问题的区域性或国际性法律举措，对于防治家庭暴力、保障人权起了引领性作用。

1995年9月，在北京召开的第四次世界妇女大会，再次把家庭暴力问题作为各国政府关注的重要领域。《行动纲领》明确了应当推行社会性别的观念，尤其是政府在处理家庭暴力问题时；妇女的社会经济地位低下既是对妇女实施暴力的起因，也是结果。

1996年，联合国经济及社会理事会人权委员会召开了第52次会议，会议通过了各国制定防治家庭暴力法律的指导性文件——“家庭暴力示范立法框架”（也称“联合国标准守则”）。“框架”对家庭暴力立法所包含的元素进行了全方位诠释，主要内容有：第一，遵守防治家庭暴力的国际准则；第二，认识家庭暴力是发生在家庭内部的特殊性别暴力；第三，认识家庭暴力是构成对个人和社会的一种严重犯罪行为；第四，建立专门的法律禁止在家庭和其他人际关系中对妇女施加暴力；第五，开创一系列灵活快捷的救助措施，确保为家庭暴力受害者提供最强有力的保护；第六，设立部门、项目、服务机构、协议条款以及职责任务以帮助家庭暴力受害者；第七，加强刑法在预防和惩治家庭暴力中的作用；第八，为当事人列举并提供全面的法律服务；第九，加强执法人员的执法能力，提高执法效率；第十，培训法官提高性别意识，关注家庭暴力；第十一，培训并提供给律师以协助警察、法官以及家庭暴力受害者相关信息，并帮助施暴者恢复正常的生活；第十二，大力加深社区内居民对家庭暴力事件的理解，鼓励社区居民参与消除家庭暴力的行动。①

---

① 陈明侠等主编：《家庭暴力防治法基础性构建研究》，中国社会科学出版社2005年版，第395页。

1997 年 11 月，欧洲理事会男女平等指导委员会建立的专家小组提交了关于《反对针对妇女的暴力行动纲领》。该《行动纲领》强调政府应当采取一系列行动，给家庭暴力做出清楚全面的定义；承认对妇女一切形式的暴力均属人权问题，表明国家对防治家庭暴力的义务；批准或执行人权标准与反对妇女暴力有关文件；拓展对反对针对妇女暴力工作负有责任的咨询；在国家立法中明确家庭暴力是犯罪行为；制定防治家庭暴力专门立法；审视法律，确保有适当措施用于需要救助和保护的妇女；建立回应妇女所需的司法制度，确保保护妇女和未成年人。[①]《行动纲领》是欧洲理事会成员国在承担采取有效措施重视针对妇女暴力的原因和结果方面迈出的关键性一步。

1997 年，欧洲联盟议会通过了《关于需要在欧洲联盟开展对妇女暴力零忍耐的广泛运动的决议》。该《决议》明确了欧洲联盟反对家庭暴力的态度；主张应当培训曾经接触过受害者的人；应当提高男女两性对基于性别的暴力影响之意识的学校教育计划；应当开展惩治与救助施暴者以及资助受害者；呼吁各成员国的相关组织应当采取一切可资利用的资源发起行为保护受害者；强调非政府组织在反对针对妇女暴力中的实质作用；寻求改变社会态度的运动，以使得在个人、集体层面上对家庭暴力真正实现零忍耐。[②]

1998 年 11 月 26 日，欧洲“男女平等领域国家政策信息论坛”在罗马尼亚的布加勒斯特召开，论坛主题是“结束家庭暴力：行动与措施”。该论坛就正视家庭暴力及其后果，援助、支持受害者，为施暴者做工作，预防家庭暴力等开展了详细的讨论。最后，论坛做出总结：“家庭暴力不仅是社会问题，而且是‘基本的社会

① 欧洲理事会文件 EG（99）14。

② 朱晓青：《消除对妇女家庭暴力的法律举措》，载荣维毅、宋美娅主编：《反对针对妇女的家庭暴力——中国的理论与实践》，中国社会科学出版社 2002 年版，第 286 页。

问题’。”[①]

2000年4月，欧洲理事会议大会第1450号建议通过了“欧洲针对妇女暴力的报告”文本。欧洲理事会男女平等机会委员会一致通过了《对妇女和少女暴力的零忍耐宣言》。报告文本和宣言的主要内容之一是用立法形式宣告一切形式的家庭暴力为违法行为以及应对警察和法官举行处理家庭暴力案件的培训等。

联合国公约与区域性公约对人权的诠释和对家庭暴力的禁止，均提出了最初级的要求。各国的防治家庭暴力措施应以国际公约的规定作为最低标准，在其基础上针对各国、各地区的具体现状“因地制宜”，提出防治家庭暴力的高水平举措。

第二节 国外防治家庭暴力立法概览

自20世纪70年代以来，随着世界人权理论的发展，家庭暴力问题日益受到国际社会关注。家庭暴力已成为一个跨越国界、意识形态、阶级、种族和少数人群体的全球性问题，妇女、儿童是家庭暴力的主要受害者。[②] 联合国大会已通过一系列国际公约，主要包括1948年《世界人权宣言》，1959年《儿童权利宣言》，1966年《公民权利和政治权利国际公约》，1979年《消除对妇女一切形式歧视公约》，1990年《儿童权利公约》，1993年《消除对妇女的暴力行为宣言》等，明确宣示了国际社会对待家庭暴力的态度，尊重人权、防治家庭暴力已成为国家社会之共识。同时，在诸多国家内，防治家庭暴力的法律改革业已展开。“家庭暴力问题的根本解

---

① 欧洲理事会文件EG（99）14。

② 黄列：《家庭暴力：从国际到国内的应对（上）》，载《环球法律评论》2002年第1期，第104页。

决途径，依然是立法先行。”①

一、英国防治家庭暴力立法

1066年始，英国是一个被征服的国家。诺曼征服者是讲法文的外国人，他们曾经允诺尊重古老的习惯法，不干预法院（郡或百户法院）所适用的程序和法律规则，仅仅对某些重要案件才坚持自我管辖权即在威斯敏斯特王室法院审判。传统的法律制度虽没有现代化，但在被废除的过程中，一种新的法律规则——普通法——逐渐为王室法院所精心制作出来。“补救先于权利”（Remedies Precede Rights）是普通法的基本准则。②

英国在防治家庭暴力的预防、控制、实践中采用了多种方法。著名的“零忍耐运动”、“家庭暴力登记簿”、专门的防治家庭暴力警察队伍和联络官员③均是特色之作，地方和全国性的注意力集中于鼓励更多的家庭暴力受害者从司法制度中寻求帮助，以便在需要时能为其及子女提供救济。④

英国专门针对家庭暴力的法案始于1933年⑤：《1933年儿童和青少年法》（Children and Young Persons Act 1933），《1973年婚姻诉讼法》（Matrimonial Causes Act 1973），《1976年家庭暴力与婚姻诉讼法》（1997年修正）［Domestic Violence and Matrimonial Pro-

---

① 王长路、任然：《立法先行是家庭暴力防治根本途径——莫文秀代表、洪天慧委员建议将〈预防和制止家庭暴力法〉纳入人大立法》，载《中国妇女报》2008年3月11日，第A01版。

② ［法］勒内·达维：《英国法与法国法——一种实质性比较》，潘华仿、高鸿钧、贺卫方译，清华大学出版社2002年版，第4页。

③ ［英］爱琳·萨姆森：《零忍耐运动》，载巫昌祯、杨大文主编：《防治家庭暴力研究》，群众出版社2000年版，第337－344页。

④ 刘晓梅：《英国反家庭暴力的立法、实践及其启示》，载《法学杂志》2006年第3期，第127页。

⑤ 本书涉及英国防治家庭暴力法案的英文资料均来自英国政府官方网站：http://www.legislation.gov.uk/.访问时间：2011年7月28日。

ceedings Act 1976（Repealed 1. 10. 1997），《1977 年住房（无家可归者）法》Housing（Homeless Persons）Act 1977]，《1978 年家事诉讼与治安法院法》（Domestic Proceedings and Magistrates' Courts Act），《1983 年婚姻家庭法》（Marriage Act 1983），《1984 年婚姻和家庭诉讼法》（Matrimonial and Family Proceedings Act 1984），《1989 年儿童法》（Children Act 1989），《1991 年未成年人抚养法》（Child Support Act 1991），《1994 年刑事和公共秩序法》（Criminal Justice and Public Order Act 1994），《1996 年住房法》（Housing Act 1996），《1996 年家庭法》（Family Law Act 1996），《1997 年保护免受骚扰法》（Protection From Harassment Act 1997），《1998 年人权法》（Human Rights Act 1998），《1998 年家庭住房和家庭暴力法（北爱尔兰）》[Family Homes and Domestic Violence（Northern Ireland）Order 1998][①]，《1999 年家庭住房和家庭暴力（配给诉讼）条例（北爱尔兰）》（1999 年第 2 号令生效）[The Family Homes and Domestic Violence（Allocation of Proceedings）Order（Northern Ireland）1999]，《2003 年性侵害法》（Sexual Offences Act 2003），《2003 年女性生殖器官受损法案》（Female Genital Mutilation Act 2003），《2004 年家庭暴力、犯罪和受害者法》（Domestic Violence,

① 该法案在 1999 年修正两次：《1998 年家庭住房和家庭暴力法（北爱尔兰）》（1999 年第 1 号令生效）[The Family Homes and Domestic Violence（1998 Order）（Commencement No. 1）Order（Northern Ireland）1999]，《1998 年家庭住房和家庭暴力法（北爱尔兰）》（1999 年第 2 号令生效）[The Family Homes and Domestic Violence（1998 Order）（Commencement No. 2）Order（Northern Ireland）1999]。

Crime and Victims Act 2004)①,《2006 年受害者的实施细则》[The Domestic Violence, Crime and Victims Act 2004 (Victims' Code of Practice) Order 2006],《2007 年家庭住房和家庭暴力(配给诉讼)条例(修正)(北爱尔兰)》[The Family Homes and Domestic Violence (Allocation of Proceedings) (Amendment) Order (Northern Ireland) 2007],《2011 年犯罪与安全法(家庭暴力)(试行)》[The Crime and Security Act 2011 (Domestic Violence: Pilot Schemes) Or-

---

① 该法案自 2005 年至 2011 年,一共修正 14 次:《2004 年家庭暴力、犯罪和受害者法》(2005 年第 1 号令生效)[The Domestic Violence, Crime and Victims Act 2004 (Commencement No. 1) Order 2005],《2004 年家庭暴力、犯罪和受害者法》(2005 年第 2 号令生效)[The Domestic Violence, Crime and Victims Act 2004 (Commencement No. 2) Order 2005],《2004 年家庭暴力、犯罪和受害者法》(2005 年第 3 号令生效)[The Domestic Violence, Crime and Victims Act 2004 (Commencement No. 3) Order 2005],《2004 年家庭暴力、犯罪和受害者法》(2004 年第 4 号令生效)[The Domestic Violence, Crime and Victims Act 2004 (Commencement No. 4) Order 2005],《2004 年家庭暴力、犯罪和受害者法》(2005 年第 5 号令生效)[The Domestic Violence, Crime and Victims Act 2004 (Commencement No. 5) Order 2005],《2004 年家庭暴力、犯罪和受害者法》(2006 年第 6 号令生效)[The Domestic Violence, Crime and Victims Act 2004 (Commencement No. 6) Order 2006],《2004 年家庭暴力、犯罪和受害者法》(2006 年第 7 号令生效)[The Domestic Violence, Crime and Victims Act 2004 (Commencement No. 7 and Transitional Provision) Order 2006],《2004 年家庭暴力、犯罪和受害者法》(2007 年第 8 号令生效)[The Domestic Violence, Crime and Victims Act 2004 (Commencement No. 8) Order 2007],《2004 年家庭暴力、犯罪和受害者法》(2007 年第 9 号令和暂行条文)[The Domestic Violence, Crime and Victims Act 2004 (Commencement No. 9 and Transitional Provisions) Order 2007],《2004 年家庭暴力、犯罪和受害者法》(2008 年第 10 号令生效)[The Domestic Violence, Crime and Victims Act 2004 (Commencement No. 10) Order 2008],《2004 年家庭暴力、犯罪和受害者法》(2009 年第 11 号令生效)[The Domestic Violence, Crime and Victims Act 2004 (Commencement No. 11) Order 2009],《2004 年家庭暴力、犯罪和受害者法》(2009 年第 12 号令生效)[The Domestic Violence, Crime and Victims Act 2004 (Commencement No. 12) Order 2009],《2004 年家庭暴力、犯罪和受害者法》(2010 年第 13 号令生效)[The Domestic Violence, Crime and Victims Act 2004 (Commencement No. 13) Order 2010],《2004 年家庭暴力、犯罪和受害者法》(2011 年第 14 号令生效)[The Domestic Violence, Crime and Victims Act 2004 (Commencement No. 14) Order 2011]。

der]，《2011 年治安法院（家庭暴力保护令诉讼）条例》[The Magistrates' Courts (Domestic Violence Protection Order Proceedings) Rules 2011]。

（一）立法目的

英国专门针对家庭暴力立法可谓分散兼具集中。立法目的虽未在各法律中明确指出，然而，通过法律条文可知，或为“十六周岁以下未成年人”提供安全的生存环境，使其远离家庭成员的“攻击、虐待、忽视、遗弃以及其他类似方式导致未成年人遭受不必要的健康损害（视力、听力、四肢、身体各器官的损害和灭失）”①，在未成年人已经遭受到伤害或可能遭受到伤害的威胁时，法院应当特别考虑是否签发、变更或撤销有关儿童的居住令、交往令及其他命令②；或为“遭受到家庭暴力的婚姻当事人及其家庭儿童”提供财政救济令的权利，使婚姻当事人能够得到经济上的救助，家庭儿童能够得到应有的抚养费③；或为“与被告侵扰的共同生活的另一方及有关子女”提供必要的“禁止侵扰令”，使其远离被告的“一般性侵扰、特定性侵扰，或兼具二者”④；或禁止对“家庭成员”构成“骚扰的系列行为”，违反者“应经简易定罪”，判处“6 个月以下监禁，或第五级标准以下的罚金，或二者并罚”，受骚扰者（受暴力恐吓者）可提起民事诉讼，因骚扰或暴力引起

---

① 《1933 年的儿童和青少年法》（Children and Young Persons Act 1933）第 1 章“精神及身体危害预防”[犯罪行为] 之第 1 条“对十六周岁以下未成年人的伤害”。

② 《1989 年儿童法》（Children Act 1989）第 1 章“导言”第 1 条“儿童福利”第 3 款；第 2 章“家事诉讼中有关儿童的命令”[一般规定] 之第 8 条“有关儿童的居住令、交往令及其他命令”。

③ 《1978 年家事诉讼与治安法院法》（Domestic Proceedings and Magistrates' Courts Act）第 1 章“治安法院的婚姻诉讼”[法院对婚姻当事人双方及其家庭儿童签发财政救济令的权利] 之第 1 条“申请财政救济的条件”；第 3 条“法院行使第 2 条规定权利时应考虑的事项。”

④ 《1996 年家庭法》（Family Law Act 1996）第 4 章“家庭住宅与家庭暴力”第 42 条“禁止侵扰令”。

的焦虑和任何由此产生的经济损失均可获赔偿①；或为已遭受或即将遭受性侵害的家庭成员、同居者提供必要的性侵害危险令或临时性侵害危险令，使其摆脱或免受他人的性侵害②。

总之，英国防治家庭暴力立法目的主要有三：其一，为婚姻当事人、未成年人、同居者、前同居者③提供免受家庭暴力侵害的环境；其二，为婚姻当事人、未成年人提供必要的经济救济；其三，对施暴者施以民事、刑事等惩罚。根本目的在于救济受害者，惩罚施暴者，对家庭暴力防患于未然。

（二）立法内容

因法律传统等原因，英国防治家庭暴力立法并非集中于一部专门法中，也并非分散于所有的其他法律中，而是在分散的基础上集中，最终形成了一个救济家庭暴力受害者，惩罚施暴者的连贯性体系。包含针对家庭暴力的分散立法，如《1933 年儿童和青少年法》(Children and Young Persons Act 1933)，《1978 年家事诉讼与治安法院法》(Domestic Proceedings and Magistrates' Courts Act)，《1983 年婚姻家庭法》(Marriage Act 1983)，《1984 年婚姻和家庭诉讼法》(Child Abduction Act Matrimonial and Family Proceedings Act)，《1989 年儿童法》(Children Act 1989)，《2003 年性侵害法》(Sexual Offences Act 2003) 等；专门针对家庭暴力的集中立法，如《1996 年家庭法》(Family Law Act 1996)，《1997 年保护免受骚扰法》(Protection From Harassment Act 1997)，《2004 年家庭暴力、

---

① 《1997 年保护免受骚扰法》(Protection From Harassment Act 1997) 第 1 条"禁止骚扰"，第 2 条"骚扰罪"第 2 款，第 3 条"民事救济"第 1 款和第 2 款，第 4 条"置人于暴力的恐惧"第 1 款。

② 《2003 年性侵害法》(Sexual Offences Act 2003) 第 2 章"通告和命令"[性侵害危险令] 之第 123 条"性侵害危险令的申请、理由及效力"，第 126 条"临时性侵害危险命令"，第 128 条"犯罪：对性侵害危险命令或临时性侵害危险命令的违反"。

③ 《2004 年家庭暴力、犯罪和受害者法》(Domestic Violence, Crime and Victims Act 2004) 第 2 条"对当事人为同居者或前同居者的补充规定"。

犯罪和受害者法》(Domestic Violence, Crime and Victims Act 2004),《2011 年犯罪与安全法(家庭暴力)(试行)》[The Crime and Security Act 2011 (Domestic Violence: Pilot Schemes) Order],《2011 年治安法院(家庭暴力保护令诉讼)条例》[The Magistrates' Courts (Domestic Violence Protection Order Proceedings) Rules 2011]。

《1933 年儿童和青少年法》(1933 年 4 月 13 日第 12 号令通过)第 1 章"精神及身体危害预防"第 1 条第 1 款"对 16 周岁以下未成年人的伤害"规定:"凡对 16 周岁以下未成年人负有责任者,故意攻击、虐待、疏忽、遗弃该未成年人的,或者诱使未成年人遭受攻击、虐待、疏忽、遗弃或其他类似方式导致其遭受不必要的健康损害(包括视力、听力、四肢、身体各器官的损害和灭失),应当认定该人犯有轻罪,并依规定承担法律责任:(a)经公诉程序判处有罪的,判处罚金或判处 10 年以下监禁,或两者并处;(b)经简易程序定罪,判处法定限额以下的罚金或判处 6 个月以下监禁,或两者并处"。该条第 2 款根据本条宗旨,规定了父母和其他依法负有抚养未成年人的法定监护人在未能为被抚养人提供充足的食品、衣服、医疗救助、居住条件或在无能力的情况下未依照相关制定法规定的福利政策采取积极措施寻求救助的,致该儿童或青少年的健康可能受到伤害的,均视为构成疏忽;此外,3 岁以下幼儿若被证实因窒息而死亡(该窒息并非因疾病或喉咙或气管中存在异物所致),并且入睡时身边有处于醉酒状态的年满 16 周岁的人陪伴,应视构成疏忽。在以上行为中,造成了未成年人实际受损或受损的可能性是因第三人的行为而规避了的以及未成年人的死亡原因存有可疑的,都被认定构成犯罪。[①] 由此推知,既然因疏忽对 16 周岁以下的未成年人造成了伤害的要负相关法律责任,那么

① Children and Young Persons Act 1933, c. 1, s. 1(1)(a)(b), (2)(a)(b), (3)(a)(b).

故意对其实施了家庭暴力而致未成年人受损的必然要负法律责任。该法第17条还特别对第1条进行释义，即“根据本法本部分宗旨，符合一定条件的人——依照《1989年儿童法》界定的‘承担父母责任的人’和负有法定抚养义务的其他人，应当被认定为对相关儿童和少年负有责任。”[①]

《1973年婚姻诉讼法》[②]（1973年5月23日第18号令通过）第1章“离婚、婚姻无效和其他婚姻诉讼”第1条“因婚姻破裂而离婚”规定“法院在审理离婚案件时，若确信被告的行为使得期待原告与被告继续共同生活显得不合理时，可以认定婚姻已经不可挽回地破裂。并且，所有初审的离婚判决自判决之日起6个月均为暂时判决，但高等法院通过发布的一般规则规定了更短期间或婚姻案件待决的法院在特定情形下通过特别命令规定了更短期间的除外。”[③] 家庭暴力是属于“被告的行为使得期待原告与被告继续共同生活显得不合理”情况，其是导致离婚的原因之一；同时，家庭暴力也是“暂时判决”的除外情况之一，属于法院可以“特定情形”的特别命令减短期间。

《1978年家事诉讼与治安法院法》（1978年6月30日第22号令通过）第1章“治安法院的婚姻诉讼”基本是关于法院对婚姻当事人及家庭儿童签发财政救济令的权力和关于法院监护儿童的权力内容。其中，申请财政救济条件、法院行使权力的考虑事项、法院发布临时命令的权力均涉及家庭暴力受害者如何能得到救济。第1条“申请财政救济的条件”规定法院签发财政救济令的权力受到

---

① Children and Young Persons Act 1933, c.1, s.17(1)(a)(b).

② 该法案译名参见了蒋月等译：《英国婚姻家庭制定法选集》，法律出版社2008年版，第56页。《英国婚姻家庭制定法选集》译者注：鉴于该法案内容，既包括对法定离婚理由等实体性规定又有离婚诉讼程序规定，考虑到中国法律界所称“诉讼法”通常并不涉及实体性权利义务规范，因此，将该法译为“婚姻诉讼法”并不确切。然而，该法的中文译名，国内常见表述为“婚姻诉讼法”，因约定俗成之故，所以姑且将援用之。

③ Matrimonial Causes Act, c.1, s.1(2)(b), (5).

一定条件的限制，婚姻当事人行为如有“使原告不能合理期望与被告共同生活”的，可向治安法院申请签发财政救济令。[①]“使原告不能合理期望与被告共同生活”在此应作扩大解释，只要是使原告有合理理由认为无法与被告共同生活，（包括受到家庭暴力），均有权利提出申请。第3条“法院行使第2条规定权力时应考虑的事项”包括了家庭中不满18周岁的未成年人的福利以及婚姻当事人的身体或精神残障。[②] 由此，因家庭暴力造成的身体和精神残疾应当是法院签发财政救济令时必要的考虑因素之一。该法第5章“补充规定”还对相关术语进行了阐释，特别对“家庭子女”做出解释：“家庭子女是指婚姻当事人的子女；其他子女不包括由地方当局或者志愿组织安置收养并被双方视为其家庭子女的儿童。”[③]

《1984年婚姻和家庭诉讼法》（1984年7月12日第42号令通过）第32条特别对“家事诉讼”、“婚姻诉讼”进行了阐释。“‘家事’指依据《1981年最高法院法》第61条规定（附则一），由高等法院指派给家事分庭的业务，‘家事诉讼’指关于家庭事务的诉讼；‘婚姻诉讼’指离婚之诉、婚姻无效之诉、司法别居之诉。”[④] 因家庭暴力案件涉及家庭成员的利益，按照该法的解释，其应当属于“家事诉讼”。

《1989年儿童法》（1989年11月16日第41号令通过）第1章“导言”第1条“儿童福利”规定了法院在考虑签发、变更、撤销对儿童的居住令、交往令、照护令、特殊监督令、临时命令、儿童评估令、儿童紧急保护令及其他命令时应当特别注意“儿童是否已经遭受伤害或可能遭受的伤害危险”，“伤害”包含了由家庭暴力导致的受损。[⑤] 第6条“监护权的撤销与放弃”规定了“在

---

① Domestic Proceedings and Magistrates' Courts Act 1978, c. 1, s. 1(c).

② Domestic Proceedings and Magistrates' Courts Act 1978, c. 1, s. 3(1), (2)(e).

③ Domestic Proceedings and Magistrates' Courts Act 1978, c. 5, s. 88(1)(a)(b).

④ Matrimonial and Family Proceedings Act, c. 5, s. 32.

⑤ Children Act 1989, c. 1, s. 1(3)(e), (4)(a)(b).

任何家事诉讼中，即使无人提出监护权的撤销或放弃，但只要法院认为有应当撤销监护权指定的事由时，经法院命令，任何时候都可终止效力。”[①] 由此，只要法院认为存在家庭暴力的监护人会给儿童带来伤害，则可以随时终止其监护权，不必通过申请等一系列程序。该法在第2章“家事诉讼中有关儿童的命令”、第4章“照护与监督”、第5章“儿童保护”，关于法院签发的有关儿童的居住令、交往令、特殊事项令、特殊监护令、经济救助令、家庭扶助令、照护令、监督令、临时命令、儿童评估令、儿童紧急保护令均有共同的一项，即只要法院确信案情特殊的（包括涉及家庭暴力的），无论是否通过申请人、监护人或其他人同意，均可随时签发或终止命令，目的在于对儿童提供最大范围的保护。[②] 对于已经受到家庭暴力或有受家庭暴力危险的儿童，英国地方当局有一套完备的资助系统，包括对受害者直接支付资金，提供食宿、寄养费，对学龄前儿童和其他儿童的日间照护，为处于警察保护下的儿童提供食宿等。另外，对于家庭暴力受害儿童，还有诸如“个人顾问”、“通道计划”、“社区之家”、“志愿者之家”、“卫生部门和地方教育部门、居住照护中心、疗养院或精神疗养院、独立学校等提供食宿”等服务资助。[③] 这些都有利于受暴儿童能够及时得到安全、健康的环境。该法第4章“照护和监督”第31条规定：“经地方当局或经授权者申请，法院可以签发有关儿童正在遭受或可能遭受重大伤害的命令。伤害或伤害的可能原因之一在于，如未签发命令，有可能使该儿童的父母不为其提供或可能提供的照护。”此外，该法还对“伤害”、“发展”、“健康”、“虐待”等术语予以阐释：

---

① Children Act 1989, c.1, s.6(7)(c).

② Children Act 1989, c.2, s.8(1), s.10(1)(b),(9)(c), s.14A(6)(b), s.14D(4), s.16(3)(a), c4, s.31(2)(a)(b)(i), s.34(5)(6)(a), s.35(1)(b), s.37(1), s.38, c.5, s.43(1)(a)(b), s.44(1)(a)(c), s.46(1), s.47(1)(b).

③ Children Act 1989, c.3, s.8(1), s.17A, s.18, s.20, s.21, s.23, s.23D, s.23E, c.6, c.7, c12.

“伤害是指虐待或损害健康、发展；发展是指身体、智力、情感、社会或行为的发展；健康是指身体的或心理的健康；虐待是指性虐待及非肉体虐待。”当然，儿童遭受伤害是否严重，应当参照该儿童的健康与发展情况而定，即其健康与发展与相类似的儿童相比是可以合理预期的。[①] 该法附则二第4条专门对忽视及虐待儿童进行了法律条文的明文预防：“地方当局应当采取合理措施，通过提供本法第三部分（地方当局对儿童及其家庭提供的服务）规定的服务，预防辖区内的儿童受到虐待或忽视。在任何时间，地方当局认为其辖区内的儿童发生相关情形的，应通知另一地方当局：该儿童在或将要在另一地方当局辖区内居住，同时，还应对另一地方当局说明该儿童可能会受到的伤害。”[②] 受到家庭暴力的儿童还须接受身体和心理检查与治疗，法院可据监督人提交的相关报告作出相应命令。[③]

《2003年性侵害法》（2003年11月20日第42号令通过）第2章“通告和命令”第123条“性侵害危险令的申请、理由及效力”规定：“只要涉及包括儿童在内的性侵害或在儿童面前实施性行为的，均可向治安法院申请性侵害危险令。该命令禁止被告实施任何命令载明之行为；在具体记载的特定期间内有效（至少两年），或者直到发布进一步的命令才终止效力。”[④] 该法还对“性行为”作出阐释：“指一个理性人在任何情况下，不论基于何种目的，都会认为是与性相关的行为。”[⑤] 由此，家庭暴力（包含性侵害）的受害者可向法院申请性侵害危险令。此外，该法还规定：“主申请尚未作出决定时，受害者可向法院申请发布临时性侵害危险命令，如主申请已提出，则由主申请人向主申请受理法院提出请求。如被告

① Children Act 1989, c.4, s.31(2)(a)(b)(i).

② Children Act 1989, sch.2, s.4(1)(2)(3).

③ Children Act 1989, sch.3, s.4, s.5.

④ Sexual Offences Act 2003, c.2, s.123(3)(a), s.5(a)(b).

⑤ Sexual Offences Act 2003, c.2, s.124(5).

无正当理由仍然违背了性侵害危险命令或临时性侵害危害命令的，均构成犯罪，承担相应法律责任：经简易定罪的，判处6个月以下监禁或法定最高限额以下的罚款，或二者并罚；经公诉定罪的，判处5年以下的监禁。”[①] 因此，受害者只要有受到性侵害方面的危险，就可向有管辖权的法院申请性侵害危险命令，必要时还可申请临时性侵害危险命令，在最短时间内利用法律的武器保护自身安全。

除了以上各法对家庭暴力进行相关规定外，英国还在一些法律中针对家庭暴力进行集中规制和防范。具体如下：

《1996年家庭法》（1996年7月4日第27号令通过）第4章“家庭住宅与家庭暴力”专门针对家庭暴力规定了“禁止侵扰令”、“治安法院的执行权”、“临时监护令及紧急保护令”、“对第三人作为家庭暴力受害者之诉讼代理人的规定”。同时，该法还对家庭暴力主体予以扩大化解释。第42条首先对“禁止侵扰令”进行定义：“禁止被告侵扰与其共同生活的另一方及有关子女。”其后规定了法院可以签发禁止侵扰令的情形：“其一，与被告共同生活的一方申请禁止侵扰令（无论是在其他家事诉讼过程中还是不存在任何家事诉讼时）；其二，在被告作为诉讼当事人一方的任何家事诉讼中，为保护诉讼他方或子女之利益，法院认为应当签发禁止侵扰令的，可依职权直接签发而无须经当事人申请。”家事诉讼包括了《1989年儿童法》第44条规定签发的紧急保护令诉讼等。《1996年家庭法》与《1989年儿童法》相关内容衔接，有利于对以家庭暴力方式伤害未成年人或其他家庭成员的施暴者进行全方位防范。禁止侵扰令的禁止对象包括三种：一般性侵扰、特定性侵扰或兼具二者。[②] 第45条“单方面命令”赋予了法院签发该命令的极大权利，只要法院认为正当，在任何情况下，即使被告未被送达

① Sexual Offences Act 2003, c.2, s.126, s.128(1)(2).

② Family Law Act 1996, c.4, s.42 (1)(2)(3)(6).

根据法庭规则本应送达的诉讼通知，仍可以签发禁止侵扰令，须考虑的事项包括：如不立即签发，被告的行为是否会给申请人或子女造成任何严重伤害或会出现威慑、阻止申请人提出申请等情形。该法第 47 条明确规定了对违反禁止侵扰令者实施逮捕："法院对命令附加逮捕权，但综合考虑案情后，法院确信不附加逮捕权的命令能够使申请人或子女得到充分保护的除外。附加逮捕权的情形包括：被告已经对申请人或子女实施了家庭暴力或以暴力相威胁；如不立即逮捕，被告的行为足以造成申请人或子女有任何严重的危险。"同时，法院还对命令中任何规定附加拘留权，可赋予逮捕权规定短于该命令中的其他规定的效力时间。[①] 第 60 条对"第三人作为家庭暴力犯罪受害者之诉讼代理人"进行相关规定。法庭规则可以特别规定代理人代委托人申请禁止侵扰令，其适用于特定期间，并可在该期间届满后作出后续性或过渡性申请。[②] 此外，该法将同居者、有关子女、关联人都归为家庭暴力主体。第 62 条规定："同居者是指虽未婚，但以夫妻名义同居的男女；前同居者应根据前者规定作相应理解，但不包括后来结婚的同居者；有关了女是指任何与诉讼当事人双方共同生活或者理应与之共同的生活的任何子女以及《1976 年收养法》、《1989 年儿童法》规定的命令所涉及的有关子女以及法院认为与诉讼有利害关系的任何其他子女；关联人是指现在是夫妻或曾经是夫妻，现在是同居或曾经是同居，二人居住在同一家庭，但一方不是另一方的雇工、承租人、寄宿人或搭伙人，二人是亲属的，二人同意结婚的（无论婚约是否终止），此人是该子女的父母一方，此人现在或曾经对该儿童承担过父母责任、一方为子女的生父、生母或生父母的父母，另一方根据收养令而成为该子女的父亲、母亲或已申请收养令的人、该子女曾在任何时候

---

① Family Law Act 1996, c. 4, s. 45 (1)(2)(a)(b), s. 47(3)(a)(b), (4).

② Family Law Act 1996, c. 4, s. 60.

经安置由其收养的。”[①]

《1997年保护免受骚扰法》（1997年3月21日第40号令通过）是针对“骚扰”、“暴力”行为的专门立法。根据该法宗旨，其所称“暴力”是广义上的，包含发生在家庭成员、同居者、关联者之间的家庭暴力（包含骚扰）行为。第1条规定：“任何人禁止对他人构成骚扰。‘应当知道会对他人构成骚扰’是指在有相同信息的情况下，一个理性人会认为其系列行为对他人构成骚扰。”第2条是根据第1条构成的骚扰罪规定的法定刑，即“构成骚扰罪，应经简易程序定罪，判处以6个月以下监禁，或第五级标准以下的罚金，或二者并罚。”第3条则是根据第1条的内容，规定受害者或可能因该系列行为受害的人，可提起民事诉讼，应此诉求，因骚扰引起的焦虑和任何由此而产生的经济损失均可获赔偿。另外，该条还对符合一定条件的原告授予向法庭申请颁发针对被告的逮捕令之权利。[②] 可见，骚扰在英国属非常严重的犯罪行为，是暴力行为之一，如骚扰发生在家庭成员之间则是家庭暴力行为。第4条“置人于暴力的恐惧中”规定：“一个人至少在两个场合实施的行为，为他人恐惧将被再次施以暴力的，且知道或应当知道其做的每次行为都置人于恐惧之中的，该行为构成犯罪。本条中，应当知道其系列行为将使他人感到恐惧，惧怕一有机会自己将被再次施以暴力，是指一个理性人在有相同信息下会认为该系列行为会置他人于恐惧中的行为。”该条还对因此受到犯罪指控者，如其系列行为是为了合理保护本人或他人的人身或财产而实施的，有提出抗辩的事由。[③] 可见，该法对“以暴制暴”行为并非“不分青红皂白”地“全部打击”，而是作为抗辩事由留有一定缓和余地。该法第7条对“骚扰”、“系列行为”进一步予以阐释。“骚扰之规定准用于

① Family Law Act 1996, c.4, s.62.

② Protection from Harassment Act 1997, s.1, s.2, s.3.

③ Protection from Harassment Act 1997, s.4(1)(2)(3)(c).

惊吓他人或引起他人不安的情形；系列行为必须包括至少两次以上的行为，‘行为’包括言词。”[①] 可见，在英国，家庭暴力并非一次性构成，而是至少两次以上的行为，言词暴力亦属于家庭暴力的一种。

《2004年家庭暴力、犯罪和受害者法》（2004年11月15日第28号令通过）共4章63条。第1章是对《1996年家庭法》第4章的修改，值得注意的是，《1996年家庭法》第4章所称的“同居者”在此已被做了扩大解释，不仅包括异性伴侣，还包括同性伴侣，即“同居者指二人虽未婚，但以夫妻身份同居或相同性别的二人以伴侣身份同居。”同时，该法规定《1996年家庭法》第4章的适用范围扩大至非同居伴侣，即“《1996年家庭法》第62条第3款（e）项后增加（ea）彼此有或曾经有密切的持续稳定的关系。”[②] 这意味着家庭暴力的主体范围有所扩大，同性伴侣、非同居伴侣等均被纳入其中。第9条特别对家庭杀人罪案情观察机构的组建和运作进行规定：“家庭杀人罪案情观察”是指对已满16周岁的人因为或者可能因为下列犯罪人的暴力、虐待、遗弃行为致死的案情进行调查：受害者与犯罪人存在亲属关系或有或曾经有密切的个人关系；属于同一家庭中的成员。国务大臣对特定情形可根据相关规定指派专人组建家庭杀人罪案情的观察。[③] 第2章“刑事审讯”主要是针对侵犯人身罪与骚扰罪等的审判、法庭规则等规定。第3章“受害者”主要包括受害者行为规则、受害者陈述权、预审程序等内容。第4章是对相关内容的补充规定。《2004年家庭暴力、犯罪和受害者法》可谓是英国一部针对家庭暴力的专门立法，其刑事部分专章规定意味着家庭暴力在英国是非常严重的刑事犯罪。

---

① Protection from Harassment Act 1997, s. 7(2)(3).

② Domestic Violence, Crime and Victims Act 2004, s. 3, s. 4.

③ Domestic Violence, Crime and Victims Act 2004, s. 9.

《2011年犯罪与安全法（家庭暴力）（试行）》（2011年6月30日生效）的第24条至第30条是在《2010年犯罪与安全法》的内容上最新修改的，其内容专门针对家庭暴力受害者。因为是试行法，有效期为2011年6月30日至2012年6月29日，有效区域为大曼彻斯特、麦西亚西部、威尔特地区。其中，第24条规定："只要治安法院认为有必要，年满18周岁的人使用过家庭暴力或有使用家庭暴力的倾向的须被认定为施暴者。法院应当将与施暴者有密切联系的受害者的福利、意愿以及与家庭暴力有关联的任何其他人或事，作为审判家庭暴力案件的考虑因素，除非是因制止家庭暴力行为而被迫伤人或杀人的除外。'相关联的人'是指《1996年家庭法》中所称的家庭成员。"① 第25条是"法院有权签发家庭暴力保护令"。第26条是对违反家庭暴力保护令的责任承担。第27条是家庭暴力受害者保护令的践行，该条赋予了治安法院签发、审理家庭暴力案件的权利，包括证据的提供等。第28条是法院签发家庭暴力保护令的缘由和内容，该条明确了法院签发保护令的必备条件：一是法院认为受害者受到暴力或暴力威胁，二是法院认为有必要对其进行保护。二者缺一不可。第29条和第30条是对相关术语的阐释。②

《2011年治安法院（家庭暴力保护令诉讼）条例》③（2011年6月30日生效）是在《2011年犯罪与安全法（家庭暴力）（试行）》的基础上细化的条例，具体规定了法院签发保护令的职责、范围、责任、审判等。

（三）立法特色

英国法律传统——普通法是由一系列的诉讼和法律救济方式构

---

① The Crime and Security Act 2011 (Domestic Violence: Pilot Schemes) Order, s. 24(1)(2)(4)(5)(9).

② The Crime and Security Act 2011 (Domestic Violence: Pilot Schemes) Order, s. 25, s26(1)(3), s. 27, s. 28(1)(2)(4), s. 29, s. 30.

③ The Magistrates' Courts (Domestic Violence Protection Order Proceedings) Rules 2011.

成，每一种诉讼和救济方式都有自己特定的程序，英国法将先例视为判决的参考和基础，经验性地从一个案件到另一个案件，从一个事实到另一个事实。[①] 英国防治家庭暴力法律也具有此传统印记，其在法院自由裁量权、暴力观察机构、家庭暴力作为独立诉求方面颇具特色。

1. 赋予法院较大的自由裁量权。在英国防治家庭暴力立法中，法院有权签发财政救济令、居住令、交往令、特殊事项令、特殊监护令、经济救助令、家庭扶助令、照护令、监督令、临时命令、儿童评估令、儿童紧急保护令、性侵害危险令、临时性侵害危险命令、禁止侵扰令及其他各项命令。法院签发以上各种命令均得符合一定条件，如申请人的资格，申请的事由、期限，违背命令的法律责任等。尽管如此，考虑到家庭暴力的紧迫性、危害性、特殊性，英国法在法院签发命令时大多会附加“弹性条款”：只要法院认为有必要对家庭暴力等紧急状况签发命令以制止暴力行为的不受申请命令的一般规则限制。赋予法院签发命令的较大的自由裁量权，不仅可以及时制止暴力行为，而且可以为受害者提供暂时安全的环境，最大限度地为受害者争取福利。

在英国法传统上，家庭暴力不被视为一种犯罪行为而只是家庭内部事务，这种行为应当受到控制，但不应受到刑法制裁。法律虽然已赋予警察对施暴者有实施逮捕的权力，但在司法实践中实施逮捕的案例只占家庭暴力案件的12% ~14%，多数警察至今仍抱有其属于“家务事”之观念。因此，家庭暴力案件通常出现在民事法庭而非刑事法庭。[②] 然而，从《2011 年治安法院（家庭暴力保护令诉讼）条例》中可看出，随着家庭暴力案件数量的上升，犯

---

① ［英］R. C. 范·卡内冈：《英国普通法的诞生》（第 2 版），李红海译，中国政法大学出版社 2003 年版，第 113 页。

② 刘晓梅：《英国反家庭暴力的立法、实践及其启示》，载《法学杂志》2006 年第 3 期，第 127 页。

罪频率的加速，英国法也在力求改革，从家庭暴力案件移送刑事法庭到赋予法院签发逮捕令、拘留令，从对施暴者签发“禁止侵扰令”等到违背命令而背负刑罚可以看出，法院自由裁量权的扩大对家庭暴力行为起到了震慑、遏制与惩罚的作用，此为英国法在防治家庭暴力立法改革中的特色之一。

2. 组建专门的特殊的观察机构。《2004 年家庭暴力、犯罪和受害者法》（2004 年 11 月 15 日第 28 号令通过）第 9 条关于家庭杀人罪案情的观察颇具特色。“家庭杀人罪案情观察”是指对已满 16 周岁的人（其可能因某些犯罪人对其实施暴力、虐待或遗弃致死）进行调查的机构。这些相关人员包括：受害者与犯罪人存在亲属关系或有或曾经有密切关系者；同一家庭中的成员。该条规定了对特定情形（包括家庭暴力），国务大臣可以根据规定指派个人或机关组建家庭杀人罪案情的观察。按规定指派或组建的个人或机关包括：若在英格兰或威尔士的，是英格兰或威尔士各警区的警察总长；若是地方机构的，则分别根据《1987 年刑事审讯法》第 4 条、《2000 年法院服务法》的相关规定组建地区缓刑委员会，根据《1977 年国民健康服务法》第 8、16A、16BA 条的规定组建健康战略部门、基本医疗信托会、国民健康信托机构；若在北爱尔兰的，是北爱尔兰警局警察总长、缓刑委员会，根据《1972 年健康与个人社会服务令（北爱尔兰）》第 16 条的规定组建健康与社会服务委员会，根据《1991 年健康与个人社会服务令（北爱尔兰）》第 10 条的规定组建健康与社会服务信托机关。其中，“地方机构”是指：在英格兰的为区管理委员会、英格兰的郡会议、伦敦自治市议会、锡利群岛会议；在威尔士的为威尔士的郡议会或自治郡议会。①

家庭杀人罪案情观察机构制度将警区、医疗机构、信托机构、郡议会等地方机构等资源充分利用起来，最大限度地发挥社会联动

① Domestic Violence, Crime and Victims Act 2004, s. 9(1)(2)(4)(5).

机制的预防和制止家庭暴力作用。

3. 家庭暴力作为独立诉求于法之中。《1984年婚姻和家庭诉讼法》(1984年7月12日第42号令通过)第32条规定婚姻诉讼专指离婚之诉、婚姻无效之诉、司法别居之诉。《1973年婚姻诉讼法》(1973年5月23日第18号令通过)和《1978年家事诉讼与治安法院法》(1978年6月30日第22号令通过)规定家庭暴力是"被告的行为使得期待原告与被告继续共同生活显得不合理"之情况。换言之,家庭暴力是婚姻破裂的法定原因之一。可见,在婚姻诉讼中,家庭暴力是当事人提起离婚之诉或司法别居之诉的法定原因。

《1984年婚姻和家庭诉讼法》第32条对婚姻之诉和家事诉讼作了区分。家事诉讼是指关于家庭事务的诉讼。虽然该法并未明确家庭事务的具体所指,但根据其他相关法律的规定,凡涉及家庭成员利益的诉讼均为家事诉讼。由此可知,家庭暴力案件应当属于家事诉讼范畴。此外,《2003年性侵害法》(2003年11月20日第42号令通过),《1997年保护免受骚扰法》(1997年3月21日第40号令通过),《1933年儿童和青少年法》(1933年4月13日第12号令通过)等对违反"性侵害危险令"、"禁止侵扰令"均设有相应的民事、刑事法律责任,而家庭暴力就是作为违反原因之一。因此,家庭暴力应当可以作为独立诉求提起诉讼。

二、美国防治家庭暴力立法

在美国,防治家庭暴力立法不仅有全国立法,各州也针对各州不同的情况进行了立法。主要的防治家庭暴力立法包括:1977年《虐待保护法》,1992年《预防家庭暴力与提供服务法案》,1994年《针对妇女暴力法》,1996年《反对妇女的暴力法令》。

(一)立法目的

1997年《虐待保护法》在美国防治家庭暴力立法进程中具有极其重要的意义,该部法律是由宾夕法尼亚州颁布实施。其立法目的主要在于禁止虐待妇女、未成年人，尽一切可能保障妇女与未成年人的合法权益，禁止对妇女与未成年人实施家庭暴力，社会应当担负起防控家庭暴力的职责。

1992 年《预防家庭暴力与提供服务法案》是美国首部专门针对家庭暴力而颁发的条例，其立法目的在于：尽最大可能和一切方式为家庭暴力受害者提供救济、救助、服务。

1994 年《反对对女性行暴法》是美国联邦政府制定的首个关于如何处理家庭暴力的法律，该部法律之立法目的在于：反对一切形式对妇女实施暴力，包括家庭暴力。

1996 年《反对针对妇女的暴力法令》也是专门禁止针对妇女的暴力，该法令重点在于禁止基于性别的暴力，强调美国政府强烈反对和打击针对妇女的家庭暴力。

（二）立法内容

美国《虐待保护法》详细阐明了美国社会应当如何防控家庭暴力，该部法律的主要内容包括了如下六点：第一，明确了家庭暴力施暴者应当承担的法律责任；第二，明定了家庭暴力施暴者被拘留的刑事程序；第三，法院对家庭暴力案件进行调解的方式以及调解结果的处理；第四，施暴者实施的家庭暴力行为给公众带来的不良影响所导致的一切损失之赔偿；第五，美国社会为受害者提供的救助服务方式；第六，遭到来自配偶一方的家庭暴力者有权对施暴者提出赔偿以及提出施暴者应当同时承担对家庭内部未成年子女造成的不良影响之法律责任。

1992 年《预防家庭暴力与提供服务法案》对家庭暴力进行了界定，对家庭暴力的各种形式进行了介绍与描述，其主要内容在于规定了政府、警察、社会救助机构对家庭暴力受害者提供的各种服务。该法案还配有一系列配套的法规和条例，对该法案规定的笼统性内容进行细化，真正开启了美国反家庭暴力立法之进程。

《反对对女性行暴法》之主要内容包括如下四点：第一，明确了针对妇女实施了家庭暴力的施暴者（如触犯刑事法律）的刑事处罚；第二，明确了针对妇女实施了家庭暴力的施暴者（未触犯刑事法律）的民事救济；第三，强调政府应当有责任建立轻松、安全的环境，特别是针对各类学校，以保障未成年人的合法权益，不致遭受来自家庭的暴力；第四，重点规定了审理家庭暴力案件的法官必须摒弃性别歧视与偏见。该部法律被评价为“数年来妇女和人权组织共同努力的非凡结果”。

《反对针对妇女的暴力法令》的主要内容主要包括如下三点：第一，明确了针对妇女实施的家庭暴力之惯犯应当予以加重惩罚之规定；第二，明确了基于性别的暴力是对女性人权、权益的非法侵害，提倡司法机关、执法机关应当利用一切可以利用的资源预防和制止家庭暴力，启用一切可以启用的财力禁止性别歧视；第三，强调政府应当提供足够的资金用于预防和制止一切形式的家庭暴力。该法令彰显了美国政府坚决打击和禁止家庭暴力的决心和态度，在法令行文之中也体现了保障家庭暴力受害者的权益应属政府不可推卸之责任。

（三）立法特色

1. 强制逮捕制度与起诉制度。在美国防治家庭暴力立法中，强制逮捕也指“无令状逮捕”，规定了立法授权警察在认为有家庭暴力现行犯时可以不经过一定程序，也不需要出示逮捕证就可以对其进行逮捕。当然，警察如没有逮捕家庭暴力嫌疑者，则必须向上级机关提交没有逮捕的说明报告。美国的强制逮捕制度为家庭暴力受害者提供了强有力的保护，对施暴者进行强制逮捕，可以在最短的时间内有效阻止暴力，并最大化地减小了施暴者再次施暴的可能，同时，逮捕家庭暴力嫌疑者的警察还可以同时作为证人出庭作证。尽管如此，该制度在司法实践中适用甚少，原因在于大多警察仍然是采取先调解再强制的措施，往往在调解阶段就已经有了较为和缓的处理。在某些时候，受害者也不希望警察强制逮捕施暴者，只希望借助警察的威慑力量给施暴者以“提醒”。

强制起诉制度在美国大部分州的立法中均有规定。一般而言，主要包括两类：其一，完全排除检察官的自由裁量，不征求家庭暴力受害者的意见，检察官都必须对施暴者提起诉讼；其二，赋予检察官一定的自由裁量权，受害者不被作为原告，政府将成为其替受者，但受害者可以作为证人出庭。

2. 医务人员负有对家庭暴力受害者的强制报告义务。在美国，大部分州都明确规定了医务人员如在诊疗病患的过程中发现病患之伤痛可能来自家庭暴力时，应当立即向相关司法机关报告。同时，医疗人员必须全面记载和填写受害者的伤情并合理推断施暴者是否有犯罪的可能。该制度的设立不仅使得美国对医务人员组织了多类型的家庭暴力敏感度培训，而且也加强了医务人员推断家庭暴力的判断能力。当然，该制度的实施过程中也出现了一些不良影响，比如，某些受害者认为这是侵犯了自己的隐私导致医务人员左右为难或者当医务人员提交报告后，受害者又再次遭受家庭暴力最终不得不选择放弃治疗。

3. 民事保护令制度。美国是民事保护令制度的发源地。其主要内容包括：第一，禁止被申请人对申请人或其家族成员实施暴力或者威胁实施暴力，上述暴力行为只要存在若不禁止便极有可能发生的情况，受害者即可以向有关部门申请民事保护令。第二，禁止被申请人采用电话、跟踪、骚扰及其他一切可以和申请人通信的手段与申请人接触，法院签发该禁止接触令时，可以根据具体案件的情况，禁止被申请人在特定方面与申请人的接触。第三，要求被申请人迁出与申请人的共同住所，并保护申请人对生活必需品的使用权，被申请人虽必须迁出住所，但并不丧失对住所以及其他物品的所有权。第四，禁止被申请人接近申请人及其家族成员的住所、学校、工作场所等他们经常出现的地方，被申请人若违反该禁令，则将面临监禁或罚款。第五，申请人为减轻或避免家庭暴力的侵害而申请的其他保护措施。

4. 男性制怒中心的设立。美国《家庭暴力示范立法框架》规定了美国各州应当给家庭暴力受害者提供一系列必要的紧急服务：

引导、咨询、帮助施暴者恢复正常的心理状态。为具体实施该条规定，美国各州陆续设立了男性制怒中心，主要用于治疗施暴者的心理疾病，使其回归到正常人的心态。在司法实践中，法官还可以根据具体案情，判决施暴者到当地男性制怒中心进行心理治疗并对诊疗过程进行全程监督，并根据治疗结果进行再次审判。

第三节 我国防治家庭暴力立法现状

由于我国澳门地区目前尚未出台专门家庭暴力防治法律，因此，该部分仅介绍我国香港、台湾地区以及内地防治家庭暴力相关规定。在澳门，关于家庭暴力的立法主要借助《澳门特别行政区基本法》、《家庭政策纲要法》、《刑法典》等法律法规。《澳门特别行政区基本法》于 1999 年 12 月 20 日开始实施，其虽未对防治家庭暴力有专门明确规定，但该法第 28 条有禁止对居民施行酷刑或非人道对待的纲领性条款。[①] 该法第 30 条中规定的“居民人格尊严不受侵犯”、“居民享有个人名誉权和隐私权”等则是对家庭暴力严格禁止的指导性规定。[②] 该法第 38 条专门明确指出妇女、未成年人、老年人和残疾人等弱势群体的合法权益须受到特别行政区的特别保护。[③]《澳门特别行政区基本法》严格遵循国际条约反暴精神，宏观上为澳门专门家庭暴力立法指引了路径。澳门《家

① 《澳门特别行政区基本法》第 28 条规定：澳门居民的人身自由不受侵犯。澳门居民不受任意或非法的逮捕、拘留、监禁。对任意或非法的拘留、监禁，居民有权向法院申请颁发人身保护令。禁止非法搜查居民的身体、剥夺或者限制居民的人身自由。

② 《澳门特别行政区基本法》第 30 条规定：澳门居民的人格尊严不受侵犯。禁止用任何方法对居民进行侮辱、诽谤和诬告陷害，澳门居民享有个人的名誉权、私人生活和家庭生活的隐私权。

③ 《澳门特别行政区基本法》第 38 条：妇女的合法权益受澳门特别行政区的保护。未成年人、老年人和残疾人受澳门特别行政区的关怀和保护。

庭政策纲要法》（第6/94/M号）① 制定于1994年。其中第2条第1款规定："家庭建基于所有成员间的团结、稳定、同等尊严以及互相尊重、合作、负责和互助，以全面达致其目的。"明确了家庭内部成员之间权利与义务及互助合作的重要性。第2条第2款规定："配偶双方对民事和政治能力，以及对子女的抚养和教育，均具有相同的权利和义务。"明确了配偶双方的法律地位平等，教育子女权利义务平等以及子女享有父母抚养教育的权利，父母不得对子女使用暴力行为。第5条规定："……确保儿童受保护、发展和获得教育的权利……支持老年人士融入及参与家庭生活，并鼓励数代间团结及互助……"此为家庭政策之目标，体现了家庭的功能和价值在于保护和照顾家庭弱势成员，若家庭成员间存在暴力行为，则会严重削弱家庭的功能，亵渎家庭存在的价值。第12条第3款规定："每当出现由任何家庭成员引发的危机状况，尤其是那些导致家庭解散或濒临破裂以及特别与儿童有关的暴力，家庭辅助中心应发展迅速及有效的协助机制。"家庭辅助中心是澳门防治家庭暴力特色之一，一旦家庭功能不再发挥作用，其他社会服务单位②的迅速介入可保障家庭成员免受侵害。澳门防治家庭暴力犯罪主要借助于《刑法典》相关规定予以惩戒。澳门《刑法典》第

① 该法主要针对家庭暴力导致家庭解散与儿童受害提供的家庭辅助中心协助机制。

② 例如：为保障受虐妇女的人身安全，政府社会工作局与妇联总会合作，2005年开设了受虐妇女庇护中心"妇联励苑"和"住善牧中心"，为遭受家庭暴力的妇女及其未成年子女提供短暂住宿庇护，协助受虐妇女恢复自信，重过正常生活。中心院舍设有24小时咨询求助热线，接受警方、医院及社会服务专业机构，为有危机的受虐妇女提供服务。资料来源：http://www.women.org.cn/allnews/2609/9.html，最后访问：2009年10月10日。"跨学科辅导服务"也是澳门防治家庭暴力辅助中心之特色。"跨学科辅导服务"如遇到子女管教、婚姻及情绪方面的问题，或在发生家庭暴力、虐儿、性侵犯及自杀等情况下，需要接受跨专业的治疗服务的人士，无论年龄，只要是澳门居民均可申请接受跨专业治疗等服务。资料来源：http://www.ias.gov.mo/services/service_family02.jsp，最后访问：2009年10月10日。

129条“加重杀人罪”[1]，第131条“杀婴罪”[2]，第135条“遗弃罪”[3]，第146条“虐待未成年人、无行为能力之人或配偶又或使之过度劳累”[4]，第148条“胁迫罪”[5]，第167条“对受教育者及依

---

① 澳门《刑法典》第129条规定，如死亡系在显示出行为人之特别可谴责性或恶性之情节下产生，行为人处15年至25年徒刑。在显示出上款所指之特别可谴责性或恶性之情节中，包括下列情节：a）行为人系被害人之直系血亲卑亲属、被害人收养之人或收养被害人之人。

② 澳门《刑法典》第131条规定，母于生产时或生产后，受生产对其造成之精神紊乱所影响而杀其婴者，处1年至5年徒刑。

③ 澳门《刑法典》第135条第2款规定，如该事实系由被害人之直系血亲尊亲属、直系血亲卑亲属、收养被害人之人或被害人收养之人作出，行为人处2年至5年徒刑。

④ 澳门《刑法典》第146条规定，一、对于受自己照顾、保护、或自己有责任指导或教育、或因劳动关系从属于自己之未成年人、无能力之人或因年龄、疾病、身体或精神缺陷而能力低弱之人：a）施以身体或精神虐待，或予以残忍对待者；b）利用其进行危险、不人道或被禁止之活动者；c）给予过量工作，使之过度劳累者；d）不向其提供因本身职务上之义务而须作出之照顾或扶助者；如该事实不受第138条处罚，则处1年至5年徒刑。二、对配偶或在类似状况下共同生活之人施以身体或精神虐待者，处相同刑罚；非经告诉不得进行刑事程序。三、如因上两款所规定之事实引致身体完整性受严重伤害，行为人处2年至8年徒刑。四、如因第一款及第二款所规定之事实致人死亡，行为人处5年至15年徒刑。

⑤ 澳门《刑法典》第148条第4款规定，如该事实在配偶之间、直系血亲尊亲属与直系血亲卑亲属之间、收养人与被收养人之间、或在类似配偶状况下共同生活之人之间发生，则非经告诉不得进行刑事程序。

赖者之性侵犯”[①]，第 171 条“加重”[②]，第 173 条“亲权停止”[③] 等罪名，均是针对家庭暴力案件行为之刑罚。澳门《刑法典》在防治家庭暴力上具有惩治和过渡的功能，有效地震慑了施暴者，及时保护了受害人。

一、我国香港地区防治家庭暴力立法[④]

香港《家庭暴力条例》于 1986 年制定，1998 年将附注部分内容予以修订，其具体包括法院发出强制令的权力、原讼法庭可行使区域法院的权力、逮捕违反命令的人、实务及程序的规则、现行司法管辖权的保留性条文等内容。目前，因家庭观念和模式多元，家庭矛盾日益凸显，家庭暴力案件逐年上升，原家庭暴力条例已滞后。港府于 2008 年和 2009 年连续启动《家庭暴力条例》修订工作。2008 年 8 月 1 日，香港立法会三读通过了《家庭暴力条例》(第 189 章)，修订的亮点主要是将适用范围由原《家庭暴力条例》中仅限于配偶和异性同居者扩大到包括前配偶、前异性同居者以及直系和延伸家庭关系的成员，旨在“对人提供使其免受家庭暴力

---

① 澳门《刑法典》第 167 条规定，一、对下列之人作出、或使之作出上条第 1 款、第 2 款或第 3 款所叙述之行为者，处 1 年至 8 年徒刑：a）交托与行为人教育或扶助之 14 岁至 16 岁之未成年人；b）交托与行为人教育或扶助之 16 岁至 18 岁之未成年人，且行为人系滥用其执行之职务或担任之职位者。二、对本条上款所指、且符合该款叙述之情况之未成年人，作出第 166 条第 4 款所叙述之行为者，处最高 1 年徒刑。三、意图营利而作出或使人作出上款所叙述之行为者，处最高 3 年徒刑。

② 澳门《刑法典》第 171 条规定，如属下列情况，则第 157 条至 159 条、第 161 条至 170 条所规定之刑罚，其最低及最高限度均加重三分之一：a）被害人系行为人之直系血亲尊亲属或直系血亲卑亲属、收养行为人之人或行为人收养之人、行为人二亲等内之血亲或姻亲，又或受行为人监护或保佐……

③ 澳门《刑法典》第 173 条规定，对因犯 157 条至 170 条所指之罪而被判刑者，经考虑该事实之具体严重性，以及该事实与行为人所行使之职能之间之联系后，得停止其行使亲权、监护权或保佐权，为期 2 年至 5 年。

④ 罗杰：《香港〈家庭及同居关系暴力条例〉述评》，载《安庆师范学院学报（社会科学版）》2011 年第 1 期，第 93 ~ 98 页。

侵害的保护”①。2009 年 6 月公布了《2009 年家庭暴力（修订）条例草案》，是否为同性同居者提供同样的额外民事保障成为了社会各界人士争议的焦点。该草案已于 2009 年 12 月 16 日经香港立法会三读通过，并于 2010 年 1 月 1 日生效。2009 年新修订条例进一步将适用范围延伸至同性同居者、前同性同居者及其子女，让同居关系的一方，不论同性或异性，均可向法院申请强制令，免受另一方的骚扰。值得注意的是，香港《2009 年家庭暴力（修订）条例草案》提出废除《家庭暴力条例》而代以《家庭及同居关系暴力条例》之称，故香港《家庭暴力条例》于 2010 年已正式更名为《家庭及同居关系暴力条例》。

（一）立法目的

香港《家庭及同居关系暴力条例》开篇即明示了立法目的，即“本条例旨在对人提供使其免受家庭及同居关系中的暴力侵害的保护，以及就附带事宜订定条文”。可见，较之于香港原家庭暴力条例，《家庭及同居关系暴力条例》最大限度地扩大了受保护对象，将保护范围延伸至同性同居者、前同性同居者及其子女。

（二）立法内容

香港《家庭及同居关系暴力条例》（第 189 章）共 11 部分。第一部分“简称”。该部分重点说明原《家庭暴力条例》之名已被正式修订为《家庭及同居关系暴力条例》。第二部分“释意及适用范围”。该部分特别将未成年人、申请人、同居关系、同居关系一方、指明未成年人、婚姻居所以及答辩人等概念予以厘清。第三部分“区域法院发出强制令的权利：配偶及前配偶”，其中，又有 3A“区域法院发出强制令的权利：其他亲属”和 3B“区域法院发出强制令的权利：同居人士及前同居人士”两部分。该部分不仅

① 明光社：《家庭暴力条例（第 189 章）（2008 年修订）》与《2009 年家庭暴力（修订）条例草案》内容之比较，资料来源：http://www. truth - light. org. hk/society/family_vio/20090625 - dvo - revised. doc. 访问时间：2011 年 7 月 19 日。

细化了区域法院对于配偶及前配偶、同居者及前同居者以及其他亲属发布强制令的权利和义务，还对亲属内涵进行了详细的界定。第四部分“在若干情况下原讼法庭可行使区域法院的权利”。该部分强调了原讼法庭在案件情况紧急或两种特殊情形下可行使区域法院的权利。第五部分“逮捕违反命令的人”。法院可依据前述关于强制令的条文或者应婚姻一方针对婚姻另一方提出的申请发布强制令。同时，该部分还规定了除外条款，即除非法院能够相信有关的人曾经导致受保护的人身体受到伤害以及能够相信有关的人相当可能会导致受保护的人身体受到伤害，对逮捕的时间、地点也进行了逐一规定。第六部分“对强制令及逮捕授权书的限制”。该部分对法院发布强制令和逮捕授权书设立了权限，法院不能越权发布强制令和逮捕授权书。第七部分“法院可延长强制令及逮捕授权书的有效期”，赋予了法院可根据一定条件延长强制令和逮捕授权书的有效期，以便适应突发事由。其中7A“法院可更改或暂停执行管养令或探视令”，赋予了法院发布法庭命令时须对特殊情形的事由进行考虑的权利，如将未成年人的福利或未成年人的意愿作为考虑因素等。第八部分“实务及程序的规则”。该部分是对终审法院首席法官实施本条例之法定事项订立的规则。法定事项主要包括：根据本条例提出申请的聆讯及裁定；根据本条例提出申请或发出命令而使用的有关表格；文件的送达；有关各方出庭应讯；对受逮捕人的保释事宜；将在原讼法庭展开的法律程序由原讼法庭移交区域法院处理，以及将在区域法院展开的法律程序由区域法院移交原讼法庭处理等。第九部分“关于现行司法管辖权的保留性条文”。该部分称本条例所赋予的是原讼法庭及区域法院的额外权利，而不减损法院现行权利。第十部分“强制令无须注册”。该部分对某些强制令，如本条例第3（1）（c）或（d）、3A（4）（b）或（c）或3B（1）（c）或（d）条所述条文的强制令，无须根据《土地注册条例》（第128章）进行注册。第十一部分“法院的权利由一位法官行使”。该部分规定，无论是原讼法庭还是区域法院，其赋予的权利均有一位原讼法庭法官或一位区域法院法官行使。

（三）立法特色

《家庭及同居关系暴力条例》在《2008 年家庭暴力（修订）条例》的基础上再次得到修正。其修订特色主要有：

1. 明确立法宗旨。《家庭及同居关系暴力条例》旨在“适用于作为情侣在亲密关系下共同生活的两名人士（不论同性或异性）”。可见，其将同性同居关系正式纳入了条例保护范围，为家庭暴力内涵的合理界定提供了明确的适用主体。

2. 厘清同居关系。《家庭及同居关系暴力条例》在第 2 条“释意及适用范围第 2（1）条”中增加了对同居关系及同居关系一方当事人概念的界定，即“同居关系”指作为情侣在亲密关系下共同生活的两名人士之间的关系以及包括已终结的该等关系；“同居关系一方”不包括该段关系的另一方的配偶或前配偶。《家庭及同居关系暴力条例》第 3 条“区域法院发出强制令的权力：同居人士及前同居人士”中加入“3B”，具体内容为：

首先，区域法院若应同居关系一方（“申请人”）提出的申请，而相信该同居关系的另一方曾经骚扰申请人或某指明未成年人，则不论在有关法律程序中是否有人正寻求其他救助，法院亦可在符合第 6 条的规定下发出强制令。强制令可包括以下全部或其中任何条文：一是禁止答辩人骚扰申请人的条文。二是禁止答辩人骚扰该指明未成年人的条文，其中又包括：禁止答辩人（如申请人曾被答辩人骚扰）进入或留在申请人的居所、申请人的居所的指明部分或一处指明的地方（不论申请人的居所是否位于该地方内）的条文，不论该居所是否为申请人与答辩人的共同居所；（如该指明未成年人曾被答辩人骚扰）进入或留在该指明未成年人的居所、该未成年人的居所的指明部分或一处指明的地方（不论该未成年人的居所是否位于该地方内）的条文，不论该居所是否为该未成年人与答辩人的共同居所。三是规定答辩人必须准许（如申请人与答辩人居于同一处）申请人进入及留在申请人与答辩人的共同居所或该共同居所的指明部分；或（如该指明未成年人与答辩人居于同一处）该未成年人进入及留在该未成年人与答辩人的共同居所或该共同居所的指明部分的条文。

其次，为裁定两名人士（“双方”）是否处于同居关系，法院须顾及该段关系的所有情况，包括而不限于有关系个案的任何以下元素：一是双方是否在同一住户内共同生活；二是双方是否分担其日常生活中的事务及责任；三是该段关系是否具稳定性和永久性；四是双方之间在开支分担或经济资助方面的安排以及在财政方面依靠对方或互相依靠的程度；五是双方之间是否有性关系；六是双方是否有任何子女以及彼此如何对待对方的子女；七是双方共同生活的动机；八是对按常理理解事物的合理的人而言，双方之间是否存在同居关系。

再次，法院可根据第（1）a 或（b）款[①]关于强制令的内容，规定答辩人参与以改变导致发出该强制令的态度及行为目的并获社会福利署署长核准的任何计划。

最后，在行使发出载有第（1）（c）或（d）款[②]申请人进入及留在申请人与答辩人的共同居所，或该共同居所的指明部分；或（如该指明未成年人与答辩人居于同一处）该未成年人进入及留在该未成年人与答辩人的共同居所，或该共同居所的指明部分的条文。所述条文的强制令的权力时，区域法院须考虑双方对另一方的行为或其他行为、双方的各自需要及经济能力、任何指明未成年人的需要以及该个案的所有情况。

值得注意的是，《家庭及同居关系暴力条例》第 2 条关于“答辩人”内涵界定、第 4 条关于区域法院被赋予权利的条件、第 5 条

---

① 其中，第（1）（a）是关于禁止答辩人骚扰申请人的条文；第（1）（b）款是关于禁止答辩人骚扰该指明未成年人的条文。

② 其中，第（1）（c）或（d）款是关于规定答辩人必须准许（如申请人与答辩人居于同一处）。

关于法院发布强制令的根据、第6条关于限制强制令及逮捕授权书的权利、第7条关于法院可延长强制令及逮捕授权书的有效期限的条件、第7A条关于法院可更改或暂停执行管养令或探视令的根据以及第10条关于强制令无须注册的条件等条款均增补了“3B”条款之内容。可见，《家庭及同居关系暴力条例》诸多修订条款均与“3B”有关，其为重点增补内容。

3. 严格适用强制令。《家庭及同居关系暴力条例》的一大特色就是赋予了法院严格适用强制令的权利。其中，第三部分规定了区域法院向配偶及前配偶、其他亲属、同居人士及前同居人士发出强制令的权利和义务。第五部分规定了对于违反命令的人，法院可依据前述关于强制令的条文或应婚姻一方针对另一方提出的申请发布强制令。第七部分赋予了法院可根据一定条件延长强制令和逮捕授权书的有效期的权利，以便适应突发事由；法院发布法庭命令时须对特殊情形进行考虑是否更改或暂停执行管养令或探视令，特殊情形如将未成年人的福利作为首要考虑因素，尊重未成年人的意愿等。同时，该条例对法院适用强制令也作了限制性规定，如除非法院能够相信有关的人曾经导致受保护的人身体受到伤害以及能够相信有关的人相当可能会导致受保护的人身体受到伤害，不得根据强制令条文或应婚姻一方针对另一方提出的申请发布强制令；对某些强制令，如本条例第3（1）（c）或（d）、3A（4）（b）或（c）或3B（1）（c）或（d）条所述条文的强制令，无须根据《土地注册条例》（第128章）进行注册等。

二、我国台湾地区防治家庭暴力相关规定

1994年发生的“邓如雯杀夫案”[①]在我国台湾地区引起了广泛的社会讨论，自此，妇女运动团体开始催生“防治家庭暴力法”的制定。1995年9月，我国台湾地区法官高凤仙参照了美国、澳大利亚、新西兰等国的防治家庭暴力法规与文献，完成起草了“家庭暴力防治法”草案，该草案后来由现代妇女基金会推动发展。[②] 1996年10月3日，国民党籍潘维刚等37位“立委”[③]在第3届第4会期第7次会议中首次提案[④]，1997年5月28日第3届第5会期第11次院会完成三读。[⑤] 1998年5月28日，“立法院”通过“家庭暴力防治法”，同年6月24日公布实施。[⑥]我国台湾地区成为了亚洲首个有“家庭暴力防治法”的地区。此后又相继于1999年通过了“家庭暴力防治法实施细则”、“警察机关执行保护令及处理家庭暴力案件办法”、“法院办理家庭暴力案件应注意事项”、“检察机关办理家庭暴力案件应注意事项”，2000年通过了“特殊境遇妇女家庭扶助条例”，2002年通过了“家庭暴力电子资料建立管理及使用办法”（2007年修正），2003年通过了“儿童及少年福利法”（2010年修正），2005年通过了“性侵害犯罪防治

---

① “邓如雯杀夫案”是1993年10月27日发生在我国台湾地区的一起刑事案件，邓如雯因长期遭受家庭暴力，最终杀害了丈夫。在案件审理过程中邓如雯受到妇女团体的支援，被判刑三年。参见张彩凤、叶永尧：“平等的追求抑或一种新父权——美国女性主义法学视野中的刑事法律改革”，载《中国人民公安大学学报》（社会科学版）2006年第5期。

② 陈明志：“家庭暴力防治法立法精神”，《清流月刊》（台北），第9卷第11期。

③ 参见我国台湾地区“立法院议案关系文书”（院总第1761号），委员提案第1889号。

④ “中华民国立法院公报”第86卷38期，第120页。

⑤ “中华民国立法院公报”第87卷31期，第484页。

⑥ 该法部分内容于公布之日施行，民事、刑事、家事部分在公布1年后正式施行。

法”、“性侵害犯罪付保护管束加害人科技设备监控实施办法”，2007年通过了“家庭暴力被害人创业贷款辅助办法”（2009年修正），2008年通过了“家庭暴力加害人处遇计划规范”。由此，我国台湾地区以“家庭暴力防治法”为核心，建立起了包括警察、司法、社政、医疗、教育等相关体系的全面的防治家庭暴力“法律体系”。

2007年3月5日，我国台湾地区“立法院”三读通过“家庭暴力防治法修正案”，此次修正的最大特色在于扩大了声请民事保护令的对象，将未婚的男女同居关系和同性关系也纳入到“家庭暴力防治法”的适用范围。此外，该修订的另一闪光点在于声请民事保护令可免征1000元的裁判费，减轻了声请对象的负担，使保护令制度适用效果更佳。

（一）“立法”目的

1998年通过，2007年修正的我国台湾地区“家庭暴力防治法”开篇即明示了“立法”目的：“为防治家庭暴力行为及保护受害者权益，特制订本法。”在该“法”制定前，有关家庭暴力问题并无专门“立法”，多散见于“民法”、“刑法”、“少年福利法”、“社会救助法”等“法律法规”中。

（二）“立法”内容

2007年修正后的我国台湾地区“家庭暴力防治法”共7章66条。第一章通则，包含第1条至第8条。该章第1条是“立法”目的。第2条是对“家庭暴力”、“家庭暴力罪”、“骚扰”、“跟踪”、“加害人处遇计划”① 等用词的定义。第3条说明了“家庭成员”的范围，即“配偶或前配偶；现有或曾有的同居关系、家长家属

① 因我国台湾地区“家庭暴力防治法”将施暴者称之为“加害人”，受害者称之为“被害人”，因此，在介绍我国台湾地区“立法”部分，本书沿用我国台湾地区“立法”之称，统一改用“加害人”与“被害人”，其意与本书其他部分所称的“施暴者”与“受害者”同义。

或家属间关系者；现为或曾为直系血亲或直系姻亲；现为或曾为四亲等以内之旁系血亲或旁系姻亲”。第 4、5、6 条是关于主管机关（各级“政府”）及职权的规定。第 7、8 条责成主管机关分别成立家庭暴力防治委员会与防治家庭暴力中心，并明确规定了委员会与中心各自的办理事项。第 2 章民事保护令，详细规定了民事保护令的声请、审理、执行，包含了第 9 条至第 28 条。第 9 条是对保护令的分类，即“民事保护令分为通常保护令、暂时保护令及紧急保护令”。第 10 条是关于声请人的规定，被害人、检察官、警察机关、直辖市或县（市）的主管机关均可向法院声请保护令。第 11 条是管辖法院。第 12 条是保护令的声请方式，保护令应以书面形式声请，但被害人有受家庭暴力的急迫危险的，其他声请人可以言词、电信传真或其他科技设备传送等方式声请。第 13 条是保护令案件的审理。第 14 条和第 15 条是关于通常保护令的内容与效力。第 16 条是暂时保护令的内容。第 17 条至第 20 条分别是保护令的发送期限、被害人或证人的保护、抗告与相关程序的准用等。第 21 条至第 28 条是关于保护令的执行，其中包括执行机关、内容、方式、效力、执行异议以及外国法院保护令的执行效力等。第 3 章刑事程序，包含第 29 条至第 42 条。第 29 条至第 35 条是对家庭暴力现行犯逮捕、拘提、具保、责付、限制居住、释放等条件的相关规定。第 36 条和第 37 条是关于对被害人的讯问与送达。第 38 条和第 40 条分别是保护管束、假释附保护管束的事项和准用条款。第 41 条是关于家庭暴力罪和违反保护令罪受刑人的处遇计划之订定及执行。第 42 条规定监狱长官应将家庭暴力罪或违反保护令罪的受刑人之出狱日期与脱逃事实通知被害人。第 4 章父母子女，包含第 43 条至第 47 条。第 43 条和第 44 条是不利于未成年子女的推定以及权利义务行使负担人的改定条款。第 45 条是关于加害人会面交往未成年子女的审酌和命令。第 46 条是未成年子女会面交往处所的设立与委办。第 47 条是对不得进行和解或调解情形的例外规定。第 5 章预防及处遇，包含第 48 条至第 60 条。该章着重规定了如警察、医疗人员、社工、保育人员、临床心理、教育人员及其他家庭暴力防治人员的职责，以整合协调我国台湾地区过去公、私立机构从事家庭暴力防治工作各自为政的局面。此外，该章第56条和第57条专门规定了家庭暴力防治数据的提供，极大地方便了司法机关、被害人及时全面知悉施暴者的相关信息。第6章罚则，包含第61条至第66条。该章是对违反本法禁止行为所应受到的相关处罚。第7章附则，包含第64条至第66条。第64条是警察机关执行保护令及处理家庭暴力案件的办法。第65条和第66条分别是主管机关拟定相关“法规”的权限和本“法”的施行日期。

我国台湾地区“家庭暴力防治法”全文虽然仅有66条，但却综合了民事、刑事、家事、防治服务在内的四大内容，涉及了包含司法、警政、医疗、教育、社工、辅导等政府、社会资源在内的诸多机构和组织，在我国台湾地区构建了关于家庭暴力的防治网络。

（三）“立法”特色

1. 司法预先介入制度。我国台湾地区“家庭暴力防治法”的特色之一是以民事保护令作为专章规定，构建了在尊重家庭暴力受害者意愿的前提下，司法体系预先介入制度。

民事保护令（Protection Order）是指“在家庭暴力或虐待案件中法院颁发的保护配偶一方免受另一方人身伤害或子女免受父母伤害的紧急命令。该紧急命令由一方当事人申请，于诉讼进行期间有效。”① 该制度首创于美国，综合了实体法与程序法，对家庭暴力采取司法提前介入的方法，为被害人提供全面的保护。②

我国台湾地区“家庭暴力防治法”借鉴美国立法，引入民事保护令制度，创立司法预先介入制度。该“法”规定法院得依据当事人的声请，考虑受害者遭受家庭暴力的危险程度，核发相应级

① 薛波主编：《元照英美法辞典》，法律出版社2003年版，第1111页。

② ［美］波拉·F. 曼格姆：《受虐妇女综合征证据的重新概念化：检控机关对有关暴力的专家证词的利用》，载《环球法律评论》2003年夏季号，第135页。

别的保护令。该"法"将民事保护令分为通常保护令、暂时保护令、紧急保护令三类。通常保护令是指受害者在并非处于急迫危险状态下声请的保护令，该保护令将于声请后2个月至3个月内核发。暂时保护令是通常保护令申请前或法院审理终结前签发的保护令，于声请后1个月至2个月内核发，核发后法院将其转入通常保护令案件进行审理，同时暂时保护令失去效力。紧急保护令也是在通常保护令申请前或法院审理终结前签发的保护令，是在受害者处于家庭暴力紧急情形下，由检察官、警察、直辖县（市）的主管机关以言词、电信传真或其他科技设备传送等方式声请的，法院须在4小时之内核发保护令，以尽快消除受害者遭受的急迫危险为目的。

民事保护令的内容多样，包含禁制令、禁加害者令、迁出令、远离令、禁处分财产令、定监护权行使令、禁探视子女令、给付令、防治令、子女教育费令及其他命令，法院可依受害者或其他声请人之声请，在不侵犯加害人合法权益的前提下，签发一项或多项命令予以救济。值得注意的是，我国台湾地区民事保护令事件不公开审理且不得进行调解或和解，此意味着当事人之间不具有对等谈判的条件，除非法院有认为可准许当事人双方调解或和解的情形。① 该规定最大限度地保障了家庭暴力受害者的权益，杜绝了施暴者威胁恐吓受害者的情形。民事保护令被核发后，由警察机关执行，但关于金钱给付（如给付子女抚养费、住所租金等）的保护令，受害者可向法院声请强制执行。该"法"对加害人的处遇计划主要包括戒瘾治疗、精神治疗、心理辅导或其他治疗辅导等内容。因处遇计划涉及公益，具有行政司法性质，所以可由警察命令当事人在确定日期到指定的地点执行处遇计划命令，责令加害人遵

① 根据我国台湾地区"家庭暴力防治法"第47条的规定："法院于诉讼或调解程序中如认为有家庭暴力之情事时，不得进行和解或调解。但有下列情形之一者，不在此限：一、行和解或调解之人曾受家庭暴力防治之训练并以确保被害人安全之方式进行和解或调解；二、准许被害人选定辅助人参与和解或调解；三、其他行和解或调解之人认为能使被害人免受加害人胁迫之程序。"

守医疗院所等执行机构的处遇计划，缴交处遇计划费用等。[①]

司法的预先介入使得我国台湾地区声请民事保护令的数量急速上升[②]，这不仅可以保护受害者不需离家出走即可免受侵害，而且可以在受害者不愿对施暴者采取离婚或刑事告诉等较为激烈的手段时提供给受害者另一种免受家庭暴力之极佳选择途径。[③]

2. 刑事追诉功能强大。修正后的我国台湾地区“家庭暴力防治法”之刑事干预机制中加强了刑事追诉功能。表现如下：第一，该“法”明确规定了“家庭暴力罪”和“违反民事保护令罪”，均有各自罚则。其中，构成违反民事保护令罪的处3年以下有期徒刑、拘役或科以罚金。在如此强有力的刑事处罚的震慑与支撑下，民事保护令的执行力度大大加强。第二，扩大了警察的逮捕权限，“警察发现家庭暴力罪之现行犯时，应径行逮捕”。如非现行犯，但只要警察认为其有犯家庭暴力罪的重大嫌疑，且有继续侵害家庭成员生命、身体或自由的危险时，在符合“刑事诉讼法”所定之径行拘提要件的情形下，也应“径行拘提”，并立即报请检察官签发拘票。第三，建立有限制的缓刑制度，家庭暴力罪和违反民事保护令罪被宣告缓刑的，应附民事保护令内容的相关限制，若违反应撤销缓刑。第四，法官和检察官自由裁量权限扩张。只要家庭暴力

---

① 洪达亮：《浅析保护令相关问题》，载《法官协会杂志》2001年第3卷第2期，第56~65页。

② 我国台湾地区“家庭暴力防治法”1999年实施后，截至2002年7月底民事保护令声请4万件，2002年为8673件，2003年为11789件，2004年上升为12600件，2005年达到37247件。（参见台湾财团法人妇女权益促进发展基金会：《数字告诉你，台湾女性图像（2004版）》，台湾财团法人妇女权益促进发展基金会2004年版，第45~47页。）2007年修正后，民事保护令声请数量依然呈逐年上升趋势，值得注意的是，经台中法院统计，近3年来申请保护令者，男性比例增加，2011年已占18%。经台中南投县警局妇幼队的统计，家庭暴力案件中男性受害者数已逾一成，新竹县统计则为两成多。（载凤凰资讯，http://news.ifeng.com/taiwan/2/detail_2011_08/08/8237063_0.shtml.访问时间：2011年8月19日。）

③ 高凤仙：“我国家庭暴力之立法现状与展望”，载（台湾）“万国法律”（92）1997年，第43页。

罪或违反保护令罪的被告经过检察官或法院讯问或诘问后，认为其无被羁押的必要，可以在附加民事保护令相关内容的基础上径命具保、责付、限制居住或释放，同时，法院应当签发如禁施暴令、禁联络令、命远离令等命令。第五，家庭暴力防治人员未履行或违反应有义务则被处以罚款。医疗人员、社工人员、临床心理人员、教育人员、保育人员、警察及家庭暴力防治人员，在执行职务时有向当地主管机关通报家庭暴力罪嫌疑者的义务，如违反该义务，则由直辖市、县（市）主管机关处新台币6000元至3万元的罚款，但医疗人员为避免被害人身体紧急危难而违反者不罚。

3. 行政、社会组织的法定配套措施全面。我国台湾地区“家庭暴力防治法”明定的主管机关是：在“中央”为“内政部”，在直辖市为直辖市“政府”，在县（市）为县（市）“政府”。关于家庭暴力防治的主管机关则是“中央行政院”设立的家庭暴力防治委员会，地方可根据需要设立各级的家庭暴力防治委员会。其主要职责在于：其一，研拟家庭暴力防治规定及政策；其二，协调和督导有关机关家庭暴力防治事项的执行；其三，提高家庭暴力防治有关机构的服务效能；其四，推展家庭暴力防治教育；其五，协调被害人保护计划及加害人处遇计划；其六，协助公立、私立机构建立家庭暴力处理程序；其七，统筹建立、管理家庭暴力电子数据库，供法官、检察官、警察、医师、护理人员、心理师、社会工作人员及其他机关使用，并对被害人的身份予以保密；其八，协助地方政府推动家庭暴力防治业务，并提供辅导及辅助等事项。此外，为落实执行，该“法”还明定了直辖市、县（市）主管机关应设立防治家庭暴力中心，其须结合警政、教育、卫生、社政、户政、劳工、新闻等机关、单位业务及人力，并协调司法机关，办理24小时专线服务、被害者紧急救援、心理辅导、经济扶助、法律服务、就学服务、住宅辅导、就业服务、庇护安置、加害人处遇及追踪辅导等相关事项。

该“法”在社会组织的配套措施设置上亦属别具一格。我国台湾地区还有许多如妇女发展协会、妇女救援基金会救援专线、妇女新知基金会等非政府组织提供的防治家庭暴力服务。因此，该“法”明定了非政府组织的各种类型的救援性措施，以配合行政、司法机关共同防治家庭暴力，保障受害者的合法权益。

4. 加害人处遇计划规范。我国台湾地区“家庭暴力防治法”还有一大特色在于该“法”对加害人实施具有积极辅导和治疗色彩的加害人处遇计划。

加害人处遇计划是该“法”的一项具有创新性的规定。在“立法”之初，我国台湾地区有学者提出了“建立加害人强制医疗或辅导制度纯属浪费资源”的观点①，然而，加害人是有人权的“社会存在”，仅用“严刑峻法”无法达到根除加害人之目的，只有他们改变自身的施暴习惯，摒弃施暴扭曲心理才可得以根本解决。因此，该“法”的加害人处遇计划是创新之举，具有历史进步意义。在该“法”实施最初，司法实务运作中不可避免地出现了棘手问题，如因法官专业能力不足以至于无法判定加害人是否需要处遇以及需要哪种类型的处遇。另外，加害人处遇的时间、地点、方式、内容、效果等均难以落实。为解决此问题，2001 年 2 月，我国台湾地区“卫署医字”第 0900005653 号修正公告对 1999 年“家庭暴力加害人处遇计划规范”进行了修正，丰富和细化了处遇计划规范的内容和针对处遇个案的流程规划，增补了处遇计划的执行机构、建立了相对人鉴定机制、规范了执行机构之间的横向联系、由防治家庭暴力中心担任加害人处遇计划工作个案管理的联络点，各单位之间的横向联系以及与加害人或被害人及其辩护人的纵向联系均由中心负责②。

---

① 高凤仙：“家庭暴力防治法规专论”，台湾五南图书出版公司 2004 年版，第 113 页。

② 张秀鸳、韦爱梅：“谈台湾家庭暴力加害人处遇计划之建构”，载《律师杂志》2001 年第 12 期（总 267 期），第 57 页。

加害人处遇计划是我国台湾地区学者专注于激进女权主义奉行的差异论之基础上，力图破除单纯强调救济女性，保障女性权利范式，将关注点投射到对加害人的治疗，将其与受害者的救济同时并行。可以说，其是我国台湾地区在防治家庭暴力实践中的理念的突破。

我国台湾地区“家庭暴力防治法”自1998年实施开始，因“立法”的不完善曾经出现过许多问题：如法官核发保护令的效率不高；家庭暴力防治的协助机关人员数量匹配不足等。经过多年来的不断完善，尤其是经过2007年的修订以及司法实务的不断改进，司法障碍问题逐渐得到了改善，法官核发民事保护令效率大大提高，家庭暴力案件审结率上升，[①] 公民的法律意识增强，受害者对家庭暴力的抗争意识亦逐渐得到提高。

尽管如此，台湾的家庭暴力问题仍然严峻，“立法”上仍然需要适应多变的社会状况。再者，男尊女卑的性别文化和封建家庭伦理道德思想在我国台湾地区仍然根深蒂固，家庭暴力仍然是社会的顽疾，而“家庭暴力防治法”仅走过了一个初步整治的13年。因此，“立法”需要得到不断修正，法律配套设施需要得到不断建设，修“法”任务仍任重而道远。

三、我国内地防治家庭暴力立法

在我国内地，尚无专门的防治家庭暴力立法。关于防治家庭暴力立法主要包括涉及家庭暴力的全国性立法、地方性防治家庭暴力立法。值得一提的是，虽然《审理指南》是法官审理家庭暴力案件的资源性手册，并不属于立法范畴，但其有力地引导了我国家庭暴力案件审理的司法实践，其中诸多内容对于我国未来防治家庭暴力专门立法可作为“前奏篇章”，因此，也一并将其纳入本部分予

---

① “台湾财团法人民间司法改革部”：“家庭暴力防治法实施一周年司法程序调查报告”，载《司法改革杂志》2000年第28期，第44页。

以介绍。另外，全国妇联近年来一直对防治家庭暴力立法进行基础论证，2009 年完成了《反家庭暴力法与保护弱势群体健康权益政策研究》报告，组织专家起草了预防和制止家庭暴力法建议稿。该建议稿在家庭暴力的定义、防治家庭暴力之政府职责、社区预防、证据收集、人身保护措施、庇护救助等方面规定了诸多突破性的内容。

（一）立法目的

根据我国内地关于家庭暴力的相关规定，立法目的在于禁止家庭暴力，不得歧视他人和伤害他人，防治家庭暴力，保护受害人的权益，建设和维护平等、和睦、文明的婚姻家庭关系，促进社会和谐稳定法。

（二）立法内容

1. 涉及家庭暴力的全国性立法。在我国，“家庭暴力”正式入法始于现行《婚姻法》，其涉及家庭暴力内容共计 8 条。第 3 条和第 21 条明确规定了应当禁止家庭暴力，残害女婴。第 25 条明定了非婚生子女与婚生子女享有同等权利，他人不得歧视并对其进行伤害。第 27 条明定了继父母子女关系之间同样禁止虐待、暴力、歧视。第 32 条规定了家庭暴力是法定离婚理由之一。第 43 条规定了社会救助机构应当应家庭暴力受害者的请求，及时制止暴力并调解暴力双方的关系。公安机关应当按照《治安管理处罚法》的相关规定对施暴者施以行政处罚。第 45 条明定了对家庭成员实施家庭暴力的应当依法追究法律责任。一般来说，家庭暴力案件属自诉案件。但构成犯罪的，公安机关应当侦查，法院可以提起公诉。第 46 条明定了因家庭暴力导致离婚的无过错方有权请求离婚损害赔偿。可见，家庭暴力在我国的正式入法始于现行《婚姻法》，这表明我国已经将防治家庭暴力作为重要的法律制度和重点关注的问题。

2001 年 12 月 24 日，《婚姻法司法解释（一）》首次界定了家庭暴力。法定家庭暴力重点在于方式的“作为”与对个人造成身体或精神的伤害，同时，也首次阐明了家庭暴力与虐待的关系。

《民法通则》第 104 条第 1 款规定："婚姻、家庭、老人、母亲、儿童受法律保护。"虽然该条并未直接涉及防治家庭暴力立法，但是其却是保障婚姻家庭的基本条文。在我国未来防治家庭暴力法中，应当依据该条倡导的基本精神，着力维护婚姻家庭的稳定，反对侵害家庭成员的任何暴力行为。

《老年人权益保障法》第 4 条第 3 款规定禁止残害老年人。第 43 条规定了老年人受害者或其代理人可依法向法院提起诉讼。第 46 条规定了以暴力或者其他方法对老年人实施家庭暴力的，构成犯罪的应当依法追究刑事责任。针对老年人的暴力是家庭暴力的一种。该法明定了应当禁止对老年人施暴，这应当成为我国未来防治家庭暴力法律中必须被纳入的内容。

1997 年修正后的《刑法》第 260 条明确规定了虐待罪的构成及法定刑。第 261 条明确规定了遗弃罪的构成及法定刑。该法尚未将家庭暴力作为专门类罪，仅规定了虐待罪之构成条件及法定刑。在我国未来防治家庭暴力立法中，应当区分家庭暴力与虐待。

1998 年修正后的《收养法》第 26 条第 2 款规定了收养人应当对被收养人履行抚养义务，不得侵犯未成年养子女的合法权益。第 30 条规定了经养父母抚养的成年养子女在收养关系解除后，对缺乏劳动能力又缺乏生活来源的养父母应当给付生活费。因家庭暴力解除收养关系的，养父母可以要求养子女补偿收养期间支出的费用。第 31 条第 2 款规定了公安部门应当对残害遗弃婴儿的施暴者进行罚款，构成犯罪的还应当依法追究刑事责任。因收养而形成的父母子女关系应当等同于亲生父母子女关系。收养家庭中发生的侵权行为（包括家庭暴力行为），理应被纳入家事法研究之中。

2004 年修正后的《宪法》第 49 条第 1 款规定了婚姻、家庭等都应当受到国家的保护。第 4 款明确了应当禁止破坏婚姻自由，虐待老人、妇女、儿童。《宪法》是我国的根本大法，基本法应当遵循根本法之原则。因此，我国未来防治家庭暴力立法应当本着禁止破坏婚姻自由之宪法原则，为家庭暴力受害者提供最根本、最切实的安全保障。

2005年修正后的《妇女权益保障法》第46条明确规定应当禁止对妇女实施家庭暴力，应当依法为受害妇女提供救助。第58条规定了违反本法规定之处罚。该法明确规定了禁止针对妇女的家庭暴力，其应当作为我国未来防治家庭暴力立法的重点内容。

2005年《治安管理处罚法》第42条规定了殴打、恐吓、侮辱、威胁他人（亲属），干扰他人（亲属）正常生活的，应当依法被拘留或罚款。第43条规定了故意伤害他人身体的也应当被依法拘留或罚款。第45条规定了虐待、遗弃家庭成员的应当被依法拘留或警告。该法虽然没有明确指明家庭暴力，但是，《治安管理处罚法》是规制一般侵权行为的法律，虽然家庭暴力因主体有别属于特殊侵权行为，然而，在尚未出台专门的防治家庭暴力之前，该法仍然而且应当规制家庭暴力，处罚施暴者。

2006年修正后的《未成年人权益保护法》第10条明定了应当禁止对未成年人实施家庭暴力。第11条规定了未成年人的父母或监护人应当在未成年人的生理与心理发展中加以关注。第51条和第55条规定了向法院提起诉讼的未成年人案件应当受到重视，以未成年人利益最佳化为审理原则，必要的时候应当专设未成年人法庭。第62条规定了父母或监护人侵害了未成年人的合法利益时应当依法受到行政处罚或刑事处罚。该法是我国保护未成年人的专门法，其中禁止对未成年人实施家庭暴力应当纳入我国未来防治家庭暴力的立法之中。

2008年，七部委联合出台了《预防和制止家庭暴力意见》。其依据了现行《婚姻法》等基本法律。其中，第1条对家庭暴力作了界定。第2条说明了预防和制止家庭暴力的原则与方针。第3条规定了各部门为开展防治家庭暴力活动时应当加强配合。第4条明定了家庭暴力当事人的隐私应当得到保密。第5条是关于培训专门防治家庭暴力人员的规定。第6条是关于各级宣传部门在防治家庭暴力活动方面的规定。第7条是关于派出所和民间基层组织对如何处理家庭纠纷，预防家庭暴力的规定。第 8 条是关于公安机关派出所对于家庭暴力案件的接警、出警、处警等规定。第 9 条是关于检察院移送家庭暴力犯罪案件的相关规定。第 10 条是关于司法行政部门以及司法鉴定机构对家庭暴力受害者提供的法律援助之规定。第 11 条是关于卫生医疗机构对于发现家庭暴力受害者后应当如何处理的规定。第 12 条是关于民政部门开展防治家庭暴力活动，救助家庭暴力受害者的规定。第 13 条是关于妇联等社会组织开展防治家庭暴力等活动的规定。该意见是我国防治家庭暴力立法进程中的亮点文件之一。

2. 地方性防治家庭暴力立法。我国绝大多数省份都针对家庭暴力进行了相关立法。例如：《湖南省人民代表大会常务委员会关于预防和制止家庭暴力的决议》（2000 年 3 月 31 日）、《四川省人民代表大会常务委员会关于预防和制止家庭暴力的决议》（2000 年 9 月 15 日）、《宁夏回族自治区人大常委会关于预防和制止家庭暴力的决议》（2001 年 9 月 7 日）、《江西省人民代表大会常务委员会关于预防和制止家庭暴力的决定》（2002 年 7 月 29 日）、《陕西省人民代表大会常务委员会关于预防和制止家庭暴力的决议》（2002 年 11 月 29 日）、《黑龙江省人民代表大会常务委员会关于预防和制止家庭暴力的决定》（2003 年 6 月 20 日）、《湖北省人民代表大会常务委员会关于预防和制止家庭暴力的决议》（2003 年 7 月 25 日）、《山西省人民代表大会常务委员会关于预防和制止家庭暴力的决定》（2003 年 9 月 27 日）、《安徽省人民代表大会常务委员会关于预防和制止家庭暴力的决议》（2004 年 2 月 20 日）、《山东省人民代表大会常务委员会关于预防和制止家庭暴力的决议》（2004 年 4 月 20 日）、《河北省预防和制止家庭暴力条例》（2004 年 7 月 22 日）、《辽宁省人民代表大会常务委员会关于预防和制止家庭暴力的决议》（2005 年 5 月 25 日）、《辽宁省预防和制止家庭暴力规定》（2005 年 5 月 28 日）、《广西壮族自治区人民代表大会常务委员会关于预防和制止家庭暴力的决议》（2005 年 7 月 29 日）、《贵州省人民代表大会常务委员会关于预防和制止家庭暴力的决议》（2005年7月30日）、《西安市预防和制止家庭暴力条例》（2005年8月31日）、《海南省预防和制止家庭暴力规定》（2005年9月28日）、《青海省预防和制止家庭暴力条例》（2005年11月26日）、《河南省关于预防和制止家庭暴力的决定》（2006年3月29日）、《内蒙古自治区预防和制止家庭暴力条例》（2006年4月1日）、《重庆市预防和制止家庭暴力条例》（2006年5月19日）、《温州市预防和制止家庭暴力规定》（2006年11月4日）、《吉林省预防和制止家庭暴力条例》（2007年1月12日）、《宁波市预防和制止家庭暴力条例》（2008年6月19日）、《新疆维吾尔自治区预防和制止家庭暴力规定》（2008年11月29日）、《银川市预防和制止家庭暴力条例（草案）》（2009年8月5日），《浙江省预防和制止家庭暴力条例》（2010年9月30日）。

江苏、上海、北京、福建、广东、云南、西藏尚未出台地方性防治家庭暴力立法，但是，其在各地“实施《中华人民共和国妇女权益保障法》办法”中均有涉及。例如：《江苏省实施〈中华人民共和国妇女权益保障法〉办法》（1994年通过，2008年修正）第39条第3、4、5、6款规定：“司法行政部门应当为受害妇女提供法律帮助；各级人民调解组织应当积极参与预防和制止家庭暴力，做好调解工作。卫生行政部门应当督促医疗卫生机构对医务人员进行预防和制止家庭暴力方面的培训，医务人员在诊疗活动中发现有家庭暴力行为，应当在救治的同时做好诊疗记录，并协助公安机关调查。妇女组织应当为受害妇女提供法律咨询、心理疏导等服务，并在受害妇女需要申请伤情鉴定、临时救助、提起诉讼时提供帮助。居（村）民委员会等城乡基层群众性自治组织，对正在实施的家庭暴力应当及时劝阻，参与对家庭暴力案件的调解，并根据受害妇女的请求。出具相关证明或者提供帮助。”《福建省实施〈中华人民共和国妇女权益保障法〉办法》（1993年通过，2008年修正）第26条规定：“禁止对妇女实施家庭暴力。以殴打、捆绑、残害、强行限制人身自由或其他手段，给家庭成员的身体、精神等方面造成一定伤害后果的行为，构成家庭暴力。”第27条规定：“基层司法所或者人民调解组织、基层群众性自治组织、家庭暴力当事人所在单位在接到家庭暴力受害妇女投诉后，应当及时劝解、调解或者向公安机关报警。公安机关对家庭暴力案件，应当依法受理；对正在发生的家庭暴力案件，应当及时出警予以处理，并依法收集、保存相关证据。人民检察院对涉及家庭暴力的案件应当依法履行监督职责。人民法院对涉及家庭暴力的案件应当依法及时审理。预防和制止家庭暴力，应当纳入各地区、各单位社会治安综合治理考评。”第28条规定：“县级以上政府应当指定救助场所，为家庭暴力受害妇女提供庇护和紧急救助。各级妇女联合会应当配合政府做好家庭暴力受害妇女的紧急救助工作，并为受害妇女提供法律咨询、心理疏导等帮助。法律援助机构应当依法为符合法律援助条件的家庭暴力受害妇女提供法律援助……”《西藏自治区实施〈中华人民共和国妇女权益保障法〉办法》（2009年11月27日）第54条第1款规定：“对妇女实施家庭暴力，违反治安管理处罚法的行为，由公安机关依法给予行政处罚；构成犯罪的，依法追究刑事责任。”另外，甘肃省人大已将《甘肃省预防和制止家庭暴力条例》列入2011年立法调研计划中。

地方性防治家庭暴力法律法规规章是各地“因地制宜”的结果，这不仅有利于各地根据“个性”制定符合本地区情况的良法，而且也为我国专门防治家庭暴力立法作了前期实践，是我国防治家庭暴力立法的阶段性成果。

3.《涉及家庭暴力婚姻案件审理指南》。2008年3月，最高人民法院中国应用法学研究所根据《民法通则》、《民事诉讼法》、《婚姻法》、《妇女权益保障法》和《最高人民法院关于进一步发挥诉讼调解在构建社会主义和谐社会中积极作用的若干意见》、《最高人民法院关于民事诉讼证据的若干规定》等相关法律法规编发了《涉及家庭暴力婚姻案件审理指南》（以下简称《审理指南》）。

其目的在于为家庭暴力案件的审理法官提供专业性资源手册，帮助其做好法律规则、性别平等理念、家庭暴力理论知识、审判组织保障等方面的准备，以利于提高办案效率与正义分配质量，更好地保障受害者的人身和财产权利。

《审理指南》除前言外共8章："关于家庭暴力"、"基本原则和要求"、"人身安全保护措施"、"证据"、"财产分割"、"子女抚养和探视"、"调解"、"其他"。第1章内容主要界定了家庭暴力的内涵：发生在家庭成员之间，主要是夫妻之间，一方通过暴力、胁迫、侮辱、经济控制等手段侵害另一方的身体、性、精神等方面，以达到控制另一方之目的的行为；类型包括身体暴力、性暴力、精神暴力、经济控制四种；发生和发展规律呈周期性模式；分手暴力的特别规律；家庭暴力的核心是权力和控制；与家庭暴力相关的因素有施暴者的原生家庭、社会和文化环境、双方的体力比对；施暴者的性别歧视、内外双重面孔、过度嫉妒、依赖心理、人前自我伤害的心理和行为模式；受害者的习得无助、抑郁状态、恐惧、焦虑、忍辱负重、优柔寡断的心理和行为模式；家庭暴力对受害者、施暴者、未成年人、社会均具有严重危害。

第2章内容主要包含了性别平等原则、禁止家庭暴力原则、婚姻自由原则、适当照顾受害者原则；基层法院审理组织专门化；法官接受性别意识和家庭暴力知识培训；保护家庭暴力案件审理法官免受间接创伤；其他机构、人员的培训条款。

第3章是专门针对人身安全保护措施的规定。包含了人身安全保护措施的必要性；受害者相关资料应当保密；受害者的保护性缺席；人身安全保护裁定的一般规定、主要与附带内容、种类与有效期限、管辖、申请条件、审查、送达；生效与执行；驳回申请及不服裁定的复议；撤销后的听证；对撤回人身安全保护措施申请的审查。其中，人身安全保护裁定的内容主要包括禁止被申请人殴打、威胁申请人及其亲友；禁止被申请人骚扰、跟踪申请人，或者与可能受到伤害的未成年子女进行不必要的接触；人身安全保护裁定生效期间，一方不得擅自处理价值较大的夫妻共同财产；具备条件的可以责令被申请人暂时搬出双方共同的住处；禁止被申请人在距离申请人的住处、学校、工作单位或其他申请人经常出入的场所50至200米内活动；必要时责令被申请人自费接受心理治疗等。人身安全保护裁定分为紧急保护裁定和长期保护裁定两种，前者有效期为15天，后者有效期为3个月至6个月。确有必要并经分管副院长批准的，可以延长至12个月。申请人的条件包括：须有受害者，有明确的被申请人的姓名，通讯住址，有具体的请求事实、理由，能够提供一定证据以表明曾遭受家庭暴力或正面临家庭暴力的威胁。保护裁定应当在法院收到申请后48小时内做出。

第4章内容包含了举证责任转移；一般情况下受害者陈述的可信度高于施暴者；施暴者悔过与保证；未成年子女的证言可以视为认定家庭暴力的重要证据；专家辅助人的审查、认定、报酬、评估报告；国家机关、社会团体或组织的记录与证明；公安机关接警或出警记录；互殴情况下对家庭暴力的认定；法院调取、收集证据；非语言信息对案件事实判断的重要性。值得一提的是，法院可依据当事人的申请或者依职权聘请社会认可的家庭暴力问题研究专家、临床心理学家、精神病学家、社会工作者、警察、庇护所工作人员出庭，解释包括受暴配偶综合征在内的家庭暴力之特点与规律，并对因家庭暴力造成的对未成年人的负面影响进行评估，制作评估报告。

第5章的主要内容包含财产分割应当坚持性别平等的基本理念；在施暴者自认或法院认定的家庭暴力案件中，受害者需要治疗的、因家庭暴力失去工作或者影响正常工作的，在财产利益方面受到不利影响的，在财产分割时均应得到适当照顾；受害者请求精神损害赔偿的，无论施暴者是否已受到行政处罚或被追究刑事责任，法院均应当依据现行《婚姻法》第46条的相关规定予以支持；对夫妻共同债务的认定应综合考虑是否为家庭共同利益所负。对伪造债务等行为应依据现行《婚姻法》第47条和《民事诉讼法》第

102 条的相关规定予以处理。

第 6 章的内容主要有施暴者不宜直接抚养子女；综合判断受害者的工作与生活能力；法院在判决由哪一方直接抚养未成年子女前，应当依法征求未成年子女的个人意见；未成年人的权利优于家长的探视权；探视权的恢复；违反探视规定的处置。

第 7 章的内容主要有强调受害者无过错原则；法官中立原则；应当事人申请或法院认为有必要应采取背靠背的调解方式；法官可以根据当事人的具体情况运用适时调解和多元解纷方式；法院可以通过控制调解的具体程序和内容来驾驭调解过程；民事调解书应当载明责任主体、子女监护权的归属、财产分割等内容；调解过程中，施暴者真正愿意悔改以换取不离婚的，征得受害者同意后，法院可以依据《民事诉讼法》第 136 条的规定，裁定诉讼中止，给施暴者 6 个月的考察期等。

第 8 章的内容主要包括诉讼费的承担；人身安全保护措施的申请无需交纳任何费用等。

4. 妇联防治家庭暴力立法建议稿。该建议稿设计共 8 章 120 条。第 1 章“总则”包括立法目的和依据，家庭暴力的定义，禁止一切形式的家庭暴力，政府主导，多机构合作，政府职责，早期干预，预防为主，对受害者的保护和救助，优先保护未成年受害者，保密责任，准用条款。其中，第 2 条对家庭暴力作了定义，强调违背受害者的意愿，恐吓、威胁、侮辱、经济控制等都是家庭暴力方式。第 4 条强调了政府引导对家庭暴力防治工作的领导，倡导相关部门各负其责，社会广泛参与、多机构合作干预的工作机制。第 5 条说明了政府职责，县级以上政府应当将家庭暴力防治工作纳入国民经济和社会发展规划，并将防治经费列入本级财政预算。倡导和引导社会各界力量参与救助受害者的公益事业及其他防治工作，设立防治家庭暴力委员会。第 10 条规定本法准用于具有恋爱、同居等特定关系或曾经有过配偶关系的当事人之间的暴力行为。

第 2 章“行政干预”第 11 条关于设置县级以上政府应当建立

防治家庭暴力委员会，乡、民族乡、镇的政府应当设立防治家庭暴力专员。第12条具体规定了委员会和专员的职责，主要包括提出防治家庭暴力的立法建议，协调、监督相关机构对防治家庭暴力法律法规的实施，在基层政府或者社区设立家庭暴力投诉站及家庭暴力预防、咨询中心，协调防治家庭暴力的宣传与教育工作，督促对受害者的保护和救助工作，对施暴者进行心理矫治、精神治疗、戒瘾治疗或其他辅导、治疗的组织工作，进行家庭暴力相关数据的统计等。第13条针对“学校教育”，规定教育行政部门应当指导学校将防治家庭暴力的知识纳入教学内容，对学生进行防治家庭暴力的宣传教育。第14条关于普法宣传。第15条规定公安机关、检察机关、审判机关和司法行政机关应当将防治家庭暴力的知识和技能纳入警察、检察官、法官、律师的日常在职培训课程中。第16条实行“首问负责”制度。第17条关于公安机关接受报案，公安机关应当依法受理对涉及家庭暴力的报案、立案或者移送、转介相关机构处理。第18条规定公安机关应当将家庭暴力纳入“110”接警范围，规定应当制作报警、接警、出警、处警等记录以及受害者申请或者依职权及时组织对受害者的伤情进行鉴定、检查、治疗。第19条规定公安派出所及其所属的社区（村）警务室应当设立家庭暴力投诉站（点）。第20条关于庇护场所的设立。第21条关于教育、卫生、社会保障、司法行政等有关部门应对家庭暴力受害者给予教育、医疗、法律援助等专项救助。第22、23、24、25条均是关于对施暴者强制矫治等规定。

第3章“社会干预”包括了居（村）民委员会、当事人所在单位、工会、共青团、妇联、残联等组织，各级信访部门、教育机构、医疗机构、新闻媒体、法律援助机构和法律服务机构的职责。具体规定了各机构应当在职责范围内做好预防和制止家庭暴力。

第4章“民事干预”分为“民事保护令”和“民事诉讼的特别规定”两节。民事保护令专节，具体包括民事保护令分为通常保护令和临时保护令；申请人范围包括“家庭暴力受害者以及其他知情的自然人、法人或者组织、公安机关、检察院或者防治家庭暴力委员会（专员）”；法院管辖权、申请形式；申请书的内容；申请的条件、费用；临时保护令与通常保护令的关系；审判组织形式；法院审理的时间、原则、方式、核发保护令的内容；保护令的送达时间、效力；受害者同意与迁出令、远离令的效力；对保护令不服的救济、保护令的执行、不服执行的救济、违反保护令的强制措施、外国法院核发保护令的承认和执行。关于“民事诉讼的特别规定”专节，第60条是关于以家庭暴力为由提起的民事诉讼案件之规定。第61条关于以家庭暴力为由提起的民事诉讼之管辖。第62条规定了在未成年子女为家庭暴力受害者的民事诉讼中，监护人作为法定代理人代为诉讼。第63条关于审判组织。第65条规定了家庭暴力受害者或证人应当得到法院提供的保障措施以安全出庭。第66条“告知义务”。第67条关于涉及家庭暴力的民事判决之移送执行。第68条是关于对受害者的司法救助。

第5章“刑事干预”是针对家庭暴力的刑事专章，包括先行拘留、取保候审、监视居住、管辖权、不起诉和有罪免罚、法律文书的送达、被告人与受害者的接触、缓刑、假释期间的行为规范、家庭暴力防治机构对被宣告缓刑、假释的犯罪分子的监督责任。

第6章“证据”。第77条关于可采的证据使用。第78条规定“未成年子女提供关于家庭暴力案件的与其年龄、智力、精神状况相当的证言，可以作为证据”。第79条“品格证据的可采性”。第80条明确了家庭暴力案件的证明标准。第82条“表现证明”。第83条是关于“事实认定的原则”。第84条罗列了一系列有完全证明力的证据。第85条关于刑事判决预决的事实。第86条“刑事证据的认定”。第87条和第88条介绍了受虐妇女综合征。第89条关于施暴人不服的救济的规定。

第7章“法律责任”。包括行政责任（施暴者、政府工作人员、警察、法官、检察官、具有防治家庭暴力职责的其他人员的行政责任以及具有防治家庭暴力职责的单位的法律责任）、民事责任

（侵害身体、健康与生命、侵害性自主、侵害名誉、隐私等人格尊严、侵害财产的民事责任以及非法强迫受害者堕胎、滥用监护权的民事责任、共有财产人的赔偿责任、免责或减轻责任、法律的适用）、刑事责任（家庭暴力犯罪、家庭暴力防治人员的刑事责任、从轻、减轻或者免除处罚事由）。

第8章“附则”主要包括适用原则、实施细则、抵触条款等规定。

值得一提的是，全国妇联已多次向全国人大常委会建议出台防治家庭暴力法，并且为推动国家立法做了一系列准备工作。全国人大常委会法制工作委员会社会法室2011年初以来与全国妇联密切合作，共同开展了实地调研、召开了国内外研讨会等一系列有关防治家庭暴力立法之必要性、可行性的论证工作。法工委立法规划室将防治家庭暴力法列入常委会首批立法立项论证试点项目，立项论证工作于2011年10月开始，目前已经完成。

（三）立法特色

1. 全国性防治家庭暴力立法与地方性防治家庭暴力立法良性互动。在我国内地，地方性防治家庭暴力立法是全国性防治家庭暴力立法的前奏，全国性防治家庭暴力立法继而又为地方性防治家庭暴力立法提供现实的法律依据。地方性防治家庭暴力立法是根据各省市具体的情况“因地制宜”，各地防治家庭暴力立法具有针对性，全国性防治家庭暴力相关立法存有法律规制欠具体、可操作性不强之不足，因此，各地的防治家庭暴力立法不仅可以根据全国性防治家庭暴力立法提供的法律依据进行制度上的部分弥补，而且还可以为完善全国性防治家庭暴力立法积累经验。

2. 现有的立法资源兼具不足与浪费。如前所述，我国内地防治家庭暴力相关立法资源存在不足，仅有8条（现行《婚姻法》5条，《妇女权益保障法》2条，《未成年人权益保护法》1条）。其中，宣示性规定3条，仅仅表明了国家对家庭暴力问题的态度，可操作性差，救助措施3条，其中2条是程序性的，1条是原则性的，法律后果2条，仅属法律责任的规定且适用范围有限，无法满足我国内地解决家庭暴力问题的立法需要。

虽然现有立法资源不足，但却存在浪费现象。例如：囿于既有的法律尚无处理家庭暴力的基本原则，因此在司法实践中，仅靠有限的条文难以应付复杂的家庭暴力问题；既有的关于家庭暴力的立法规定与其他基本法律衔接上不足，家庭成员除了具有特定的权利义务外，其自身都是具有独立人格的个体，然而，在目前有关家庭暴力的既有立法中却尚无提及，这容易造成司法机关错误地认为婚姻家庭成员之间的关系只能适用明确规定家庭暴力的法律规范——现行《婚姻法》。

第四节 中外防治家庭暴力立法之比较评析

一、立法目的的评析

对于防治家庭暴力之立法目的，前述英国、美国、我国内地以及我国的香港地区、台湾地区的共同点在于：禁止对婚姻当事人、家庭成员实施家庭暴力，为其提供安全的生存环境和个人发展空间，惩罚施暴者，救济受害者。这不仅符合国际防治家庭暴力立法之宗旨，而且也彰显了国际社会和各国维护个人安全、家庭稳定的态度。尽管如此，由于家庭暴力主体的不同，前述各国防治家庭暴力立法目的也存在一定的差异，主要表现在：除了明确禁止对婚姻当事人和家庭未成年子女实施家庭暴力外，英国防治家庭暴力立法目的还包括了为同居者、前同居者提供免受家庭暴力侵害的环境以及为婚姻当事人、未成年人提供必要的经济救济。在对于是否惩罚施暴者和救济受害者的方面，英国防治家庭暴力立法更倾向于对家庭暴力进行防治，而并非将事后惩罚作为立法重点。美国防治家庭暴力立法目的还强调社会担负防控家庭暴力的职责，政府应当发挥一切可利用的资源并尽最大可能为家庭暴力受害者提供救济、救助服务。香港防治家庭暴力立法目的如英国一般，将同居者、前同居者纳入家庭暴力主体，除此之外，立法目的还明示了将立法保护范围延伸至同性同居者、前同性同居者及其子女。①

值得一提的是，我国台湾地区“家庭暴力防治法”之“立法”目的可以说是较为强硬的。例如，该“法”规定了医事、社工、临床心理、教育、保育、警察及其他家庭暴力防治机构的工作人员，在执行职务时有通报家庭暴力嫌疑者的义务。同时，为了预防通报者受到攻击，该“法”还明文规定了对通报者的身份资料必须保密。尽管如此，虽然该“法”“立法”目的强硬，但也强调务实，该“法”已经注意到：过分强调“立法”严格规定不利于也不适应防治家庭暴力的实际需要，因为，家庭暴力案件、家事案件、婚姻案件等仍包含有伦理成分的存在，因此，只有从务实的角度出发，以“解决实际问题”作为逻辑起点，在理论研究的基础上更多地转向司法实务中的具体操作程序、措施、流程、效果。例

① 我国香港地区《家庭及同居关系暴力条例》之“家庭成员”不仅仅指夫妻，还包括除此之外的其他家庭成员，如父母、子女等。同居关系则不以婚姻论属，意指“作为情侣在亲密关系下共同生活的两名人士（不论同性或异性）”。（香港《2009 年家庭暴力（修订）条例》。香港立法会法案委员会于 2009 年 12 月 16 日通过的法案。载香港特别行政区立法会网，http://www. legco. gov. hk/yr09 – 10/chinese/ord/ord018 – 09 – c. pdf. 访问时间：2011 年 7 月 19 日。）由于家庭暴力内涵的不明确，导致家庭暴力主体不明确。我国香港地区原《家庭暴力条例》仅适用于“婚姻”及“婚姻居所”（“婚姻居所”包括婚姻双方通常共同居住的居所，不论该居所是否同时被其他人占用）。（1986 年香港《家庭暴力条例》第 189 章）。香港前立法局（1997 年 7 月之前）委员会法案资料（资料来源：http://sc. legco. gov. hk/sc/www. legco. gov. hk/chinese/index. htm. 访问时间：2011 年 7 月 20 日。）仅为“特定关系人士”，即仅为婚姻关系存续期间的夫妻关系和异性同居关系提供防治措施。《2008 年家庭暴力（修订）条例》将条例适用范围由仅限于配偶和异性同居者扩大到包括前配偶、前异性同居者以及直系和延伸家庭关系的成员。2009 年《家庭及同居关系暴力条例》再次扩大了防治家庭暴力的主体范围。不难看出，港府家庭暴力条例两年内连续两次修订，陆续为前配偶、前异性同居者、直系和延伸家庭关系的成员以及同性同居者给予了与夫妻和异性同居者同等保护，提供了公平的救济措施。可以说，《家庭及同居关系暴力条例》是公平保障主体的绝佳机会，为处于灰色地带的主体提供了充裕的阳光。

如：该“法”规定了家事法庭在具体适用法律时，法官也可使用较为灵活的新举措，用新思路去解决新问题，以便更及时有效地将家庭暴力遏制在初级阶段。我国台湾地区“家庭暴力防治法”从务实角度出发，不拘泥于理论研究层面，从问题中来，到问题中去，以解决实际问题作为目的，层层剖析，步步为营，为构建社会综合的家庭暴力防治机制奠定了坚实且实用的立法基础。

笔者认为，我国在未来防治家庭暴力的立法中，第一，应当借鉴我国台湾地区防治家庭暴力之“立法”目的，以解决实际问题为主要出发点，切忌以倡导性法条为重，毕竟，防治家庭暴力是关乎家庭成员的切身安危，关乎个人的生命、生存与发展。从务实的角度出发，保障每一位家庭暴力受害者的利益，是我国防治家庭暴力立法应当的出发点；第二，应当借鉴英国防治家庭暴力立法特别注重未成年人利益的保护，为受家庭暴力侵害的儿童提供及时、安全、健康的生存环境，摆脱施暴者（父母或其他法定监护人）的摧残。处于家庭暴力环境下的儿童不仅是家庭暴力受害者，也是家庭暴力的牺牲品，家庭暴力对其心智的发育必然造成悲惨的后果，或者在其成年后演变成为施暴者，或者一直处于扭曲心灵带来的阴影中。由于家庭暴力的“代际传递”，为让更多可能遭受家庭暴力的未成年人尽早得到心灵的洗涤，防治家庭暴力是个人、家庭、社会乃至国家不容忽视的重要任务。立法是国家秩序保障的基础，从立法出发，明文规定禁止对未成年人进行家庭暴力以及具体说明防治途径、法律责任等，则可大大推进家庭暴力环境下未成年人权益保障的进程。在我国未来专门防治家庭暴力的立法中，应当借鉴我国台湾地区的“家庭暴力防治法”，加强对未成年人家庭暴力受害者的关注，从父母子女的角度去完善、改进我国关于未成年人权益保护立法之规定；第三，随着社会的发展，人们的思想观念已逐渐迈入了一个新的阶段，同性伴侣是否理应受到与异性伴侣同等对待早已不是新鲜话题。若将同性伴侣组成的生活单位也称作“家庭”，这不仅不会危害到异性组成的家庭，相反，从社会管理的层而上来看，对此小部分同性同居者进行有条理的管理，使其能够得到社会认可，无疑也是利大于弊。我国的香港、台湾地区将同性伴侣及前同性伴侣纳入防治家庭暴力有关规定之保护范围，这无论在立法理念上还是立法技术上都已远远地走在了时代前端，反映了我国香港、台湾地区社会价值观的流变，实为一种进步。然而，由于我国内地目前尚无接受同性婚姻的本地土壤，因此，还不宜将同性伴侣及前同性伴侣纳入防治家庭暴力的立法之中。

二、立法体例评析

对于防治家庭暴力之立法体例，世界上不外乎有三种：分散立法、专门立法、分散兼具集中立法。前述英国、美国均属于分散兼具集中立法体例，程序法与实体法合一。而我国香港地区属于专门立法体例，程序法与实体法合一。

英国、美国立法体例以判例法为主，成文法为辅。判例法多散见于各判例或相关法律之中，成文法在英、美两国并非以法典形式存在，而是通过条例、规则、法律等形式而存在。例如：英国防治家庭暴力立法并不同于大陆法系国家（实体法与程序法截然分开），而大多是兼具二者。在《1933 年儿童和青少年法》、《1978 年家事诉讼与治安法院法》、《1983 年婚姻家庭法》、《1984 年婚姻和家庭诉讼法》、《1989 年儿童法》、《2003 年性侵害法》等法律中，尽管没有针对家庭暴力的专章专节立法，但是在其他规制中却涉及暴力或家庭暴力等，其中某些是经由判例得来。虽然《1996 年家庭法》、《1997 年保护免受骚扰法》从立法名称上来看，并非是对家庭暴力的特别立法，但是其中有对家庭暴力的专章规定，特别是《1996 年家庭法》第 4 章规定得非常详尽，可以说是其他家庭暴力特别立法的基础。《2004 年家庭暴力、犯罪和受害者法》、《2011 年犯罪与安全法（家庭暴力）（试行）》、《2011 年治安法院（家庭暴力保护令诉讼）条例》是专门针对家庭暴力的法律，其中包含了法院审理、证据搜集、法律责任等程序法的内容，特别是

《2004年家庭暴力、犯罪和受害者法》更是将实体法程序法融合得恰如其分。

许多国家对防治家庭暴力并无专门性立法，其预防、制止和惩罚措施均散见于其他各种法律。到底是分散立法还是专门立法更能有效地防治家庭暴力事件的发生，更能及时地保护受害者的人身和财产权益？自1994年联合国对妇女暴力开展特别报告工作以来，各国政府已按其要求陆续提交了本国有关家庭暴力的立法和法律改革的信息[①]。由于传统法律对家庭暴力问题的规定存在遗漏和缺失，大多数司法机关对家庭暴力问题存在模糊定性而致处置不力，防治家庭暴力专门性立法已逐渐成为大多数国家的共识，也已逐渐演变成为世界防治家庭暴力的主要发展趋势。

笔者以为，第一，立法传统与各国分属法系密切相关，随着法律的国际化发展，英美法系与大陆法系立法模式的界限已并非是

---

① 如澳大利亚："几乎所有州和两个地区均已通过了有关家庭暴力的具体立法。"（1995年2月2日）；厄瓜多尔："目前没有家庭暴力法规，但全国议会正在考虑改革刑法（该法包括一个家庭暴力专章）。"（1994年10月7日）；挪威："虽然挪威刑法第192节有关强奸的规定'也适用于施暴者和受害者为婚姻关系情况'，但不清楚刑法是否明确提及婚内强奸。"（1995年2月16日）；菲律宾："虽然截至1994年10月尚无家庭暴力法规，但有关虐待殴妻的法案目前正在议会有待通过。"（1994年10月13日）；英国："虽然强奸的法律定义不包括婚内强奸，但在'R诉R'案中，下议院确认了上诉法院的判决，该判决认定，由于婚姻内不存在对性交的默示同意，所以丈夫有可能强奸妻子。一项法规修正案目前正在议会有待审议。"（1994年10月10日）。根据联合国对妇女暴力特别报告员1998年从各国政府以及非政府组织获得的有关在家庭暴力领域采取的种种法律措施的情况，目前在拉丁美洲和加勒比海国家，20世纪90年代期间，共有12个国家通过了单项家庭暴力立法。如：阿根廷《家庭暴力法》（1994年）、智利《家庭暴力法》（1994年）、墨西哥增加了一条新的有关家庭暴力的刑法条款、秘鲁于1996年设立了一个永久性的家庭暴力委员会。另外，毛里求斯于1997年颁布了《免于家庭暴力法》；新加坡成立了跨机构妇女与家庭暴力委员会；瑞典政府通过在法律中引入"严重侵犯妇女的完整性"犯罪行为而强化对妇女的暴力的立法；美国1994年通过了联邦《对妇女暴力法》。（参见黄列：《有关国家在反对家庭暴力方面的立法情况》，http://cyc6.cycnet.com:8090/othermis/stopdv/content.jsp?id=447. 访问时间：2011年7月19日。）

"截然分明"，英美法系国家也有成文法，大陆法系国家也有判例法。家庭暴力是全球性现象，并非某国某地区的特有现象，因此，防治家庭暴力立法一方面需要符合各国法律传统，另一方面也需要将他国的立法经验、立法成就适当借鉴，这样，全球范围内的防治家庭暴力立法运动才能统一步调。英国、我国香港地区防治家庭暴力立法中实体程序合一的模式值得我国借鉴，原因有四：其一，目前，家庭暴力在我国法院受理时尚未成为独立案由，因涉及家庭成员利益，所以基本是被包含在离婚案件中，部分被包含在侵权案件（如分手暴力）或未成年人案件（如虐待殴打儿童）中。家庭暴力是危害家庭成员、同居伴侣非常严重的行为，实体程序合一的防治家庭暴力立法可以将民事、刑事、行政、法律责任等内容融于一体，便于司法、执法机关明确职责，公平地处理家庭暴力案件。其二，家庭暴力施暴者的法律责任因其危害程度的大小而有所不同，所负民事、刑事责任均有可能，因此，"家庭暴力罪"并不会成为刑法专有罪名，而是作为类罪名而存在。其三，家庭暴力是特殊侵权或犯罪行为，将涉及家庭暴力的实体与程序法律规制合并到专门的防治家庭暴力法律中，有利于集中打击施暴者，有利于公众明确了解如何防治家庭暴力，有利于社会各界权责明晰。其四，我国内地防治家庭暴力法律采用实体程序合一的立法模式，并非违背中国立法传统，更不会与其他相关法律（如《婚姻法》、《民事诉讼法》、《刑法》、《刑事诉讼法》等）脱节。因为，虽然防治家庭暴力法律是单独的实体程序合一的立法模式，但内容并不会与其他实体法或诉讼法相重复，相反还能够将其他法律的相关内容连接，最终形成有中国特色的防治家庭暴力法律机制。第二，防治家庭暴力专门立法已属世界发展趋势，并且，经过数年来理论研究和实践运用，尽管我国香港地区防治家庭暴力立法仍有不尽如人意之处，亟须改进和完善，然而，其已证明防治家庭暴力法顺应了世界防治家庭暴力立法之趋势。因此，我国内地应整合现有立法资源，尽快制定内地专门的防治家庭暴力立法。

三、立法内容评析

对于防治家庭暴力之规定内容，前述英国，美国，我国的香港、台湾地区，内地有共同之处：第一，都包含有对家庭暴力的界定；第二，都包含有民事保护令（或称强制令）制度；第三，都包含有施暴者的法律责任；第四，都包含有社会救助家庭暴力受害者的措施。不同之处在于：

第一，由于立法传统的原因，除了我国内地防治家庭暴力立法中暂无程序法，英、美以及我国的香港、台湾地区的防治家庭暴力的相关规定均是实体程序一体化。例如，英国《1933 年儿童和青少年法》明定了犯有轻罪的施暴者之法定刑，《1973 年婚姻诉讼法》明定了法院在审理离婚案件时应当按照既定规则（若确信被告的行为使得期待原告与被告继续共同生活显得不合理时，可以认定婚姻破裂。所有初审的离婚判决自判决之日起 6 个月均为暂时判决，但高等法院通过发布的一般规则规定了更短期间或婚姻案件待决的法院在特定情形下通过特别命令规定了更短期间的除外），《1978 年家事诉讼与治安法院法》专门规定了法院对婚姻当事人及家庭儿童签发财政救济令的权力及法院监护儿童的权力之内容，《1989 年儿童法》规定了法院在考虑签发、变更、撤销对儿童的居住令、交往令、照护令、特殊监督令、临时命令、儿童评估令、儿童紧急保护令及其他命令时应当特别注意的因素，《1996 年家庭法》专门针对家庭暴力规定了“禁止侵扰令”、“治安法院的执行权”、“临时监护令及紧急保护令”、“对第三人作为家庭暴力受害者之诉讼代理人的规定”。

第二，与防治家庭暴力立法相配套的一系列细化规则。例如，英国《2011 年治安法院（家庭暴力保护令诉讼）条例》是在《2011 年犯罪与安全法（家庭暴力）（试行）》的基础上细化的条例，具体规定了法院签发保护令的职责、范围、责任、审判等。美国各州立法为了配合各州防治家庭暴力立法内容的落实，均设置了一系列配套的设施，主要目的是细化立法具体内容，将立法规定落实到实处，使执法机关真正实施任务时有法可依，有准则可遵照，不至于缺少执法准则。在家庭暴力执法准则中，各部门的职责体系构建较为完备。警察机关、法院、检察院、医疗机构、教育机构、社会组织等家庭暴力防治机构及其人员的义务与职责明确，违背则要受到相关处罚，具体的罚金数目也是有法可依的。在我国台湾地区，为了“家庭暴力防治法”内容的落实，“法务部”、“司法院”还相继通过了“检察机关办理家庭暴力案件注意事项”、“法院办理家庭暴力案件应行注意事项”等作为“执法准则”。在“家庭暴力法”和“执法准则”中，各部门的职责体系构建较为完备。警察机关、法院、检察院、医疗机构、教育机构、社会组织等家庭暴力防治机构及其人员的义务与职责明确，违背则要受到相关处罚，具体的罚金数目也是有法可依的。我国内地防治家庭暴力立法暂无类似规章制度。

第三，民事保护令制度各有特色。例如，许多国家都采用以法院签发保护令的方式为家庭暴力受害者提供救济，如美国，英国，我国台湾地区、香港地区。严格适用强制令以求能达到彻底遏制家庭暴力事件发生的预期效果并非易事。强制令主要是对施暴者通过一系列禁止性规定来确保受害者的基本人权不被侵害。在何种条件下法院可采取强制令，须首先在施暴者和受害者之间找寻一个利益平衡点。由于强制令不具有解除亲属关系和同居关系的法律效力，若实施不力则不能有效防治家庭暴力，若过分剥夺施暴者的权益则可能适得其反。香港家庭暴力条例尤具有特色。为了限制法院自由裁量权过分行使，让施暴者和受害者之间的权益得到平衡，最大限度地遏制家庭暴力的发生，《家庭及同居关系暴力条例》系统地规定强制令制度，对法院签发强制令及逮捕授权书作了必要严格之限制。我国内地人身安全保护裁定制度类似于民事保护令制度，然而，由于该制度在我国内地仍然是新生事物，因此，较之于英国，美国，我国台湾、香港地区的民事保护令（或称强制令）制度，我国内地在裁定核发的内容和方式等方面仍存有不足之处。

第四，在美国防治家庭暴力立法中，无论是对施暴者，还是对检控机关，或是对社会救助机构或受害者而言，强制性条款居多。比如，强制逮捕制度就是对施暴者无令状逮捕，强制起诉制度就是对检察官的自由裁量权的例外性强制规定。再如对医疗工作人员的强制性规定就是医务人员必须对在诊疗过程中发现的疑似因家庭暴力受伤害的受害者详细记载其伤势并有义务向上级相关机构报告的义务。综观美国关于反家庭暴力的相关法律，可以明显看出美国政府对于防治家庭暴力的立法态度是非常强硬的。英国、我国香港和内地防治家庭暴力立法则无强制逮捕等立法条文。

笔者以为：第一，在我国内地未来防治家庭暴力立法的完善中，应当借鉴英国、美国，我国香港和台湾地区的相关经验，实体程序一体化。第二，立法内容的细化有利于司法运行的可操作性，因此，应当借鉴我国台湾地区“防治家庭暴力法”的相关规定，细化各职能机关的职责，调动起一切社会有用资源，尽社会最大力量防治家庭暴力，救助受害者，挽救施暴者。第三，应当继续改革完善我国内地人身安全保护裁定制度，借鉴美国和我国台湾地区相关规定，细化人身安全保护裁定之界定、类型，申请人的资格、条件、方式，裁定之核发、效力等。

第五节　我国防治家庭暴力的立法困境

通过对前述各国和地区防治家庭暴力立法之比较评析，可以看出，我国内地在防治家庭暴力立法深陷困境，主要表现如下：

一、立法理念较为模糊

制定防治家庭暴力法应当坚持“家庭暴力零忍耐”、“受害者本位”、“国家责任”、“人权观念与社会性别视角”等立法理念。①我国既有涉及家庭暴力立法理念不明晰，仅在《指南》中提出了“社会性别平等”一词。尽管《宪法》已明确“男女平等”的基本原则，但是，“男女”并非等同于实质意义上的“性别”，更非“社会性别”内涵所能包容。社会性别指两性在特定社会中表现的不同的群体特征、角色、责任，是一种在历史发展过程中形成的以男性价值观为标准的社会规范。防治家庭暴力立法的终极目标在于追求实质意义上的性别平等。家庭暴力非一般家庭纠纷，其核心在于权力与控制。用社会性别视角分析家庭暴力的发生、蔓延、防治是实现防治家庭暴力立法公平、司法公正的基本要求。社会性别的角色定型与定位并非天生，制度的形成与操作亦是通过知识的累积。因此，转变传统观念，秉持社会性别平等理念，检审现行防治家庭暴力立法内容，找寻法律中存在的显性与隐性的性别歧视（直接歧视与间接歧视）及其性别盲点，在法律改革和创新中真正运用社会性别主流化理念，为防治家庭暴力的司法干预、社会救助提供实质意义上性别平等的指导原则。

---

① 2009年4月24日，“《预防和制止家庭暴力法》制定中的热点问题”专题讲座在北京举办，李明舜教授认为：反家庭暴力立法必须坚持“家庭暴力零忍耐”、“受害者本位”、“国家责任”、“人权观念与社会性别视角”等立法理念。“零忍耐”即无论是国家、社会和家庭成员，对于任何形式的家庭暴力都不应容忍。“受害者本位”指为受害者提供有效、及时、全面的救助和保障。“国家责任”指家庭暴力不仅是对家庭成员人权的侵犯，而且是对国家法律的违反，在防治家庭暴力的过程中，国家是责任主体。“人权观念与社会性别视角”指立法须对男女两性将会造成影响的程度做出评估，以防止法律上的性别歧视。（资料来源：李明舜：《制定反家庭暴力法的立法理念与体系建构》，2010年中国法学会婚姻法学研究会论文。）需要说明的是，对我国公民而言，“社会性别视角”尚属“新事物”，其在立法理念上可谓“创新”，鉴于此，本书在防治家庭暴力立法理念部分将着重论述“社会性别主流化”与“社会性别平等”，“家庭暴力零忍耐”、“受害者本位”、“国家责任”立法理念不再赘述。

另外，防治家庭暴力立法绝对不可缺少保护未成年子女的视角[①]，未成年人遭受家庭暴力的现象应当引起立法的更多关注。[②]尽管我国现行立法为了预防和减少未成年人遭受家庭暴力制定和修改了相关法律和行政法规、政策，但缺少具体的可操作性条款，未将未成年主体的特殊性表现出来。因此，保护未成年人的合法权益也应当成为防治家庭暴力立法改革与创新中不可或缺的立法理念。

二、分散立法稍显不力

我国涉及家庭暴力的法律法规主要有《宪法》、现行《婚姻法》、《婚姻法司法解释（一）》、《民法通则》、《老年人权益保障法》、《刑法》、《收养法》、《妇女权益保障法》、《未成年人权益保护法》、《民事诉讼法》、《最高人民法院关于民事诉讼证据的若干规定》、《最高人民法院关于进一步发挥诉讼调解在构建社会主义和谐社会中积极作用的若干意见》、七部委的《预防和制止家庭暴力意见》以及各地区防治家庭暴力的法律法规。《审理指南》不属于立法规范，不能作为法官裁判案件的法律依据，其仅为防治家庭暴力的司法实践提供智力支援，仅可在判决书之说理部分引用作为论证的依据或素材。不可否认，近年来，我国涉及家庭暴力的法律法规已有突破性进展，取得了很大成就，但审视目前的司法实践，仍不足以应对家庭暴力问题的复杂性。

到底是分散立法还是专门立法更能有效地规制家庭暴力的发

① 我国《宪法》、《未成年人权益保护法》、《婚姻法》等法律均将其作为基本原则予以重视。笔者认为，尽管保护未成年子女利益的立法原则早已不是新理念，但是，在防治家庭暴力立法中，其确是一个占比重非常重要的话题。鉴于此，笔者再次强调论述：在防治家庭暴力立法中必须且应当坚持保护未成年子女权益的立法理念。

② 北京青少年法律援助与研究中心自2004年至2010年期间共接待38起涉及未成年人家庭暴力的咨询案件，并对从2008年1月至2011年1月期间媒体报道的300宗未成年人遭受家庭暴力案件进行了跟踪调研，发现父母施暴的高达86.33%，对象大多是10周岁以下未成年人，此外，亲属对其抚养的留守儿童施暴的案件也非少数。（朱磊：《反对家庭暴力不能缺少儿童视角》，载《法制日报》2011年4月16日，第3版。）

生？根据1994年各国政府提交的关于本国家庭暴力立法改革的信息来看，防治家庭暴力专门立法已逐渐成为大多数国家的共识，亦逐渐演变成为世界防治家庭暴力的主要发展趋势。分散立法不仅可能会在家庭暴力规制上存在遗漏或缺失，而且既不便于当事人知法、守法，也不便于执法部门执法，导致司法实践困难。因此，我国亟须一部完善且专门的防治家庭暴力的法律。①

三、立法内容亟待深化

从我国既有涉及家庭暴力的立法内容看，倡导性规定居多，保护性规定过于原则化，可操作性不强。例如，现行《婚姻法》增加了家庭暴力是法定离婚理由之一，无过错方可要求损害赔偿的规定，虽然这在防治家庭暴力立法上迈出了关键性一步，但由于家庭暴力发生的隐蔽性，受害者举证艰难，损害赔偿可谓“镜花水月”；在受害者不愿意提出离婚且家庭暴力行为未达至刑事犯罪的情况下，受损一方的权利仍无法得到救济。此外，《刑法》中关于家庭暴力犯罪多属于自诉案件，且以“情节恶劣”、“情节严重”等限制性条件将绝大部分的家庭暴力行为排除在刑事干预之外。行政法规中没有明确警察介入家庭暴力案件的权限与方法。“家务事应私了”的观念还根深蒂固。警察介入家庭暴力案件的权限、方法、责任的模糊导致前线工作难以展开，受害者的诉讼权利得不到程序上的保障，无法及时有效地防治家庭暴力事件的发生。笔者以为，只有深化防治家庭暴力的立法内容，细化各机构的职责义务，寻求受害者和施暴者之间的利益平衡点才能达到立法目的。

---

① 王长路、任然：《立法先行是反家庭暴力根本途径——莫文秀、洪天慧委员建议将〈预防制止家庭暴力办法〉纳入人大立法》，载《中国妇女报》2008年3月11日，第A01版。

四、立法改革成效难续

自现行《婚姻法》首次在基本法层面上明定禁止家庭暴力、对受害者的救助措施以及对施暴者的行政处罚，《婚姻法司法解释(一)》明确界定家庭暴力以及《妇女权益保障法》、《老年人权益保障法》、《未成年人权益保护法》等对妇女、老人、未成年人的人身权益进行特别保障后，2008年《审理指南》作为指导法官审理家庭暴力案件的专业性资源手册，对家庭暴力的理论、审理原则、人身安全保护措施、证据、财产分割、子女抚养与探视、调解等问题均有系统地阐述并在司法实践中取得了良好的效果。2008年《预防和制止家庭暴力意见》的出台对七部委预防和制止家庭暴力工作做出统一的规范性指导，有力地推动了防治家庭暴力工作的顺利进行。其后，多省相继根据本地区的具体情况制定了专门的防治家庭暴力地方性法规或规范性文件。这些法律法规文件的出台使得我国防治家庭暴力在宣传教育、基层调解、逮捕起诉、法院审判、救护庇护、法律责任等方面做了有益的尝试。[1] 尽管防治家庭暴力立法从国家到地方立法改革已取得较大进展，但囿于立法规定仍以倡导性原则为主，缺乏系统化和可操作性，在司法实践中存在着取证难、认定难、救助难、追究法律责任难的尴尬局面，受害者的合法权益仍面临保障难的危险境地，立法改革成效难以维持。

综上所述，我国未来防治家庭暴力立法应当是一部基于社会性别平等和子女最大利益为首要考虑因素的专门立法，内含立法目的、基本原则、家庭暴力相关释义、主管机关及其职责、人身安全保护裁定、证据规则、法律责任等内容。

---

① 刘延东：《我国反家庭暴力地方法评述》，载林建军主编：《反对针对妇女的歧视与暴力：跨学科视角国际研讨会》，中国社会科学出版社2010年版，第184页。

第四章 防治家庭暴力的司法考察

第一节 国外防治家庭暴力司法现状

一、美国防治家庭暴力司法现状

司法机构：主要是警察机关和法院。

司法措施：家庭暴力受害者报警后，警察首先要进行案件事实调查，在做出逮捕施暴者的决定之前，必须找到足够的证据来证明相关事实。美国警察收集的家庭暴力案件的证据一般包括：施暴者是否对受害者实施了身体撕扯、割破、衣裤破裂行为，是否通过电话或文字来威胁或恐吓受害者，邻里或家庭成员是否亲眼目睹或听闻相关状况。只有具备了一定的条件，警察才能对施暴者进行拘留或逮捕。[①] 当然，如果警察发现因家庭暴力可能致重罪时，必须对施暴者进行逮捕，因为重罪是二度侵犯人身并会产生持续性、实质性的疼痛；如果警察发现因家庭暴力可能致轻罪时，在已取得足够证据的情况下也可拘捕，因为轻罪是三度攻击行为；如果警察发现因家庭暴力而致“小犯罪”（一次性违法行为），一般不会拘捕，

① 例如，美国纽约州法律要求受害者和施暴者须有婚姻关系或血缘关系或受害者须与施暴者有共同的子女等。

但会将施暴者带到警察局并让受害者在控文上签字，因为违法是二度骚扰行为。除此之外，尽管警察没有逮捕施暴者，但仍应帮助受害者及其子女转移到安全地方、将受害者的叙述整理成文件以帮助其此后报案的证据、填写“家庭事件报告”并将副本交至受害者。[①] 如前所述，美国民事保护令制度对家庭暴力受害者提供了非常“宽容”的救助环境，只要是难以忍受配偶的家庭暴力受害者均可打电话到附近警署或直接到法院以自诉方式申请保护令，一般都会获准。美国每个州几乎都授权警察“无令状逮捕权”，警察在执行任务时发现有足以被认为是家庭暴力嫌疑人时，须为无令状逮捕，警察还有义务告知受害者享有的权利及可实行的保障措施、护送受害者到庇护机构、向受害者说明如何依法定程序申请民事保护令。如果警察因失职导致受害者无法获得必需的赔偿时，受害者有权起诉警察局或政府。一般而言，家庭暴力罪比普通的殴打处理要重一些，如妻子打电话报警，丈夫把电话抢走或妻子在照看孩子时被丈夫殴打，丈夫就已构成犯罪。

二、挪威防治家庭暴力司法现状

司法机构：主要是警察机关和公诉机关。

司法措施：20世纪的刑事法改革确立了对配偶、未成年人或其他亲密关系者的暴力侵害案件实行“无条件司法干预”的公诉原则，即使受害者因各种原因撤销了指控，警察和公诉机关在没有受害者同意的情况下，也有权向施暴者提起诉讼。同时，在法庭举证时，法庭有权命令受害者与被告人隔离。低收入的受害者有权申请国家支付律师代理费用。司法警察部与儿童和家庭事务部、保健和社会事务部合作开发了家庭暴力受害者申请佩戴的警报器，与受

① “*Using the Police and the Courts and What Can the Police Do For Me*?”, Domestic Violence Handbook (1995 Edition), New York: New York State Coalition Against Domestic Violence, 1995.

害者住所最近的警察局相连，以确保警察能够迅速出警。

三、加拿大防治家庭暴力司法现状

司法机构：主要是警察机关。

司法措施：警察有权在不经过家庭暴力当事人的允许时，破门而入并对施暴者实施强行逮捕。该制度赋予了警察极大的逮捕权，除非警方有合理的理由认为家庭暴力或家庭暴力的威胁已经被解除后，方才可能允许家庭暴力施暴者回家。此外，在加拿大法院审理家庭暴力案件的过程中，家庭暴力的受害者只作为证人参加，无需提供任何证据。

四、澳大利亚防治家庭暴力司法现状

司法机构：主要是警察机关和法院。

司法措施：警察接警，必须迅速赶至现场并收集证据，询问当事人及其他知情人，并记录在案，以备日后案件进入司法程序作为证据使用。此外，警察有权拘留施暴者，同时还负有向受害者进行安慰的义务，对受害者获得司法救济提供各种指导和帮助。另外，在澳大利亚，法院24小时都有工作人员值班，以便随时处理家庭暴力报案。

第二节　我国防治家庭暴力司法现状

一、我国香港地区防治家庭暴力司法现状

司法机构：主要是警察机关和法院。

司法措施：在我国香港地区，有专门负责为家庭暴力受害者提供紧急服务的专业人士，家庭暴力受害者被提供紧急服务后，通常都会根据个案情况，被转介到相关社工处并由社工继续跟进。香港警方在调查涉及家庭暴力的案件时，一般来说，都能够实时评估家

庭暴力受害者及其未成年子女的危机指数，如警方认为确有必要转介家庭暴力受害者及其未成年子女的，则应当将其转介或安排其人住到所在辖区的庇护中心。同时，香港警察还有权暂时拘禁涉嫌家庭暴力的施暴者，同时还应当安排其进行法庭聆讯。另外，警察还应当为发生家庭暴力的家庭介绍转介处社工的服务。2003 年开始，香港警方在征询法律意见后，为保障家庭暴力受害者的身体和精神健康，即使在未征得家庭暴力受害者或者涉嫌家庭暴力施暴者的同意下，也会将涉案的家庭转介给香港社会福利署跟进支援服务。

二、我国台湾地区防治家庭暴力司法现状

司法机构：主要是警察机关和法院。

司法措施：防治家庭暴力的主要司法措施是法院作出的为保护特定人使其免受侵扰、传唤或发现真实命令或裁判的保护令制度，即法院作出的为保护特定人免受家庭暴力的命令或裁判。保护令制度在我国台湾地区的实施，主要借鉴于英美法系国家的民事诉讼法、刑事诉讼法、家庭暴力法等法律法规。然而，在我国台湾地区，核发家庭暴力保护令的速度并不如想象一般，核发内容也相对较为保守。警察机关在执行保护令时，也多发生争议，存在执法难的困境。法院核发保护令速度的迟缓和保护令内容的保守导致我国台湾地区家庭暴力发生数量仍然不减。

三、我国澳门地区防治家庭暴力司法现状

司法机构：主要是治安警察局、司法警察局和法务局。

司法措施：因虐待及恐吓配偶均“告诉才处理”，即司法机关受理的前提是受害人必须告诉，否则不得主动启动刑事程序。同时，对家庭暴力施暴者也设有相关制裁措施，如施暴者须接受一定的强制措施和强制辅导。澳门社工局与法务局就防治家庭暴力立法的草拟工作正在进行中。为了能够为居民在家庭暴力的危急关头提供及时的紧急求助，社工局与治安警察局、司法警察局及消防局等

决定建立“通报机制”，提供24小时紧急支持服务，并制订支持紧急求助个案的指引供前线社工依循。除了社会工作中心提供咨询服务外，该局也设有“电话辅导热线”，居民可通过电话辅导热线与社工联络。同时，该局也资助澳门明爱生命热线提供24小时电话辅导服务，以便随时回应求助。有学者对澳门家庭暴力做了几项社会调查，[①] 其中主要包括“澳门家庭中发生暴力时间的情况及其看法”[②]，“被访澳门家庭中发生暴力事件的类型”[③]，“被访澳门家庭对目前法律足够保护家庭成员免受被家庭暴力侵害的看法”[④]，

① 陈欣欣：《试论澳门家庭暴力事件受害人的司法保护》，载《澳门检察》2006年第6期，第59~72页。

② 澳门家庭中发生暴力时间的情况及其看法。调查显示，2004年，在500名澳门被访者中，258人指出家中发生过暴力事件，占51.6%。被访丈夫中有70%是没有发生，24%指出过去12个月内发生过1至5次。被访妻子中有44%指出过去12个月内没有发生家庭暴力，22%在过去12个月内发生过6至10次。被访未成年儿子则只有38%表示没有发生，54%表示发生过1至5次。被访未成年女儿中，只有30%表示没有发生过，58%表示发生过1至5次。在其他家庭成员中，42%表示没有发生过，26%则表示发生1至5次。笔者注，以下关于各项调查显示结果数据均来自于陈欣欣：《试论澳门家庭暴力事件受害人的司法保护》，载《澳门检察》2006年第6期，第59~72页。

③ 关于2004年被访澳门家庭中发生暴力事件的类型。调查显示，母亲打孩子占23%，丈夫打妻子占20.9%，夫妻打架占17.8%，父亲打孩子占15.5%，父母一起打孩子占12.4%，妻子打丈夫占4.6%。

④ 关于被访澳门家庭对目前法律足够保护家庭成员免受家庭暴力侵害的看法。调查显示，被访丈夫中42%表示一般，表示不足占26%，表示足够及从没想过占16%。被访妻子中36%表示一般，表示不足占28%，24%从没想过，12%则认为足够。被访未成年儿子中，40%认为不足，32%表示一般，14%表示足够及从没想过。被访未成年女儿中，40%认为足够，34%表示一般，14%表示不足够。被访其他成员中，36%表示一般，26%表示从没想过，20%表示不足，仅有18%认为足够。整体说来，认为不足者占多数。

“被访澳门家庭对需要立法保护家庭成员免被家庭暴力侵害的看法”①，“现职澳门警务人员进行过有关处理家庭暴力方式的问卷调查”②，“被访澳门警务人员认为家庭暴力事件属性”③，“被访澳门警务人员认为起诉家庭暴力施暴者对减少家庭暴力事件的有效性”④，“被访澳门警务人员对目前法律足够保护家庭成员免被家庭

---

① 关于被访澳门家庭对需要立法保护家庭成员免被家庭暴力侵害的看法。调查显示，被访丈夫36%表示一般，28%表示需要，20%表示不需要，16%表示从没想过。被访妻子中，40%表示需要，22%表示一般，24%表示从没想过，14%表示不需要。被访未成年儿子中，56%表示不需要，18%表示一般，14%表示从没想过，12%表示不需要。被访未成年女儿中，54%表示需要，24%表示一般，12%表示从没想过，10%表示不需要。被访其他成员中，32%表示需要，28%表示一般，26%表示从没想过，14%表示不需要。由此可见，较多被访澳门家庭认为需要立法保护家庭成员免受家庭暴力侵害，未成年子女尤甚。

② 2005年对100名现职澳门警务人员进行关于处理家庭暴力方式的问卷调查。调查显示，65名表示处理过，35名未处理过。方式以劝和及不起诉为主，其实是斥责施暴者及不起诉。在现职澳门警务人员中，37.2%主要以劝和及不起诉方式处理，34.3%则以斥责施暴者及不起诉，由此可见，采取起诉及转介社会服务单位方式处理的占很少的比例。

③ 2005年被访澳门警务人员认为家庭暴力事件的属性。调查显示，认为家庭暴力缘于家庭纠纷、感情问题、夫妻冲突、管教子女方式、经济不景气、情绪病等因素而发生的占绝大多数，很少认为其属刑事案件。在没有处理过家庭暴力事件的警务人员中，对家庭暴力事件属性的看法如下：27.7%认为是家庭纠纷，26.1%认为是管教子女方式问题，18.5%认为是感情问题或夫妻之间矛盾冲突，9.2%则认为是情绪病，没有被访者认为是刑事案件。在处理过家庭暴力案件的警务人员中，28.6%认为是感情问题或夫妻之间的矛盾冲突，25.7%认为是家庭纠纷，22%则认为缘于管教子女的方式，11.4%认为是情绪病，5.7%表示是经济不景气。由此可见，认为家庭暴力属刑事案件的警务人员不多。警务人员是司法工作人员，是司法前线人员，他们对家庭暴力事件属性的看法和办案方式很大程度上影响着广大群众。

④ 关于被访澳门警务人员认为起诉家庭暴力施暴者对减少家庭暴力事件的有效性。调查显示，在没有处理过的警务人员中，75.4%认为没效，从没想过有没有效的占12.3%，认为效果一般的占7.7%，认为有效的占4.6%。在处理过家庭暴力的警务人员中，71.4%认为没效，11.4%表示从没想过，8.6%则认为有效，8.6%认为一般。

暴力侵害的看法”①，“被访澳门警务人员对需要立法保护家庭成员免被家庭暴力侵害的看法”，“被访澳门警务人员对需要立法保护家庭成员免被家庭暴力侵害的看法”②。从调查结果分析可知，在对待家庭暴力案件上以及未来家庭暴力立法中，公权力是否应该介入、如何介入及介入程度仍存疑。有学者认为，警察角色符号隐喻公权力，家庭暴力与其他暴力存在质的不同，即家庭暴力的实施者与承受者同为一家、共处一室，具有亲缘、经济、文化、心理等各方面的广泛而紧密的联系，其冲突的混沌状态与复杂程度是其他任何冲突无法比拟的。防治家庭暴力首先把警察派上去，就直接排除了所有比警察处置要柔性一些的应对、处置的渠道、方式与方法，如此“快刀斩乱麻”，恐怕只会事与愿违。③ 因此，从目前来看，澳门在处理家庭暴力案件时，首先还是力求用较为“缓和”的方式化解冲突和矛盾，比如，告知当事人寻求社会救助机构等方式，其次才是公权力的介入，至于公权力在未来专门防治家庭暴力立法中介入到何种程度适宜，也还未有定论和研究。

四、我国内地部分地区防治家庭暴力的司法现状

司法机构：主要是公安机关、法院、检察院。

---

① 被访澳门警务人员对目前法律足够保护家庭成员免被家庭暴力侵害的看法。调查显示，在没有处理过家庭暴力的警务人员中，55.4%认为其足够程度属一般，18.4%表示从没想过是否足够，认为不足的占15.4%，而表示足够的仅有10.8%。在处理过家庭暴力的警务人员中，60%认为其足够程度只属一般，20%则表示从没想过，11.4%表示不足够，只有8.6%认为足够。可见，大部分人表示目前法律保护家庭成员免被家庭暴力侵害的足够程度只属一般。

② 关于被访澳门警务人员对需要立法保护家庭成员免被家庭暴力侵害的看法。调查显示，在没有处理过家庭暴力的警务人员中，60%表示一般，18.4%表示没想过，17%表示需要，4.6%表示不需要。在处理过家庭暴力的警务人员中，62.8%表示一般，20%表示没想过，17.2%表示需要，没有人表示不需要。

③ 王太元：《反“家庭暴力”警察不该放在第一线》，载《中国婚姻家庭法律资讯简报》2010年6月20日。

司法措施：为详细了解我国内地防治家庭暴力的司法措施，笔者拟从对重庆市沙坪坝区和四川省德阳市旌阳区的法院审理家庭暴力案件的实证调研入手，并对部分警察和法官进行个人访谈。

（一）重庆市沙坪坝区法院家庭暴力案件审理情况

在研究家庭暴力的司法介入过程中，笔者得到了西南政法大学陈苇教授以及婚姻法专业博硕研究生的大力支持①，选取了重庆市沙坪坝区法院作为调研基地，采集了2008年至2010年该法院所审理家庭暴力案件的实证数据。重庆市沙坪坝区为市辖区，总面积396.2平方千米，户籍人口75.4万人，常住人口90.21万人，现辖18个街道、8个镇。

在实证调研中，笔者设计了12部分共计17项的调研内容，主要包括：2008~2010年法院审理家庭暴力案件的情况、施暴者和受害者的性别、年龄、职业、文化程度，家庭暴力发生的原因、方式、侵害对象、审理结果（是否存在离婚损害赔偿或离婚经济补偿）、证据认定形式、审理案件依据的法律法规、申请人身安全保护裁定情况等。此外，为深入了解家庭暴力案件审理法官个人对家庭暴力的认识，笔者对部分法官进行了个人访谈。访谈共设计12个问题：制止家庭暴力最好的方法、家庭暴力诉诸法院是否有助于家庭问题的解决、其所在的法院是否出台了关于防治家庭暴力等指导性文件、其所在的法院是否实施了人身保护裁定、对家庭暴力是否应采取法律干预、我国当前对家庭暴力的法律干预力度如何、我国现有哪些法律或司法解释可以帮助审理并有效解决家庭暴力、我国是否需要制定一部专门的防治家庭暴力法律、我国法院是否有必要设立专门审理家庭暴力案件的法庭、所在的法院处理家庭暴力案件是否得力、

① 本调研小组在西南政法大学陈苇教授的指导下对重庆市沙坪坝区法院进行了近两个月的调研。参加调研的人员有西南政法大学民商法学院博士研究生曹贤余、石雷、段伟伟，硕士研究生侯菡、石婷、王玲、罗琼、周超、欧阳中梁、成蓓丽、张文清，在此向调研人员表示真诚感谢！

及时有效地处理家庭暴力案件最理想的途径是什么、对我国防治家庭暴力司法措施的具体建议。必须指出的是，由于调研任务较为繁重以及法院个别数据不易采集，因此，某些数据采集并非足够完整。

根据调研统计，2008 年到 2010 年沙坪坝区法院审理家庭暴力案件共 458 件，占家事法案件总量（1934 件）的 23.68%。其中，离婚案件 450 件，占家庭暴力案件的 98.25%，赡养案件 1 件，占 0.22%，离婚后财产纠纷案件 4 件，占 0.87%，其他案件 3 件，占 0.66%。可见，在沙坪坝区法院审理的家庭暴力案件中，离婚案件所占的比例最高，夫妻暴力是家庭暴力案件数量之最（见表 2）。从涨势情况来看，近 3 年审理家庭暴力案件的数量呈平缓微降趋势，无大幅度涨跌情势（如图 7）。

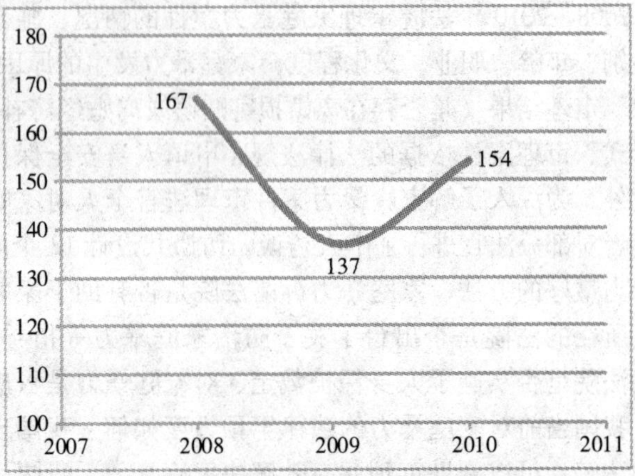

图 7　2008 ~ 2010 年重庆市沙坪坝法院审理家庭暴力案件的发展趋势（单位：件）

由于案卷绝大多数缺少施暴者和受害者文化程度的信息，因此，调研尚未对该部分数据予以收集与统计。2008 年至 2010 年法院审理家庭暴力案件的施暴者中，男性比例非常高，占 85.37%；施暴者最集中的年龄段是介于 26 岁至 49 岁之间；施暴者职业并非局限于某一行业，而是分散在农民、工人、公司职员、个体户、教师、医护、无业人员中，其中，农民、工人、无业人员是施暴者的集中群体（见表18）。

表18　2008～2010年重庆市沙坪坝区法院审理家庭暴力案件施暴者信息（单位：个，百分比）

项目＼数量		沙坪坝区	
性别	男性	391	85.37%
	女性	67	14.63%
年龄	18岁以下	0	0
	18～25岁	7	1.53%
	26～35岁	86	18.77%
	36～49岁	249	54.37%
	50岁以上	116	25.33%
职业	农民	59	12.88%
	工人	51	11.14%
	公司职员	88	19.21%
	个体户	22	4.80%
	公务员	18	3.93%
	教师	8	1.75%
	医护	5	1.09%
	军人	1	0.22%
	无业	53	11.57%
	退休	28	6.11%
	无固定职业	90	19.65%
	其他	35	7.64%

沙坪坝区法院审理家庭暴力案件的受害者中，女性所占比例非常高，超过85%；分布在各年龄段不等，各阶段均有；受害者职业并非局限于某一行业，而是分布在农民、工人、公司职员、个体户、教师、医护、军人、学生、无业人员等（见表19）。

表19　2008～2010年重庆市沙坪坝区法院审理家庭暴力案件受害者信息（单位：个，百分比）

项目＼数量		沙坪坝区	
性别	男性	68	14.85%
	女性	390	85.15%
年龄	18岁以下	1	0.22%
	18～25岁	18	3.93%
	26～35岁	137	29.91%
	36～49岁	223	48.69%
	50岁以上	79	17.25%
职业	农民	88	19.21%
	工人	39	8.52%
	公司职员	67	14.63%
	个体户	17	3.71%
	公务员	10	2.18%
	教师	11	2.40%
	医护	15	3.28%
	无业	56	12.23%
	退休	51	11.14%
	无固定职业	81	17.69%
	军人	2	0.44%
	学生	1	0.22%
	其他	20	4.37%

2008～2010 年沙坪坝区法院审理的家庭暴力案件发生原因中，疑有外遇、家庭琐事所占比例较高，分别为 13.97% 和 15.28%，性格暴躁和赌博次之，分别为 10.26% 和 9.17%，其他列项各种原因均在 10% 以下（如图 8）。调解和好 5 件，占 1.09%，调解离婚 84 件，占 18.34%，判决离婚 53 件，占 11.57%，判决不离婚 65 件，占 14.19%，撤诉 183 件，占 39.96%，驳回起诉 68 件，占 14.85%（如图 9）。

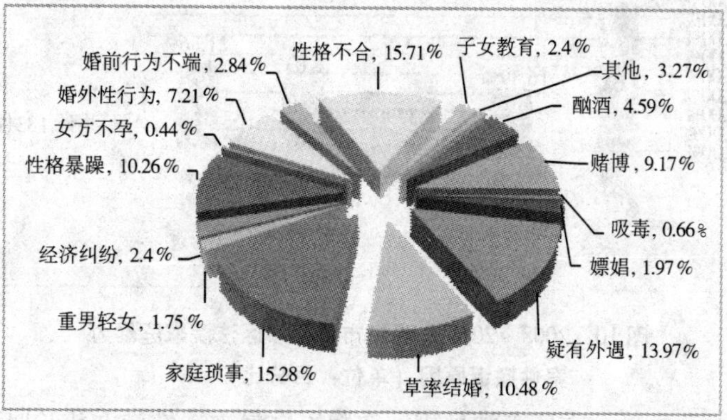

图 8　2008～2010 年重庆市沙坪坝区法院审理家庭暴力案件的原因（单位：百分比）

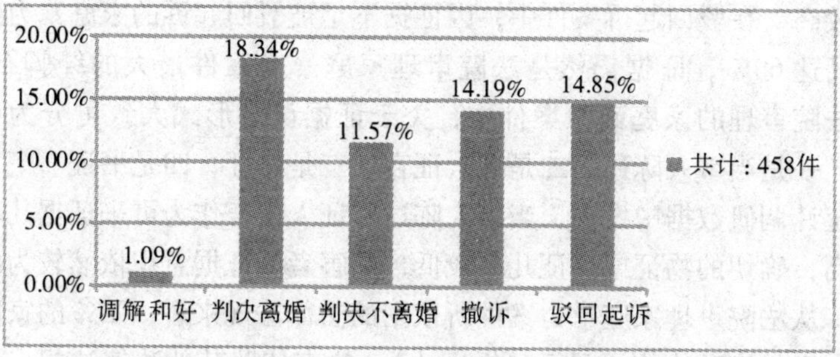

图 9　2008～2010 年重庆市沙坪坝区法院家庭暴力案件审理结果（单位：百分比）

在183起撤诉案件中，自行和解的72件，占39.34%，当事人为了孩子利益而撤诉的30件，占16.39%，因施暴者自愿悔改受害者撤诉的8件，占4.37%，因亲友劝告而撤诉的33件，占18.03%，其他原因撤诉的40件，占21.86%（如图10）。被法院驳回起诉的68起案件中，因证据不足的41件，占60.29%，不符合法定起诉条件的27件，占39.71%。

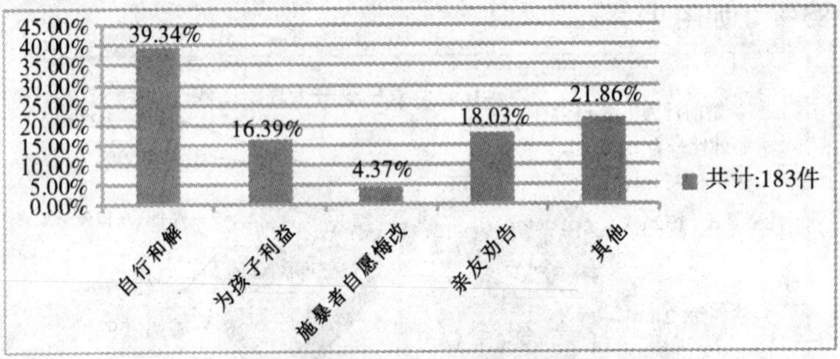

图10　2008～2010年重庆市沙坪坝区法院家庭暴力案件撤诉原因（单位：百分比）

由上可见，重庆市沙坪坝区法院家庭暴力案件撤诉和驳回起诉所占比例几乎一半，受害者真正将施暴者告上法庭的仅有法院受理家庭暴力案件的50%。当事人撤诉居多，其中，自行和解所占比例较高。在驳回起诉案件中，因证据不足被驳回起诉的家庭暴力案件高达60%，证据仍然是法院审理家庭暴力案件最大的绊脚石。在法院审理的家庭暴力案件中，关于证据认定形式大致可分为四类：一是当事人陈述，二是证人证言，三是物证，四是书证。笔者在统计调研数据中发现，当事人陈述和证人证言作为可采证据几率较高，确切的物证或书证几率较低，受害者的证据意识依然较为缺乏。从法院审理家庭暴力案件所依据的法律法规来看，95%的家庭暴力案件审理均依照现行《婚姻法》，鲜有依照其他法律法规。另外，笔者还了解到，截至2011年10月，该院仅有3件审结过人身安全保护裁定家庭暴力案件，当事人均获得离婚损害赔偿，无当事人获得离婚经济补偿。可见，离婚损害赔偿制度和离婚经济补偿制度在司法实践中仍然适用不广。

综上，沙坪坝区法院审理的家庭暴力案件特征有：其一，案件数量起伏波动不一；其二，男性施暴者占据比例高，针对妇女的暴力仍然是家庭暴力最主要的类型；其三，文化程度较低的中青年构成了施暴者的主要人群；其四，暴力行为方式和诱发原因呈现多样性和综合性；其五，家庭暴力尚未作为独立案由被归类；其六，人身安全保护裁定适用有局限性。

（二）四川省旌阳区法院家庭暴力案件审理情况

笔者于2011年1月10日至2011年2月20日向四川省德阳市旌阳区法院进行了关于家庭暴力案件的实证调研，并对数名审理家庭暴力案件法官进行了个人访谈。同时，通过法院的帮助，联系了3名家庭暴力受害者进行了个人访谈。通过调研，了解了家庭暴力案件审理相关情况以及分析了家庭暴力发生的原因、类型、特点、危害结果，针对对家庭暴力认识不足、法律法规适用性不强、不平等性别关系持续再生产的特点，提出法院应当寻求适合自身的家庭暴力案件审理方式。

首先，实证调研资料简介。家庭暴力因涉及个人隐私，故较为敏感。家庭暴力案件审判程序的实证资料收集不易，现成的实证资料相对有限。笔者选择四川德阳旌阳区法院近年来审理家庭暴力案件作为调研对象。德阳市位于四川盆地成都平原东北边缘，现辖旌阳区、中江县和罗江县，代管广汉市、什邡市、绵竹市。总面积5818平方千米，总人口388万人。几经努力，笔者收集到下列实证资料：

第一，裁判文书收集过程和样本选择（见表1）。选用的裁判文书的收集过程是先初步收集再适当筛选。笔者在该法院裁判文书档案室查询了2006年至2010年民事案件裁判文书，并抽样调取每年度第20卷至第60卷，共收集到民事案件裁判文书1500余份，[①]其中关于家庭暴力案件裁判文书140余份。初步收集完成后，通过逐份研读，提取其所含程序信息，输入计算机生成数据库。因有些裁判文书非常简略，所含程序信息有限，达不到考察审判程序运行之目的，因此在研读和输入过程中，以所含程序信息多寡为标准进行多次筛选，最终确定125份裁判文书作为考察样本。

第二，通过裁判文书收集的主要程序信息。在裁判文书初步收集完成后，确定了程序信息的提取项目，并在研读和输入过程中不断补充、调整这些项目，经过研读、输入、多次复查之后，最终确定16个提取项目，主要包括：施暴者与受害者的性别、年龄、文化程度、职业、有无未成年人，家庭暴力发生原因、情形、采取方式，法院审理的结果，当事人是否撤诉及撤诉原因、法院审理依据的法律法规、离婚经济帮助或离婚损害赔偿。

其次，实证调研数据。在收集法院裁判文书的过程中，笔者拟对16个提取项目进行分析：

第一，施暴者信息。125份家庭暴力案件裁判文书的施暴者信息如下，从性别来看，2006年31份裁判文书中，男女施暴者比例为30:1；2007年15份裁判文书中，比例为11:4；2008年21份裁判文书中，比例为20:1；2009年27份裁判文书中，比例为26:1；2010年31份裁判文书中，比例为25:6。男性施暴者的比例远高于女性。从年龄看，2006年20～30岁的青年人占26%；31～50岁

---

① 笔者之所以选择2006～2010年民事案件裁判文书作为考察对象，主要原因有二：其一，旌阳区人民法院未将2001～2005年的民事案件裁判文书进行年度整理。其二，虽然旌阳区法院暂时并未成为人身安全保护裁定试点法院，但是笔者在和部分审理过家庭暴力案件的法官进行交流的过程中发现，大部分法官在审理家庭暴力案件时也尽量遵循《审理指南》的精神。因此，为了更好地考察《妇女权益保障法》的修正效果以及比较《审理指南》实施前后两年的司法运行情况，分析其中的变化因素和恒定因素，全面了解家庭暴力案件审判程序的现状，正确认识近年改革的成败所在，准确发现改革完善的方向，笔者将2006～2010年民事案件裁判文书作为考察对象。

的中年人占58%，其中31～40岁的占29%，41～50岁的占29%；51岁以上的老年人占16%，其中，51～60岁的占10%，61～70岁为零，71岁以上的占6%。2007年20～30岁的青年人占20%；31～50岁的中年人占73%，其中31～40岁的占46%，41～50岁的占27%；51岁以上的老年人占7%，仅为51～60岁。2008年施暴者仅为31～40岁的中年人，其中，31～40岁的占52%，41～50岁的占48%。2009年20～30岁的青年人占7%；31～50岁的中年人占86%，其中31～40岁的占56%，41～50岁的占30%；51岁以上的老年人占14%，其中，51～60岁的占7%。2010年20～30岁的青年人占7%；31～50岁的中年人占71%，其中31～40岁的占39%，41～50岁的占32%；51岁以上的占22%，其中，51～60岁的占16%，61～70岁的占6%。可见，施暴者主要集中在20～30岁的青年人和31～50岁的中年人阶段，其中又以中年人的年龄段比例最高。51岁以上的老年人也不乏施暴者，但是数量相对较少。这表明，中青年为施暴者的主要群体。从文化程度看，2006年施暴者的文化程度比例由高到低依次为：小学（11人）——初中（10人）——高中（4人）——文盲（3人）——大专（2人）——本科（1人），硕士和博士学历均无。2007年，小学、初中、高中文化程度的施暴者比例等同，均为4人，文盲为3人。大专、本科、硕士和博士学历均无。2008年依次为：小学（8人）——初中（6人）——文盲（5人）——高中（2人）。大专、本科、硕士和博士学历均无。2009年依次为：小学（9人）——初中（7人）——文盲（5人）——高中（3人）——本科（2人）——大专（1人），硕士和博士学历均无。2010年依次为：初中（11人）——小学（9人）——高中（8人）——文盲（2人）——本科（1人）。大专、硕士和博士学历均无。可见，施暴者文化程度普遍不高，集中在小学、初中和高中，文盲比例次之，大专以上相对较少，硕士和博士几乎为零。这表明，施暴者个人所受教育程度在一定程度上影响着家庭暴力的发生，拓宽素质教育的普及将是社会文明发展的重要命题之一。从职业来看，2006年施暴者职业比例由高到低依次为：农民（20人）——工人（5人）——公务员（3人）——个体（2人）——无业（1人）。2007年最高是农民（10人），工人（2人）次之，个体、公司职员、无业等同，均为1人。2008年比例最高是农民（13人），工人（5人）次之，公务员、个体、公司职员等同，均为1人。2009年最高是农民（16人），紧接是个体（4人），公司职员（3人），工人和公务员等同，均为2人。2010年比例由高到低依次为：农民（17人）——工人（5人）——个体（4人），公务员和无业者均为2人。可见，在施暴者职业中，农民比例高居不下，工人次之。公务员、个体、公司职员和无业者均零散分布。（见表20）

表20　2006～2010年旌阳区法院审理家庭暴力案件施暴者信息（单位：个，百分比）

项目＼年度		2006	2007	2008	2009	2010
性别	男性	30	11	20	26	25
	女性	1	4	1	1	6
年龄	20～30岁	26%	20%	0	7%	7%
	31～40岁	29%	46%	52%	56%	39%
	41～50岁	29%	27%	48%	30%	32%
	51～60岁	10%	7%	0	7%	16%
	61～70岁	0	0	0	0	6%
	70岁以上	6%	0	0	0	0

续表

项目 \ 年度		2006	2007	2008	2009	2010
职业	农民	20	10	13	16	17
	工人	5	2	5	2	5
	公务员	3	0	1	2	2
	个体户	2	1	1	4	4
	公司职员	0	1	1	3	0
	无业	1	1	0	0	3
文化程度	文盲	3	3	5	5	2
	小学	11	4	8	9	9
	初中	10	4	6	7	11
	高中	4	4	2	3	8
	大专	2	0	0	1	0
	本科	1	0	0	2	1
	硕士	0	0	0	0	0
	博士	0	0	0	0	0

第二，受害者信息。125 份家庭暴力案件裁判文书受害者信息如下：从性别来看，2006 年 31 份裁判文书中，男女受害者的比例为 1∶30；2007 年 15 份裁判文书中，比例为 4∶11；2008 年 21 份裁判文书中，比例为1∶20；2009 年 27 份裁判文书中，比例为 1∶26；2010 年 31 份裁判文书中，比例为 6∶25。可见，受害者主要是女性居多。通过研读部分受害者的起诉书，笔者发现，在女性受害者的经验中，她们常常自认由于自己的原因破坏了男强女弱的关系格局，她们视丈夫的施暴行为为一种表意性符号，受害女性通过对暴力的容忍与社会普遍认可的父权关系格局达成了妥协。从

年龄来看，2006年，20~30岁的青年人占55%；31~50岁的中年人占22%，其中31~40岁的占16%，41~50岁的占6%；51岁以上的老年人占23%，其中51~60岁的占13%，61~70岁的无，71岁以上的占10%。2007年，20~30岁的青年人占20%；31~50岁的中年人占80%，其中31~40岁的占60%，41~50岁的占20%。2008年，20~30岁的青年人占9%；31~50岁的中年人占91%，其中31~40岁的占62%，41~50岁的占29%。2009年，20~30岁的青年人占26%；31~50岁的中年人占70%，其中31~40岁的占48%，41~50岁的占22%；51~60岁的老年人占4%，61岁老人无。2010年，20~30岁的青年人占13%；31~50岁的中年人占78%，其中31~40岁的占52%，41~50岁的占26%；51岁以上的老年人占9%，其中51~60岁的占3%，61~70岁的占6%。可见，受害者年龄集中在20~30岁的青年人和31~50岁的中年人。其中，又以31~40岁年龄段的中年人居多。从文化程度看，2006年受害者的文化程度比例最高为初中（14人），小学和高中均为7人，文盲、大专、本科均为1人，硕士和博士均无。2007年受害者文化程度比例由高到低依次为：初中（6人）——小学（5人）——高中（3人）——文盲（1人），大专、本科、硕士和博士均无。2008年受害者文化程度比例最高为文盲（11人），初中（6人）次之，初中为2人。高中、大专、本科、硕士和博士均无。2009年受害者文化程度比例由高到低依次为：初中（10人）——小学（9人）——文盲（4人）——高中（3人）——大专（1人），本科、硕士和博士均无。2010年受害者的文化程度比例中，初中和小学均为12人，高中（6人）次之，文盲为1人，大专、本科、硕士和博士均无。可见，受害者的文化程度集中在初中和小学，其中，又以初中学历居多。高中和文盲次之，大专学历以上的相对较少。这表明，受害者所受教育程度在一定意义上也"决定""容忍"家庭暴力的容忍程度。从职业来看，2006年受害者人数最多为农民（20 人），工人（6 人）次之，公务员和个体均为2 人，公司职员、医生、无业均为1 人。2007 年受害者职业比例最高为农民（10 人），工人（3 人）次之，无业者为2 人，其他均无。2008 年受害者职业比例最高为农民（14 人），工人（3 人）次之，个体为2 人，公务员、公司职员均为1 人，其他均无。2009 年受害者职业比例最高为农民（18 人），工人（4 人）次之，公司职员和无业者均为2 人，个体为1 人，其他均无。2010 年受害者人数最多为农民（15 人），工人（6 人）次之，无业者为5 人，个体和公司职员均为2 人，公务员为1 人。可见，农民阶层在受害者职业中占据的比例最大，工人次之。公务员、个体、公司职员、医生和无业者零散分布（见表21）。

表21　2006 ~ 2010 年旌阳区法院审理家庭暴力案件受害者信息（单位：个，百分比）

项目 \ 年度		2006	2007	2008	2009	2010
性别	男性	1	4	1	1	6
	女性	30	11	20	26	25
年龄	20 ~ 30 岁	55%	20%	9%	26%	13%
	31 ~ 40 岁	16%	60%	62%	48%	52%
	41 ~ 50 岁	6%	20%	48%	22%	26%
	51 ~ 60 岁	13%	0	29%	4%	3%
	61 ~ 70 岁	0	0	0	0	6%
	70 岁以上	10%	0	0	0	0

续表

项目＼年度		2006	2007	2008	2009	2010
职业	农民	18	10	14	18	15
	工人	6	3	3	4	6
	公务员	2	0	1	0	1
	个体户	2	0	2	1	2
	公司职员	1	0	1	2	2
	医生	1	0	0	0	0
	无业	1	2	0	2	5
文化程度	文盲	1	1	11	4	1
	小学	7	5	6	9	12
	初中	14	6	2	10	12
	高中	7	3	0	3	6
	大专	1	0	0	1	0
	本科	1	0	0	0	0
	硕士	0	0	0	0	0
	博士	0	0	0	0	0

第三，有未成年人的家庭。从 125 份家庭暴力案件裁判文书有未成年人家庭的数据显示，2006 年 31 份裁判文书中，有未成年人的家庭有 20 个；2007 年 15 份裁判文书中，未成年人的家庭有 9 个；2008 年 21 份裁判文书中，未成年人家庭有 16 个；2009 年 27 份裁判文书中，未成年人家庭有 9 个；2010 年 31 份裁判文书中，未成年人家庭有 20 个（如图 11）。由此可见，家庭暴力存在有未成年人的家庭中的比例是较高的，家庭暴力对未成年人的影响是不

容忽视的。

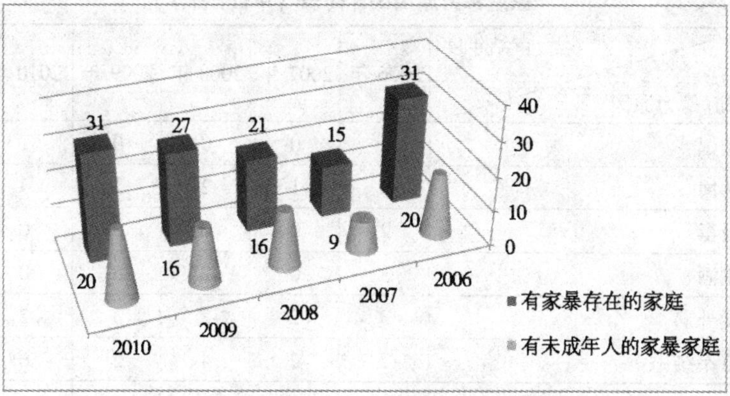

图 11　125 份旌阳区法院家庭暴力案件裁判文书中未成年人家庭数量（单位：个）

第四，家庭暴力发生的原因。家庭暴力发生的原因形形色色。笔者在考察 125 份家庭暴力案件裁判文书的过程中，将其归纳为 39 种。①

家庭暴力的原因大多分布在赌博、酗酒、疑有外遇、草率结婚、家庭琐事单项及叠加项等部分，其他如性格怪异、脾气暴躁、经济纠纷、好吃懒做、婚外性行为、婚前行为不端等数量相对较少（见表 22）。

① 因家庭暴力发生原因的复杂性，部分原因是具有重叠性的。

表 22　125 份旌阳区法院家庭暴力案件裁判文书家庭暴力原因统计简表（单位：个）

家庭暴力原因＼审结年度	2006 年	2007 年	2008 年	2009 年	2010 年
嫖娼	1	0	0	0	1
赌博	0	1	2	3	3
吸毒	2	0	0	0	0
酗酒	3	0	2	5	0
疑外遇	3	2	2	3	2
草率结婚	2	2	4	2	6
家庭琐事	4	3	2	1	1
拒不离婚	1	0	0	0	0
重男轻女	2	0	0	0	1
经济纠纷	2	0	0	3	3
脾气暴躁	0	1	2	0	0
性格怪异	0	0	1	1	2
好吃懒做	0	0	0	1	0
女方不孕	0	0	0	0	1
性格不合	1	1	0	1	0
婚外性行为	2	2	1	1	2
婚前行为不端	0	1	0	0	1
酗酒 + 重男轻女	0	0	0	0	0
酗酒 + 疑有外遇	1	0	0	0	0
酗酒 + 婚外性行为	1	0	0	0	0
酗酒 + 赌博	2	0	0	0	2
酗酒 + 大男子主义 + 脾气暴躁	0	0	0	0	1
酗酒 + 大男子主义	0	0	1	0	0

续表

家庭暴力原因＼审结年度	2006 年	2007 年	2008 年	2009 年	2010 年
酗酒＋草率结婚	0	0	0	0	0
赌博＋疑有外遇	0	0	0	0	1
赌博＋嫖娼＋婚外性行为	0	0	0	1	0
赌博＋嫖娼＋好吃懒做	1	0	0	0	0
赌博＋嫖娼	2	0	0	0	0
赌博＋家庭琐事	0	2	1	0	0
草率结婚＋酗酒	0	0	0	0	2
草率结婚＋网络游戏	0	0	0	0	1
草率结婚＋经济纠纷＋酗酒	0	0	1	0	0
草率结婚＋经济纠纷	0	0	0	1	0
草率结婚＋家庭琐事	1	0	0	2	0
草率结婚＋婚外性行为	0	0	1	0	0
草率结婚＋父母逼迫	0	0	0	0	2
网络游戏＋脾气暴躁	0	0	0	1	0
家庭琐事＋经济纠纷	0	0	0	1	0
好吃懒做＋性格怪异	0	0	1	0	0

第五，家庭暴力情形。2006 年 31 份裁判文书中，家庭暴力情形两极分化，丈夫侵犯妻子、子女及其亲属比例高达 97%，其中，丈夫侵犯妻子占 70%，丈夫侵犯妻子及子女占 20%，丈夫侵犯妻子及岳父母占 6%，丈夫侵犯妻子及其他亲属占 4%；妻子侵犯丈夫比例仅为 3%（如图 12－1 和表 23－1）。

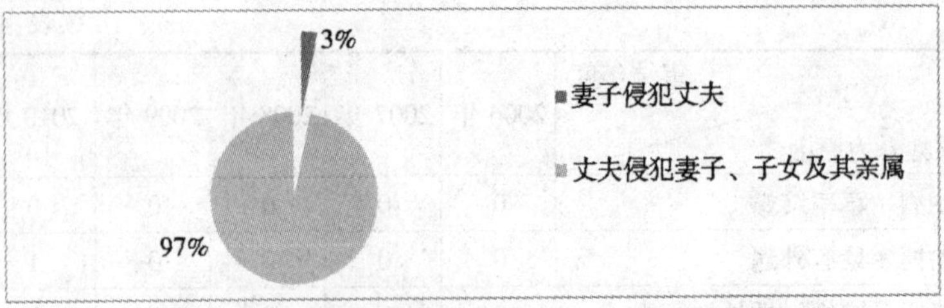

图 12－1　2006 年旌阳区法院 31 份家庭暴力案件裁判文书家庭暴力情形（单位：百分比）

表 23－1　2006 年旌阳区法院家庭暴力裁判文书家庭暴力情形数据表（单位：百分比）

丈夫侵犯妻子		70%
丈夫侵犯妻子、子女及其亲属	丈夫侵犯妻子及子女	20%
	丈夫侵犯妻子及岳父母	6%
	丈夫侵犯妻子及其他亲属	4%

2007 年 15 份裁判文书中，丈夫侵犯妻子及子女占 88%，其中，丈夫侵犯妻子占 90%，丈夫侵犯妻子及子女占 10%；妻子侵犯丈夫及其亲属比例为 12%，其中妻子侵犯丈夫占 70%，妻子侵犯丈夫及其父母占 25%。（如图 12－2 和表 23－2）

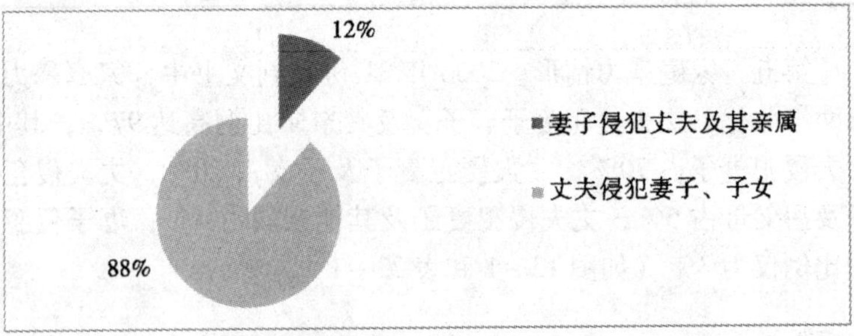

图 12－2　2007 年旌阳区法院 15 份家庭暴力案件裁判文书家庭暴力情形（单位：百分比）

表 23 - 2　2007 年旌阳区法院家庭暴力裁判文书家庭暴力情形数据表（单位：百分比）

丈夫侵犯妻子	90%
丈夫侵犯妻子及子女	10%
妻子侵犯丈夫	75%
妻子侵犯丈夫及其父母	25%

2008 年 21 份裁判文书中，丈夫侵犯妻子及子女占 95%，其中，丈夫侵犯妻子占 90%，丈夫侵犯妻子及子女占 10%；妻子侵犯丈夫比例为 5%。（如图 12 - 3 和表 23 - 3）

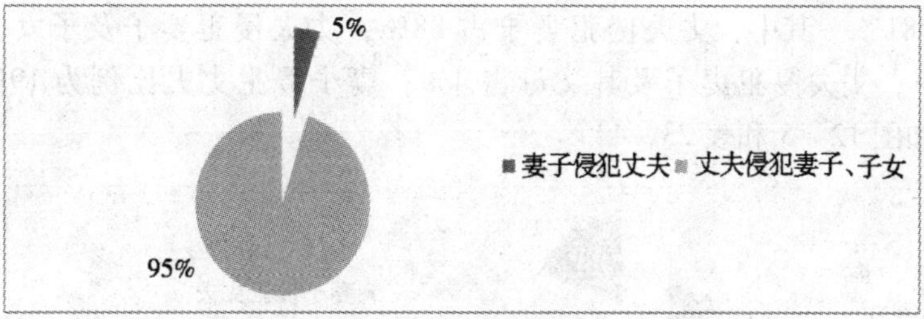

图 12 - 3　2008 年旌阳区法院 21 份家庭暴力案件裁判文书家庭暴力情形（单位：百分比）

表 23 - 3　2008 年家庭暴力裁判文书家庭暴力情形数据表（单位：百分比）

丈夫侵犯妻子	90%
丈夫侵犯妻子及子女	10%

2009 年 27 份裁判文书中，家庭暴力情形主要是丈夫侵犯妻子和妻子侵犯丈夫，比例分别为 96% 和 4%。（如图 12 - 4）

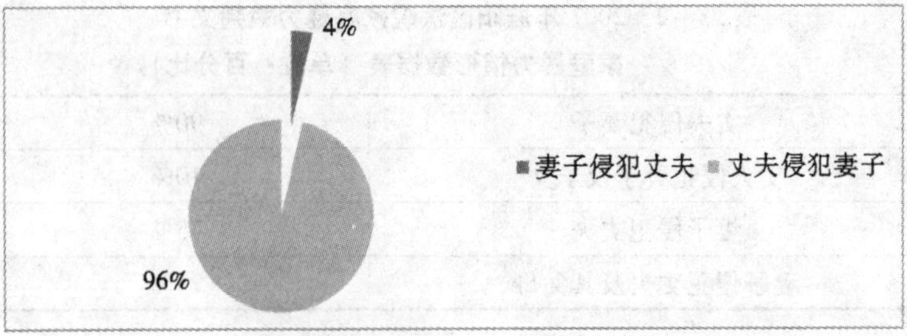

图 12－4　2009 年旌阳区法院 27 份家庭暴力案件裁判文书家庭暴力情形（单位：百分比）

2010 年 31 份裁判文书中，丈夫侵犯妻子、子女及其亲属比例为 81%，其中，丈夫侵犯妻子占 88%，丈夫侵犯妻子及子女占 8%，丈夫侵犯妻子及其父母占 4%；妻子侵犯丈夫比例为 19%（如图 12－5 和表 23－4）。

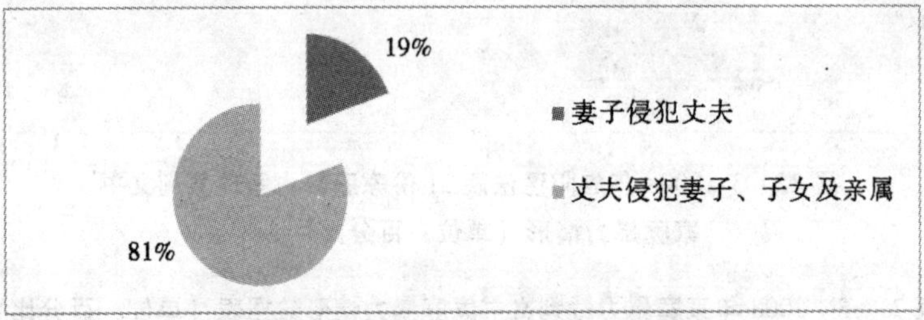

图 12－5　2010 年旌阳区法院 31 份家庭暴力案件裁判文书家庭暴力情形（单位：百分比）

表 23－4　2010 年旌阳区法院家庭暴力裁判文书家庭暴力情形数据表（单位：百分比）

丈夫侵犯妻子		88%
丈夫侵犯妻子、子女及其亲属	丈夫侵犯妻子及子女	8%
	丈夫侵犯妻子及岳父母	4%

综上可见，家庭暴力情形占据比例最高的是丈夫侵犯妻子、子女及其亲属。其中，丈夫侵犯妻子比例位居第一。妻子侵犯丈夫也不乏可见，但比例相对较低。

第六，家庭暴力发生方式。由于家庭暴力案件自身的复杂性，家庭暴力方式并非单一，施暴者综合使用两种及两种以上的方式更属多见，因此，笔者将家庭暴力发生方式归纳为4种（其一，身体虐待，如打耳光、拳打脚踢、器具伤害等；其二，性虐待，如强奸、强迫卖淫、强迫与他人发生性关系、拒绝过性生活等；其三，心理虐待，如威胁要伤害对方及其所关心的人或物、经常辱骂、长期不理睬对方等；其四，财产虐待，如毁坏财物、经济控制等。）并根据裁判文书所载明的家庭暴力方式进行单一和综合归纳形成图表。

2006年31份裁判文书中，家庭暴力方式比例由高到低依次为：身体虐待和心理虐待（42%）——身体虐待（36%）——心理虐待（13%）——身体虐待和财产虐待（6%）——性虐待（3%）（如图13－1）。

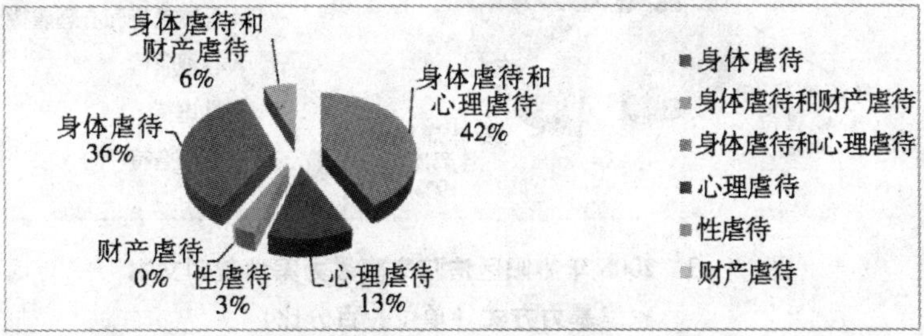

图13－1　2006年旌阳区法院家庭暴力案件裁判文书家庭暴力方式（单位：百分比）

2007年15份裁判文书中，身体虐待和财产虐待比例高达54%，身体虐待、心理虐待和财产虐待比例均为13%，性虐待比例为7%（如图13－2）。

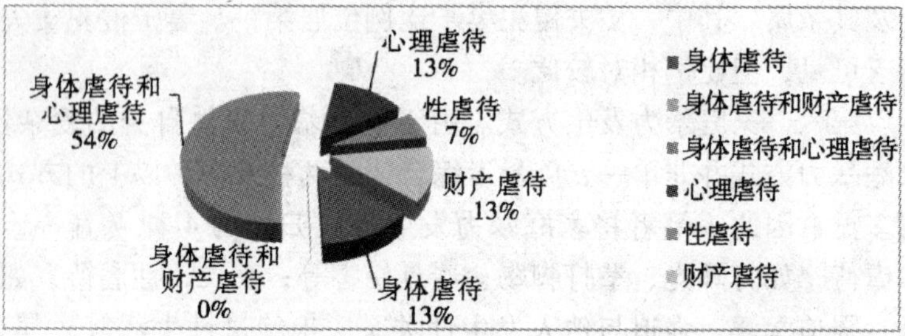

图 13-2　2007 年旌阳区法院家庭暴力案件裁判文书
家庭暴力方式（单位：百分比）

2008 年 21 份裁判文书中，家庭暴力方式比例依次为：身体虐待（48%）——身体虐待和心理虐待（38%）——身体虐待和财产虐待（9%）——心理虐待（5%）（如图 13-3）。

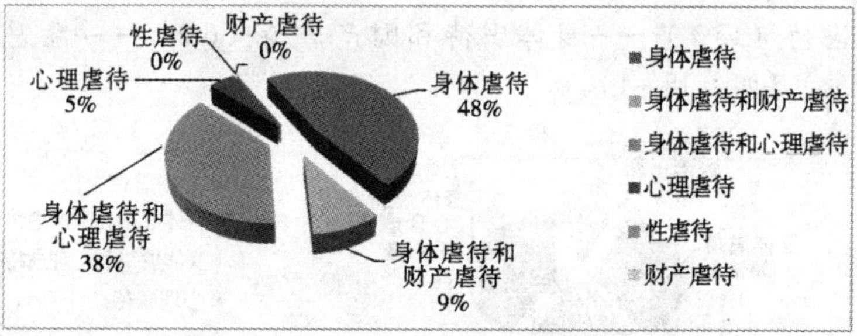

图 13-3　2008 年旌阳区法院家庭暴力案件裁判文书
家庭暴力方式（单位：百分比）

2009 年 27 份裁判文书中，身体虐待为 59%，身体虐待和心理虐待为 26%，财产虐待、心理虐待和性虐待均为 4%，身体和财产虐待为 3%（如图 13-4）。

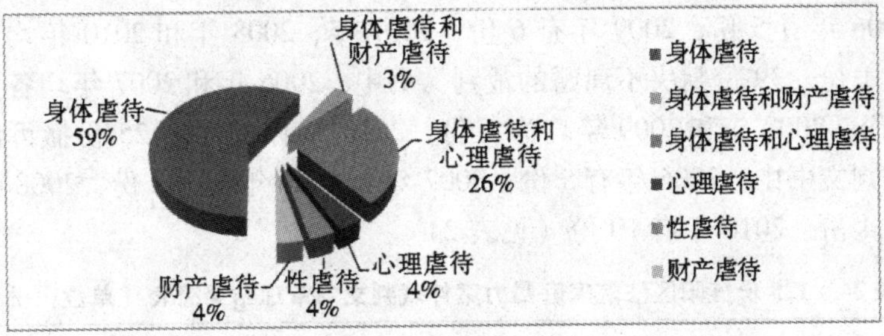

图 13－4　2009 年旌阳区法院家庭暴力案件裁判文书家庭暴力方式（单位：百分比）

2010 年 31 份裁判文书中，身体虐待为 45%，身体和心理虐待为 19%，身体虐待和财产虐待、财产虐待、心理虐待均为 10%，性虐待为 6%（如图 13－5）。

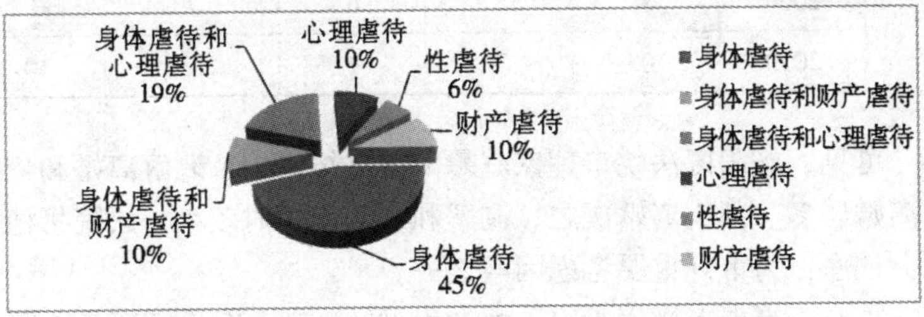

图 13－5　2010 年旌阳区法院家庭暴力案件裁判文书家庭暴力方式（单位：百分比）

综上可见，家庭暴力方式总体来说分布较为分散。但身体虐待和心理虐待所占比例相对较高，这表明，施暴者采用作为和不作为相结合的方式更属多见。

第七，法院审理结果。从 125 份家庭暴力案件裁判文书法院审理结果的数据来看，6 份调解和好的裁判文书中，2006 有 2 份，2008 年有 1 份，2009 年有 3 份，2007 年和 2010 年均无。41 份调解离婚的裁判文书中，2006 年有 13 份，2007 年有 5 份，2008 年和 2009 年均为 8 份，2010 年有 7 份。14 份判决离婚的裁判文书中，

2006年有5份，2009年有6份，2007年、2008年和2010年均各为1份。39份判决不离婚的裁判文书中，2006年和2007年均各为6份，2008年和2009年均为7份，2010年有13份。25份撤诉的裁判文书中，2006年有5份，2007年和2009年均为3份，2008年有4份，2010年有10份（见表24）。

表24　125份旌阳区法院家庭暴力案件裁判文书审理结果简表（单位：份）

审理结果		调解和好	调解离婚	判决离婚	判决不离婚	撤诉
合计		6	41	14	39	25
审结年度分布	2006	2	13	5	6	5
	2007	0	5	1	6	3
	2008	1	8	1	7	4
	2009	3	8	6	7	3
	2010	0	7	1	13	10

可见，旌阳区法院审理家庭暴力案件结果中，调解离婚和判决不离婚居多。判决离婚次之，调解和好几率相对较小。法院将稳定社会秩序作为审判重要考虑因素之一。

第八，当事人撤诉原因。由上表可知，在125份家庭暴力裁判文书的法院审理结果中，撤诉共25份，占20%。关于当事人撤诉的原因，通过研读当事人的撤诉申请，笔者将其归纳为四种：自行和解、为子女利益、亲友劝告、施虐者悔改（如图14）。

2007年、2008年和2009年，当事人撤诉原因均为自行和解；2010年10份撤诉申请中，自行和解就有9份，仅有1份是施虐者悔改；2006年5份撤诉申请中，自行和解有2份，施虐者悔改、亲友劝告、为子女利益均各为1份。

可见，当事人撤诉的原因基本都是自行和解。这不仅有利于法院减轻诉累，而且也有利于社会的稳定。

第九，法院审理依据的法律法规。笔者在研读125份家庭暴力

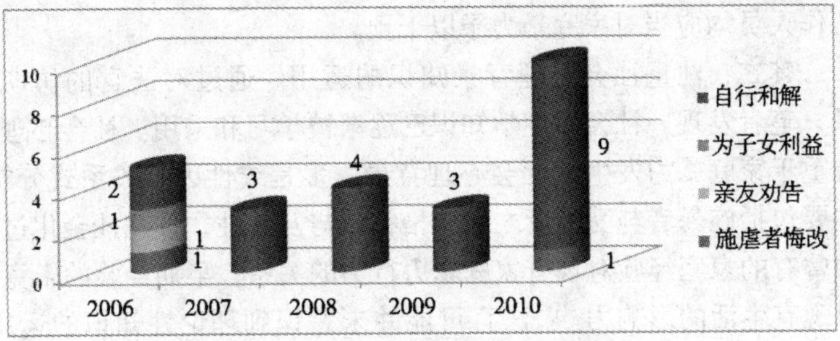

图 14 125 份旌阳区法院家庭暴力案件裁判文书当事人撤诉原因（单位：个）

裁判文书的过程中，无论是调解离婚、判决离婚还是判决不离婚，均依据的是现行《婚姻法》第 32 条。这表明，2001 年将“实施家庭暴力或虐待、遗弃家庭成员”写入《婚姻法》后，家庭暴力已经成为判决离婚的主要法定理由。

第十，经济帮助或离婚损害赔偿。在研读 125 份家庭暴力裁判文书中，发现有离婚经济帮助或离婚损害赔偿的案件屈指可数，并且帮助和赔偿的数额均较少。2006 年仅有 4 例，受害者获得离婚经济帮助各 2000 元和 8800 元，离婚损害赔偿各 1000 元和 400 元。2008 年仅有 3 例，受害者获得离婚经济帮助各 10000 元和 3000 元，离婚损害赔偿 1160 元。2009 年仅 1 例，当事人获得离婚损害赔偿 1000 元。2007 年和 2010 年均无。由此说明：第一，现行《婚姻法》第 42 条关于离婚经济帮助和第 46 条关于离婚损害赔偿制度并没有广泛运用于法院的审理过程中；第二，受害者虽然将家庭暴力诉诸法律，但因法律意识缺乏导致失去享有权利的机会。

旌阳区法院近几年司法介入家庭暴力所取得的成绩如下：

其一，防治家庭暴力意识整体有所提高。从调研结果来看，目前，司法机关工作人员均普遍认识到家庭暴力已经成为严重危害家庭成员人身、财产安全以及社会稳定的重要因素之一。家庭暴力不再是“家务事”，其与社会稳定息息相关，因此，社会各个层面的工作人员均应当对家庭暴力予以干预。

其二，注重社会心理背景知识的运用。通过对法官的访谈记录，笔者发现，社会心理学知识已逐渐被学习和采用。社会心理学着重于家庭暴力发生的社会心理背景，多是线性因果关系式分析，主要包括施暴者与受害者之间人格特点与互动性；寻找社会化过程中曾有的家庭经验对现有家庭暴力行为的关系；早期经验的未竟事对现有生活的影响力。[①] 法官可能并未意识到理论性知识的运用，然而，其在审理家庭暴力案件的过程中对当事人人格特质的分析就已触碰到社会心理背景知识的运用，通过“身份不一致”的角色理论分析，精准地把握当事人的心理状态，平衡施暴者与受害者之间的心理桥梁，从而更科学、更公正地审理家庭暴力案件。

其三，家庭暴力的处理方式更为多元。笔者发现，法院摒弃了“只劝和或者只劝离”的处理方式，更多的是将批评、教育、惩罚三者相结合，并特别保护当事人的个人利益与维护家庭的稳定。

再次，对部分警察与法官进行个人访谈。在实证调研过程中，向四川省德阳市公安局旌阳区分局城北派出所钟虎所长进行了访谈，对城北派出所民警处理有关家庭暴力案件的基本情况进行大致了解。以下是访谈记录。

钟跃，男，四川省德阳市公安局旌阳区分局城北派出所所长[②]

我在德阳市公安局旌阳区分局城北派出所工作已近十年了。目前，城北派出所一共有14人，其中11位是民警，基本都在20～30岁。城北常住人口4万多，派出所管辖区域较宽，所处理的刑事和治安案件也相对较多。近几年来，家庭暴力案件时有发生，平均每年20～30件不等。特别要说明的是，我所说的家庭暴力案件

① 佟新：《不平等性别关系的生产与再生产——对中国家庭暴力的分析》，载唐灿主编：《家庭与性别评论》（第1辑），社会科学文献出版社2008年，第231页。

② 文中所涉派出所所长为化名，在此向钟所长配合我的论文写作表示感谢！

也包括我们处理的家庭纠纷案件。目前看来，家庭纠纷、家庭暴力和一般的治安纠纷的内涵较为模糊。有些家庭纠纷也涉及拳打脚踢，但在我们看来，这不算家庭暴力，因为我们对“暴力”的理解还是倾向于比较严重的刑事案件。

城北派出所处理家庭暴力案件的程序大致是：问询—调查取证—调解—当事人检讨并处罚。其中，最棘手的是调查取证这一环节。派出所一旦接到“110”报警是涉及家庭暴力的，就会立即出警进行制止，如果受害者提出进一步惩罚施暴者，那么我们就必须调查取证。一般而言，派出所民警首先要向当事人所在的社区、居委会了解相关情况，如夫妻关系或家庭关系等。值得一提的是，城北各社区在每个小区的每栋楼都设有栋长，栋长的职责主要是对每户基本情况进行定期了解，对日常的家庭纠纷进行化解。这也为我们派出所及时了解情况提供了便利。然后，民警就会寻找当事人的亲友或邻居进行进一步了解。然而，社区、居委会对每户人家的内部关系的了解程度是有限的，而当事人亲友或邻居又经常会以怕“惹事上身”或“不愿掺和别人家的事”为借口回避或推诿，这就造成了派出所取证非常困难。更令人感到尴尬的是，有时候派出所花费了大量的警力、人力和物力进行取证，在取得阶段性成果的时候，受害者又觉得对施暴者处罚太过于严厉而自行协商和好，这样，派出所前期所做的调查取证工作将一文不值。这也导致了民警一接到涉及家庭暴力案件时头疼的因素之一。在调节这一环节上，我们大多从当事人的子女、父母等多个角度进行劝导，对个案进行分析，采取不同的方法。我们基本采取教育和处罚相结合的方式，主要是让施暴者写检讨书并签字、誊写20次相关法律条款、罚款等。当然，我个人认为，防治家庭暴力应当重点放在“如何防治”，而不是事后处罚。

在我们处理家庭暴力案件中，施暴者大多都有酗酒、赌博、吸毒等恶习。如果施暴者是吸毒者，旌阳区目前尚未有强戒所，若其他强戒所不收留的情况下，我们则无法进行处理，只有将其予以警告再重返社会。其实，在这种情况下，受害者所面临的危险反而更大。因此，公安机关一般情况下不敢随意传唤当事人。

城北派出所警力有限，城北人口相对较多，一线民警平时接警出警的工作量都较大。另外，派出所仅有 4 辆警车，如果遇到多处均需出警的时候，刑事案件或治安案件肯定优先于家庭纠纷案件。原因在于，首先，“110” 接警有先后顺序，如果家庭暴力或家庭纠纷案件与刑事案件时间上相撞，那么一般是按照刑事案件—治安案件—家庭纠纷案件的顺序进行处理；其次，一般情况下，处理家庭纠纷案件后，还需要花较长时间（至少两小时）劝导当事人。因此，警车、警力、时间的有限性让我们实在分身乏术。关于近年流行的“冷暴力”案件，因取证非常困难，派出所对此毫无办法。我们目前也尚未处理过一起“冷暴力”案件。

我个人希望，首先，旌阳区公安分局的法制部门应当对一线民警进行多种法律的培训和学习。因为，一线民警对《婚姻法》、《人民警察法》等法律了解并不多，在日常处理案件时，往往仅运用《治安管理处罚法》等。其次，关于家庭暴力案件的处理过程，在制止施暴者行为后，受害者应当填写“申请书”并表明若撤销申请则要受到何种处罚的类似文书。这样，一线民警才不会担心调查工作毫无价值而懈怠取证，派出所也不会因为当事人以自行和好的方式来逃避惩罚而浪费大量警力和物力。再次，应当加强基层派出所的警力和物力，并且，处理家庭暴力的一线民警应当具备一定工作经验。因为，施暴者大多心里有疾病或障碍，只有具备工作经验的民警才适合对其进行理性劝导。最后，“冷暴力”案件当事人最好能先向妇联等组织进行调解。因为，我们派出所对“冷暴力”案件目前尚无任何办法进行处理。

笔者在实证调研中，还对数名家庭暴力案件审理法官进行了个人访谈[①]，筛选了两份典型的访谈实录。

访谈1[②]：肖伟华，男，四川省德阳市旌阳区法院民一庭法官

我叫肖伟华，今年40岁，是旌阳区法院民一庭的法官，主要负责审理离婚、赡养、子女抚养费等家事案件。在我近20年的审理生涯中，离婚案件数量最多，因为2001年婚姻法的修改以及婚姻观念的转变带来了较大影响。其中，因家庭暴力引起的案件在近几年内数量有所增加。由于我院尚未将家庭暴力单独作为案由，因此，其都是归入其他案件中，90%属于离婚案件，仅有少量是赡养案件。

家庭暴力是非常严重的社会问题。由于发生在家庭成员之间，具有隐蔽性，因此，只要当事人不愿意告知外界，法院也难以提供帮助。有鉴于此，我个人认为，如要制止家庭暴力，最好还是应当先通过亲朋好友的劝说或者当事人所在社区、居委会的调解，毕竟司法是保障受害者权利的最后防线，如将此最后一道防线一开始就抬得很高，那么必然会造成非正式系统救助的荒废与法院诉累负担的加重。当然，在当事人自愿的前提下，很严重的家庭暴力最好能诉诸法院，用法律武器对抗暴行是行之有效的方法之一。

在司法实践中，证据一直都是棘手问题之一。很多受害者不具备搜集证据的意识，只是单纯到法院"告状"，殊不知，当事人提供不了充分的证据，法官难以断案。即使有些受害者保留了照片、病历本等，但因形成不了证据链，法官也难以判案，最终不得不以"夫妻感情尚未达到破裂"为由而驳回起诉或判决不离婚。

2000年9月15日，四川省第九届人民代表大会常务委员会第

---

① 文中对家庭暴力案件审理法官个人访谈均采用化名。访谈笔录经由笔者根据访谈内容如实记录。在此向各位人民法官为配合本论文的写作表示衷心感谢！

② 访谈时间：2011年1月21日。访谈地点：四川省德阳市旌阳区人民法院肖法官办公室。

十九次会议通过了《关于预防家庭暴力的决议》，其中对法院审理家庭暴力案件作出规定。我院也是严格遵从该决议，在审理有关家庭暴力离婚案件时特别重视当事人的诉求、证据提供、受害者遭受家庭暴力的背景、起因、程度、方式、后果等，力求最大限度地保障受害者的合法权益。自2008年最高人民法院关于审理家庭暴力案件指南出台后，我院虽未成为试点法院，但法官们仍然在司法实践中努力学习试点法院民事保护令的做法，相信在不久后，我院也能够核发民事保护令，为受害者提供最及时的保护。

访谈2①：周平，男，重庆市沙坪坝区法院民一庭法官

我在沙坪坝区法院担任法官已近10年，审理过的家庭暴力案件数量不少。2006年5月19日，重庆市第二届人民代表大会常务委员会第二十四次会议通过了《重庆市预防和制止家庭暴力条例》，该条例对我们在审理家庭暴力案件上帮助很大。2008年，最高人民法院应用法学研究所出台的《涉及家庭暴力婚姻案件审理指南》更是让审理家庭暴力案件具有可操作性。2010年，我院成为全市法院开展涉及家庭暴力婚姻案件审理的试点法院。2010年8月，我院核发了首例“人身安全保护裁定”：禁止被告对原告继续实施家庭暴力行为；禁止被告利用电话或者其他通信手段骚扰原告，或对原告实施跟踪、窥视等行为；禁止被告在距离原告住所200米以内活动。2011年1月，我院再次核发第2例“人身安全保护裁定”：禁止被告继续对原告实施家庭暴力；禁止被告擅自处分房屋、车辆等价值较大的夫妻共同财产；责令被告向原告支付在人身安全保护裁定生效期间的婚生女抚养费每月1500元。在事后的回访中，受害者表示自法院核发了“人身安全保护裁定”就不再害怕，而施暴者也严格遵照裁定内容。可以说，这两例人身安全保护裁定的实效非常好。我院也会在今后的涉及家庭暴力案件中，根

① 访谈时间：2011年3月22日。访谈地点：重庆市沙坪坝区法院周法官办公室。

据个案情况继续核发保护令。

访谈3[①]：王政，男，河北省秦皇岛市海港区法院民一庭法官

我成为法官已经10多年了，一直在海港区法院民一庭审理家事案件。多年来的审案经验告诉我，凡是离婚案件中涉及家庭暴力的都比较难以被认定。但是，自从2001年婚姻法将家庭暴力列入法定离婚理由后，对于家庭暴力的认定才被正式提到法院审判的过程中。尽管如此，认定家庭暴力仍然有一定难度，现行法对于何为家庭暴力并没有明确规定，《婚姻法司法解释（一）》虽然界定了家庭暴力，但内容较为模糊，在具体个案中认定可操作性不强。此外，证据问题也是家庭暴力难以被认定的原因之一，家庭暴力证据收集不易，非法证据排除规则、当事人举证责任规则等适用难度也较大。

在家庭暴力案件中，某些时候，未成年子女所受的伤害远远大于受害者，对于此，我有时候觉得"无能为力"，特别是在因证据不足被驳回起诉的案件中，我只能"眼见"，无法"行动"。我个人认为，家庭暴力是非常严重的侵害他人人身、生命、名誉、人格、性、财产的行为，因家庭暴力导致严重后果的案件不可"私了"，必须追究施暴者的法律责任。在我国未来防治家庭暴力立法中，应当对家庭暴力严格规制，从个人、政府、司法、社会等各方面共同防治家庭暴力。

我院尚未成为民事保护令的试点法院，尽管如此，2011年7月，石家庄市裕华区法院家事法庭核发了河北省首例"人身保护令"，据回访报到，效果非常好，严厉震慑了施暴者，及时保障了受害者。相信在省内首例人身保护令核发后，我省各市各区法院也将一起进行司法探索，寻求保护家庭暴力受害者的最佳途径。

---

① 访谈时间：2011年9月12日。访谈地点：河北秦皇岛市燕山大学法学院办公室。

我院并未将家庭暴力作为独立案由，一般都是将其归类到离婚案件中。我院也尚未建立专门审理家庭暴力案件的法庭，尽管如此，我院多次组织法官进行关于家庭暴力案件审理的培训，其中有部分法院还到北京等地进修，对家庭暴力理论予以学术研究，力求理论与实践相结合。至于我国是否需要出台一部专门的防治家庭暴力法，我个人认为暂时还不需要，现行《婚姻法》、《民法通则》、《婚姻法司法解释（一）》等相关法律法规已经足以适用法官审理家庭暴力案件。当然，反家庭暴力法是必要的，但目前来说尚未成熟。

可见，我国内地部分地区法院采取的防治家庭暴力的司法措施主要包括：第一，核发人身安全保护裁定；第二，督促警察及时接警、出警、处警。

第三节　中外防治家庭暴力司法状况之比较评析

一、司法机构评析

对于防治家庭暴力的司法机构，前述各国的共同点在于，法院、检察院、警察均是防治家庭暴力司法机构的主要力量。不同点主要在于，各司法机构的职责有所不同。除了警察接到家庭暴力受害者及相关的报警后须第一时间赶赴现场立即制止之外，美国警察还应收集相关证据，必要时还可进行无令状逮捕；挪威法院施行“无条件司法干预”的公诉原则，即使受害者因各种原因撤销了原先指控，警察和公诉机关在没有受害者同意的情况下，也有权向施暴者提起诉讼。从有限的实证调研和部分警察、法官的访谈中可以了解到，较之于美国、挪威、澳大利亚、加拿大警察处理家庭暴力案件的，我国内地警察队伍仍然存在接警效率不高、处理不及时等缺憾。

二、司法措施评析

对于防治家庭暴力的司法措施，前述各国的共同点在于，警察在接到家庭暴力受害者及相关人的报警后立即出警，法院在审理家庭暴力案件时，应当将受害者和未成年子女作为考虑因素之一。不同点在于，美国警察接警后，首先要对家庭暴力案件事实进行调查，在做出逮捕施暴者的决定之前，必须找到足够的证据来证明其犯罪事实的原因，同时，还应当尽可能收集相关证据（可从受害者的身体创伤、衣裤破裂、邻里口述等方面入手），只有具备了一定的条件，警察才能对施暴者进行拘留或逮捕。并按照施暴者犯罪程度分别采用不同的方式定性不同程度的家庭暴力行为。当然，警察还负有帮助受害者及其子女转移到安全地方、将受害者的叙述整理成文件以帮助其此后报案的证据、填写“家庭事件报告”并将副本交至受害者的职责。美国每个州几乎都授权警察“无令状逮捕权”。只要警察在执行任务时发现有足以被认为是家庭暴力嫌疑人时，必须进行无令状逮捕，同时，警察还负有义务告知受害者享有的权利及可实行的保障措施、护送受害者到庇护机构、向受害者说明如何依法定程序申请民事保护令。美国民事保护令制度对家庭暴力受害者提供了非常“宽容”的救助环境，只要是难以忍受配偶的家庭暴力受害者均可打电话到附近警署或直接到法院以自诉方式申请保护令，一般都会被获准申请。挪威警察部与儿童和家庭事务部、保健和社会事务部一起合作开发了家庭暴力受害者可以申请佩戴警报器，该警报器与受害者住所最近的警察局相连，以确保警察能够迅速出警。加拿大警察可在没有征得当事人允许的情况下破门而入强行带走施暴者，在法院审理家庭暴力案件的过程中，受害者只作为证人参加，无需提供任何证据。澳大利亚警察有权对施暴者进行现行拘留，同时还负有向受害者进行安慰的义务，对受害者获得司法救济提供各种指导和帮助。我国香港地区注重警察接到涉及家庭暴力案件后，将家庭暴力受害者转介到社工或社会福利署，转介机制的发达有利于利用社会资源，构建社会防治家庭暴力联动机制。我国澳门地区的家庭暴力 24 小时嫌疑者通报机制为家庭暴力受害者提供心理咨询和辅导。

笔者以为，我国内地防治家庭暴力的司法措施还应当在现有的基础上加以完善，第一，可以借鉴美国警察在出警后，逮捕家庭暴力施暴者的同时搜集相关证据。我国内地警察多注重及时制止家庭暴力，在第一时间搜集家庭暴力相关证据的意识不强。同时，在辨别是否是可采证据时，应当借鉴美国警察的做法，采用非法证据排除规则。第二，可以借鉴我国香港地区转介制度的运行，将社会可资利用的资源，如警察机关、医疗机构、社会福利署、教育机构等，构建防治家庭暴力社会联动机制。同时，明确各机构的职责分属，做到互相配合之下的各负其责。第三，可以借鉴美国和加拿大的无令状逮捕制度，这不仅可以及时制止暴力行为，还可以杜绝暴力的再次发生。第四，在法院审理家庭暴力案件的庭审过程中，可以借鉴加拿大司法机关的措施，受害者既可以作为原告出庭，也可以作为证人参加。第五，可以借鉴我国澳门地区的家庭暴力嫌疑者通报机制，并为家庭暴力受害者提供 24 小时的救助热线。

第四节　我国防治家庭暴力的司法困境

通过对前述各国、各地区司法机构和司法措施的比较评析，可以看出，我国防治家庭暴力司法措施仍尚存诸多问题，主要表现如下：

一、家庭暴力相关立法适用性不强

从调研过程看，法官对我国现行《婚姻法》有关家庭暴力的内容较为熟悉，然而对其他相关法律、法规、规章及规范性文件的了解和理解程度较为欠缺，因此，在审理家庭暴力案件中基本仅依据现行《婚姻法》，而《妇女权益保障法》、《未成年人保护法》、

《老年人权益保障法》基本从未涉及和运用。通过研读有关家庭暴力案件的裁判书，笔者发现，在离婚案件中，基本依据的是现行《婚姻法》第33条或第34条的内容。可见，从目前的司法实践来看，我国有关防治家庭暴力的法律法规适用性较弱，原因如下：首先，这与我国防治家庭暴力相关的法律法规宣传不到位有直接关系。应当大力加强宣传“对家庭暴力零容忍”、社会性别平等、防治家庭暴力人人有责等思想观念，大力宣传涉及家庭暴力的所有法律、法规、规章、文件，充分做到“普法普到位、宣传宣到家”，使得防治家庭暴力深入人心。其次，这与涉及家庭暴力的法律法规内容不完善有密切关系。因我国防治家庭暴力立法内容的欠缺，使得法官审理涉及家庭暴力案件的操作性难以把握，警察出警制止家庭暴力时的力度难以平衡。

二、警察队伍防治家庭暴力力度欠佳

通过对派出所警察处理家庭暴力案件的访谈中发现，我国警察介入家庭暴力案件的处境仍然较为尴尬。笔者以为，原因有二：第一，对家庭暴力的容忍文化仍然根深蒂固。在我国传统文化上，“打老婆”自古以来被认为是“不足以为外人所道”、清官难断的“家务事”，因此造成了受暴女性乃至大面积人群，甚至警察队伍对家庭暴力抱持“容忍”、“默许”的态度。对家庭暴力的容忍文化并非一朝一夕就形成，其源于传统社会性别观念——“男主外，女主内”的束缚，该两性权力分配模式不仅强化了男性与女性在身份上的支配与服从，而且导致社会对待家庭暴力的态度被“压抑”在默认中良久。随着对家庭暴力理论与实践研究的深入，“对家庭暴力零容忍”的立法理念被逐渐得到强化，在司法实践领域，作为家庭暴力受害者的第一时间求助的对象——警察，理应担当起及时介入、理性干预的职责。第二，警察个人对家庭暴力认知的欠缺，导致警察队伍防治家庭暴力力度显得“力不从心”，效果欠佳。囿于我国目前缺乏对警察进行社会性别的培训，因此，多数警察仍然难以合理分清家庭暴力与家庭纠纷的区别，实践中往往将家庭暴力案件归为家庭纠纷一类，懈怠于及时处理。因此，目前，我国警察队伍防治家庭暴力力度亟须得到提升。

三、法院法官对家庭暴力认识亟待提高

司法机关工作人员在认识上对家庭暴力仍存误区，例如，对家庭暴力认识有偏差，在现行《婚姻法》以及《婚姻法司法解释（一)》出台之前，司法机关对何为家庭暴力无明晰的界定，在司法实践中也较少去关注家庭暴力案件，自2001年家庭暴力正式入法后，《婚姻法司法解释（一)》对家庭暴力作出了定义，司法机关才对家庭暴力有了一定的认识，特别是在审理涉及家庭暴力的案件时，较多地去审核家庭暴力事实的存在。尽管如此，由于家庭暴力内涵一直存有争议，加上家庭内部事务观念不便于外界介入的观点仍根深蒂固，因此，在司法实践中，对家庭暴力的认识仍存有偏差；将家庭暴力与家庭纠纷混为一谈，不仅在社区、街道、妇联等民间组织对家庭纠纷与家庭暴力相混，而且在司法实践中，如警察办案、法院审案的过程中，也出现将二者混为一谈的现象；没有配备经验成熟的专人处理家庭暴力事件导致效果不佳，目前在我国，配备专员处理家庭暴力事件还尚未普及，该做法亦尚未得到大多数学者的认可，因此，利用非专业人员处理家庭暴力事件可能会出现不力；“崇尚”调解，认为对施暴者处罚后会对家庭和谐带来负面影响，担心施暴者被处罚后会变本加厉实施侵害，忽视了法律的教育惩戒作用，一定程度上纵容了施暴者的违法犯罪行为等。

此外，通过深入访谈家庭暴力案件中的两位受害者，笔者发现，被打妻子对待所遇到的家庭暴力反映模式基本分为三个阶段：第一，对丈夫的愤怒和不可理解；第二，对丈夫施暴和自身的容忍找寻合理的理由；第三，试图并实施原谅丈夫的行为。因此，被打女性“不由自主”地将自身“对号入座”于“受害者”的位置，此种不平等的性别关系使她们失去了改变或彻底脱离被控制的机

会，只能继续“容忍”在低水平的生存环境中延续下去。

笔者以为，司法机关应当在“反对家庭暴力”口号已唱响的大环境下，寻求适合自身的关于防治家庭暴力的最理想措施。更为值得关注的是，由于传统不平等的性别结构已经深入到社会个体的意识形态和行动中，因此，在现有男强女弱的两性关系模式下，受害女性没有足够资源受到激励去摆脱困境。应当从三个方面去努力：第一，尽快建立对受害者的法律援助机构和心理咨询机构，无偿地为其提供帮助；第二，亟须加快反对家庭暴力的制度性建设，如专门以女性受害者为对象的法医鉴定和强奸受害者的医学心理咨询等；第三，拓展研究防治家庭暴力的实证调查，并通过有效途径呼吁专门防治家庭暴力法律的出台。

第五章 家庭暴力救助措施考察

第一节 国外家庭暴力救助措施现状

一、美国家庭暴力救助措施现状

（一）救助机构

在美国，家庭暴力救助机构主要包括受害妇女庇护站、非官方机构的救援机构、政府、法律诊所、妇女组织联盟等。

（二）救助措施

在美国，民间开展的防治家庭暴力的社会救助活动较之于其他国家起步比较早。20 世纪 70 年代成立了首个家庭暴力受害妇女庇护站，其后在全美范围内，各州陆续开始建立非官方机构的庇护站或救援机构，为家庭暴力受害者特别是受害女性提供了方便、安全的场地。美国政府提倡鼓励采用多元化方式反对家庭暴力。1994 年《反对家庭暴力法》明确要求政府每年必须拨出至少 10 亿美金，专门用于防治家庭暴力活动的各项开支。随着防治家庭暴力呼声在全球越来越高，2002 年开始，政府每年都会拨款约 3.9 亿美元专门用于司法部开展的防治家庭暴力项目，必要的时候也会为地方政府和非官方机构提供防治家庭暴力专业上的指导以及资金上的支持。“法律诊所”和妇女组织联盟是社会救助两大亮点。“法律诊所”是一些公立院校和私立院校法学院设置的，救助项目之一则是针对家庭暴力受害者，“法律诊所”无需到政府注册，一般由各院校自主管理，免费代理受到家庭暴力侵害且贫困的妇女或儿童的法庭上诉。成立于20世纪90年代初的妇女组织联盟也称“全美妇女组织”或“妇女代言人”，从成立至今，已经开展了二百多个反家庭暴力项目，为受害者进行了多种形式的心理辅导。

二、英国家庭暴力救助措施现状

（一）救助机构

在英国，家庭暴力救助机构主要包括政府、社会福利机构等。

（二）救助措施

在英国，政府防治家庭暴力采用的方法是世界上比较闻名的“家庭暴力注册簿”。英国政府规定，因家庭暴力被处以6个月的监禁者，将被连续7年登记在“家庭暴力登记簿”上，被处以两年半以上的监禁者，将被终生登记在案。“家庭暴力登记簿”一式多份，分别发送到警察局、社会服务行业以及一些社会福利机构等相关机构处，一些要求雇员诚信度较高的用人单位在招聘员工时，均将被获准查阅“家庭暴力登记簿”。

三、加拿大家庭暴力救助措施现状

（一）救助机构

在加拿大，家庭暴力救助机构主要包括政府、避难所、各医学院校以及防治家庭暴力的各社区保健单位。

（二）救助措施

在加拿大，政府在各社区均设有为家庭暴力受害者提供的避难场所。避难所始终置于加拿大警方的保护之下，目的在于使家庭暴力受害者的心理和人身安全得到可靠保障。避难所均由加拿大政府出资，为家庭暴力受害者提供短期或中期的食宿以及法律、心理等方面的咨询，必要时还会为家庭暴力施暴者或有暴力倾向者提供心理咨询服务。对家庭暴力受害者的社会救助比较有特色的是将防治家庭暴力意识培训纳入到各医学院校的教学课程中，并要求医护人员、社会工作者、精神病专家负有报告家庭暴力事件的义务，构建了防治家庭暴力社区保健系统的全国监测网络。

此外，在澳大利亚，各社区都有专门的家庭暴力处理员，其主要职责在于为家庭暴力受害者提供及时的咨询或接受受害者及相关人的投诉。在法国，政府要求以开通热线电话受理的方式及时处理家庭暴力事件，政府开通的热线主要是帮助家庭暴力受害者解决住房问题。在西班牙，防治家庭暴力的观念从个人开始就读幼稚园就被灌输，2004 年建立了西班牙中央资料库，其中有专门针对家庭暴力受害者与施暴者采取各种救助措施的全部计划。在荷兰，凡是介于 12 岁到 15 岁之间的未成年人的教学中都会被纳入一门名为“同甘共苦”的课程，该课程设置的目的主要在于教导未成年人在家庭中分担家务以及一些医疗保健等方面的常识。

第二节　我国家庭暴力救助实践现状

一、我国香港地区家庭暴力救助措施现状

（一）救助机构

在我国香港地区，家庭暴力救助措施机构主要包括香港社会福利署、家庭及儿童福利服务地区协调委员会、长者服务地区协调委员会、家庭暴力地区联络小组等。

（二）救助措施

在我国的香港地区，关于处理家庭暴力事件的政策目标在于利用推行公众教育活动的方式谴责施暴者和鼓励受害者向专业人士寻求帮助、保障受害者的安全、为受害者提供支援服务、运用法律惩罚施暴者、采用辅导等方式改变施暴者的观念。在中央，香港社会福利署成立了跨专业合作的“关注家庭暴力工作小组”、“防止虐待儿童、老人委员会”、“集体齐抗家庭暴力宣传运动工作小组”，

这些工作小组均是政府部门或非政府部门的代表。此外，社会福利署还设立了三种个案举报的资料系统——“虐待配偶个案资料系统”、“保护儿童资料系统”、“虐待长者个案资料系统”。在地方，地区福利专员设立了“家庭及儿童福利服务地区协调委员会”和“长者服务地区协调委员会”，另外，还成立了“家庭暴力地区联络小组”，该联络小组由家庭服务单位的社工和警务人员组成，专门处理家庭暴力个案。社工署在处理虐待配偶个案程序中，一般按照危机介入——跟进服务——预防措施的程式。危机介入方式主要包括治疗受害者的身体损伤，成立庇护中心保障受害者安全，为受害者制定安全计划（尤其针对选择返回居所的受害者），为受害者辅以情绪支援等。专业人员提供了危机介入的紧急服务后，一般都会把个案转介社工跟进。在跟进服务部分，社工会尽快根据受害者的情形评估家庭暴力危机指数（情形包括离婚、强制令、刑事控诉等），按照当事人的需要和意愿制定跟进计划，同时安排受害者所需的短期或长期的支援和治疗（比如：临时住宿，转介庇护中心、家庭危机支援中心、单身人士宿舍、紧急住宿等）。此外，社工还会尽量联系施暴者，协助其停止暴力行为，并为施暴者提供所需的支援或治疗。在预防家庭暴力方面，全港性和地方性宣传活动均有涉及，一般采用播放电台节目、宣传讯息展示、召开反家庭暴力研讨会等方式。社会福利署还制作支援虐儿、虐待配偶或亲密伴侣的各种网页，以扩大影响。

二、我国台湾地区家庭暴力救助措施现状

（一）救助机构

在我国台湾地区，家庭暴力救助机构主要包括庇护所、家庭暴力防治委员会、防治家庭暴力中心等。

（二）救助措施

在我国台湾地区，在“中央”为内政部设置家庭暴力防治委员会，其主要职责包括：研拟家庭暴力相关规定及政策，协调、督

导及考核有关机关家庭暴力防治事项之执行，提高家庭暴力防治有关机构之服务效能，提供大众家庭暴力防治教育，协调被害人保护计划与加害人处遇计划，协助公、私立机构建立家庭暴力处理程序及推展家庭暴力防治教育，统筹家庭暴力之整体资料，供法官、检察官、警察人员、医护人员及“其他政府机关”相互参酌并对被害人之身份予以保密、协助“地方政府”推动家庭暴力防治业务并提供辅导及补助。“各级地方政府”得设立家庭暴力防治委员会，其主要职责包括：研拟家庭暴力防治法规及政策，协调、督导及考核有关机关家庭暴力防治事项之执行，提高家庭暴力防治有关机构之服务效能，提供大众家庭暴力防治教育，协调被害人保护计划与加害人处遇计划，协助公、私立机构建立家庭暴力处理程序及推展家庭暴力防治教育，统筹家庭暴力之整体资料，供法官、检察官、警察人员、医护人员及各级地方政府应各设立家庭暴力防治中心，并结合警政、教育、卫生、社政、户政、司法等相关单位，办理诸如24小时电话专线、被害人之心理辅导、职业辅导、住宅辅导、紧急安置与法律扶助、给予被害人24小时紧急救援、协助诊疗、验伤及取得证据、加害人之追踪辅导之转介、被害人与加害人身心治疗之转介、推广各种教育、训练与宣传。防治家庭暴力中心应单独设立或与性侵害防治中心合并设立，并应配置社工、警察、医疗及其他相关专业人员。

值得一提的是，台湾访视制度虽然并非专门针对家庭暴力当事人而设，其主要适用在医疗机构回访病患者、教育结构回访未成年人、老年人照护机构回访老年患者等，但是，访视制度构建的理念应当是为需要被访视的人提供一定的后续服务，同样，其亦应当慢慢渗入家庭暴力当事人的范围之中。目前，在我国台湾地区，访视范围已经扩展到遭受性侵害的受害者。

三、我国澳门地区家庭暴力救助措施现状

（一）救助机构

在我国澳门地区，家庭暴力救助机构主要包括澳门特别行政区政府、社会工作中心、社会福利中心、澳门社工局、澳门妇联励苑等。

（二）救助措施

在社会服务方面，澳门特别行政区政府向家庭暴力受害者提供多种服务。受到家庭暴力问题困扰的受害者可得到其所属区域的社会工作中心求助，工作人员首先要对受害者所遇问题进行评估，然后根据评估结果为其提供适合的服务，如危机介入、转介临床心理服务、医院治疗等，受害者在投诉得到解决之前，可以得到政府提供的公共住所，得到暂时的安宁和保护。同时，受害者还可得到一些私营和宗教组织为之提供的救助项目，政府则大力支持这些组织和项目并协助提供大量资金。此外，政府还组建家庭辅导办公室，其从属于社会工作局家庭及小区服务厅，在社会福利中心提出需要的人员均可获得家庭咨询服务和妇女康复服务，这不仅为这些妇女及其子女提供安全栖身之地①，还就如何对行凶者采取法律行动提供咨询。

在我国澳门地区，虽然虐待和剥削儿童现象并非普遍存在②，但政府仍然为所有未成年人提供免费医疗，规定5岁至15岁的所有儿童必须入学接受普通中等学校教育，公立学校和得到补贴的私

---

① 如善牧中心和妇联励苑等庇护所。

② 2009年上半年，警方共收到1起儿童受虐待案件和91起侵犯未成年人身体完整性案件的报告。同期，警方收到3起未成年人被强奸案件的报告，没有未成年人受性虐待案件的报告。资料来源：《美国与澳门（2008）〈2007年度各国人权报告〉——中国部分（澳门）》，美国国务院民主、人权和劳工事务局于2008年3月11日发布。载美国驻香港总领事馆，http://chinese. hongkong. usconsulate. gov/usmo_hr_2008031101. html。最后访问：2009年10月10日。

立学校须提供基础教育。教育署为无力支付孩子学费的家庭提供援助，保护儿童的权利和福利。[①] 政府的这一系列做法不仅使未成年人得到了应有之权益，而且在很大程度上还可避免在家庭中因扶养未成年人矛盾加深导致的夫妻暴力、对未成年人暴力等行为，一定程度上有效地遏制了家庭暴力的发生，家庭功能也得到体现。

为了提高社工处理家庭暴力及危机个案的处理能力，澳门社工局开办了诸如《认识家庭暴力的评估及介入工作坊》、《危机个案处理技巧工作坊》等一系列课程，对社工进行社会性别意识、对具体个案介入的培训。[②] 同时，社工局也积极与民间社团合作进行宣传和教育。

值得一提的是，澳门妇联励苑是妇女联合总会下属的防治家庭暴力的标志性机构。其主要服务对象是遭受家庭暴力的妇女，其服务宗旨在于“维护妇女合法权益，协助家庭暴力的受害者重建自信，勇敢面对困难，设有 24 小时妇女求助热线，为遭受家庭暴力的妇女提供关怀及支持服务，推广和谐家庭生活”，其服务的主要内容包括：设有专门求助热线；专业社工及受训义工接听求助电话；短暂庇护住宿服务；住宿服务——年满 18 周岁以上遭受家庭暴力的妇女，以及其 18 周岁以下子女；危机介入——主要有除通过热线协助受虐妇女外，同时接受警方、医院及社会服务专业转介，为有实时危机的受虐妇女提供服务；情绪辅导——由专业社工提供情绪及咨询辅导服务；小组支持——透过小组活动，协助受虐妇女重建自信、积极面对生活；法律咨询——向受虐者提供法律咨询服务；儿童功课辅导——为入住儿

① 《美国与澳门（2008）〈2007 年度各国人权报告〉——中国部分（澳门）》，美国国务院民主、人权和劳工事务局于2008 年 3 月 11 日发布。载美国驻香港总领事馆网，http://chinese. hongkong. usconsulate. gov/usmo_hr_2008031101. html。最后访问：2009 年 10 月 10 日。

② 《当局草拟家庭暴力法打击施虐者》，载《澳门日报》2008 年 8 月 18 日。

童提供功课辅导；离舍跟进服务——个案将转介妇女联合总会属下家庭服务中心及相关服务机构跟进。遭受家庭暴力的妇女申请入住可直接致电妇女求助热线申请，也可通过政府机关及各民间社会服务机构转介。

据澳门妇联励苑官方资料统计，自开办5年来，共计283人入住，其中超过两成入住一次以上，2010年上半年入住妇女就达36人。2009年入住人次达致高峰，较之于2008年上升8.6%，共有63人次入住；其中共计17名妇女曾三度或以上入住，这反映了澳门家庭暴力的严重性和反复性。接听求助电话自开办累计高达1531个，关于家庭暴力求助的占75%，属于前入住妇女再次来电求助占23%。从入住妇女的调查显示，入住妇女中有六成多是忍受虐待在5年或以上，有四成更是受虐年期高达10年或以上。其中除近七成是丈夫亲密关系外，还包括前夫、同居者和男朋友等。[①] 另外，为了解澳门居民受到男女性别角色限制的程度，妇联总会、妇联励苑2010年9月4日举行了一次调查对象为16岁以上居民的“冲破男女角色框框”的网上问卷调查。

四、我国内地部分地区家庭暴力救助措施现状

（一）救助机构

近年来，囿于大多数家庭暴力受害者，尤其是部分女性文化程度不高，自身素质的差异性造成的自我保护意识不强、妇联的职能受到局限造成维权不易以及婚恋观的改变造成家庭婚姻质量不高等原因，家庭暴力问题在我国已日趋严重。在家庭暴力的防治措施上，除了应当强调女性自强自立，如树立正确的人生观和婚恋观，婚前谨慎挑选配偶，具备维权意识以及从国家立法、司法的角度用

---

① 《励苑今年入住妇女创新高，家庭暴力严重反复，妇联冀政府切实开展施虐者辅导服务》，载 http://mlearn.cool5forum.net/forum-f27/topic-t591.htm. 最后访问：2012年3月1日。

公权力介入家庭暴力案件之外，还不应忽视社会救助的力量。特别是妇联组织、居（村）民委员会、人民调解委员会、当事人所在单位等社会力量资源，其中，妇联组织作为联系妇女的桥梁和纽带，肩负着维护妇女儿童合法权益、构建和谐社会关系的重任，在防治家庭暴力上一直坚决持“零容忍”的态度。

（二）救助措施

为了解我国内地家庭暴力的救助措施，笔者拟从对四川省德阳市旌阳区的人民调解委员会和重庆市沙坪坝区妇联受理家庭暴力事件的实证调研入手，对部分妇联工作人员和人民调解员进行个人访谈。同时，还对内地其他部分省市妇联处理家庭暴力事件进行介绍。

1. 人民调解委员会家庭暴力事件受理实证调研。2011 年 1 月至 2 月，笔者选取了德阳城北人民调解委员会作为调研基地。城北街道地处德阳市区北部，面积约 20 平方千米，现辖 27 个社区、两个行政村，两个社区筹备组，一个饲养场。总人口 10 万余人：城市人口 73000 余人、农村人口 4000 余人、暂住人口 20000 余人。在此次实证调研中，笔者设计了 5 部分共计 13 项调研内容。主要包括：2008～2010 年度人民调解委员会受理家庭暴力案件情况、施暴者和受害者的性别、年龄、职业、文化程度、家庭暴力发生原因、对家庭暴力案件处理的结果。在对人民调解委员的访谈中，笔者共设计了 9 个题目：制止家庭暴力最好的方法、家庭暴力投诉到人民调解委员是否有助于解决家庭问题、对家庭暴力是否应采取法律干预、我国现有哪些法律或司法解释可以有效解决家庭暴力问题、我国是否需要制定一部专门的防治家庭暴力法律、人民调解委员会处理家庭暴力事件是否得力、及时有效地处理家庭暴力事件最理想的途径是什么、对我国防治家庭暴力措施的具体建议。

经统计，2008～2010 年城北人民调解委员会受理家庭暴力案件共 15 件，占家事法案件总量（70 件）的 21.42%，其中，离婚案件和赡养案件各 4 件，各占家庭暴力案件的 26.67%，其他案件

7件，占46.66%（见表3）。可见，2008~2010年城北人民调解委员会受理家庭暴力案件数量呈持续上升趋势（如图15）。

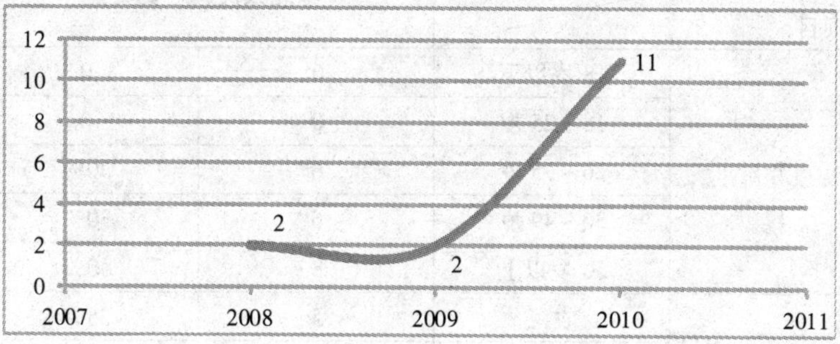

图15　2008~2010年德阳市城北人民调解委员会受理家庭暴力事件发展趋势（单位：件）

2008~2010年城北人民调解委员会受理家庭暴力案件的施暴者中，男性所占比例非常高，在3/4以上，女性是主要受害者；施暴者年龄介于26岁至49岁之间的中青年；施暴者职业并非局限于某一行业，农民、工人、公司职员、个体户、教师、医护、无业等均有，其中，农民、工人、无业又是施暴者的集中群体；施暴者大多与所受教育程度关系一般，从调研数据可知，除博士尚无施暴者外，其他各学历阶段均有施暴者，文盲、小学、初中和高中所占比例相对较高（见表25）。

表25　2008~2010年德阳市城北人民调解委员会受理家庭暴力事件施暴者信息（单位：件，百分比）

项目 \ 数量		城北人民调解委员会	
性别	男性	16	80%
	女性	4	20%

续表

项目 \ 数量		城北人民调解委员会	
年龄	18 岁以下	0	0
	18～25 岁	0	0
	26～35 岁	6	30%
	36～49 岁	6	30%
	50 岁以上	8	40%
职业	农民	5	25%
	工人	5	25%
	公司职员	1	5%
	个体户	0	0
	公务员	0	0
	教师	0	0
	医护	0	0
	无业	5	25%
	退休	0	0
	无固定职业	4	20%
	其他	0	0
文化程度	文盲	6	30%
	小学	3	15%
	初中	2	10%
	高中	2	10%
	大专	4	20%
	本科	2	10%
	硕士	1	5%
	博士	0	0

2008～2010年城北人民调解委员会受理家庭暴力案件的受害者中，女性所占比例高达80%；受害者分布在各年龄段不等，18岁以下的未成年人和50岁以上的老年人相对居多；职业分散分布在农民、工人、公司职员、个体户、教师、医护、无业等行业；受害者与所受教育关系不大，除博士尚无受害者外，其他各学历阶段均有，文盲、小学、初中和高中所占比例相对较高（见表26）。

表26　2008～2010年德阳市城北人民调解委员会受理家庭暴力事件受害者信息（单位：件，百分比）

项目＼数量		城北人民调解委员会	
性别	男性	4	20%
	女性	16	80%
年龄	18岁以下	3	15%
	18～25岁	2	10%
	26～35岁	3	15%
	36～49岁	2	10%
	50岁以上	10	50%
职业	农民	5	25%
	工人	1	5%
	公司职员	1	5%
	个体户	4	20%
	公务员	0	0
	教师	0	0
	医护	0	0
	无业	4	20%
	退休	2	10%
	无固定职业	3	15%
	其他	0	0

续表

项目 \ 数量		城北人民调解委员会	
文化程度	文盲	7	35%
	小学	3	15%
	初中	1	5%
	高中	6	30%
	大专	2	10%
	本科	1	5%
	硕士	0	0
	博士	0	0

城北人民调解委员会受理的家庭暴力案件中，疑有外遇、家庭琐事所占比例较高，分别为33.33%和21%，性格不合和草率结婚比例相当，分别为13.33%和12.33%，子女教育、酗酒、赌博所占比例相同，均为6.67%。在统计的数据中，尚未有因婚外行为、性格暴躁、女方不孕、经济纠纷、重男轻女、吸毒、嫖娼引起的家庭暴力案件（如图16）。

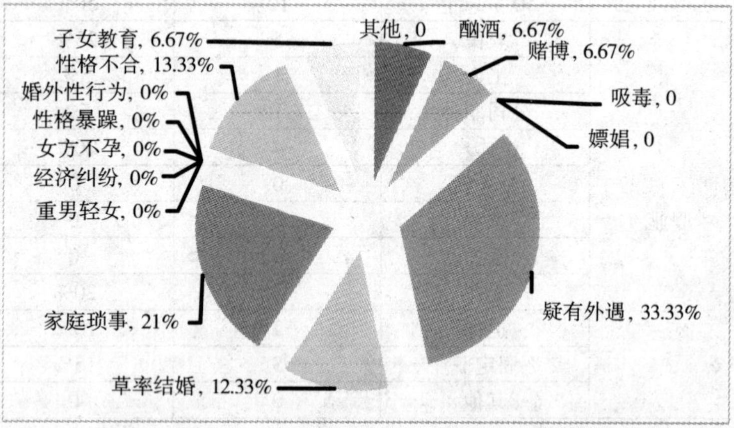

图16　2008～2010年德阳市城北人民调解委员会受理家庭暴力案件原因（单位：百分比）

2008~2010年城北人民调解委员会处理家庭暴力案件结果中，绝大部分案件的当事人均被调解和好。调解和好比例占93.33%，仅有6.67%的当事人起诉到法院（如图17）。

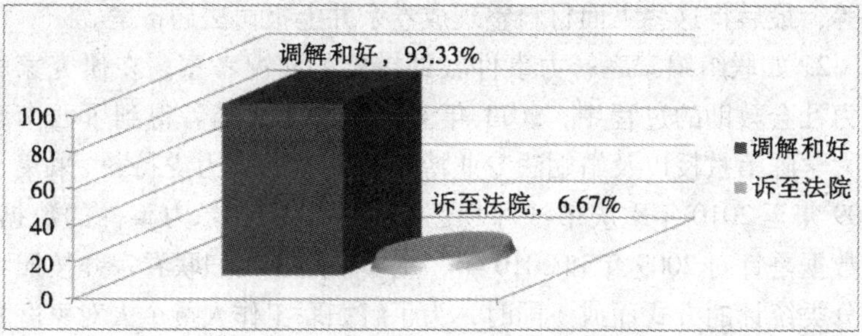

图17　2008~2010年德阳市城北人民调解委员会处理家庭暴力案件后果（单位：百分比）

综合以上调查数据，结合人民调解委员个人访谈可知，我国人民调解委员会高度重视家庭暴力防治工作，在实践中力求摸索适合各辖区行之有效的方法：第一，人民调解委员发挥主观能动性，及时上门化解家庭纠纷。在调研过程中，笔者得知，绝大多数居委会工作人员定期深入社区了解社情民意，主动与群众沟通交谈，如得知有矛盾纠纷存在的家庭则会主动上门进行调解，力争将家庭矛盾及时清除。如今，这样的工作方法业已形成一种日常工作机制，群众反映良好。第二，各社区经常利用国家法定节假日，如每年的"12·4"法制宣传日，开展"送法到社区"等法制宣传活动，通过发放宣传单，现场法律咨询等活动宣传法律知识，以增强群众法律意识。第三，经常邀请专业律师到社区办公，开展法律咨询等活动。在调查走访过程中，据城北人民调解委员会工作人员介绍，各社区经常主动与律师事务所合作，邀请律师到社区办公，现场为社区群众提供免费法律咨询服务，并为有质疑的群众提供法律援助服务。第四，做好防治家庭暴力的干部培训工作，提升人民调解员的法律专业素养。据城北人民调解委员会的负责同志介绍，由于多数人民调解员的法律专业知识相对缺乏，因此经常对人民调解员定期开展法律知识培训，规范人民调解工作，要求调解员在开展家庭暴力事件调解工作时必须制作调解笔录、调解协议书以及调解回访记录等，最后将这些书面材料整理成卷宗并上报司法局备案。

2. 妇联组织家庭暴力事件救助措施的实况考察。在研究家庭暴力社会救助的过程中，2011 年 4 月至 6 月，笔者得到了西南政法大学陈苇教授以及婚姻法专业博硕研究生的大力支持，① 采集了 2009 年至 2010 年重庆市沙坪坝区妇联关于家庭暴力事件的数据，该数据是针对 2009 年和 2010 年，主要采用查阅妇联卷宗并按照项目分类统计的方式而成。同时，为了解妇联工作人员个人对家庭暴力事件的看法，调研小组成员还分别对妇联工作人员进行了个人访谈。通过调研，笔者试图分析沙坪坝区妇联处理家庭暴力事件的情况，了解近两年家庭暴力发生的原因、类型、特点及结果，并针对妇联工作人员对家庭暴力的认识不足、对涉及家庭暴力的相关法律法规适用性不强、不平等性别关系持续再生产的特点，提出社会救助机构应当寻求适合自身最理想的家庭暴力防治措施，在现有男强女弱的两性关系模式下，应当对受害女性提供足够的资源使其受到激励，摆脱在“低水平”的生存环境中延续悲哀的困境。

2009 年和 2010 年沙坪坝区妇联接受当事人投诉家庭暴力事件的情形中（见表 4），受理婚姻家庭事件共 302 件，涉及家庭暴力案件 80 件，占 26.5%，其中，被归列离婚事件类 68 件，占涉及家庭暴力事件的 85%，其他类 12 件，占 15%。尚无被归列到继承、赡养、抚养费纠纷、抚养权纠纷、离婚后财产纠纷的事件。可见，该妇联并未将家庭暴力投诉作为独立类别，而是将其归类到离婚、继承、赡养、抚养费纠纷、抚养权纠纷、离婚后财产纠纷事件

① 本调研小组在西南政法大学陈苇教授的指导下对重庆市沙坪坝区妇联进行了为期两个月的调研。参加调研的有博士研究生段伟伟，硕士研究生侯菡、姜大伟，在此向调研人员表示真诚感谢！

中。从调研资料显示，涉及家庭暴力的离婚事件所占的比例最高，夫妻暴力是家庭暴力最主要的暴力形式之一。值得一提的是，“分手暴力”、“约会暴力”并非全部发生在夫妻之间，“分手暴力”有可能发生在夫妻之间，也有可能发生在夫妻离婚后，“约会暴力”大多发生在结婚之前的“恋爱阶段”，然而，这两种暴力也是发生在异性之间且或多或少与“婚姻”有些许关系。笔者认为，在社会救助机构归类投诉事件的类型中，不仅需要在婚姻家庭类事件中独立设置家庭暴力类，还应当将诸如“分手暴力”、“约会暴力”等其他暴力类型归列其中，以最全面的方式尽可能涵盖家庭暴力类型，以便使投诉者能够找寻救济途径。

2010 年沙坪坝区妇联受理婚姻家庭事件 181 件，相较于 2009 年（121 件）增加了 60 件。其中，2010 年家庭暴力事件 48 件，相较于 2009 年（32 件）增加了 16 件。虽然涉及家庭暴力的事件有所增加，但总体来看，2010 年家庭暴力事件所占婚姻家庭事件总量的 26. 5% ，相较于 2009 年的 26. 4% 而言仅增加了 0. 1% ，起伏很小（如图 18）。

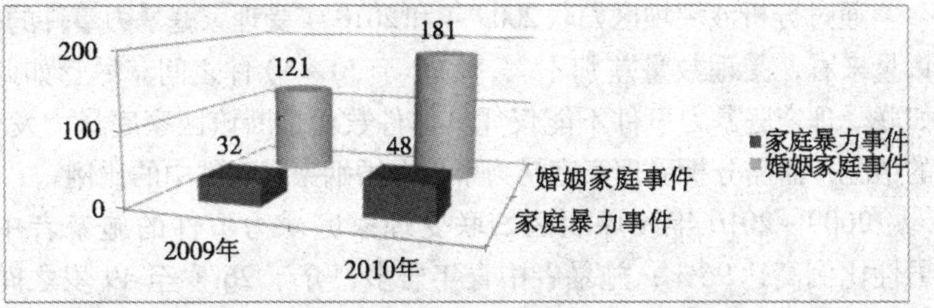

图 18　2009 ~ 2010 年重庆市沙坪坝区妇联受理家庭暴力事件的数量（单位：件）

沙坪坝区妇联 2009 年和 2010 年受理涉及家庭暴力事件中（如图 19 – 1 和图 19　2），离婚纠纷分别占 81. 25% 和 87. 5% ，均为两年中比例最高，涨幅达 5. 25% ，其他类分别占 18. 75% 和 12. 5% ，减幅达 6. 25% 。可见，两年相较差别不大。涉及继承、赡养、抚养费、抚养权、离婚后财产纠纷均无。

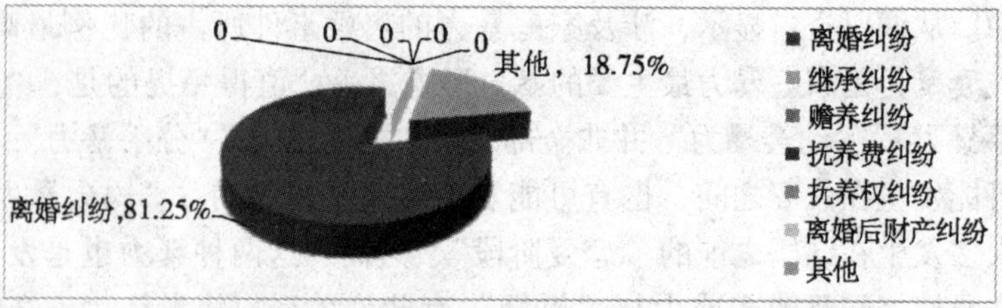

图 19－1　2009 年重庆市沙坪坝区妇联受理家庭暴力事件类型（单位：百分比）

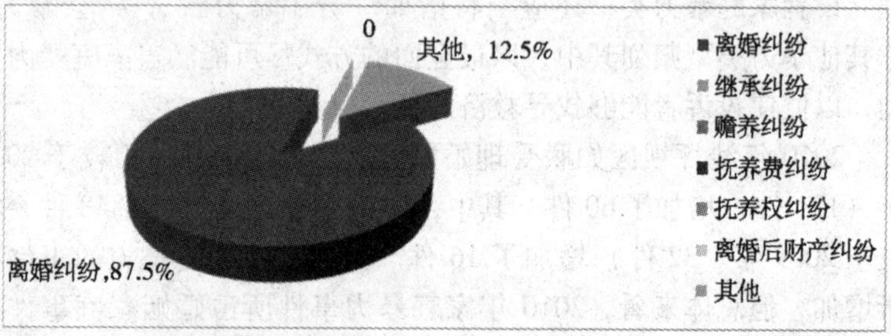

图 19－2　2010 年重庆市沙坪坝区妇联受理家庭暴力事件类型（单位：百分比）

通过分析沙坪坝区妇联2009 年和2010 年受理家庭暴力事件的投诉量来看，受理数量差别不大，均介于 30～50 件之间。尽管如此，妇联受理家庭暴力事件不能仅凭具体件数而推断该区家庭暴力发生的情况，而需分析受理家庭暴力事件在婚姻家庭事件中的比例。

2009～2010 年沙坪坝区妇联受理家庭暴力事件的施暴者中，男性比例高达96%；施暴者中青年居多，介于26 岁至49 岁之间；施暴者职业分散分布在农民、工人、公司职员、个体户、教师、医护等职业中，无业或退休人员也有部分施暴者，根据数据显示，农民和工人是施暴者的集中群体，可见，施暴者与职业关系不大；施暴者大多是文化程度处于中下水平者，小学和初中是集中区，尽管大学以上学历仍然存在施暴者，但数量较之于大学以下学历仅是少数。可见，虽然并没有确切证据可说明受教育程度较低的中青年者易成为施暴者，但却可以了解到施暴行为与年龄和所受教育有一定关系（见表27）。

表27　2009～2010年重庆市沙坪坝区妇联受理家庭暴力事件施暴者信息（单位：个，百分比）

项目 \ 数量		沙坪坝区妇联	
性别	男性	77	96.50%
	女性	3	3.50%
年龄	18岁以下	0	0
	18～25岁	4	5.00%
	26～35岁	18	23.00%
	36～49岁	41	51.00%
	50岁以上	17	21.00%
职业	农民	0	0
	工人	24	28.00%
	公司职员	0	0
	个体户	18	22.00%
	公务员	0	0
	教师	0	0
	医护	0	0
	无业	23	32.00%
	退休	15	18.00%
	无固定职业	0	0
	其他	0	0
文化程度	文盲	3	3.75%
	小学	21	26.25%
	初中	24	30.00%
	高中	12	15.00%
	大专	13	16.25%
	本科	4	5.00%
	硕士	2	2.50%
	博士	1	1.25%

2009～2010年沙坪坝区妇联受理家庭暴力事件的受害者中，绝大多数是女性，比例均高达96.50%以上；受害者年龄分布不匀，集中于26岁至49岁之间；受害者职业中，农民、工人和无业者比例相对较高，公司职员、个体户、教师、医护、退休人员也有部分，可见，家庭暴力受害者似乎与职业有一定关系；从调研数据可知，受害者的文化程度大多是小学到高中，文盲和本科及以上学历的受害者比例相对较低，可见，社会认可较低者和自我不满意度高者容易成为受害者（见表28）。

表28　2009～2010年重庆市沙坪坝区妇联受理家庭暴力事件受害者信息（单位：个，百分比）

项目＼数量		沙坪坝区妇联	
性别	男性	3	3.50%
	女性	77	96.50%
年龄	18岁以下	0	0
	18～25岁	2	2.50%
	26～35岁	12	15.00%
	36～49岁	51	63.75%
	50岁以上	15	18.75%
职业	农民	6	7.50%
	工人	14	17.50%
	公司职员	5	6.25
	个体户	10	12.50%
	公务员	2	2.50%
	教师	2	2.50%
	医护	0	0
	无业	18	22.50%
	退休	12	15.00%
	无固定职业	11	13.75%
	其他	0	0

续表

项目＼数量		沙坪坝区妇联	
文化程度	文盲	13	16.26%
	小学	17	21.25%
	初中	22	27.50%
	高中	26	32.50%
	大专	1	1.25%
	本科	1	1.25%
	硕士	0	0
	博士	0	0

家庭暴力发生的原因多样，根据调研，投诉到妇联的家庭暴力事件发生原因均非单一。为能够清楚地呈现沙坪坝区妇联受理家庭暴力事件发生的原因，笔者预设了15个项目并分别将其归类。

2009～2010年沙坪坝区妇联受理的家庭暴力事件中，由家庭琐事（30%）、疑有外遇（24%）、性格暴躁（16%）、性格不合（11%）、经济纠纷（9%）引发的家庭暴力事件所占比例相对较高。另外，婚外性行为（4%）、酗酒（3%）、赌博（1%）、嫖娼（1%）、草率结婚（1%）也占有一定比例（如图20）。

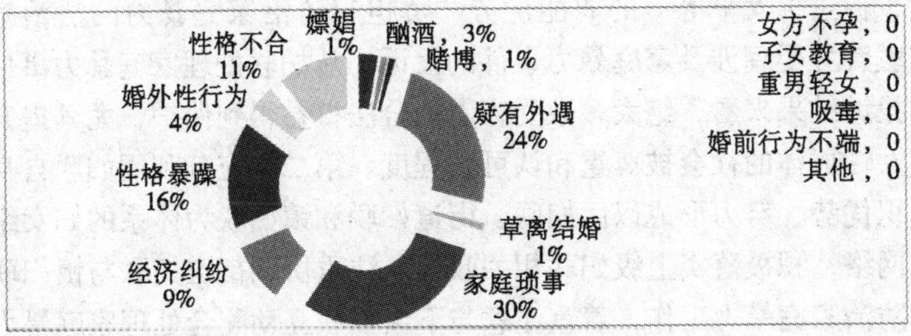

图20　2009～2010年重庆市沙坪坝区妇联受理家庭暴力事件原因（单位：百分比）

从沙坪坝区妇联2009年、2010年处理家庭暴力投诉事件中，80%都是经过妇联工作人员采用劝解、批评、教育等方式调解和好当事人，此外，有10%的家庭暴力事件交由公安机关拘留施暴者，7.5%的交由司法所处理，而仅建议2.5%的家庭暴力事件到法院提起诉讼（如图21）。

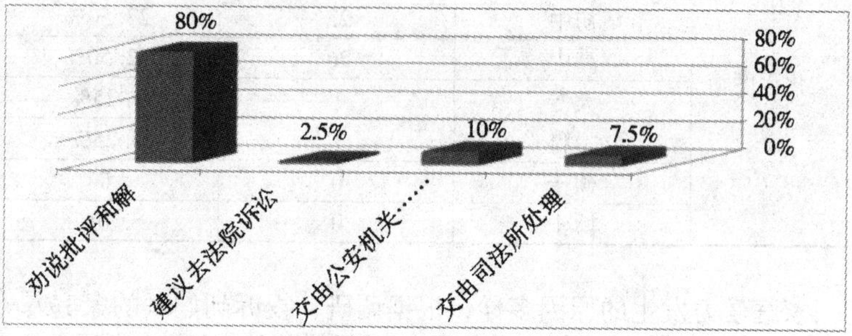

图21　2009～2010年重庆市沙坪坝区妇联受理家庭暴力事件处理结果（单位：百分比）

综合以上，近年来，沙坪坝区妇联每年均有逾八成受理的家事纠纷中，大概有1/4涉及家庭暴力。为更好地为基层群众，尤其是女性群体做好维权工作，该妇联在防治家庭暴力的工作中做出了许多颇有成效的尝试：第一，充分利用妇联的“代表和维护妇女权益，促进男女平等”的职能优势，负担起防治家庭暴力的法治宣传教育并受理涉及家庭暴力事件的投诉。从妇联处理家庭暴力事件的投诉结果来看，绝大多数受害者的合法权益得到保护，尤其提升了女性群体的社会被尊重和认可的程度。第二，充分利用妇联自身组织优势，努力形成以区妇联、街道妇联和镇妇联为体系的妇女组织网络，积极落实上级妇联相关政策，注重协调街道妇联与镇妇联的防治家庭暴力工作，着重注意与下级妇联互动配合处理家庭暴力事件。第三，充分发挥社会救助机构连接作用，注重与其他各防治家庭暴力部门的协调。与公安、司法、民政等部门防治家庭暴力工作的协调是我国妇联组织工作之一，该妇联已经在公安、司法部门建立起家庭暴力举报、投诉机构以及妇女法律援助中心，通过组建妇联干部特邀陪审员队伍，联合法院建立妇女儿童合议庭和婚姻家庭合议庭，通过结合医疗、鉴定、法律援助、心理治疗、庇护等社会服务机构的积极参与，整合维权优势服务，保障受害者的合法权益。第四，重视防治家庭暴力的法律宣传。该妇联将防治家庭暴力的普法宣传作为工作重点，在宣传方式上，综合运用广播、电视、报纸、展台等宣传媒介，在宣传内容上，以普法宣传为主，兼顾典型案例报道等，在宣传时间上，多以“三八”妇女维权周、法律宣传咨询服务日为契机，提高受害者与普通民众男女平等的法律意识。

3. 我国其他部分省市妇联家庭暴力救助的实情。全国妇联权益部资料显示，家庭暴力投诉数量近年来呈持续增长态势，每年的群众投诉约 5 万件，占全国妇联系统信访量的1/10。[①]随着“家庭暴力零忍耐”观念的发展和蔓延，近年来，我国民间组织开展的防治家庭暴力社会救助活动或项目越来越多且均各有特色，特别是各地妇联组织开展的一系列维权活动。

2009 年，辽宁省本溪市公安局成立了全市首个家庭暴力预警协调处置中心。该中心按照工作章程与各级妇女维权投诉站和各基层派出所建立联系，依照分级负责的原则，将直接报到中心的案件转介到派出所处理，各派出所也要将所办理案件的结果及时报送市中心备案。

江苏省南京市家庭暴力庇护中心——“南京市家庭情感驿站”是由南京市民政局、市妇联发起，在市公安局、市司法局等共同配合下成立的，旨在为家庭暴力受害者进行辅导。

2010 年，上海市安亭镇妇联成立了“疏心大姐维权工作室”，聘请了来自社区、司法所、法院等基层单位的 18 位志愿者担任调

① 《妇联：家庭暴力投诉持续增长，严重影响社会稳定》，载中国新闻网，http://www.chinanews.com/sh/news/2009/03－07/1592271.shtml. 访问时间：2012 年 2 月 14 日。

解员，为广大女性提供道德教导、心理疏导、情绪诱导、法律指导等服务。该工作室设立了司法所、接待室两个主要接待地点，各基层单位分派1名维权志愿者专门做调解和咨询记录工作。

湖南省突破社会管理创新理念，在全国率先将“家庭暴力现象”纳入全省社会治安综合治理考评办法，形成了政府主导，法院、公安、检察、司法行政、妇联、民政、工会、共青团、当事人所在单位、村（居）民委员会、基层人民调解组织等部门联动，综合防治家庭暴力的工作体制。

贵州省德江县合兴乡妇联依托开展“六进村”活动的契机，以电影放映进村的方式积极开展法律、法规宣传服务活动，深受群众欢迎，并取得实效。

2010年，广东省惠州市妇联接访的家庭暴力案件投诉占婚姻家庭类投诉案件的30%，比2009年上升了6个百分点。根据该妇联的数据显示，2007年市妇联接访家庭暴力投诉案件36件，占婚姻家庭投诉类案件的19.16%，2008年34件，占19.59%，2009年41宗，占17.75%。区（县）妇联2007年接访家庭暴力投诉案件49件，占婚姻家庭类投诉案件的23.56%，2008年58件，占30.37%，2009年72件，占26.47%。广东省妇女维权与信息服务站（惠州站）于2011年9月18日成立了“闺中密友室”，专门针对受暴妇女提供心理、健康、咨询、投诉、维权服务。广东省妇女维权与信息服务站项目是省妇联系统参与社会公共服务承接的最大项目之一惠州站则是该项目第9站点（2008年已在佛山、汕头、梅州等成立了前8站）。市妇联开展的妇女儿童工作已经取得长足进展，2010年市妇联向市人大提交了《设立惠州市县两级妇女儿童庇护中心的议案》，正式挂牌成立了惠州市妇女儿童庇护中心。①

江苏省高邮市妇联为预防家庭暴力，积极完善了提升妇女发展

---

① 《家庭暴力占婚姻投诉近三成妇女维权站成“撑腰人”》，载中华妇女联合会网，http://www.women.org.cn/allnews/1301/19744.html. 访问时间：2011年9月29日。

能力、扩大女性参保覆盖面、保障育龄妇女身心健康、加强对妇女的法律法规宣传等活动。其中，在提升妇女发展能力方面，打造了“15 分钟就业服务圈”，并在全市各社区建立劳动就业社会保障工作站，举办了“架金桥”女性专场招聘会，取得了非常好的效果。截至 2011 年，已经采集就业岗位 20671 个，推荐就业 2964 个，为 109 位女性发放了小额贷款共计 773 万元。在扩大女性参保覆盖面方面，举办了全市、乡镇、社区三级联动社会保险法广场咨询活动，2011 年，全市生育保险参保人数已达 51130 人，1 至 6 月享受了生育保险待遇人数 123 人，共支付 74 万余元。市劳动保障监察开展了日常巡查、举报专查、专项执法检查等工作，切实从女性自身的“三期”入手，提高女性社会地位以预防家庭暴力。在加强妇女法律法规宣传引导方面，运用流动显示屏、知识架、宣传横幅等方式宣传反家庭暴力法律法规提高自身素质和认知能力。①

甘肃省张掖市（也称“甘州”）长安乡妇联为维护妇女儿童权益提出了“四个坚持”的口号，即“坚持源头维权，提高妇女‘代言’能力”、“坚持宣传维权，优化妇女维权社会环境”、“坚持素质维权，提高妇女维权意识，着力提高妇女的整体素质”、“坚持信访维权，突出窗口维权实效”。②

四川宜宾市珙县积极整合了大调解资源，建立起县乡村户四级联动的妇女儿童维权工作网络。首先，在县级建立了“一会四中心”（妇女儿童维权联席会、妇女儿童维权服务中心、妇女儿童法律援助中心、妇女儿童心理健康指导中心、防治家庭暴力投诉中心）。其次，在乡镇建立“一会两站”（乡镇妇女儿童维权联席会妇女儿童服务站、防治家庭暴力投诉站）。再次，在村（社区）建

① 《江苏省高邮市人社局：完善政策体系，维护妇女合法权益》，载中华妇女联合会网，http://www.women.org.cn/allnews/1301/19753.html. 访问时间：2011 年 9 月 29 日。

② 《甘州长安乡妇联“四个坚持”维护妇女儿童权益》，载中华妇女联合会网，http://www.women.org.cn/allnews/1301/19752.html. 访问时间：2011 年 9 月 29 日。

立维权工作站，主要是宣传法律、调解矛盾、化解纠纷等工作，为妇女儿童提供最便捷的维权服务。然后，在村（居）民小组建立维权联系点，了解妇女儿童权益的诉求。最后，在各小区设立了维权中心户，按照就近楼院原则划分居民小区并选举产生维权中心户，中心户由乡镇统一授牌，主要负责小区住户的法制宣传和纠纷调解。①

2010 年 12 月河北保定市南市区妇联全面推进“妇女之家”建设，仅半年时间，全区 61 个行政村共 40 个社区挂牌成立了共计 101 个“妇女之家”，实现了百分之百覆盖。该妇联针对调研发现存在的“三少三不够”的问题，即“农村干部少、工作经费少、开展活动少”，围绕“学习培训的课堂”、“维权服务的驿站”、“就业服务的平台”、“创先争优的舞台”四项主题，壮大了工作力量，进一步解决了“有人干事”、“有阵地做事”、“有钱办事”等问题，创建了“平安社区，和谐社区”，提高了妇女维权意识，有效地防止了家庭暴力事件的发生。②

江苏连云港市妇联创建了“平安家庭”作为建设“平安连云港”的重要项目，重点以防治家庭暴力促进家庭的平安文明和社会的和谐稳定。“平安家庭”项目力求做到“组织领导到位、措施落实到位、宣传发动到位”。连云港平安家庭的创建工作取得佳绩的同时，也对工作亟待深化之处进行再次思考并提出完善建议：进一步强化宣传发动，营造浓厚社会氛围；进一步强化维权服务，夯实创建工作基础；进一步强化机制建设，提升创建活动实效等，为防治家庭暴力的继续奠定更为坚实的背景和基础。③

---

① 《宜宾市珙县：构建五级维权网络着力建设“和谐家园”》，载中华妇女联合会网，http://www.women.org.cn/allnews/1301/19751.html. 访问时间：2011 年 9 月 30 日。

② 《河北保定“妇女之家”创建调研》，载中华妇女联合会网，http://www.women.org.cn/allnews/02/3466.html. 访问时间：2011 年 10 月 2 日。

③ 《连云港平安家庭创建调研》，载中华妇女联合会网，http://www.women.org.cn/allnews/02/3484.html. 访问时间：2011 年 10 月 2 日。

如前所述，全国目前大部分基层妇联与派出所共同成立包括情况反馈、排查报告、联席会议、跟踪回访、卷宗归档5项机制的家庭暴力投诉站对接点，专门负责调解包括家庭暴力在内的婚姻家庭矛盾。比较突出的是贵州黔西南布依族苗族自治州妇联于1998年建立了妇联、公安、检察、司法等相关部门共同组成的“黔西南州维护妇女儿童合法权益联合信访接待组”专门受理妇女投诉案件，2002年该州妇联还专门与法院系统联合建立了陪审员制度，2003年又与中级法院联合成立了“家庭暴力致伤鉴定中心”，专门为受害者和办案者提供法律依据。2005年与州公安局联合成立了“家庭暴力110联动报警中心”。2003年起，该州委、州政府将维护妇女儿童合法权益经费列入财政预算，每年拨出2万元专款作为“维权解困基金”，主要用于妇女儿童受到暴力侵害后的医疗费临时垫付、返家路费等，切实解决妇女儿童的实际困难。江西景德镇市于2009年成立了防治家庭暴力妇女庇护中心，该中心针对家庭暴力受害妇女并实行“自愿、无偿”的救助管理方式，在受害妇女得到救助后，该中心还将视情况对其进行定期回访和跟踪服务。2011年，天津市妇联已经建成了1428个作为妇女维权服务阵地代表的“半边天家园”，其有专门针对家庭暴力受害者提供法律心理帮助、就业再就业指导、学习教育培训、家庭生活服务以及弱势群体救助。河北省沧州市妇联实现了妇女信访代理工作与全市各级联合接访体系的无缝对接的社会管理创新途径，全力打造了妇女信访代理无障碍绿色通道。黑龙江省伊春市带岭区妇联为防治家庭暴力、保障妇女的合法权益构建了温馨的“姊妹港湾”，并在全区街道社区、企事业单位、农业村屯建立了36个维权热线和信访窗口以及“家庭暴力庇护中心”等维权“一条龙”服务。

2007年7月17日，来自澳大利亚和国内的专家学者以及全国妇联、公安系统共130多人聚首沈阳，共商防治家庭暴力问题，7月19日，由全国妇联、公安部联合在沈阳举办的中澳反对家庭暴力研讨培训会的与会人员到辽宁省鞍山考察，参观了铁西区启明街道富民社区、繁荣派出所、市防治家庭暴力避救中心、市家庭暴力伤情鉴定中心。2009 年 4 月 20 日至 4 月 23 日，全国妇联在湖南长沙召开了中澳合作国家级反对家庭暴力研讨培训会，共 100 余人参加了会议。2009 年 12 月 9 日，中澳合作防治家庭暴力立法研讨会在南京举行。来自江苏、湖南、福建、辽宁、上海市相关部门负责同志以及澳大利亚有关专家共同就围绕“中国防治家庭暴力立法框架”、“总则、家庭暴力的预防、救助措施”、“人身安全保护措施、司法保护、法律责任”、“如何进一步有效推动中国的防治家庭暴力立法”4 个主题进行有效的交流，旨在通过中澳双方交流在防治家庭暴力工作领域的法律政策及立法经验，以推动我国防治家庭暴力立法进程。

综上所述，我国在防治家庭暴力的社会救助活动已经开展得如火如荼并取得了很好的实效。目前，从中央到地方的县设有妇女儿童工作委员会，但其只是一个协调性的机构，权限和工作职能有待于加强和完善。因此，严格来讲，我国仍然没有成立健全的性别平等保障机制，亦没有任何类似性别平等保障委员会或反歧视委员会的机构。

在调研过程中，笔者对德阳市妇联与河北秦皇岛市海港区妇联部分工作人员进行了个人访谈，筛选了两份有代表性的访谈实录[①]，具体如下：

访谈 1[②]：邓君，女，四川省德阳市妇联工作人员

我在德阳市妇联工作多年了，接触到家庭暴力的投诉数量不少，就在前几天还有一例投诉。事情大概是这样的：男女双方年龄

---

① 文中对家庭暴力事件事件受理的妇联工作人员访谈均采用化名。访谈笔录经由笔者根据访谈内容如实记录。在此向各位妇联工作人员为配合本论文的写作表示衷心感谢！

② 访谈时间：2011 年 1 月 20 日。访谈地点：四川省德阳市妇联主任办公室。

相差20多岁，男方现已近60，女方近40，两人2006年结婚并于次年生下一子。由于男方长期属于“混混”，没有正式工作，早年做点小生意的钱全部打麻将给输光了，还成天向女方要钱。女方没有读过什么书，也没有正式工作，仅靠在饭馆端盘子洗碗过活。男方要不到钱就将气撒到女方身上，还怀疑女方在外当“小姐”，女方不服顶嘴后遭毒打。男方不仅毒打妻子，连几岁的儿子也不放过。多年来，女方一直在男方的拳头、辱骂中度过，最严重的一次是肋骨被打成骨折。女方提出离婚可带来的却是变本加厉的家庭暴力。期间，女方报过警、投诉到妇联、居委会，但都没有制止家庭暴力。最后女方不得已起诉到法院，经过法院审理，两人终于离婚。离婚后，男方开始以各种形式骚扰威胁恐吓女方，只要女方外出，即使就在所居住的小区门口，男方都不顾影响毒打女方，还发短信、打电话恐吓，女方的母亲年龄较大，因一次在男方毒打女方的过程中拉扯男方，不小心头撞在路边石头上，险些丧命。女方实在无法忍受，再次投诉到妇联，希望我们能帮助她找到出路。像这样的事件每年都有，而且数量还不算少。我们基本都是基于在事实严重的基础上，尊重当事人的意思，采取劝解说服、批评教育、鼓励起诉等方式。

近年来，关于家庭暴力投诉到我们妇联的出现了一个新趋向，即投诉冷暴力居多。在我们看来，冷暴力是家庭暴力的一种，但是，像夫妻之间长期不理睬这种冷暴力起诉到法院多半是不予受理，而投诉到妇联的效果可能会好些，因为我们会采取各种方式接触当事人，以劝导为主的方式尽力化解家庭矛盾，所获效果也是比较令当事人满意的。

我们处理关于涉及家庭暴力的投诉，一般的步骤是：首先，详细询问当事人是第一次还是屡次遭受家庭暴力，是在何种情形下遭受的家庭暴力；其次，观察当事人的态度并询问其真实意思表示，如是只想请求妇联帮助教育施暴者还是奔着离婚的目的而来；再次，根据具体情况采用具体方法，或劝导、或批评、或教育，等等。此外，我个人认为，遇到家庭暴力受害者应该第一时间打“110”报警，这样一方面更有利于及时制止家庭暴力，另一方面警方会保存出警记录，如果起诉到法院，出警记录就是强有力的证据之一。此外，受害者还应当及时去医院验伤治疗，保留病历本或验伤报告等，这也是防患于未然。

访谈2①：唐敏雯，女，河北秦皇岛市海港区妇联工作人员

自2006年毕业后，我就一直在海港区妇联维权部工作，如今已历时5年。在过去的5年内，我接到家庭暴力受害者投诉的不算多，但是，发生家庭暴力的情形和后果大多比较严重，受害者都是女性，均是负伤且怀着无奈的心情前来投诉的。同作为女性，我非常同情家庭暴力受害妇女，工作前我是一名政法院校学生，对家庭暴力问题一直比较关注。家庭暴力造成的危害是非常严重的，不仅受害者要成为施暴对象，而且施暴者本人也是要承受相当的恐惧、郁闷、沮丧，未成年子女更是家庭暴力的无辜受害者。目前，相当一部分人仍然认为家庭暴力是属于家庭内部的矛盾，不应当“拿出来说”，应当“内部消化”。这种观念必须予以摒弃。

投诉到我们妇联的家庭暴力事件大多都是因生活琐事、酗酒成癖、婚外情、男权思想引起的夫妻暴力。我们在2008年做过调研，基于调研的基础，我个人也想对解决家庭暴力提出几点建议：首先，应当从立法着手。虽然我国目前有《妇女权益保障法》、《未成年人权益保护法》、《婚姻法》以及2004年《河北省预防和制止家庭暴力条例》等法律法规，其中有对妇女维权、家庭暴力等问题作的相关规定，然而，其中大部分规定较为原则，可操作性不强，我国缺失的是系统的、完整的、专门的防治家庭暴力法。其次，应当明确处理家庭暴力的机构。在实践中，我们发现，一些职

① 访谈时间：2011年8月11日。访谈地点：河北秦皇岛市海港区妇联维权部办公室。

能部门对家庭暴力处理存在相互推诿的状况，因此，做到各环节各部门分工是必要的。特别是第一时间第一责任处理家庭暴力机构与其他部门的接洽问题。再次，妇女维权意识亟须提高。我国仍然存有封建残余思想，因此，我们每年都会通过各种教育宣传方式加强妇女维权意识，教育引导妇女应当“自尊”、“自信”、“自立”、“自强”，力求从根本上消除家庭暴力。最后，运用法律武器保护个人的合法权益。通过对涉及家庭暴力法律法规的宣传、提高民众的法律修养、灌输男女平等的观念是每个职能部门的职责。

此外，从投诉的家庭暴力事件中，我们发现，当事人举证是比较难以解决的一个方面。受害者应当具有证据意识，否则即使通过妇联鼓励其起诉到法院，也会因证据不足而被不予立案或驳回起诉。当然，司法实践中的确存在对家庭暴力案件取证难、认证难的困境，但当事人应当注意充分搜集证据，如报警记录、投诉妇联、村（居）民委员会记录、就医的病历本、求救到亲朋好友等均是证据。

总之，家庭暴力不是一个通过适当的法律干预就可以消除的简单的法律问题，其是一个社会问题，只有通过社会的根本性变革和对待妇女儿童态度的根本性变化才能根除。妇联一定要担负起社会救助这一环节的重要使命，在尊重当事人意愿的前提下，利用各种社会资源防治家庭暴力，保障受害妇女权益。

同时，笔者还对数名处理家庭暴力事件的人民调解员进行了个人访谈①，筛选了3份有代表性的访谈实录，具体如下：

① 文中对人民调解员的个人访谈均采用化名。访谈笔录经由笔者根据访谈内容如实记录。在此向各位人民调解工作人员为配合本论文的写作表示衷心感谢！

访谈1[①]：杨齐天，男，四川省德阳市旌阳区城北街道淮河街人民调解员

我在旌阳区城北街道淮河街人民调解委员会工作近5年了，参与的家庭暴力事件的调解仅两次。第一次在2006年，是关于丈夫酗酒而造成的家庭暴力。丈夫酗酒，回家后妻子多劝了两句，丈夫就动手打妻子和孩子，打得妻子回娘家住，结果丈夫又跑到妻子娘家殴打其父母，最后将岳父打成胃出血。第二次在2007年，是关于婆媳不和而造成的家庭暴力。婆婆刁钻古怪，媳妇忍无可忍，同时在单位也受了委屈，回家后被婆婆骂得很难听，忍无可忍动手打婆婆，将其打成脊椎粉碎性骨折。这两起家庭暴力事件最终经我们淮河街人民调解委员会调解后都得到了较为妥善的处理，在之后的回访中，当事人均表示满意，并且再没发生家庭暴力。

自2008年到现在，尚无家庭暴力事件投诉到我们调解委员会。原因有很多，如人们的认识提高了，越来越多的人认为暴力不能解决任何问题；人们对冷暴力认识不够，认为长期不理睬对方等都不是家庭暴力；很多家庭也存在纠纷，但是基本上都能够自己妥善解决，因为一旦到我们调解委员会投诉，就必须经过正规程序；“家丑不可外扬”的观念仍然根深蒂固，等等。

淮河街人民调解委员会平时也非常注重宣传和教育工作。防治家庭暴力宣讲是定期的，平均每个季度就会在社区集中进行一次。另外，制作防治家庭暴力展板、发放防治家庭暴力资料也是主要的宣传工作。我们在每个小区都有专门负责的调解人员，一方面，这些工作人员能够及时了解各家各户的家庭矛盾和纠纷，必要的时候就会出面进行临时调解；另一方面，这也为人民调解委员会提供信息通报渠道。因为，我们每年都会将本年度的调解事件向城北街道办备案，城北街道办会向司法所备案，司法所向司法局备案，这样

① 访谈时间：2011年1月26日。访谈地点：四川省德阳市旌阳区城北街道淮河街人民调解委员会。

层层上报备案，也方便上级及时了解我们各个社区的具体情况，以便更好的提出可行的防治家庭暴力的解决办法。

访谈2[①]：李跃钧，男，四川省德阳市城北圣乡村人民调解员

城北圣乡村是2007年由3个村合并而成。我就任圣乡村人民调解委员会主任已3年。这3年中，尚无受理一例家庭暴力事件投诉。以前，农民收入低，家庭里最主要的矛盾就是钱，近年来，农民生活水平提高了，经济宽裕了，这一矛盾已慢慢地不存在了，家家户户都想过安稳日子，就连过年过节的小偷都少了，家庭暴力事件几乎没有。

当然，也有一些家庭存在纠纷，但都只是夫妻口角等，根本没有上升到所谓的“暴力”。这种情况下，村里的老人或我们的调解员出面都能够比较容易解决。可以说，城北圣乡村的民风是非常好的，生活状态也是非常健康的。

我们平时非常注意防治家庭暴力宣传，通常用展板、广播进行教育和宣传。在圣乡村调解委员会，还专门设立了处理家庭暴力事件的“悄悄话”室，但是，因家庭暴力事件近3年来尚无一例，因此“悄悄话”室还从未正式使用一次。总之，我个人认为，在城北圣乡村，农民收入增加，经济宽裕是家庭暴力事件为零的重要因素。

访谈3[②]：赵毅，男，重庆市沙坪坝区童家桥社区人民调解员

我在童家桥社区人民调解委员会工作已经7年多了，就任该人民调解委员会主任仅两年。我之前是一名政法院校的学生，毕业后至今一直在该社区工作。就我工作这么这么多年里，童家桥社区尚

① 访谈时间：2011年2月21日。访谈地点：四川省德阳市城北圣乡村人民调委员。

② 访谈时间：2011年3月24日。访问地点：重庆市沙坪坝区烈士墓红岩魂广场。

未受理一起家庭暴力事件的投诉，也尚未参与一起家庭暴力事件的调解。尽管如此，关于家庭纠纷的调解倒是较多，至于是否算得上是家庭暴力，因为个人看法认知不同，也难以明确断定。就我自己的理解，家庭暴力主要就是夫妻暴力，需要具备经常、持续并且有严重的后果等条件，否则都应当被认定为家庭纠纷或家庭矛盾。事实上，在我们社区，夫妻吵架打架寻求社区调解的数量还不少，但有些发生频率是仅一次或几次，有些虽然是经常或持续，但没有造成严重后果，因此，我们都将其归为“家庭纠纷”一类。

前不久，我接触到一起非暴力引起的家庭矛盾，也不太清楚是否能归为家庭暴力事件。事情大致是这样的：经某小区的群众反映，有一对夫妻，年龄均是50多岁。妻子因年轻的时候患了病（具体何病未知），常年卧床无法外出，丈夫是一名工人，一个月有2000元左右的工资，除去夫妻俩的生活费，一个月也有1000元的存款。尽管如此，丈夫却以“妻子的病不用医治”为借口拒绝带其就医，导致妻子病情愈发严重，可丈夫仍然不管不问。2010年，经群众反映我去了解具体实情，当时丈夫外出未回，妻子非常憔悴地躺在床上，我觉得她实在可怜，就自己出钱带她去医院，医生说只要早些年医治，病患肯定能痊愈，可如今已经晚了。就在就医后的第三天，她就去世了。关于该事件（丈夫以不作为的方式长期拒绝医治带病妻子，导致其因医治太晚而去世）是否能被定性为“家庭暴力”，因现行法未有明确规定，所以我也难以判断，也不知学术界对该类事件是如何定位的？

凡是投诉到童家桥社区的家庭纠纷，我们都必须受理，不会拒绝当事人的请求。至于调解的方式，我们一般采取：在了解纠纷起因的基础上，能够调和的尽量调和，有子女的夫妻，我们尽量给子女做工作，因为，当事人的亲人劝说比我们局外人来说，说服力更强，尤其是在自己子女面前的效果会更好。当然，对于矛盾的确积压太久无法调和的，我们也不会勉强，在征求当事人同意的前提下，我们会为当事人分析离婚后可能出现种种问题的解决方式。总体来说，在我们社区调解的家庭矛盾，效果都不错，令当事人比较满意。当然，在调解过程中，我们也会遇到很多困难：如调解只能是初级阶段，专业的家事调解员还没有，社区因经费有限，调解方式也最多采取劝说、劝解、分析道理等说服的方式，在调解过程中有时候没有办法用法律法规，主要还是要看当事人的意愿，如当事人表明态度，只是利用社区的调解达到吓唬或威胁对方的目的，我们社区的调解就难以真正起到实效。

我们社区的调解员人数只有5位。因考虑到家庭纠纷大多都是涉及已婚当事人，年轻人的个人阅历不够，不便担任调解员，因此，我们社区的调解员都是有调解经验且年龄介于35岁到50岁之间。近年来，我们社区高度重视防治家庭暴力工作，在实践中逐渐形成了一系列行之有效的做法，如上门及时化解家庭纠纷、利用节假日与法律专业大学生一起开展法制宣传活动、邀请律师到社区办公，开展法律咨询等行动、做好防治家庭暴力干部的培训工作，提升人民调解员的法律专业素养。总之，童家桥社区对防治家庭暴力一直在努力，我们力求尽全力为当事人找到心理平衡，为社会的稳定作一份贡献。

可见，在我国内地，家庭暴力救助措施的主要方式是：人民调解委员会、妇联组织、街道司法所等基层群众性自治组织以及社会其他组织，多采用对家庭暴力施暴者进行教育、批评、心理咨询等方式，对家庭暴力受害者采用调解、安慰、法律援助等方式进行处理。

第三节 中外家庭暴力救助措施之比较评析

一、救助机构评析

对于家庭暴力救助机构，前述各国的共同点在于：第一，充分发挥各国各地区的优势，建立庇护所、救援机构、法律诊所、避难所等。例如，美国各州均建立了非官方机构的庇护站或救援机构，设立了“法律诊所”、妇女组织联盟。澳大利亚的家庭暴力处理员。我国香港社会福利署成立了跨专业合作的“关注家庭暴力工作小组”、“防止虐待儿童、老人委员会”、“集体齐抗家庭暴力宣传运动工作小组”，地区福利专员设立“家庭及儿童福利服务地区协调委员会”和“长者服务地区协调委员会”，另外，还成立了“家庭暴力地区联络小组”。我国台湾地区防治家庭暴力委员会和防治家庭暴力中心等。第二，政府是防治家庭暴力救助机构的重要支持者。例如，加拿大政府在各社区设立的为家庭暴力受害者提供的避难所均由国家出资。英国政府采用的世界上比较闻名的“家庭暴力注册簿”也是特色之一。美国 1994 年《反对家庭暴力法》明确要求政府每年必须拨出至少 10 亿美金，专门用于防治家庭暴力活动的各项开支，2002 年开始，美国政府每年都会拨款约 3.9 亿美元专门用于司法部开展的防治家庭暴力项目。法国政府开通的热线主要是帮助家庭暴力受害者解决住房问题。第三，发展社会各机构的转介机制运作，例如，我国香港、澳门地区。不同点在于各救助机构采用的救助措施不同。例如，美国重在强调家庭暴力受害者之庇护所之建立，英国“家庭暴力登记簿”制度，我国香港、澳门地区的社会福利署筹划的一系列防治家庭暴力项目，我国内地家庭暴力救助机构主要是包括了妇联、人民调解委员会在内的基层群众性自治组织以及 NGO 组织。例如，辽宁省本溪市公安局成立的家庭暴力预警协调处置中心、江苏省“南京市家庭情感驿站”、上海市安亭镇妇联成立的“疏心大姐维权工作室”、四川宜宾市珙县建立的“一会四中心”、河北保定市南市区妇联成立的“妇女之家”、江苏连云港市妇联创建的“平安家庭”等。笔者以为，目前，我国家庭暴力社会救助机构的设立应当是可以满足家庭暴力当事人的救助需要，救助机构的设立不仅应当重视数量，而且应当强调救助机构的运行能否有效救助家庭暴力当事人。

笔者以为，我国内地可以借鉴我国台湾地区的家庭暴力防治委员会和防治家庭暴力中心的做法，在县级以上政府设立家庭暴力防治委员会，乡镇政府选派专员。并明确各级家庭暴力防治委员会及专员的主要职责，例如：研拟防治家庭暴力的立法建议；监督有关机构对防治家庭暴力相关法律法规的实施；协调防治家庭暴力的宣传与教育工作；督促并协调受害者保护和救助工作等。防治家庭暴力中心性质应是在各级政府中设置的专门负责全国或地方防治家庭暴力工作的机构，其性质是各级政府整合所属的警政、教育、卫生、民政、户政、劳工、新闻媒体等机关、当事人所在单位及其人力，以配合协调司法机关的一种专门性机构。同时，应当明确家庭暴力专员的职责，例如：提供24小时家庭暴力电话专线服务、为受害者提供24小时紧急救援装置、提供或转介受害者心理辅导、住宅辅导、追踪辅导、经济扶助、法律服务、庇护场所、推广各种防治家庭暴力的普法宣传和培训等。

二、救助措施评析

对于家庭暴力救助措施，前述各国的共同点在于，各国家庭暴力救助机构均根据各地的实际情况因地制宜，采用多种方式，尽可能为家庭暴力受害者提供较为完善的服务和救济。不同点在于：美国的“法律诊所”是一些公立院校和私立院校法学院设置的，救助项目之一则是针对家庭暴力受害者，“法律诊所”无需到政府注册，一般由各院校自主管理，免费代理受到家庭暴力侵害且贫困的妇女或儿童的法庭上诉，美国的妇女组织联盟为受害者进行了多种形式的心理辅导。英国“家庭暴力注册簿”要求因家庭暴力被处以6个月的监禁者，将被连续7年登记在“家庭暴力登记簿”上，被处以两年半以上的监禁者，将被终生登记在案。“家庭暴力登记簿”一式多份，分别发送到警察局、社会服务行业以及一些社会福利机构等相关机构处，一些要求雇员诚信度较高的用人单位在招聘员工时，均将被获准查阅“家庭暴力登记簿”。加拿大为家庭暴力受害者设立的避难所始终置于警方的保护之下且由国家出资，并为受害者提供短期或中期的食宿以及法律、心理方面的咨询，必要时还会为施暴者或有暴力倾向者提供心理咨询服务。同时，还将反家庭暴力意识培训纳入到各医学院校的教学课程中，并要求医护人员、社会工作者、精神病专家负有报告家庭暴力事件的义务，构建了防治家庭暴力社区保健系统的全国监测网络。澳大利亚在各社区都有专门的家庭暴力处理员，其主要职责在于为家庭暴力受害者提供及时的咨询或接受受害者及相关人的投诉。西班牙的“中央资料库”有专门针对家庭暴力受害者与施暴者采取各种救助措施的全部计划。荷兰的“同甘共苦”课程主要在于教导未成年人在家庭中分担家务以及一些医疗保健等方面的常识。香港社工署在处理虐待配偶个案程序中，一般按照危机介入——跟进服务——预防措施的程式。危机介入方式主要包括治疗受害者的身体损伤，成立庇护中心保障受害者的安全，为受害者制订安全计划（尤其针对选择返回居所的受害者），为受害者辅以情绪支援等。专业人员提供了危机介入的紧急服务后，一般都会把个案转介社工跟进。在跟进服务部分，社工会尽快根据受害者的情形评估家庭暴力危机指数（情形包括离婚、强制令、刑事控诉等），按照当事人的需要和意愿制订跟进计划，同时安排受害者所需的短期或长期的支援和治疗（比如：临时住宿，转介庇护中心、家庭危机支援中心、单身人士宿舍、紧急住宿等）。我国台湾地区对施暴者专门制定了处遇计划，为其提供处遇场所。在我国内地，各地也设有特色的家庭暴力救助机构，例如，辽宁省本溪市公安局成立的家庭暴力预警协调处置中心与各级妇女维权投诉站和各基层派出所建立联系，依照分级负责的原则，将直接报到中心的案件转介到派出所处理，各派出所也要将所办理案件的结果及时报送市中心备案。上海市安亭镇妇联成立的“疏心大姐维权工作室”为广大女性提供道德教导、心理疏导、情绪诱导、法律指导等服务。贵州省德江县合兴乡妇联依托开展“六进村”活动的契机，以电影放映进村的方式积极开展法律、法规宣传服务活动，深受群众欢迎，并取得实效。江苏省高邮市妇联打造的“15 分钟就业服务圈”以及举办的“架金桥”女性专场招聘会，不仅加强了妇女法律法规宣传，而且还运用流动显示屏、知识架、宣传横幅等方式宣传防治家庭暴力法律法规提高自身素质和认知能力。四川宜宾市珙县在各小区设立了维权中心户，按照就近楼院原则划分居民小区并选举产生维权中心户，中心户由乡镇统一授牌，主要负责小区住户的法制宣传和纠纷调解。天津市妇联建成的“半边天家园”专门针对家庭暴力受害者提供法律心理帮助、就业再就业指导、学习教育培训、家庭生活服务以及弱势群体救助。

家庭暴力不仅仅是立法、司法问题，还是涉及社会各个层面的综合性社会问题。由于我国目前尚未出台全国性防治家庭暴力法，因此对施暴者的处罚依据和尺度并不好把握。尽管妇联及众多非民间社会组织经过多方探索与努力找到各种防治新途径，然而，囿于维权工作经费、男尊女卑等封建文化的根深蒂固等问题使得家庭暴力这颗“毒瘤”蔓延速度快且制裁不易，防治堡垒难以一次性建筑。笔者以为，第一，我国应当在防治家庭暴力立法与司法途径选择的基础上，更加注重社会救助工作的开展，为及时制止家庭暴力，各地妇联与调解委员会及其他非政府社会组织应当设立家庭暴力嫌疑者通报机制；第二，为妥善安置受害者和及时知悉施暴者情况，可以借鉴我国台湾地区的访视制度和我国香港地区的施暴者危机介入，将家庭暴力当事人纳入被医疗机构、社会救助机构等其他防治家庭暴力机构的回访范围之中；第三，为更好地协调开展防治家庭暴力社会活动，各妇联与调解委员会以及其他单位机构应当明确各自职责并互通有无；第四，为配合防治家庭暴力立法司法的顺利进行，各社会组织应当联合司法机关共同形成防治家庭暴力的社会联动机制。

第六章　中国内地家庭暴力法律规制进路

第一节　“中国内地防治家庭暴力法”的构思

家庭暴力是一个涉及社会各个方面的综合性问题。我国应构建完整的防治家庭暴力法律体系：以《宪法》为根据，以专门防治家庭暴力法为核心，包括《妇女权益保障法》、《未成年人权益保护法》、《老年人权益保障法》、《民法通则》、《婚姻法》、《侵权责任法》、《治安管理处罚法》、《刑法》、《民事诉讼法》、《刑事诉讼法》、《行政诉讼法》等法律、相关行政法规、地方性法规以及我国参加的有关国际人权条约的相关内容。其中，防治家庭暴力法是该体系的核心，应当具备两要素：其一，引领性。防治家庭暴力法应当明确立法目的、基本原则、指导思想，并为其他法律法规的相关内容提供法律依据；其二，综合性。防治家庭暴力法应当兼具民事、刑事、行政责任的罚则体系；兼具实体、程序、组织法的相关内容；兼具政府组织、非政府组织的职责义务规定；兼具释义、引述、重申、协调、独创、保障等法条。

就我国目前的防治家庭暴力法律体系而言，唯一缺失的是专门的防治家庭暴力法。综观我国既有涉及家庭暴力的法律法规，审视既有的司法经验，笔者以为，我国已经具备了出台专门的防治家庭暴力法的必要性与可能性。

我国出台专门防治家庭暴力法的必要性在于:

第一，防治家庭暴力法有着自身特定的适用空间和适用对象，较之于境外，虽然我国每年发生家庭暴力的统计数据并不高，然而不能忽视我国是人口大国，家庭绝对数量高的事实。[①] 家庭暴力的普遍存在，不仅侵犯了公民的基本人权，而且严重威胁着社会的基本细胞——家庭的和睦稳定；不仅使受害者饱受身体与心灵的摧残，而且引发了家庭暴力的代际传递；不仅局限于家庭暴力发生之际，而且还酿成“以暴制暴”的悲剧。因此，为保障公民的基本人权，有效规制家庭暴力，促进家庭、社会的稳定与和谐，在完善我国的防治家庭暴力的法律体系过程中，亟须一部专门的防治家庭暴力法。

第二，虽然我国现行《婚姻法》及司法解释、《妇女权益保障法》、《未成年人权益保护法》、《老年人权益保障法》均已经明确将家庭暴力纳入其中，全国 27 个省、市、自治区已经相继出台了防治家庭暴力的地方性法规，2008 年最高院应用法学研究所编发了《审理指南》，同年，七部委联合制定了《预防和制止家庭暴力意见》，这些法律、法规、文件对遏制家庭暴力起到了重要的作用。然而，“核心”的缺失仍然导致家庭暴力的防治力量、措施、力度、效果不尽如人意。为了有效解决并调适现行防治家庭暴力相关法律法规文件的结构上不衔接、内容上不周延的局限性，我国亟须一部专门的防治家庭暴力法。

---

① 我国的家庭暴力发生率高达 29.7% ~35.7%，受害者大多是妇女、儿童、老人。参见黄庆畅:《“人身保护令”接连出鞘》，载《人民日报》2008 年 10 月 7 日，第 8 版。据全国妇联权益部的一项调查显示，2004 ~2008 年，全国妇联系统受理的家庭暴力投诉年均达 4 ~5 万件，占全部投诉的 1/10，且仍然有增长的趋势。(资料来源：全国妇联权益部，http://news,163. com/09/0307/14/53QF6TAF000120GU. html. 访问时间：2011 年 8 月 23 日。) 此外，根据学者于 2007 年对全国 31 个省市农村家庭暴力现状的调查显示，农村的家庭暴力现象依然严重，其中 60. 02% 的被调查者表示，近两年来其所在居所地的农村发生过家庭暴力。(陈苇:《我国农村家庭暴力调查实证研究——以对农村妇女的家庭暴力为主要分析对象》，载《法商研究》2007 年第 6 期，第 93 页。)

第三，与国际社会防治家庭暴力的立法相较，我国目前的防治家庭暴力法律体系仍存在较大差距。世界上已有120多个国家对家庭暴力进行了相关立法，其中对家庭暴力进行专门立法或者以家庭暴力法命名的国家逾90个，该数据随着国际防治家庭暴力运动的发展还在逐渐上升。[①] 可见，制定专门的防治家庭暴法乃是国际社会强化对弱者的保护以及防治家庭暴力立法国际发展潮流的大势所趋。为了进一步与国际法律接轨，满足防治家庭暴力的现实需要，我国专门的防治家庭暴力法势在必行。

其次，我国出台专门防治家庭暴力法的可能性在于：

第一，既有的立法与司法实践为出台专门防治家庭暴力法提供了立法依据和本土经验。如前所述，我国《宪法》、现行《婚姻法》及司法解释、《未成年人权益保护法》、《老年人权益保障法》对禁止家庭暴力做了明确的原则性规定，为专门防治家庭暴力法的制定提供了现实的立法依据。全国27个省、市、自治区相继出台的防治家庭暴力的地方性法规，2008年最高院应用法学研究所出台的《审理指南》，2008年七部委联合制定《预防和制止家庭暴力意见》等部门规章，以及各级法院积累的家庭暴力案件审判实践为专门防治家庭暴力法的制定提供了宝贵的司法实践经验和本土资源。

第二，公民对家庭暴力认知度的提升为出台专门防治家庭暴力法奠定了社会基础。自1995年第四次世界妇女大会在北京召开以来，家庭暴力问题就日益得到公民的关注。公民普遍认可家庭暴力应当以立法予以全面禁止，在有关家庭暴力的社会调查中，绝大多数被调查者均认为我国实有必要制定一部较为完善的专门规范家庭暴力的单项法律。[②]

---

① 资料来源：联合国暴力侵害妇女数据文库，http://webapps01.un.org/vawdatabase/country.action?request_locale=zh. 访问时间：2011年8月25日。

② 荣维毅、宋美娅主编：《反对针对妇女的家庭暴力——中国的理论与实践》，中国社会科学出版社2002年版，第29页。

第三，国际防治家庭暴力经验及境外防治家庭暴力相关立法为我国内地出台专门防治家庭暴力法提供了可资参考与借鉴的经验。我国签署的联合国关于防治家庭暴力的一系列国际条约诸如《消除对妇女一切形式歧视公约》、《消除对妇女暴力宣言》、《北京宣言》、《行动纲领》等国际公约均明确表示防治家庭暴力是国家责任。我国是联合国常务理事国，理应担负起保护公民人权、彻底制止家庭暴力的国际义务和国家责任。此外，我国可以借鉴和参考有专门防治家庭暴力法的国家和地区的立法宝贵经验，结合我国现实，考虑与现行相关法律的衔接，注重立法内容的科学性，力求具体规定的可操作性，最大限度地在利用现有法律资源的基础上构建我国专门的防治家庭暴力法。

第四，专家学者们的立法建议稿为出台专门防治家庭暴力法缩小了理论与实际的差距。我国研究防治家庭暴力的专家学者不在少数，他们的学术研究、学术活动以及为其所作的调研分析等，为制定防治家庭暴力法提供了可信赖的理论支撑。自2006年以来，中国法学会防治家庭暴力网络专家组历时3年，广泛征求各部门、各单位、各种人群的意见，起草修订了《家庭暴力防治法》项目建议稿。[①] 该建议稿共八章，分别是总则、行政干预、社会干预、民事干预、刑事干预、证据、法律责任、附则。该建议稿从人权理念和社会性别的视角出发，确立了家庭暴力防治法的基本原则；采用列示的方式，清晰界定了家庭暴力的概念；设立防治家庭暴力委员会，首次确立了社会干预机制，构筑了多元化防治体系和服务网

---

① 中国法学会防治家庭暴力网络成立于2000年。2003年组成了专家小组起草了《家庭暴力防治法》，并通过人大代表和政协委员作为提案、议案提交第十届全国人民代表大会和全国政协会议。然而，2003年的专家建议稿因为立法时机尚未成熟而未被全国人大采纳，因此，2006年防治家庭暴力网络又重新成立了修订专家小组，历时3年，经过3次专项调研、6次专门研讨、7易其稿，对2003年的建议稿进行了全面修订，并于2011年3月再次通过人大代表和政协委员作为提案、议案提交第十届全国人民代表大会和全国政协会议，使得家庭暴力成为了社会的广泛关注焦点。

络；明确民事保护令制度，强化了家庭暴力的事前预防；完善了既有的证据规则，合理分担了当事人的证明责任；明定了法律责任，弥补了现有法律对家庭暴力受害者救济的不足，构建了系统的家庭暴力责任体系。

我国现行有关家庭暴力的法律条文仅有8条。《婚姻法》5条，《妇女权益保障法》2条，《未成年人权益保护法》1条。其中，3个条文是宣示性规定，3个条文是有关救助措施的规定，2个条文是有关相关法律后果的规定。家庭暴力情况复杂多变，8个条文无法满足我国解决家庭暴力问题的立法需要，加之其中3条仅为宣示性条文，可操作性不强。

我国防治家庭暴力立法进程2007年就已经开始。2007年，全国妇联权益部向国家立法部门提出制定防治家庭暴力法的建议，全国人大各司法委员会、国务院法制办专门听取了专题汇报；2008年，七部委联合制定了《预防和制止家庭暴力意见》，此为我国防治家庭暴力进程中的首次出击；2011年2月，全国妇联与全国人大常委会法工委赶赴湖南、海南等地进行集中调研，实地考察防治家庭暴力地方性法规的实施情况，并听取地方对出台国家级专门法律的意见。其后，有关部门联合召开立法研讨会。[①] 2011年4月，国内法学、社会学、心理学、儿童教育学等方面的专家学者齐聚，从社会学角度论证了出台防治家庭暴力法的必要性与可行性以及法律应当重点规定的内容，同时，最高院应用法学研究所还举办了有关人身安全保护裁定制度的专题研讨会，2011年6月聘请了澳大利亚人权委员会、联合国儿童基金、联合国经社文权利委员会、联合国妇女署等外国专家为我国防治家庭暴力法的出台提供有益经

① 温如军：《反家庭暴力立法已进最后论证阶段》，载《法制晚报》2011年9月6日，第A16版。

验，[①] 2011年8月14日，全国人大常委会将防治家庭暴力法纳入预备立法项目，这标志着全国人大常委会对防治家庭暴力法研究论证工作的开始。

传统法律以陌生人之于陌生人的方式设计制度模式，而家庭暴力却是亲密人之于亲密人间发生的，传统法律的方式不能满足家庭暴力的特殊防治，不能为受害者提供及时有效的保护。因此，我国应当从实际出发，在总结现行立法经验及地方性立法和各地行之有效的司法实践经验的基础上，整合现有的法律资源，顺应世界防治家庭暴力立法模式之发展趋势，尽快制定专门针对防治家庭暴力的法律。

一、立法原则[②]

哈耶克曾经指出："同等地对待事实上的不平等是莫大的不公正"[③]。自然属性的性别称"sex"，社会属性的性别称"gender"。[④] 社会性别（Gender）是现代女权理论的核心概念，是以人们所熟知的生物特征为标志之"生理性别"为基础，以社会性方式构建出来的现实社会性差异和社会性关系。20世纪60年代以来，随着妇女解放运动席卷全球，西方女权主义、女性主义法学的勃兴，社会性别视角、社会性别分析方法在法律领域产生了巨大影响，开始影响各国立法和政府决策，并陆续被联合国文件所接纳。

1995年9月，在北京召开的联合国第四次世界妇女大会通过

---

① 罗茜：《反家庭暴力立法是当务之急么?》，载《上海法治报》2011年8月29日，第B08版。

② "社会性别主流化与我国反家庭暴力立法"一文已发表于《河北法学》2012年第1期，第78~82页。

③ ［英］F. A. 哈耶克：《自由宪章》，杨玉生译，中国社会科学出版社1999年版，第367页。

④ ［美］梅里·E. 威斯纳－汉克斯：《历史中的性别》，何开松译，东方出版社2003年版，第3页。

的《行动纲领》，明确提出了“社会性别主流化”战略性行动方案，强调必须确保两性平等是一切经济社会发展领域的首要目标，要求将社会性别意识贯穿于整个社会政策的制定、执行和评估的全过程，并将其确定为促进性别平等的全球战略。1997年6月，联合国经济及社会理事会对“社会性别主流化”的含义进行了权威界定：所谓社会性别主流化是指在各领域和各层面上评估所有有计划的行动（包括立法、政策、方案）对男女双方的不同含义。作为一种策略方法，它使男女双方的关注和经验成为设计、实施、监督和评判政治、经济和社会领域所有政策方案的有机组成部分，从而使男女双方受益均等，不再有不平等发生。纳入主流的最终目标是实现男女平等。[①]

联合国将决策关注点从“妇女”转变到“社会性别”，从更宽泛层面上涵盖了两性的角色、需求、地位及相互关系，有利于扭转妇女人权的边缘化状态，有利于妇女人权的发展，有利于改善国际人权总体欠佳的状况。社会性别主流化本身不是目的，而是推动和实现社会性别平等的手段，通过强化性别敏感、提升女性地位，进而实现两性平等、维护性别公正。社会性别主流化要求国家立法及政府决策时要充分考虑两性各自的关注与需求，分析可能对两性产生的影响，并根据立法和政策落实情况不断调整。以社会性别主流化理念分析防治家庭暴力立法实践，对于实现防治家庭暴力立法的性别平等、加强防治家庭暴力司法的力度、增强防治家庭暴力行动的信任度均有积极意义。

（一）社会性别主流化是性别平等的国际共识

社会性别主流化是联合国人权框架下实现性别平等和性别公正的主要战略和手段，联合国确认并强化社会性别主流化战略经历了一个漫长的发展历程。1985年，联合国第三次世界妇女大会通过

---

① 资料来源：《联合国妇女问题：性别主流化》，载联合国中文网，http://www.un.org/chinese/esa/women/mainstreaming.htm。访问时间：2011年11月12日。

《内罗毕战略》，首次正式提出“社会性别主流化”概念；1995年，联合国第四次世界妇女大会通过《行动纲领》，全面和成熟地表达了社会性别主流化战略性行动方案；2000年，联合国第二十三届妇女问题特别会议再次确认和重申了社会性别主流化战略。2005年，联合国妇女地位委员会第四十九届会议审查和评估了《北京宣言》和《行动纲领》以及第二十三届特别会议成果文件的执行情况，重申了社会性别主流化战略。

社会性别主流化为国际社会确立了促进两性平等的新模式——“社会性别与发展”（Gender and Development）。20世纪70年代初期，联合国提出了“妇女参与发展”、“妇女和发展”[①] 等发展模式，谋求以传统社会性别分工为基础，以妇女为对象，以改变妇女状况为目的，强调满足妇女的实用性需求。由于此发展模式缺乏战略高度，对存在于两性之间的各种制度性与结构性的不平等认识不足，忽视了制度和结构的变革，导致此发展策略对整体层次、主流型政策方案的资源与机会分配并无根本影响，难以有效改变女性的弱势地位。“社会性别与发展”正是反思这种侧重解决和满足妇女具体需求的“专门化战略”模式之局限性基础上生发的“主流化战略”，并不排斥专门以妇女为受益目标人群的政策、项目和措施，更强调制度和机制变革的重要性和必要性。“社会性别与发展”模式一方面强调采取和开展针对某一性别的特别倾斜措施和专门行动，可以是针对女性的，也可以是针对男性的，另一方面强调将社会性别问题纳入所有政策、项目和行动的主流，以免被“妇女化”。二者相辅相成，故也被称为“双头的性别平等战略”[②]。“社会性别与发展”模式针对现有社会性别关系，而非仅仅

---

① 鲍晓兰：《西方女性主义研究评介》，生活·读书·新知三联书店1995年版，第203～204页。

② “在国际劳工组织成员中提高社会性别主流化能力”，载《中国项目组：提高社会性别主流化能力指导手册》，中国社会出版社2004年版，第59页。

针对女性，其目的在于改变女性地位，而非限于改善女性状况，主张促进传统社会性别关系的改变，强调将社会性别平等纳入国家所有立法和政策的主流，以改变不利于两性平等发展的社会环境。

“社会性别”、“社会性别意识”、“社会性别主流化”等主张已逐渐被我国理论界和实务部门所接受。我国宪法等一系列立法将男女平等确立为基本原则，1992 年制定《妇女权益保障法》以来，初步形成了以宪法为依据，以妇女法为主体，包括民法、刑法、诉讼法、婚姻法、劳动法及相关法律法规的妇女保护权益法律体系。为实践社会性别主流化战略，我国在制定和修正相关立法时特别注重从保护女性权益的实际出发。现行《婚姻法》及其司法解释力图贯彻性别平等原则，注重将社会性别意识纳入立法过程，推动社会性别主流化。

（二）社会性别主流化是男女平等的实现保障

法律上“男女平等”的基本内涵常常等同于赋予女性以与男性同样的权利，甚至在某些特殊情况下，基于女性的生理原因还会给予“额外”的特殊保护。因此，“男女平等”常被误读为：只要未涉及生育功能，女性将会被作为完整的个人同等对待。按此理解，女性想要获得同于男性的平等，须将女性完全作为男性对待。然而，男女两性之间不仅存在着生物学意义上的差异，还存在社会性别意义上的差异，由此造成男女的社会角色、能力、需求及利益等不同，进而导致在文化观念支持的、社会化过程中维护的、由社会建构的男尊女卑的现状。鉴于此，将女性完全作为男性对待无疑会造成不平等的后果，在“无性”立法设定的“男女平等”之下，男女两性的实质不平等恐将永存。

性别平等的基础在于认真对待男女两性的区别和差异，即承认男女都可以具有、且在事实上的确具有不同的利益与需要。女性与男性共同组成是平等的“人”，任何单一性别均不能成为“人”的标准或范式。仅仅确立男女平等的法律原则，只是在法律层面上有了衡量性别地位的尺度，依然可能产生社会生活的差异和不平等。

形式平等只要求把统一的平等标准无差别地适用于每个人，而女性的差异是以男性为参照比较出来的，这种差异在两性形式平等或性别中立的名义下被忽略，导致两性自由的实现程度不同。男女之间一直存在着的不平等又会被两性实际存在的差异所掩盖或合理化，这反过来又强化了男女两性的实际不平等。因此，形式平等在现实的两性差异面前会造成广泛的不平等，形式上的男女平等常常在结果上保护了而不是消灭了性别不平等。① 男女两性的平等不应仅仅停留在法律上的形式平等，实现实质平等尤为重要，即在男女两性关系的结构和地位上，使平等在女性生活中真正具有意义②。

社会性别主流化理念追求的“性别平等”是对法律上“男女平等”的提升，旨在承认和尊重性别差异的前提下建立一种新的性别平等标准。认为性别不平等的根源在于社会性别角色分工及与其相适应的社会性别机制，经济发展不能必然实现性别平等，呼吁全社会关注和参与社会性别问题，关注女性的先天弱势，运用社会性别分析方法评估国家立法和政府决策，将性别问题纳入社会发展主流以实现性别平等。可以说，“性别平等”超越了形式上的“男女平等”，破除了传统性别角色定型后的平等标准，是真正的、实质的平等，同时还允许对处于劣势的性别个体或群体采取旨在提升到相似水平的“特殊措施”或“差别对待”。其承认两性的性别差异，在两性各自保留其性别特征的前提下，发展各自的素质，丰富各自的生命，实现各自的理想，反对一切以男性霸权为支撑点的男性话语权力，也反对一切凌驾于男性之上的偏激的女性霸权主义。

男女平等发展是构建和谐社会的重要内容和内在要求，女性与

---

① 王政、杜芳琴：《社会性别研究选择》，三联书店1998年版，第196页。

② 陈明侠、黄列：《性别与法律研究概论》，中国社会科学出版社2009年版，第52页。

男性平等发展是社会公正的前提。① 将社会性别平等全面纳入我国法律领域，是对女性权利等同于性别平等观念的挑战，社会性别平等相对于男女平等是一个更高位阶的概念，是男女平等的实现保障。如果没有从思想和认识上确立社会性别平等观念，没有在国家立法和政府决策中落实社会性别平等观念，男女平等的实现必然大打折扣。我国具有数千年“男尊女卑”的历史观念及实践传统，在长期坚持优先发展经济的思维定势下，性别平等问题往往不易被提上议事日程，保护性别平等的立法和决策往往容易被忽视，要真正实现性别平等，必须落实联合国社会性别主流化战略。

（三）我国防治家庭暴力立法中的社会性别主流化尝试

家庭暴力已逐渐成为跨越国界、意识形态、种族的全球性问题。1995 年，第四次世界妇女大会的成果性文件——《北京宣言》和《行动纲要》，强调和重申了国际社会反对家庭暴力的决心和态度；1999 年 3 月 8 日，联合国妇女发展基金召开的全球电视盛会呼吁“给妇女一个没有暴力的世界”；1999 年 11 月联合国大会通过决议确定每年 11 月 25 日为“国际消除家庭暴力日”。自 20 世纪 90 年代初，特别是 1995 年世界妇女大会后，家庭暴力问题在我国逐渐引起全社会的广泛关注，反对家庭暴力的宣传力度也日渐加大，相关研究和立法工作不断深入。

在我国立法中，“暴力”通常被作为一种形容犯罪行为的手段，“家庭暴力”作为法律概念始于 2001 年修正的《婚姻法》。该法总则宣示“禁止家庭暴力”，并规定：家庭暴力是法院应准予离婚的法定情形之一，家庭暴力导致离婚的，受害方有权要求损害赔偿；家庭暴力受害人有权请求所在居（村）委会、单位调解、劝阻，提请公安机关制止；实施家庭暴力构成犯罪的应依法追究刑事

---

① 李春茹、陈苇、冉启玉：《女性权益法律保障与和谐社会构建——以社会性别平等为视角》，载薛宁兰主编：《国际视野，本土实践——亚洲地区性别与法律研讨会论文集》，中国社会科学出版社 2010 年版，第 15 页。

责任，受害人可以向法院自诉，也可以提请公安机关侦查、检察机关公诉。2005 年修订的《妇女权益保障法》以法律的形式明确宣示“实行男女平等是国家的基本国策”，坚决禁止家庭暴力，并要求公安、民政、司法行政等部门以及城乡基层群众性自治组织、社会团体切实采取措施，预防和制止家庭暴力。

“家庭暴力”概念进入我国立法，是国际社会防治家庭暴力运动和我国强化妇女权益保障双重因素影响的成果，是将社会性别理念纳入我国立法的尝试和实践，是推动社会性别在法律领域主流化的过程。自 2001 年修正《婚姻法》以来，立法者从社会性别视角出发，运用社会性别分析方法，有力地推动了防治家庭暴力立法。即便如此，将社会性别视角纳入我国立法领域并将其主流化，在法学理论界、司法实务部门及公共政策决策层的认知程度还远远不够，仍面临着诸多挑战。

据全国妇联权益部资料显示：家庭暴力已成为我国妇女权益中的突出问题，投诉数量呈持续增长态势，每年的群众投诉约 5 万件，占全国妇联系统信访量的 1/10[①]。中国家庭暴力发生率为 29.7% ~35.7%，其中 90% 受害人是女性，各地法院所审理的婚姻家庭案件中，当事人主张存在家庭暴力的约在 40% ~60%[②]。家庭暴力触目惊心却难以有效防止，根源即在于现行立法防治家庭暴力条款的固有缺陷。虽然现行《婚姻法》和《妇女权益保障法》均明确规定禁止家庭暴力，全国大部分省市也围绕家庭暴力出台了诸多地方性法规，但这些条款多系原则性号召，实际可操作性并不强。最高法院《婚姻法司法解释（一）》力求为法院审理家庭暴力案件提供具体依据，对“家庭暴力”做出明确界定：“行为人以殴打、捆绑、残害、强行限制人身自由或其他手段，给其家庭成员的

---

① 大洋：《家庭暴力投诉增加》，载《广州日报》2009 年 3 月 8 日，第 A6 版。

② 黄庆畅：《“人身保护令”接连出鞘》，载《人民日报》2008 年 10 月 7 日，第 8 版。

身体、精神等方面造成一定伤害后果的行为”，“持续性、经常性的家庭暴力构成虐待”。正是现行立法对“家庭暴力”的笼统性规定，使得法官在认定家庭暴力及其成因、判决离婚及损害赔偿等方面缺乏性别敏感度，导致法院审理实践中能够真正认定的“家庭暴力”微乎其微，以家庭暴力为由判决离婚并赔偿受害人的案件并不多见。据一项统计表明，各地法院所审理的婚姻家庭案件中，40%～60%的案件涉及家庭暴力，但能提供相关证据的不到30%。[①] 正是基于我国家庭暴力问题的严重性和特殊性，为落实党和国家领导人关于“要重视维护妇女权利，要使社会性别主流化”、“促进性别平等，实现共同发展”的重要指示，最高法院于2008年编发了《涉及家庭暴力婚姻案件审理指南》，为防治家庭暴力司法实践提供智识支援，力图改善防治家庭暴力司法面临的艰难困境，该指南在防治家庭暴力司法实践中的试点推行业已取得突破性进展。

社会性别主流化理念在我国防治家庭暴力立法中已有初步尝试，虽然现行立法对家庭暴力的规定还不够明确，其实践效果尚不够理想，但对我国防治家庭暴力立法而言确属里程碑式进步，应当认识到努力推进社会性别主流化是维护妇女人权、推动性别平等的重要议题，亟须以社会性别主流化理念指引我国防治家庭暴力立法。

（四）积极落实社会性别主流化推动我国防治家庭暴力立法

构建和谐社会需要女性的发展，女性发展需要法律的切实保障。现代社会对于女人的常见偏见主要有两种[②]：男性主义者在“女人”身上只见“女”，不见“人”，把女人只看作性的载体，而非独立人格；偏激的女权主义者在“女人”身上只见“人”，不见“女”，抹杀性别存在和性别价值。“女人”应该既是‘人’，

① 夏敏：《性别视角下的司法正义》，载《中国审判》2007年第9期，第9页。
② 周国平：《永恒之女性》，中国华侨出版社2006年版，第5页。

又是'女'，是人的存在与性别存在的统一。历史原因、社会体制及传统习俗等多方面因素造成了较大的两性社会地位差距，再加上两性固有的生理差异，同等适用于两性的法律，实施结果可能对女性不利，往往背离法律平等保护的初衷。因此，立法应当以社会性别为视角，充分考虑两性的现实地位及固有差异，针对女性的特殊情况予以特别保护，这样才有利于实现两性的实质平等。

防治家庭暴力立法在中国已经起步，但现行防治家庭暴力条款规定模糊，可操作性不强，特别是有关家庭暴力的主体、形式、认定标准等方面的法律规范欠缺社会性别意识，再加上高昂的诉讼成本往往使家庭暴力受害方处于更弱势地位，极大地减损了获得法律救济的可能性，导致防治家庭暴力司法实践困难重重，立法预期难以实现。联合国社会性别主题工作组项目官员马雷军也指出：中国公众和政府官员的社会性别意识还有待提高，对女性的家庭暴力案件时常发生。[①]"所有禁止妇女按照自己的意愿获取某种社会地位的法律，所有使女人处于比男人卑下的境遇的法律，都与伟大的自然规律背道而驰。"[②]应当努力通过立法活动引导两性利益选择，协调两性利益冲突。因此，我国未来的防治家庭暴力立法必须坚持社会性别主流化理念，考察两性面临的不同社会现实、生活期望和经济环境等背景，考虑女性可能因性别因素而受到的歧视，关注防治家庭暴力立法对两性可能造成的不同影响。

我国是一个有着几千年封建传统的国家，建国初期出台的一系列旨在消除性别不平等的法律规范，使我国成为世界上妇女地位迅速改善的楷模，但受传统社会价值观体系和意识形态的影响，在政治经济生活中，男权意识依旧浓厚，性别盲视不仅反映在国家立法

---

① 龙涛：《联合国项目组在长沙培训民警处置家庭暴力》，载《潇湘晨报》2011年7月14日，第A09版。

② ［美］约瑟芬·多诺万：《女权主义的知识分子传统》，赵育春译，江苏人民出版社2003年版，第11页。

和政府决策中，也反映在社会实践的各个层面。可以预见，以社会性别主流化战略推动我国未来防治家庭暴力立法必然面临诸多障碍：挑战传统法律中去性别化“人”、抽象“人”的权利义务观念；质疑中立、客观的法律缺失女性群体视角、女性生存体验、女性思维方式等。要彻底扫除这些障碍，必须要具有足够敏感的社会性别视角，运用社会性别分析方法，检视防治家庭暴力立法规范，正视男女两性面临的资源不平等现实（易产生家庭暴力的家庭结构、女性遭受家庭暴力的现状及求助障碍、女性对防治家庭暴力法律规范的认知程度等），站在性别平等的立场上，努力找寻现行法存在的显性和隐性的性别歧视及性别盲点，最终接轨国际社会公认的消除性别歧视的有效方法与特别措施，使我国防治家庭暴力立法顺应社会发展过程中对人权保障提出的实际需要，使其担当起社会性别公正矫正器的角色。

以社会性别主流化理念为指导，完善我国防治家庭暴力立法的基本思路在于：其一，尽快制定《防治家庭暴力法》。现行防治家庭暴力法律规范规定模糊，施暴者法律责任体系不完善，公权力介入受到诸多限制，致使家庭暴力难以有效抑制，制定《防治家庭暴力法》已成为全社会上下的一致共识，诸多地方性防治家庭暴力法规业已出台，法学理论界研讨多年并已拿出学者建议稿，亟须国家立法层面回应。其二，修正现行《妇女权益保障法》、《婚姻法》，贯彻社会性别主流化理念。通过修正现行法，切实保障女性就业权、教育权、人身权、财产权，放宽离婚条件，缩短作为离婚理由的分居期限（如1年），强化防治家庭暴力的力度，从宏观上冲击性别结构，促进实质的性别平等。其三，加强家庭暴力的干预力度。设立为防治家庭暴力提供服务的专门机构，降低公权力机构干预家庭暴力的条件，建立全社会联动干预机制，完善家庭暴力法律责任体系，全方位多层次预防和惩治家庭暴力，如颁发人身安全保护令、确立婚内强奸罪惩罚婚内性侵犯、通过行政处罚惩处轻度家庭暴力等。

二、立法体例

2011年3月，中国法学会防治家庭暴力网络专家组通过人大代表和政协委员作为提案、议案提交给第十届全国人民代表大会和全国政协会议的《家庭暴力防治法建议稿》共八章：总则、行政干预、社会干预、民事干预、刑事干预、证据、法律责任、附则。该建议稿层次清晰，分别从行政、社会、民事、刑事四方面入手，对家庭暴力进行“干预”。尽管如此，笔者以为，家庭暴力问题并非单纯可以如其他民事、刑事一样区分实体法和程序法，因为家庭暴力是一个综合性、专门性、特殊性的社会问题，对其应当采取事前防范与事后规制，二者缺一不可。如将其区分实体或程序，首先在立法上难以衔接，其次也会给法官审案时适用法律带来不便，因为如将家庭暴力案件审理程序作为民事特别程序，那么民事诉讼法则必须得到修正，即使修正了民事诉讼法，其与该法其他条款又应如何协调？这需要学者专家、司法实践等各方面的研究和适应。如前所述，英国、香港的防治家庭暴力立法均集实体和程序为一体。事实证明，对于家庭暴力这样一个“特殊对象”的法律规制无必要严格区分实体法或程序法，将二者融入一部专门防治家庭暴力法，实施效果应当更佳。

三、立法内容

我国未来防治家庭暴力法应当突破传统模式，综合既有法律法规，内含兼具民事、刑事、行政相关内容，包括释义、引述、重申、协调、独创、保障等形式的立法条款，力求做到法官在适用个案时能够有法可依，有法可援。笔者以为，防治家庭暴力法应当包含如下内容：

第一，总则。该部分应明确立法目的和基本原则，“家庭暴力”、“家庭成员”、“关联人”、“家庭暴力行为”等释义及本法适用范围、主管机关及其职责，确立家庭暴力防治基金，组建家庭暴力防治委员会、防治家庭暴力中心等。

第二，人身安全保护裁定。该部分以专章规定人身安全保护裁定，包含对人身安全保护裁定的界定、类型的区分、申请人资格、条件、方式、时间的限制、管辖法院的确定、申请的审查、案件的审理、各类人身安全保护裁定的核发、送达及效力、责令施暴者迁出或远离的效力、当事人对法院驳回申请及不服裁定的复议、对撤回人身安全保护裁定申请的审查、人身安全保护裁定的执行及执行异议的救济、违反人身安全保护裁定的强制措施、外国法院核发人身保护令的效力等。

第三，刑事程序。该部分是对已达刑事责罚的家庭暴力案件予以特别规制，包含家庭暴力嫌疑人的先行拘留、对被告施以取保候审、监视居住的附加条件、送达、效力，检察院决定不起诉和法院依法判决免予刑事处罚的规定及相关法律文书的送达，被告人与受害者的接触，被告在缓刑与假释期间的遵守事项，公安机关和防治家庭暴力中心的监督职责，监狱机关通知被告出狱与逃脱的义务等。①

第四，父母子女。之所以对父母子女专章规定，考虑有二：其一，尽管目前在家庭暴力案件中，分手暴力甚为“流行”，但其绝大多数仍然属于“常规”家庭暴力，即发生在家庭内部，当事人涉及夫妻、父母、子女。其二，本着“子女最大利益原则”的宗旨，无论未成年子女是否真正遭受家庭暴力，为避免其身心不致受到不良影响或严重后果，应当在防治家庭暴力法中将其权益保障予以特别关注，即使所涉内容不多，亦可彰显国家对未成年子女的重视和保护。该部分应包含的内容：不利于未成年人子女的推定、未成年子女权利义务人的改定、法院发布关于施暴者会面交往未成年子女的命令、会面交往处所的设立等。

第五，预防及处遇。该部分重点在于预防家庭暴力以及对施暴

① 家庭暴力刑事程序并非本书研究的内容，故不再赘述。

者、受害者实施的处遇规划。其中，预防部分内容应包含：公安派出所的接警与出警、司法行政人员的在职教育、家庭暴力防治数据的提供、追查投诉者的电话号码与地址、相关机构通报家庭暴力嫌疑者的义务、居（村）民委员会、当事人所在单位、妇联、工会、共青团、残联等社会组织、各级信访部门、教育机构、医疗机构、新闻媒体、法律服务机构的职责等。处遇部分的内容应包含：受害者的临时庇护、施暴者的强制矫治、施暴者处遇计划规范的制定、受害者的补助费用等。

第六，证据。自2001年家庭暴力正式入法成为法定离婚理由之一和离婚损害赔偿理由之一后，家庭暴力成为当事人离婚诉求的案件就日益增多。法院一旦认定存在家庭暴力事实，就可依法追究施暴者的法律责任，如当事人提出离婚，无过错方还可就此提出赔偿请求。尽管如此，囿于现行立法的笼统与分散，法院对于家庭暴力事实的认定缺乏明确的标准，即使受害者收集到了相关证据，还须经过质证与法庭采信，如施暴者对证据的合法性、关联性、有效性以及对受害者搜集证据的程序提出异议，所搜集证据的证明力则会减弱，受害者的合法权益难以得到全面保障。可见，证据应当是防治家庭暴力法中非常关键的部分构成。内容应包含可采证据、不可采证据的类型、证明的标准、完全有证明力的证据分类、可采证据的认定、举证责任的分配与转移、非法证据的排除规则、表见证明、人民法院依职权调取搜集证据等。

第七，法律责任。该部分应明确规定施暴者的民事、刑事责任以及防治家庭暴力相关机构的行政责任。构建防治家庭暴力的责任体系，力求做到责任体系的明确表达，明定各机构责任；责任体系的综合设置，即兼具民事、刑事、行政责任于一体；责任体系的合理配给，遵循“罪责刑相适应”的法律原则。

综上所述，我国未来防治家庭暴力法理应将保障性规定与制裁性规定“并驾齐驱”。其中，保障性规定是通过立法条款明定本法释义的“家庭成员”在“家庭”中的权利义务，以此保障各自独立且相关的合法权益；制裁性规定应当区分选择性制裁规范模式和强制性制裁规范模式两种。选择性制裁规范模式应当是由执法机关根据受害者的意志选择对施暴者的惩罚，如警告、申请人身安全保护裁定、责令赔礼道歉、责令施暴者迁出居住地等；强制性制裁规范模式因当是由执法机关强制对施暴者的惩罚，该类家庭暴力案件应是有涉及未成年人以及触犯刑事法律的严重案件，如剥夺施暴者的监护权、探望权、追究施暴者的刑事责任等。立法仅只力求可做到“较为原则”①，原因在于，根除家庭暴力是一个长期的系统工程，不仅涉及法律，还牵涉社会、政策、组织、司法、个人等各方面，因此，只有在防治家庭暴力法的规制下，全社会齐心协力，相互协调，共同构建防治家庭暴力的网络体系，找寻家庭暴力发生的根本的社会原因和个人原因，才能从长远的角度控制和根除家庭暴力这颗社会毒瘤。

第二节　中国内地防治家庭暴力司法措施的完善

一、完善人身安全保护裁定制度

自 2008 年 3 月最高人民法院中国应用法学研究所编发的《审

---

① 之所以称“较为原则”，是与法律中某些原则性规定予以区分。“较为原则”意指，相对于传统法律涉及家庭暴力的规定而言，笔者对防治家庭暴力法内容的构思比较详尽全面，然而，相对于具体防治家庭暴力的司法、社会实践而言，其构思内容又显得“原则化”。介于“原则”与“详尽”之间，做到对“下”能够以纲领性要求引领指导，对上能够以细化手段具有可操作性。

理指南》中首次提出了民事保护令制度[1]，目前已在全国范围内选择了部分法院试行。人身安全保护裁定制度具有临时救济性、依附性、独立性、程序混合性。[2] 笔者以为，在防治家庭暴力司法实践的研究中，重点选择人身安全保护裁定制度实属必要。原因有二：一是基于对试点法院适用人身安全保护裁定情形的实证调研，力争廓清我国人身安全保护裁定程序的相关理论问题，试图通过系统清理已有成果、重点关注既有研究盲点、细致考察我国人身安全保护裁定之司法实践、继承统合前贤研究成果，力求促进研究结论的系统化和体系化、力图探寻适合我国国情的人身安全保护裁定制度之完善路径、力倡构建公正的家庭暴力案件事前防范程序，以推动我国人身安全保护裁定制度之改革；二是人身安全保护裁定是有别于传统法律救济手段的新型事物。充分依据第一手实证研究资料，深入检视我国人身安全保护裁定制度之现实困境、准确揭示其核心缺陷、理性分析其制度机理和背后隐因，力求正本清源地认清其性质与目的，为我国完善防治家庭暴力立法和司法的宏观进路的选择设定与微观制度的改良完善两个层面提供可行建言。

构建严密有效的防治家庭暴力法律防控机制，既是法治国家之所需，也是两性平等之所盼。自《审理指南》、《预防和制止家庭暴力意见》出台以来，人身安全保护裁定问题日渐成为学界关注的焦点和理论探讨的热点，在此背景下，集中研究“人身安全保护裁定制度”，主要有以下三方面的考虑：

---

① 从掌握的国内防治家庭暴力资料来看，目前，我国绝大多数学者均没有区分民事保护令和人身安全保护裁定，基本将二者混为一种概念，最高人民法院中国应用法学研究所编发的《审理指南》亦没有将二者加以区分，其规定的“民事保护令”同义于各地试用法院发出的“人身安全保护裁定”。然而，笔者认为，二者应当分属不同概念。作为民事保护令制度的起源国家——美国，在构建该制度之初的设想并非同义于我国的人身安全保护裁定。

② 康天军：《彰显人身保护令，有效预防家庭暴力——陕西高院人身安全保护裁定制度的调研报告》，载《人民法院报》2011 年 9 月 15 日，第 8 版。

其一，及时回应实务界的改革努力。人身安全保护裁定制度关乎我国防治家庭暴力立法的重大进步，关乎社会的文明发展和国家发展的国际环境。其意义显然已超越了婚姻法的视野而为全社会所关注。人身安全保护裁定在我国属制度性创新，涉及保护家庭暴力受害者的人身安全，该保护裁定成为各试点法院首要尝试的内容之一。各试点法院在核发人身安全保护裁定时大胆尝试、努力创设了诸多新举措，当然也可能带来诸多新问题。对此，理论界自然不能闭目塞听，理应关注制度改革涉及的现实困境、及时廓清制度创设涉及的理论困境、及时研究改革遇到的具体问题，推动理论与实务的相互支援。

其二，推动我国家庭暴力案件举证责任分配的合理与公正。证据在案件审理中具有举足轻重的地位。基于家庭暴力案件因家庭成员之间的特殊情感纽带关系、隐蔽性等特点，当事人举证困难。严格适用举证责任的一般规则，可能导致实质上更大的不公平。因此，亟须从诉讼公平、公正的视角对举证责任进行合理分配，才能推动我国人身安全保护裁定适用的公正与准确。

其三，为构建我国专门防治家庭暴力法进行理论和实践上的准备。有效防治家庭暴力，关键点在于保护受害者的人身安全。国际社会的成熟经验表明，民事保护令能够有效解决该问题。我国人身安全保护裁定制度的日趋完善和成熟，为构建我国专门防治家庭暴力法律不仅作了制度上的理论准备，而且各试点法院也能为其提供有益的司法实践经验。

鉴于此，笔者认为，我国未来防治家庭暴力立法中应当将人身安全保护裁定单列一章，构建符合我国国情的人身安全保护裁定制度。其内容构思如下：

第一，人身安全保护裁定的内涵及其种类。人身安全保护裁定入法应当以《民事诉讼法》第140条第1款第11项的规定①作为法律依据，将其界定为法院为了保护家庭暴力受害者的人身安全，针对施暴者做出的一种民事强制措施。同时，为适应不同的家庭暴力情形，还应当将其区分为一般人身安全保护裁定和紧急人身安全保护裁定，以便对症下药，及时制止家庭暴力。

第二，人身安全保护裁定的申请人资格、申请方式、时间、费用。人身安全保护裁定的申请人应当为家庭暴力受害者。如受害者是未成年人、无民事行为能力人、限制民事行为能力人、因客观原因难以自行提出者，其法定代理人或近亲属可向法院代为提出申请。为最大限度地保障受害者的合法权益，还应将受害者所在单位、居（村）民委会、庇护所、妇联等社会组织、公安机关、检察机关、家庭暴力防治委员会（专员）等机构列入申请人范围。申请不应以提起民事诉讼为条件，但申请人须能够提供被申请人的基本信息（如姓名、性别、年龄、工作单位、住所、与受害者的关系等）以及提供明确且具体的申请事由和能够表明受害者曾经、正在遭受家庭暴力或将面临家庭暴力威胁的证据或证据来源。申请应当采用书面形式。受理申请的法院应当为申请人提供符合要求的格式申请书。受害者处于家庭暴力的紧急状态时，公安、检察机关、相关的政府机构、家庭暴力防治委员会（专员）、防治家庭暴力中心可通过电话、传真等方式提出申请，申请紧急人身安全保护裁定不需记载申请人和被申请人的相关信息，仅记载其送达处所。应当对提出申请的时间宽泛设置，即可在诉讼终结前后的任何时间。至于费用，鉴于该制度具有最低保障家庭暴力受害者的功能，因此，其申请、撤销、变更、延长、抗诉、反诉等均应当免收费用。

---

① 我国《民事诉讼法》第140条第1款规定，裁定适用于下列范围：不予受理；对管辖权有异议的；驳回起诉；财产保全和先予执行；准许或者不准许撤诉；中止或者终结诉讼；补正判决书中的笔误；中止或者终结执行；不予执行仲裁裁决；不予执行公证机关赋予强制执行效力的债权文书；其他需要裁定解决的事项。

第三，管辖法院和审查申请及案件审理。申请人身安全保护裁定的管辖法院，应当与其他一般民事案件的管辖法院一样。法院受理申请后，应当及时进行形式审查，同时，法院在审查申请人提供的家庭暴力危险证据时，应当根据案件的自身特点和规律，本着灵活、便捷的原则适当简化审查过程，并可依职权调查，必要时采取个别讯问和听证。在法院审查申请后，对符合条件的应当立即进行审理。法院应当组成合议庭审理，必要时也可由审判员独任审理，申请紧急人身安全保护裁定的可不经审理程序，但为保护当事人的隐私，该种案件审理主张不公开、不调解、不和解原则。对于在法院审理过程中发现了申请要件有欠缺的，应当裁定驳回申请。法院审理一般人身安全保护案件时，应当通知施暴者到庭。开庭审理可能导致受害者重新受制于施暴者，受害者有权向法院申请单独陈述口头意见。

第四，人身安全保护裁定的核发。对于符合条件的申请，法院应当在审查合格后 24 小时内核发一般人身安全保护裁定，12 小时内核发紧急人身安全保护裁定。鉴于紧急人身安全保护裁定的紧迫性，法院应当同时以电话、传真、电信或其他科技设备传送给当地公安机关。法院核发人身安全保护裁定的内容是选择性的，基本内容包括：令施暴者迁出受害者的居所；责令施暴者远离受害者经常出入的特定场所；禁止施暴者对未成年受害子女行使监护权或探望权，裁定施暴者与未成年子女会面交往的时间、地点、方式；责令施暴者负担受害者住所的租金、未成年子女的抚养费、因家庭暴力造成的财产损失费及其他必要的费用；责令施暴者负担被害者的医疗、心理辅导、庇护所、财物损坏及律师费用；对施暴者是否有必要实施处遇计划进行评估，责令施暴者完成处遇计划；责令施暴者迁出或远离被害者及其居所或其他场所的人身安全保护裁定，不因被害者同意施暴者不迁出或不远离而失效；其他为保护受害者及其特定家庭成员所必需的救济措施。申请一般人身安全保护裁定前申请了紧急人身安全保护裁定的，其经法院准许核发者，应当视为已经申请一般人身安全保护裁定，因此不能再核发紧急人身安全保护裁定。

第五，人身安全保护裁定的效力。一般人身安全保护裁定有效期为3个月至6个月，紧急人身安全保护裁定有效期为15天，均自核发时起生效。如法院驳回了一般人身安全保护裁定、申请人撤回了一般人身安全保护裁定时则失效，一般人身安全保护裁定于期间届满前经法院另有裁判的，该裁定部分失效，但失效前，法院得依照被害者或申请人的申请予以撤销、变更、延长。延长以1次为限，延长期间为先前的有效期届满后6个月。法院驳回紧急人身安全保护裁定、申请人撤回紧急人身安全保护裁定、法院审理终结核发一般人身安全保护裁定时失效，但失效前，法院得依照被害者或申请人的申请予以撤销、变更。

第六，人身安全保护裁定的送达。裁定被核发后应在一天时间送达至申请人、被申请人、受害者，家庭暴力防治委员会（专员）应登记法院所核发的人身安全保护裁定，以供司法机关或其他执行机关备查。送达方式一般应采用书面形式，用邮寄、委托方式直接送达，拒绝签收的可以留置送达，情况紧急的，法院可以口头或通过电话等其他方式将裁定内容告知申请人、被申请人、公安机关，并将告知情况记录在案。

第七，对法院驳回申请及不服裁定的复议和对撤回人身安全保护裁定申请的审查。经审查，法院认为不符合申请条件的驳回申请，并告知申请人享有复议的权利，对驳回申请不服的，申请人可在驳回之日起5日内向签发人身安全保护裁定的法院申请复议1次。对于申请人提出申请后很快撤回申请的，经审查如存在特定因素（如施暴者曾有犯罪历史、曾有严重家庭暴力行为、自行与申请人共同申请撤销、申请人的撤销申请无正当理由以及其他不符合逻辑的申请撤销理由），法院应当判断其是否因施暴者的胁迫所致，撤销申请不予批准。

第八，人身安全保护裁定之执行及执行异议的救济。人身安全保护裁定的执行机关是法院，必要时也可以请求公安机关协助执行。

第九，强制措施。施暴者在人身安全保护裁定生效期间，继续殴打、威胁受害者及其亲属的、恐吓其撤诉或放弃正当权益的或有其他拒不履行生效裁定行为的，法院可以根据《民事诉讼法》第102条的相关规定①，视案件情节轻重对施暴者处以罚款或拘留，如已构成犯罪则应当移送公安机关或者告知受害者到法院提起刑事自诉。

第十，外国法院核发人身保护令的效力。我国人身安全保护裁定与国外民事保护令制度异曲同工。如前所述，我国学界目前并未严格区分二者，因此，对于外国法院核发生效的民事保护令，应当按照我国《民事诉讼法》的相关规定依法进行处理。

二、限制与未成年子女会面交往令

子女最大利益原则最初是针对子女监护权的判决而形成的，即法院应当尊重“子女最大利益”确定由离婚父母一方享有对子女的监护权，同时由另一方享有的探视权。随着子女最大利益原则的广泛适用，在其他关涉未成年子女的案件中，法院均会考虑一系列因素：未成年人的年龄、性别、身体状况；父母之间的感情、各自的身体状况、生活方式或其他社会因素；父母与子女之间的感情、父母能否具备为子女提供衣、食、住、教育、医疗等能力，以保障

---

① 我国《民事诉讼法》第102条规定：“诉讼参与人或者其他人有下列行为之一的，法院可以根据情节轻重予以罚款、拘留；构成犯罪的，依法追究刑事责任：（一）伪造、毁灭重要证据，妨碍人民法院审理案件的；（二）以暴力、威胁、贿买方法阻止证人作证或者指使、贿买、胁迫他人作伪证的；（三）隐藏、转移、变卖、毁损已被查封、扣押的财产，或者已被清点并责令其保管的财产，转移已被冻结的财产的；（四）对司法工作人员、诉讼参加人、证人、翻译人员、鉴定人、勘验人、协助执行的人，进行侮辱、诽谤、诬陷、殴打或者打击报复的；（五）以暴力、威胁或者其他方法阻碍司法工作人员执行职务的；（六）拒不履行人民法院已经发生法律效力的判决、裁定的。人民法院对有前款规定的行为之一的单位，可以对其主要负责人或者直接责任人员予以罚款、拘留；构成犯罪的，依法追究刑事责任。”

子女利益的最大化。

我国未来的防治家庭暴力立法亦应当以该原则为重点，特别是在法院依法为在家庭暴力环境下成长的未成年子女酌定或改定权利义务人时，应当以子女最大利益为首要考虑，推定如由施暴者行使权利义务不利于该子女，法院依法为未成年子女酌定或改定权利义务人后，如发生家庭暴力，法院须依受害者、未成年子女、家庭暴力防治委员会、防治家庭暴力中心或其他利害关系人的申请，以子女最佳利益为首要考虑因素，为其重新改定权利义务人。此外，还应当明定施暴者会面交往未成年人子女的命令：法院依法准许施暴者会面交往其未成年人子女时，全面审酌未成年子女的安全，并责令施暴者遵守如在特定安全场所交付未成年子女、交付未成年子女时，应由特定第三人、机关、团体监督会面交往，并遵守会面交往的注意事项、完成处遇计划或其他特定辅导为会面交往的条件、禁止过夜会面交往、准时安全地交还未成年子女，并交纳保证金、负担监督会面交往的费用等命令。法院如发现有违背命令的或者认为准许会面交往无法确保未成年子女或受害者安全的，应当依职权予以禁止并有权依法没收所缴纳的保证金。

三、修正家庭暴力案件的证据思路

在家庭暴力案件中，证据的收集、证据链条的形成、当事人举证责任的分配以及法院对当事人出示的证据的认定等均是保障受害者的合法权益的棘手问题。

首先，家庭暴力事实的非法证据排除规则尚有待完善。自2001年家庭暴力正式入法，成为法定离婚理由和离婚损害赔偿理由后，由家庭暴力引起的离婚案件日益增多。法院一旦认定存在家庭暴力的事实，调解无效认为夫妻感情确已破裂的就可以判令离婚，受害者还可就此提出赔偿请求。尽管如此，囿于现行立法的笼统与分散，法院对于家庭暴力事实的认定缺乏明确的标准，即使受害者收集到了相关证据，还须经过质证与法庭采信。如施暴者对证据的合法性、关联性、有效性以及对受害者搜集证据的程序提出异议，证据的证明力则会减弱，受害者的合法权益就得不到全面保障。

最高人民法院1995年《关于未经对方当事人同意私自录制其谈话取得的资料不能作为证据使用的批复》的相关规定为采取偷拍、偷录方式获取的证据打开了一扇窗，让婚姻诉讼中受害方在举证对方过错的无助困境中获得了些许欣慰，但要真正成为受害者的胜诉法宝尚有很长的路要走。非法证据排除规则彰显了法律的正义与公平，具有合理性和现实性。但是家庭暴力案件是不对称型的暴力案件，施暴者与受害者的力量和地位相差悬殊，受害者取证能力往往较弱且大多没有搜集证据的意识，为了达到摆脱施暴者的目的，其所取证的过程也许会不合法，如偷拍偷录等。如果在家庭暴力案件中也严格适用非法证据排除规则，这无疑不利于保障家庭暴力受害者的实体权益。

笔者以为，在不违反法律基本原则的前提下，家庭暴力案件理应有特定的证据规则，特别是应当确立非法证据的采信标准。在我国未来的防治家庭暴力立法中，应当对民事诉讼非法证据排除的标准宽泛理解，不致受害者因取证困难而无法寻求司法救济。当然，非法证据的排除不可采用“一刀切”，应以违法行为的严重性作不同区分：采用严重违法行为获取的证据理应排除，采用一般违法行为获取的证据应当结合其他因素选择排除，采用轻微违法行为获取的证据可以采信。

其次，家庭暴力事实的举证责任机制尚急需改革。在民事诉讼中，当事人为了追求诉讼获胜，应对自己的主张（包括反驳对方的主张）提出相应的证据证明。《民事诉讼法》第64条的相关规定，对于当事人无法举证或提供的证据真伪不明时未作规定。在审判实践中，由于法律规定的模糊导致法官对当事人的举证责任缺乏正确理解，在当事人未提供证据或未提供充分证据时不敢下判，更有甚者回避、拒绝裁判，这都违背了“法官不得拒绝裁判”的司法原则。

根据2001年最高人民法院《关于民事诉讼证据的若干规定》可知，举证责任的一般规则在于，当一方当事人对自己的主张完成举证后，举证责任才会转移到对方当事人，在当事人未提供证据或提供的证据不足以证明其主张时，则不发生举证责任转移。

现行立法明文规定当事人举证责任的一般规则和特殊情形，有助于司法的实践操作，有利于公平合理地分担当事人的举证责任，有利于保障当事人的合法权益。然而，因家庭暴力引起的侵权诉讼却并未入举证责任倒置范围。由于家庭暴力多发生在家庭内部，具有较强的隐蔽性，受害者往往难以取得明显的受暴力证据，如仍按照一般的举证规制，不利于受害者及时寻求司法救助。值得注意的是，对于家庭暴力案件的举证责任，应当以盖然性占优势的证明，只要证据能够证明受害者所主张的事实之真实，即使存有不真实的内容，该受害者的举证责任也应当被免除。

再次，家庭暴力事实的司法鉴定机构理应明定。司法鉴定，指在诉讼过程中对案件涉及的专门性问题由司法机关或者当事人委托法定鉴定单位，运用专业知识和技术，依照法定程序作出鉴别和判断的一种活动。在我国2007年《司法鉴定程序通则》及其相关法律尚未赋予当事人司法鉴定的申请权，对同一事实的鉴定次数亦尚未有相关规定。因此，应当在诉前赋予当事人申请伤残鉴定以及选择鉴定机构与鉴定人的权利，同时，应当对鉴定次数进行相关规定。

最后，家庭暴力事实的取证方式应当讲究方法效率。证据的取得需要方式方法，在诉讼中合理巧妙地运用证据以及与对方当事人提供的证据交锋也需要方式方法，这样才会确保胜诉。较之于一般的民事案件，家庭暴力案件的主体、行为方式均具有特殊性，审理家庭暴力案件的法官应当充分考虑其特点，对于受害者提供的证言、证物及取证方式，力求做到程序上无瑕疵。当然，受害者的取证方式亦不可盲目，否则容易徒劳取证，导致收集到的证据并不具有证明力和可采性。

笔者以为，应当培塑家庭暴力受害者的证据意识，引导其在具体案件中采用合法的取证方式，有效地收集和保存证据：其一，一旦遭遇家庭暴力，向邻里或亲友求助。这样不仅可有效阻止暴力的进一步升级，而且还具有了重要的人证。其二，一旦遭遇家庭暴力，向基层群众性自治组织投诉或打“110”报警。投诉或报案记录、询问笔录等均可作为重要证据。其三，如因家庭暴力导致身体受到伤害，第一时间到医院治疗或到法定机构进行伤残鉴定，保留病历本、诊断证明、验伤报告、伤残鉴定等。这样不仅可作为证据，还可在诉讼中向施暴者提出赔偿请求。其四，在不违反法律禁止性规定的前提下，可采用录音、录像等设备。因为录音录像资料是非常有力的证据，一旦在诉讼中被采信，其证明力较强，胜诉机会较大。

在我国未来防治家庭暴力的立法中，对于作为专章的证据篇，构思如下：

第一，明确可采证据、不可采证据以及完全有证明力的证据类型。法院审理家庭暴力案件时，可采的证据包括但不限于以下：公安派出所关于处理案件的一切记录；人民调解委员会制作的调解书等其他相关证书；受害者及其家庭成员、居（村）民委员会、教育机构、社会组织出具的证明材料等；未成年子女的证言；施暴者的品格证据；受虐妇女综合征评估；其他可采的证据。不可采证据应当包括：施暴者在诉讼前做出的口头、书面悔过书。

第二，明确证明标准。在家庭暴力案件中，只要原告提供的证据能够使正常的理性的第三人认为其合理存在，该证据应当被法院作为可采证据。对于原告提出的前后存在相异的证据时，不应当一概否认，法院应当依职权和高度盖然性法则进行收集和推理。

第三，明定可采证据的认定方法和标准。法院在认定证据时应当注意：公安派出所出具的处理家庭暴力案件的相关记录可以作为认定有家庭暴力事实；对于生效的刑事判决中认定的家庭暴力事实，法院在诉讼中应当直接认定，但当事人有相反证据并能使得法院相信的除外。两周岁以上的未成年人作为证人，其证言如与其智力、精神状态相符，该证言可以作为认定有家庭暴力事实。但应当考虑到未成年人是否受到当事人的不当引导之因素；在妇女作为受害者的家庭暴力案件中，法院应当综合考虑受害妇女遭受家庭暴力的次数、频率、强度、循环周期、心理和精神状态等因素，无需受害者主张，依职权认定受害者存在受虐妇女综合征；如是在夫妻互殴情况下，法院应当综合双方的体能和身高等身体状况、互殴的原因、当事人之前曾有过施暴行为等因素正确判断是否存在家庭暴力。

第四，明定举证责任规则。合理分配当事人举证责任是家庭暴力案件审理过程中不可避免的因素。笔者以为，家庭暴力案件不应当适用一般民事案件的举证责任分配规则，而应当具有自身特殊的举证责任分配原则，宜采用举证责任转移规则，即当原告提供了相关证据以证明了家庭暴力事实，那么被告即负举证责任，如被告无法出示反证，法院则可以推定施暴者就是被告。

总之，在我国未来专门性防治家庭暴力立法出台前，应当重新审视家庭暴力案件的证据问题，力求给受害者提供最便捷的取证方式和最有利的举证责任分配规则，给法官提供最可操作的证据采信标准，最大限度地保障家庭暴力受害者的合法权益。

第三节　中国内地防治家庭暴力救助措施的优化

目前，尽管我国对家庭暴力的社会救助并不是非常凸显，但社会救助却是必需的，因为家庭暴力属于违法行为，虽然主体是家庭成员，在某种层面上关乎当事人的隐私，但笔者以为，应当本着受害者无过错原则允许公权力介入，以社会救助作为防治家庭暴力的坚强后盾，在尊重当事人隐私的基础上最大限度地保障当事人的合法权益（包括受害者和施暴者）。由于家庭暴力因文化地域不同，发生状况在各地存在差异，因此，我国各省、自治区、直辖市的人民代表大会及其常务委员会应当结合当地具体情况，制定本地区具体的实施办法，并将其作为我国未来防治家庭暴力立法行政社会救助的总条款。

一、防治家庭暴力相关机构的设置

（一）设置家庭暴力防治委员会

在我国未来防治家庭暴力立法中，设立家庭暴力防治委员会仅是一个初步设想。笔者认为，作为政府机构下属的家庭暴力防治委员会对于我国防治家庭暴力工作的开展和完善实属必要，不仅有利于专门设立防治家庭暴力研究工作部署，而且有利于统筹规划地方防治家庭暴力工作计划。

第一，应当明确主管机关及其职责。在我国，防治家庭暴力主管机关是各级政府。在中央是国务院，在省、市是省、市政府，在县（区）是县（区）政府。各级政府应当在各自职责范围内，重视加强做好家庭暴力的防治工作。其中，中央人民政府在防治家庭暴力工作中应当起到统一规划、引导地方政府具体实施的作用。具体而言：研拟防治全国性家庭暴力法规及相关政策；配合有关机构关于防治家庭暴力任务的执行；将家庭暴力防治经费列入财政预算；建立家庭暴力电子数据库；组织、指导、协助地方政府推动防治家庭暴力工作，并提供适当的辅导和补助；其他防治家庭暴力有关事项。省、市、县（区）级人民政府应当在中央人民政府统一规划和指导下，根据本地区家庭暴力的发生情况，做出符合地方特色的防治家庭暴力活动或工作。

第二，筹划设立家庭暴力防治基金。防治家庭暴力不能仅凭一纸空文，亦不能单靠号召，落实到具体工作上需要资金、人力、物力。鉴于此，为加强推动防治家庭暴力的相关工作，笔者认为，中央人民政府应当设立家庭暴力防治基金，其收支保管和运用的具体办法，应当由国务院自行拟定。

第三，设立家庭暴力防治委员会。在县级以上政府设立家庭暴力防治委员会，乡镇政府选派专员。各级家庭暴力防治委员会及专员的主要职责应当包括：构思并提出防治家庭暴力的立法建议；监督有关机构对防治家庭暴力相关法律法规的实施；协调防治家庭暴力的宣传与教育工作；督促并协调受害者保护和救助工作。家庭暴力防治委员会还应制作受害者权益、救济、服务的书面数据，以提供给相关机构和受害人查阅。医疗机构在执行业务时，如知悉患者是家庭暴力受害者的，应将所获知的相关资料交付患者。在为受害者提供庇护方面，防治委员会应当根据各地区的实际情况建立或者指定庇护场所；庇护场所不受侵犯。在对施暴者的强制矫治方面，应规定公安机关对施暴者可以采取强制矫治措施，防治家庭暴力中心应当配合公安机关做好对施暴者的强制矫治工作；家庭暴力防治委员会应当根据本地区实施强制矫治的实际需要规划，并向公安机关提出方案，设立强制矫治所。相关费用应当被纳入各级财政预算。强制矫治费用由施暴者本人担负，确有困难的可由家庭暴力防治委员会承担。在对受害者提供补助方面，家庭暴力防治委员会应当给实际遭受家庭暴力的受害者发放补助。例如：对无生活来源的受害者发放紧急生活扶助费用；对无社会医疗保险的受害者发放必要的治疗费；对受害者发放诉讼费用、律师费用、安置费用、房屋租金费用等补助金；对未成年子女教育、生活费用、安置费用、房屋租金费用发放补助金；以及其他必要费用。对于相关的补助对象、条件、具体发放金额等事项均应由家庭暴力防治委员会规定。关于设立与未成年子女会面交往处所，防治委员会应当设立未成年子女会面交往处所或者委托其他机构、团体予以办理。至于未成年子女会面交往处所的具体设置、监督会面交往、交付子女执行、收费等则由防治委员会根据各地实际情况规划决定。同时，还应当强调，为保障未成年子女的安全，会面交往处所必须配有专门的安全防护人员。

（二）建立防治家庭暴力中心

防治家庭暴力中心性质不同于家庭暴力防治委员会。后者是在各级人民政府中设置的专门负责全国或地方防治家庭暴力工作的机构，而中心的性质则是各级人民政府整合所属的警政、教育、卫生、民政、户政、劳工、新闻媒体等机关、当事人所在单位及其人力，以配合协调司法机关的一种专门性机构。具体职责应当包括：其一，提供24小时家庭暴力电话专线服务；其二，为受害者提供24小时紧急救援装置；其三，提供或转介受害者心理辅导、住宅辅导、追踪辅导、经济扶助、法律服务等；其四，为受害者提供庇护场所；其五，推广各种防治家庭暴力的普法宣传和培训；其六，其他有关事项。中心应当根据各自的具体情况配置一定数量的警察、医疗卫生人员、心理辅导人员及其他相关专业人员。此外，中心对于拨打24小时电话专线者，有符合一定情形的应追查其电话号码来源及查询地址：无正当理由拨打专线电话，导致妨害公共任务执行的；为防止他人权益遭受重大危害而必需的；为制止受害者的生命、身体、自由受到侵害有急迫情形的；其他为增进公共利益或防止危害发生的。

二、防治家庭暴力各机构职责的归属

个人行为如违反了行政法律理应承担相关行政责任，其他各行政机构在防治家庭暴力工作中应当各司其职，互相合作，如存在失职情况亦需承担相应的行政责任。笔者以为，其一，如果因家庭暴力行为造成了他人身体、情感等方面的损害，构成犯罪的应当依照《刑法》依法处理，未构成犯罪的应当依照《治安管理处罚法》依法处理。其二，防治家庭暴力人员如因玩忽职守造成没有立即制止家庭暴力行为的应当由单位或上级机关给予相关的行政处分。其三，警察在办理家庭暴力案件时，如未履行法定义务应当被追究行政责任，构成犯罪者还应当追究其刑罚责任。其四，司法机关工作人员如因徇私枉法、滥用职权但尚未构成犯罪的，应当依法予以处罚。其五，当事人所在单位因防治家庭暴力职责未到位造成了严重后果的，其主要责任人应当受到所在单位或上级机关给予的行政处分。其六，负有防治家庭暴力职责的人员如未尽职责造成严重后果的，应当被处以行政处分。

家庭暴力的社会救助单位种类较多，其职责也应当根据各单位的性质而定。笔者以为，在我国未来防治家庭暴力的立法中，应当明确各社会救助单位的职责，明定各单位在其职责范围内根据各自性质制定实施家庭暴力的防治措施。具体如下：

第一，居（村）民委员会防治家庭暴力的职责应当包括：其一，受理受害者的投诉，并告知其享有之权利；其二，根据受害者的意愿，及时将其转介到其他机构；其三，及时劝阻、制止正在实施家庭暴力的施暴者，必要的时候报案；其四，依法做好调解工作；其五，努力开展防治家庭暴力的宣传教育活动。此外，法律不可能穷尽一切情形，因此，设置一条弹性条款（也称“兜底条款”）实属必要，即“其他防治家庭暴力的相关职责”。

第二，当事人所在单位防治家庭暴力的职责应当包括：其一，及时劝阻、制止正在实施的家庭暴力施暴者，必要时报案；其二，受害者所在单位应当及时救助向所在单位提出救助请求者。之所以未在当事人所在单位职责部分设置如居（村）民委员会的职责部分的一条弹性条款，是因为考虑到当事人所在单位涉及救助的方式比较单一，大多以劝解说服教育而非强制力手段予以惩罚，必要时才向当地公安机关报案。而其他社会组织，如妇联、居（村）民委员会、工会、共青团等社会组织则可在单位性质范围内根据家庭暴力防治现状拟定创新有效的措施或手段。

第三，妇联、工会、共青团、残联等社会组织防治家庭暴力的职责应当包括：其一，受理受害者的投诉，并告知其应享有之权利；其二，根据受害者的意愿，及时将其转介到其他相关机构；其三，配合相关部门处理家庭暴力事件；其四，开展防治家庭暴力的宣传教育活动；其五，其他防治家庭暴力的相关职责。

第四，各级信访部门防治家庭暴力的职责应当包括：其一，受理受害者的投诉；其二，配合相关部门接待家庭暴力当事人的来访；其三，其他。随着法律宣传活动增多，越来越多的群众具备了维权意识，近年来各地区信访部门接待数量的激增恰恰也表明了部分群众能够将心中的"不服"向有关部门"讨个说法"，不会隐忍和害怕，能够正确行使应有的权利。在防治家庭暴力过程中，无论是受害者还是施暴者或是其他相关当事人，只要"有理"就可以向信访机构"上言"，为自身寻求公平合理的解决途径。同时，信访部门也应当根据具体个案分别处理，不可拒待或以权力相威胁使上访群众畏惧退缩。只有听取了群众或当事人的意见，找到家庭暴力发生的真正缘点，才可能及时制止暴力发生。

第五，各类教育机构防治家庭暴力的职责应当包括：其一，应在教师培训中纳入有关性别平等和防治家庭暴力的内容；其二，将性别平等理念写入教材并宣传禁止家庭暴力；其三，如发现有受暴的未成年人，教育机构应当立即向家庭暴力防治委员会（专员）报告或者直接报案。教育机构在防治家庭暴力中的作用不可忽视，原因在于，只有从各种学习中灌输强化性别平等思想和家庭暴力零容忍观念，在个人生活原则中强调家庭暴力带来的各种危害后果，从观念上彻底遏制家庭暴力的萌芽，使社会教育能够发挥应有作用。

第六，各种医疗机构防治家庭暴力的职责应当包括：其一，医疗人员在诊疗活动中一旦发现病患者的疾病或者伤害系家庭暴力所致，应当立即救治并保存相关的诊疗记录；其二，如发现有受暴的未成年人，应当向当地家庭暴力防治委员会（专员）报告或者直接报案；其三，医疗机构对于受害者，不得无故拒绝诊疗。医疗机构是最容易发现受害者和施暴者的地方，家庭暴力会导致受害者身体受到伤害，严重的家庭暴力还有可能致受害者重伤或死亡，对于已经受到身体伤害的，医疗机构应当予以高度重视，一旦察觉发现其确由家庭暴力所致，应当采取一系列措施保全证据，为当事人提供验伤诊断书，必要的时候还可以作为证人或鉴定人出席法庭。

第七，新闻媒体防治家庭暴力的职责主要有：其一，大力宣讲社会性别平等思想与禁止家庭暴力；其二，开展防治家庭暴力的宣传教育。新闻媒体的言声是最具有公开性，尤其是随着网络时代的到来和进步，微博力量的强力扩张，各种思想、观念、言语、呼声都可自由发表，2011 年微博疯传的“疯狂英语李阳家庭暴力案”就引起社会广泛关注，利用新闻媒体力量防治家庭暴力不仅是个人的需要，更是社会国家的需要。

第八，各种法律服务机构防治家庭暴力的职责应当包括：其一，应当为符合条件的受害者提供法律援助；其二，各类法律服务机构在提供法律服务过程中，应当根据受害者的意愿，及时将其转介到有关机构。法律服务机构尤其是律师事务所的专职、兼职律师熟知法律法规，在其他民事或婚姻家庭案件中可以为当事人自身利益寻求最佳效益，然而，当涉及家庭暴力案件时，应当本着“家庭暴力零容忍”态度为受害者提供法律援助。因为家庭暴力是已经触及人权侵犯的恶性作为，并非一般民事案件，严重的家庭暴力案件还可能升级为刑事案件，因此，各类法律服务机构应当利用对法律法规的熟知背景力求为受害者提供最全面的社会救助，帮助其尽快走出家庭暴力的阴影。

三、防治家庭暴力社会联动机制的构建

防治家庭暴力社会联动机制是靠立法、司法、执法、社会救助等社会各界共同努力形成的就如何认定家庭暴力、以何种方式防治家庭暴力、采用何种措施惩治施暴者以及依靠何种手段救助受害者的一种“综合力量”。

防治家庭暴力社会联动机制的形成并非一朝一夕，其是一个长期不断改进和完善的过程，主要由社会正式支持系统和社会非正式支持系统构成。社会非正式支持系统主要依靠亲缘、血缘的关系，通过亲友的劝阻将可能“内部解决”的家庭暴力抑制在家庭中，

属于传统非正规系统，仅能起到一定程度的有效作用。社会正式支持系统主要依靠各种单位的正规程序，如政府机构、法院、检察院、公安机关、各种事业单位、妇联等各种群众组织以及居（村）民委员会等各种地域性组织联合在一起共同针对家庭暴力实施的认定、制裁、防治支持网络，及时解决家庭暴力受害者的生存安全等人权问题。形成防治家庭暴力的社会联动机制，核心在于构建全面综合性的社会正式支持系统。原因在于：其一，家庭暴力并非是“家务事”，其已经成为危害他人与国家的反社会行为，因此，采用社会正式支持系统处理家庭暴力事件或案件，不仅是社会的责任、更是全体民众应当具备且形成的观念。[①] 其二，社会正式支持系统对家庭暴力行为的防治具备有力的背后支撑——国家权力和社会权力，防治家庭暴力是个人、社会、国家的共同责任。

施暴者单位、妇联等其他性质的社会组织作为防治家庭暴力社会正式支持系统的组成力量，具有不可忽视的作用。因为，我国目前绝大多数家庭暴力当事人仍然将其认为是“家务事”，碍于面子等关系难以向外界启齿。向妇联、施暴者单位反映的受害者可能已经遭受到了身体侵害，而向人民调解委员会投诉、向派出所报案、向法院提起诉讼的受害者基本上已遭受较为严重的家庭暴力。因此，将尚未升级的家庭暴力由社会组织或非政府组织处理，不仅有助于发挥社会组织的应有作用，最大限度地利用整合社会有用资源，而且有助于减轻诉累，最大限度地节约社会资源。

尽管如此，从实践上看，社会正式支持系统本身的运行效果仍然欠佳。施暴者单位告发多以“不管、劝告、质疑”方式“回避”家庭暴力受害者，妇联多以告知家庭暴力受害者“稍微忍一下，大事化小”或者“夫妻床头打架床尾和”的方式进行“调和”。鉴

---

① 虽然该观念在我国现阶段仍然需要深入宣传。但是，立法、执法机关、妇联、人民调解委员会等机构在防治家庭暴力道路上的努力已初见成效，某些地方社会正式支持系统机构的防治家庭暴力努力已渐入佳境。

于社会组织的非国家权力以及处理家庭暴力事件的种种不力后果，笔者认为，“互动”应当成为各社会组织防治家庭暴力工作的关键点。不仅各社会组织之间应当互动，而且各社会组织与家庭暴力当事人亦应互动。例如，及时反馈受害者的求助请求、避免并严厉惩罚对受害者提出请求的推诿和排斥、妇联及其他性质的社会组织应当与人民调解委员会、派出所、法院等行政、司法系统形成统一的防治家庭暴力机制，这样才能使受害者寻求的最有效的求助“机构”——社会正式支持系统发挥最大作用，担负起对受害者的救济重任，增强受害者反抗家庭暴力的信心和力量，社会才得以良性互动，健康运转。

四、家庭暴力嫌疑者通报机制的设立

国家权力与社会权力两者都是作为防治家庭暴力的主要手段。其中，运用国家权力防治家庭暴力在于国家立法与司法运行以对施暴者“诛身”，属于事后救济；运用社会权力防治家庭暴力在于利用社会各机构单位造成的社会舆论以对施暴者“诛心”，属于事前预防和事中救助。有效将处于萌芽阶段的家庭暴力遏制在摇篮里是社会救助机构最重要的工作之一。社会权力机构，如当事人所在单位、妇联、教育、医疗、信访、法律援助、新闻媒体及其他社会组织相关机构有能力对国家法律尚未给予萌芽阶段的受害者全面人权的法律保障予以更多关注和警示，对家庭暴力当事人进行法律和心理上积极的帮助和引导，使施暴者充分认识到自身行为的违法性及造成的后果，使受害者正确认识隐忍家庭暴力的危害性及帮助其及时摆脱困境，使周知事态者均能从中受到启发，让“家庭暴力零忍耐”观念影响扩大。

近年来，设立家庭暴力预警机制已成为各地区社会机构努力的方向之一。笔者以为，在当事人所在单位、妇联、教育、医疗、信访、法律援助、新闻媒体及其他社会组织相关机构构建家庭暴力嫌疑者通报机制实属必要。原因有三：其一，家庭暴力嫌疑者通报机制有利于对及时发现有萌芽现象者即行处理；其二，家庭暴力嫌疑者通报机制有利于集社会各界力量资源，最大限度地发挥社会主体享有的社会权利，对单纯采用国家权力依法制裁的方式防治家庭暴力造成的不佳效果予以补充，从而将无法直接用国家权力规制的家庭暴力案件进行多方位、多角度遏制；其三，家庭暴力嫌疑者通报机制具有公开性，无论在社会组织之间还是个人之间都会产生广泛的影响，并通过伦理道德、团体纪律、行业规范等对施暴者造成一定的舆论压力，使其感到羞愧、后悔、罪恶，产生硬性且强有力的效应。

在我国未来防治家庭暴力法中设立家庭暴力嫌疑者通报机制，首先应当明定通报单位、通报对象、通报权限，其次应当明确通报限制时间，最后应当明晰通报后处理方式及后续工作安排。出于担心对萌芽阶段的家庭暴力演变为恶性侵权事件，害怕潜在的受害者真正成为施暴的对象，恐惧有嫌疑的施暴者因自身性格走向极端从而导致最终无法得到救赎，笔者借鉴了我国台湾地区的一些做法，对该制度作了初步设想，虽不尽完善，却力求有声：

第一，家庭暴力嫌疑者通报机制的单位应当广泛但非泛滥。宜限定为当事人所在单位、教育、医疗、信访、妇联及其他社会组织相关机构。因为以上机构是公众接触最为频繁的社会权力机构，比较容易发现或察觉施暴者或有家庭暴力倾向者。

第二，通报时间不宜过长，限定为自发现时起 24 小时为宜。因为，时间偏长容易造成嫌疑者被“丢失”，不利于及时遏制家庭暴力。当事人所在单位、教育机构、医疗机构、信访机构、社会组织及其他相关机构，在执行职务时发现有疑似家庭暴力发生的，应立即向当地家庭暴力防治委员会通报，最迟不得超过自发现时起 24 小时。

第三，选择各单位向什么机构通报是值得深思的问题。该通报机构须是专门接受统一通报的单位且须是能够在接受通报后及时作出防治工作安排的单位。笔者以为，家庭暴力防治委员会是比较理想的选择。原因在于，家庭暴力防治委员会是各地主管机关下属单位，职责中就包含了制定和计划各地区家庭暴力防治工作；委员会统一管理通报者的信息资料也有利于保障通报者和被通报者的合法权益和隐私不被侵犯。各单位向当地家庭暴力防治委员会通报家庭暴力嫌疑者的方式及内容，由当地防治委员会决定；对通报者的身份等相关资料应当保密。

第四，家庭暴力嫌疑者通报机制还应考虑必要时请求公安执法机关和其他相关机构配合工作，力求做到将发现的家庭暴力嫌疑者遏制在萌芽阶段以及有效及时制止其升级为施暴者。防治委员会接到通报后，应当即行处理；必要时可自行或委托其他机构进行调查；防治委员会或委托机构在调查时，可请公安机关、医疗机构、教育机构或其他相关机构协助，被请求的机构应当配合。

五、施暴者处遇计划规范的制定

由于家庭暴力行为的重复性以及施暴者对暴力行为缺乏自我控制的特性，笔者认为，应当借鉴我国台湾地区“防治家庭暴力法”中对施暴者的处遇计划制度，在我国大陆未来防治家庭暴力法中专门设置对施暴者实施具有积极辅导和治疗色彩的“施暴者处遇计划”，要求法院核发人身安全保护裁定时，视施暴者的心理和行为状况，发布命令对其进行戒瘾治疗、精神治疗、心理辅导或其他治疗辅导等；对犯家庭暴力罪或违反保护令罪被判缓刑或允许假释并附约束条件的施暴者，法院有权责令其遵守接受处遇计划。笔者设想如下：明确施暴者处遇计划规范的制定机构及内容。各级政府应当制订适合各地区的施暴者处遇计划，内容应包含但不限于：处遇计划评估标准；建立司法行政机关、处遇计划执行机关的枢纽渠道。应当明确处遇计划执行机关应具有的职责：施暴者接受处遇计划告知司法行政机关、受害者及其相关人；调阅施暴者在其他机构的处遇数据；向司法机关、监狱、行政机关、防治家庭暴力中心及其他相关机构告知施暴者相关资料；其他执行处遇计划职责。如果施暴者不接受处遇计划、接受处遇计划时间不足或不遵守处遇计划内容的，处遇计划执行机关应告知当地主管机关；必要时应请求当地主管机关协调处理。

六、家庭暴力当事人访视制度的建立

访视制度内含丰富，主要包括有医疗护理访视、慈善访视、家庭访视、危重患者报告访视等。在国外以及我国台湾地区各种访视制度均已逐步在完善中，我国大陆才刚刚起步，尚未普及，仅在个别社区卫生服务机构有家庭访视萌芽的出现（对基本疾病进行诊治以及开展健康宣传管理，进行产后访视、慢性病管理、全科医师团队上门访视等）。例如，广东东莞企石镇设立的“家门口的医院”就是家庭访视制度的雏形，为全镇 8 万余人都建立了健康档案，社区医生还定期走村入户进行“家庭访视”服务，以便及时了解、知悉、掌握群众的身体状况和发现问题（包括家庭暴力）。这种仅限于基础医疗访视以及老年人保健访视范围仍然狭窄，尚未发挥访视制度的应有作用。笔者认为，我国访视制度仍处于构建萌芽阶段，还需要进一步利用社会资源，建立有效的支持系统，如医疗机构应尽量为病、伤、残者提供各种必要的保健和护理服务，定期回访以随时观察了解病情发展，并为其提供有关健康促进和疾病预防的健康知识，力求充分发挥家庭功能，消除家庭环境中的不安全、不稳定因素。

目前，家庭暴力受害者访视制度在我国大陆尚属新事物，境外很多国家或地区亦如此。虽然我国台湾地区有针对未成年人和性侵害受害者的访视，但却不能涵盖家庭暴力受害者的人群范围。由于未成年人也只是家庭暴力受害者的部分人群，绝大多数还是女性受害者，因此未成年人访视制度仅具有专门针对性，并非所有受害者都可以成为受益者。根据“台湾民法典·亲属编”第 1094 条的规定，法院为父母均不能行使、负担对于未成年子女之权利义务或父母死亡而无遗嘱指定监护人得依一定顺序制定，未能依法定顺序定其监护人或为未成年子女之最佳利益，法院得依未成年子女、检察官、当地社会福利主管机关或其他利害关系人的声请，就其三亲等内旁系血亲尊亲属、社会福利主管机关、社会福利机构或其他适当之人选定或改定为监护人，并得指定监护之方法。法院在选定或改定前，应当命令主管机关或其他社会福利机构进行访视，提出调查报告及建议。声请人或利害关系人亦须提出相关资料或证据，以供法院斟酌。该“法”第1055条规定，法院为1094条裁判时，应依子女之最佳利益审酌一切情状，并参考社工人员的访视报告。由此可知，我国台湾地区的访视制度仅针对未成年人，涵盖面较窄。除“立法”明确规定外，我国台湾地区的社区式家庭支持方案也可被认为是访视制度的另一种类型。然而，该方案也并非针对家庭暴力受害者，而是对安养中心疗养院病患及其家属的机构式长期照护服务制度。

笔者以为，构建我国家庭暴力受害者访视制度，其一，明确访视机构。各家庭暴力防治机构如医疗单位、妇联、人民调解委员会等社会组织有义务对受害者进行定期回访，及时检查防治工作进行实效。其二，明确访视方式。回访采取询问观察当事人及周围邻里的方式较为妥当。其三，重视访视效果。根据回访效果采取不同的后续工作措施，如效果较为理想，即受害者已经彻底摆脱了则不用再次启动访视机制，如效果欠佳，即受害者还存在或多或少的恐惧或仍然没有彻底摆脱家庭暴力，则须采用有效措施加强对施暴者的说服教育，如家庭暴力程度升级，必要时则须由当地公安机关介入制止。

由于家庭暴力受害者访视制度还属新事物，因此，其构建仍然需要继续研究和探讨，笔者以上提出的观点仅为粗浅思路，在本书后续研究中会将该制度的构建继续作为研究重点，以期对我国防治家庭暴力社会救助工作的开展有所裨益。

结　语

家庭暴力，不仅是对人权的严重侵害，更是对个人身心发展的严重阻碍；不仅是家庭中存在的生活矛盾，更是社会性别失衡的强烈反应；不仅是影响个人发展的滞后因素，更是个人无法全面发展影响整体社会文明与进步的核心毒瘤。“只要考察帝国如何兴起和衰败，个人威望如何确立，财产和权力如何继承和转移，就足以发现暴力无时不在，无处不在。”① 一直以来，防治家庭暴力已经成为一项多领域和多方位被干预的思想启蒙（或者可以被理解为“一种思想洗涤”），其督促全社会乃至全世界从社会性别角度分析家庭暴力给男女两性带来的颠覆性伤害。研究家庭暴力与防治家庭暴力，是一个努力促进两性平等与合作的实践尝试。

任何一项研究均非完美无缺。在研究本身的过程中，思路和方式已经更新，关于家庭暴力的预防与处理方式已经在实践中更为完善。尽管如此，该项研究仍然具有十分重要的意义。笔者在防治家庭暴力研究中遇到的种种困难，例如，囿于经费和人力的限制，对实证调研的样本选择上只能局限于可行性调研的重庆市和河北省、甘肃省、四川省各一区，样本选择的局限性使得本研究难以具有全国代表性；囿于关注点的专一，笔者并没有刻意采集和研究男性受害者的相关信息等，这些都使得本研究仍然需要开展诸多后续工

① ［法］西蒙·波伏娃：《第二性》，舒小菲译，西苑出版社2009年版，第224页。

作。此外，笔者已经开始设想并计划能够在审视更多境外家庭暴力理论的基础上，努力实现本土性理论研究；在关注点继续聚焦在女性受害者的同时也同样关注男性、儿童、老人受害者的身体与心理创伤，以更详尽的资料呈现我国家庭暴力的全貌；深入发掘更科学、更理想的防治机制，为受害者找到更科学、更适合的解决路径；进一步量化中国式家庭暴力发生的原因和形式，研究并构建有中国特色的防治家庭暴力理论体系。

笔者在本书的写作过程中，研读了很多既有成果，收集了大量实证资料，披沙拣金，铢积寸累，终成前篇。改革之势正隆，仅及重点关注，难免挂一漏万，尚待同仁共同努力；注目问题盲点、竭力追求新解，或许拙稚非常，唯祈方家不吝赐教；力求“老题新做”，受制于学养不足，或许“新瓶老酒”，恭请前贤教正；本书援引之学说，如有不当评论及引用，亦请批评指正！

家庭暴力受害者个人访谈实录[1]

访谈1[2]：马晓英，女，33岁，小学，无业

我的丈夫比我大23岁，他现已56岁了。我的婚姻是从我当第三者开始的。我们相识于1995年，当时我17岁，他40岁，有老婆但无子女。我们都来自某市某镇。我父亲早逝，家里只有母亲一人，我不争气，连小学都没毕业。我那时年龄小不懂事，经常和镇上一些无事可做的混混在一起玩，也就在那段时间，我认识了我的丈夫杨二军。自和我开始交往，他妻子就一直和他闹离婚。2001年，我们决定私奔到某市某区，他妻子才和他办了离婚手续。2001年年底，我们登记结婚，终于走到了一起。到某区后，我俩都觉得既然组成了新的家庭，就应该好好过日子。因此，我们开始分别找工作。但因我俩小学都没毕业，工作很难找。他提议自己开火锅店，我也同意。火锅店在2002年5月开张。我们努力经营，火锅店生意越来越好。我经常暗自想，虽然他年龄比我大很多，但对我好，我也就知足了。2003年，我们生了一个儿子，因火锅店生意已经走上正轨，就把我母亲从某镇接来和我一起带孩子，火锅店就

① 为保护其隐私，访谈实录中当事人姓名、地名均使用化名，其他有关个人基本情况由作者根据访谈内容如实记录。在此向各位当事人为配合本论文的写作表示衷心感谢！

② 访谈时间：2011年1月20日。访谈地点：四川省某市某区某厂职工宿舍。

基本由他一人打理。

2006年开始，他晚上回家越来越晚，平时也从不过问家里情况，儿子向他撒娇，他也极其不耐烦。我怀疑他有了外遇，就给一朋友W（平时经常来火锅店找他打麻将）打电话想了解一下情况。W告诉我说，杨二军在外面吃喝嫖赌样样都来。我非常伤心，心想我年纪轻轻的就跟了他，舒服日子还没过上几天，他又打回原形。那晚等他回家后，我就和他吵，刚开始他不理我，我就说，如果他还继续这样，我就带儿子回老家。他很气愤，便拿拳头狠狠地把我从地上打到床上，再从床上打到门口，我实在忍无可忍，歇斯底里地叫道："我要离婚"，他才罢手。那晚深夜，他向我下跪请求我原谅，说不愿意离婚，并发誓保证今后好好经营火锅店，不再出去鬼混。他说得感人至深，我看到他花白的头发，想到儿子还小，心就软了。从那以后，他似乎改邪归正了。

2008年3月，他说不想做火锅店生意，觉得太累了。我提出在某市买房，他却称现在买了房，手头上就没钱了，因此，买房的事就这么搁下了。2008年5月，火锅店关门了。自那以后，他无所事事，三天两头去茶楼或麻将馆（四川有些茶楼或麻将馆都设有带赌博性质的电子游戏机）。几个月下来，他打电子游戏输掉了近万元。我拿他没办法，劝了他多次，但他根本不听劝。眼见着家里的存款越来越少，我极度没有安全感，心里非常难受，就想到了离婚，可离婚后我没有工作，孩子无法养活。其实我也恨自己不争气。他成天不归家，孩子也不管。我需要找人倾诉排解我的压抑和郁闷，因此，我找到了老乡小娟。小娟和她丈夫（我们都称徐哥）也都认识我丈夫。那段时间，小娟和徐哥劝了我很多。2008年年底，我为了孩子读幼儿园的事想找小娟咨询（她的儿子比我儿子大1岁），小娟正好有事，我就直接打电话给了徐哥。徐哥很热心，不仅向我提供了帮助，还很关心我最近的情况，我们差不多电话聊了将近40分钟。没过多久，在我丈夫偷偷查我通话记录时发现了这次通电话的事。那天回家后，他表现出从未有过的暴躁，向我挥拳施暴，拽着我的头发使劲扯，我的头碰到了鞋柜角流血了，我向他解释，他根本不听，认为我在外面找“野男人”，还说这辈子休想和他离婚，就是拖也要把我拖到老。我非常绝望，但为了儿子我还是忍了。从那之后，他经常偷偷查我的通话记录，一旦发现有可疑的电话，他就打过去，还好，我的朋友都是女的，他也就没再说啥。

他还是继续每天玩电子游戏，并越赌越大，不到两个月，3万元就被输得精光，儿子上幼儿园的钱都被他拿去输光了。我恳求他为了儿子不要再打游戏。他一听火冒三丈，马上扇了我一耳光。我心里委屈，就说别人两口子的日子过得多好，哪儿像我们，这日子再这么下去没法过了。他听后，抽出皮带，把我按在地上使劲抽，直到抽得我上不来气。他一边抽一边骂，说我就是想到外面去找“野男人”，还扬言要把徐哥一家杀死。我心里害怕极了。第二天，他果真去了徐哥的单位（后来听小娟说，他在徐哥的单位里闹得鸡飞狗跳，让徐哥丢尽了脸）。之后，小娟和徐哥找到我，表示不再愿意掺和我家的事。我失去了朋友，恨透了我丈夫。我下定决心提出离婚，他又开始歇斯底里，不仅用拳头打我，还打儿子和我母亲，将我母亲打得鼻青脸肿。

2009年2月，我起诉到法院，要求离婚。经过法院审理，最终判离，儿子随我。我心想，总算可以彻底摆脱被挨打的日子。然而，事与愿违，他开始用短信恐吓和骚扰我，扬言不仅要杀死我，还要杀死徐哥。不仅如此，他还三天两头晚上到我租的房子楼下，一旦遇见我，就把我拽到隔壁草丛里拳脚相加。2010年9月的一晚，大概9点多钟，我带儿子散步回家，刚到楼下，手机响了，我还没来得及看是谁来电，他就突然冲上来把手机一抢，把我按倒在地就打。我一闻就知道他肯定喝了酒，他边打边说，“叫你找野男人，你不想活了是不是”。我直呼救命，正巧小区里有人经过，打了“110”，派出所的同志很快来了，但是也仅是将他拉开，警告了一番，也没有任何实质性的惩罚。派出所的同志告诉我，要想彻底脱离杨二军的骚扰，只有一个办法，就是离开某市，换手机号。我一个女人，带着孩子和母亲，又没有文化，没有工作，能去哪儿呢？我万念俱灰，真不想活了，但是儿子尚小，母亲年龄也大了，我真的很绝望。

访谈2①：陈楠，女，38岁，硕士，政府机关公务员

我的丈夫是硕士学历。我们育有一女儿，女儿今年12岁。在周围人眼中，我的家庭、工作、丈夫都是值得羡慕的。然而，这只是外表，因为我的丈夫是一个大男子主义意识十分强的人，脾气非常暴躁。每当我看着自己身上被他用水果刀划出来的伤痕时，心中就有说不出的委屈、屈辱和气愤。

我们是读研时期的同学，他比我大两岁。我们的感情一直很好。直到我生了小孩，把他的妈妈从农村老家接来后，家里的矛盾就不断升级。在我婆婆的眼里，他的儿子应当是什么家务都不能做，是个干大事的人，我是绝对不能在她儿子面前发脾气和使唤她儿子做事的。我婆婆经常说我娇气，说在农村里，女人生了孩子第二天就得下地干活。我为了孩子不想和婆婆争吵，可是她越来越过分。有一次，在我坐月子期间，她嫌我没有在她儿子回家后提拖鞋，我当时气不过，就说了一句："我才生完小孩呢"。结果这一句话刚说出口，悲剧就产生了。婆婆哭天抹泪跑到我丈夫那，丈夫不分青红皂白地一巴掌向我挥来，我一头撞到了墙上，顿时天昏地暗。这是丈夫第一次动手打我。一个月后，婆婆终于回了老家。我心想，婆婆走了，家里气氛就会好些。结果就在当天，丈夫回家后，见我没有做好晚饭，孩子也哭闹，他很气愤，上来就又给我一耳光，还振振有词，说没有见过我这样的老婆。我反驳了几句，他更加生气，拿起水果刀就朝我挥来，还好我躲得及时，只是刺伤了我的胳膊。他好像还未泄愤，丢下水果刀上来就打，还用脚踢我，

① 访谈时间：2011年1月28日。访谈地点：四川省某市某区太平洋酒店。

我一点防备都没有，头一下撞到床角，鲜血直流。他当没看见，又是一耳光扇过来。我当时想死的心都有了。听见女儿的哭声，我痛彻心扉。

我也想过离婚，我又不是养不起女儿。但是转眼又想，凭什么他不负一点责任？凭什么他就可以高我一头？我又不输给他什么，凭什么我要看他的脸色行事？我真的不明白，当初美好的爱情上哪儿去了。这十多年来，我丈夫经常动不动就打我和踢我，最严重的一次是将我的脊骨打成了粉碎性骨折。

如今，女儿已经12岁了。在我终于下决心想提出离婚的时候，有一次，她回家告诉我，说她的一同学父母离婚了，同学们都嘲笑那女孩，那女孩学习成绩直线下降，不愿意见人，也不愿意上学了。女儿虽说者无意，可我却往心里去了，离婚的决心动摇了。我不想让女儿受到任何伤害，可是我真不知道怎么办才好？

访谈3[①]：朱珊珊，女，30岁，本科，高校行政人员

我大学就读于一所外语院校，专业是英语。读书期间，我的成绩在学院是数一数二的，加上我自身个子较高，身材也还不错，平时又比较注意穿着打扮，因此，学校里追求我的男生比较多，曾经还有留学生给我写过情书。然而，这一切我都没有放在眼里，因为我打算毕业后备考GRE出国留学。关于人人称道的青涩的大学恋爱，我压根就没有想过去尝试。可以说，我的感情世界一片空白。

2004年，大学毕业后，我开始一门心思地备考GRE，准备了大半年，然而事与愿违，由于功夫没有用足，2005年初成绩出来后，我落榜了，出国成为幻想。这时，环顾曾经的同学们，有的读了研究生，有的到了外企工作，有的出国留学。顿时，我感到很失落，决心重新定位自己，找寻新的出路。

2006年，我应聘到一所高校当行政人员。上班后，办公室里

① 访谈时间：2011年5月4日。访谈地点：四川省某市某区田园小区。

的老教师们看到我还单身，都很热心地给我介绍对象。说实话，自从出国成为泡影后，我还从来没有想过找男朋友。想着自己年龄也不小了，父母也一直在催我的个人问题，就答应见见对方。经过介绍，我和同学校建筑专业的同事赵伟相识了。他和我同岁，2003年大学本科毕业后，应聘到了这所学校当了行政人员。第一次见面时，他很腼腆，但不乏绅士气质。但一听到我大学专业是英语时，他小小皱了下眉头（当时我并没有在意他这一小细节，事后回忆起才知道其中是有缘由的）。经过慢慢接触，我觉得他比较老实，加上在学校口碑也不错，而且他的父母都是退休的中学老师，心想这样的家庭教出来的孩子基本都不会很差。2006 年 7 月，在认识大概半年后，我们结婚了，并搬入了在学校共同贷款买的新房里居住。

于我而言，结婚并没有让我迈入幸福的婚姻生活，相反却是噩梦的开始。我和赵伟结婚不到 10 天，他晚上就在家打网络游戏。开始几天还只是玩到 12 点，接着就是玩通宵。说实话，我觉得玩网络游戏并没有什么不妥，但是任何事不能过度。我提醒他说，晚上整夜玩游戏不仅对身体不好，也会影响我休息。白天我在单位的琐事都很繁杂，若晚上休息不好，白天干事效率就不高。但他根本没有听进去，仍然我行我素。他晚上通宵玩游戏，白天就不上班，在家里睡觉，还让我谎称生病替他请假。头一次两次还可以，次数多了，领导都起了疑心。

2006 年 10 月的一个晚上 11 点半，白天睡足了觉的他仍旧打开电脑。我知道，他的通宵游戏又要开始了，于是生气地说：“你不要打游戏了好不好？结婚这几个月，你和我一起睡的时间前后不到 10 次。你这样没有上进心，我们以后的日子还怎么过？我本来是很优秀的，一次的考试失败让我最后选择了你，我真后悔。你白天请假不上班，工作早晚都会丢掉。以后还要生孩子，你这样能养得活孩子吗？”那晚我说了很多气话。开始他还一直很沉默地听着，然后突然从电脑椅上起身，走到我面前，狠狠地扇了我一耳光，我惊呆了。这是他第一次动手打我。气愤和委屈充满了我的内心，我骂道："打老婆的男人根本不是男人"。他听了后，什么也没有说，抓起我的头发就把我往墙上扔，我努力起身反抗，然而力气太小，根本拧不过他的一只胳膊。我哭闹着要和他离婚，他给我跪下说："我是一时糊涂，绝对不会有下次了，也尽量不打游戏了，明天保证正常去上班。"那晚一直到深夜三点，我们才入睡。第二天，他确实正常上班了，晚上也没有打游戏了。本来我是应该感到庆幸的，然而这才是真正悲剧的开始，因为从那以后，他每晚都要和我强行发生性关系！即使在例假期间也不放过我。每次他对我实施性暴力的时候，都要用皮带抽我，用手指使劲掐我，弄得我全身上下都有淤伤。这种日子一直持续了两个多月，我实在忍受不了。他不正常上班的时候打我，正常上班的时候又这样对我。2006年年底，我当着他父母的面，正式提出了离婚，他恳求我能原谅他，保证不会再犯，同时还当着他父母的面给我跪下。想起他对我做出的种种可恶的行为，我没有心软。由于当时我只想尽快摆脱这种可怕的日子，最后达成协议，房子和存款全部归他，我净身出户。

离婚后，我在学校附近租了一间房子。然而，同是学校的行政人员，难免不打交道。他一直不停地找我，还当着同事的面给我下跪，恳求和我复婚。我不理，他就在同事面前开始造谣，说我在外面拈花惹草，大学期间被大款包养过。同事们信以为真，开始对我另眼相看，有些喜欢挑拨离间的同事还落井下石，在工作上故意为难我。我觉得人活着太没意思，曾经那么心高气傲的自己如今怎么会和这些人搅和在一起。难道一次失败的婚姻真的就会成为一辈子的绊脚石？

在朋友的鼓励下，我终于鼓足勇气找赵伟好好地谈了一次。从各自的大学生活到彼此认识，再到结婚，最后到离婚，我们分别诉说了自己的心路历程。这是自认识以来我认为我们之间最理智、最和谐的一次交流。从这次谈话中，我才知道，原来他在大二的时候曾经和同校一个德语专业的女孩谈恋爱，他自认为两人很相爱，毕业后也打算结婚。然而就在毕业那年，那女孩为了出国，抛弃了他，和一位外教结婚走了。从此，他对外语专业的女生就一直存有偏见，一听说或一看到外语院校的女生，都会认为绝对是被大款包养过的。我质问他，既然如此，为什么当初要答应和我结婚，他的回答让我感到非常震惊："因为我想报复"。我感到自己很可悲。

之后，他正式提出了道歉。对我而言，他的道歉和下跪都已经没有任何意义，因为他已彻底摧毁了我对幸福的期望，彻底埋没了我对婚姻美好的期许。①

访谈4②：董桂花，女，41岁，初中，农民。

我家庭不幸，父亲早在我7岁的时候就去世了，母亲带着大姐和我相依为命。1988年，大姐又因为车祸而死亡，母亲和我悲痛欲绝。父亲和大姐去世后，家里所有的活儿都是母亲一人打理，她非常辛苦。当时，家里的经济条件顶多支持我到初中毕业。因此，我初中毕业后就回家务农了。

农村人结婚都挺早。1995年，经村里老人介绍，我和邻村的曾名鉴结婚了。他看上去非常老实，又高又壮，偶尔会喝点酒，没什么文化，和我一样，也只念到初中。听老人说，他家里条件还可以，父母都还健在而且为人很和善，为他娶媳妇还专门盖了几间新房。我对自己的婚姻没有什么要求，只求结婚后能够给母亲减轻一些负担。和曾名鉴结婚后，我尽心尽力操持新家，不仅和他相处和

---

① 朱珊珊案例是发生在笔者身边比较典型的受暴妇女的例子。笔者在10年前认识的朱珊珊是一个优秀、活泼、骄傲、可爱，对人生充满希望的女孩。虽然她与赵伟离婚已近5年，虽然现在的她已经再次嫁做人妇，当上了与前妻有着13岁女儿的近50岁男人的妻子，然而，在接受笔者访谈的过程中，对前段婚姻的畏惧和绝望依然充斥着她的内心，使其久久不敢再去触碰那根紧绷的神经。

② 访谈时间：2011年6月24日。访谈地点：河北省秦皇岛市某看守所。在此向帮助笔者联系看守所的河北省秦皇岛市燕山大学的Z教授表示衷心感谢！

谐，而且和婆婆公公关系也不错。2000年，我怀孕并生了个大胖小子。儿子出生后，我一边在家带孩子，一边伺候公婆，日子过得挺和谐。2001年，我母亲卧病在床，为了照顾母亲，我在夫家待的时间明显少了。曾名鉴在家除了做点农活，其他啥事不干，还挑三拣四，嫌我这样没做好，那样没做好。由于我俩都是农民，没有其他收入，家里用钱比原先多，手头上开始拮据起来。于是我提议他去镇上打工，他也同意。2009年，曾名鉴去了乡办企业下属的建筑队，因工地忙，他基本几个星期才有空回家一次。

他去打工后，我在家忙里忙外，公公婆婆和母亲年纪都大了，农活只有我包了。左右邻舍觉得我可怜，农忙时节都很热心地来帮助我。特别是从小一起长大的邻居二娃，在我没有时间的时候经常帮我照顾我母亲。日子就这样过了一年多。

2009年的端午节，曾名鉴称工地加班，没时间回家，我想他在工地上肯定很辛苦，就包好粽子给他送去。这也是自他外出打工后，我第一次去他那儿。到了后，我发现他根本没有加班，而是和两个工人在宿舍喝酒，地上的酒瓶已经堆了不下20个，不仅有啤酒，还有白酒。我心里一股怨气，但见他喝多了也就没敢吭声。他看到我就满嘴酒气地说："你不在家带孩子，伺候爸妈，和你的二娃哥约会，跑这干嘛?"我没搭理他，开始帮他收拾屋子，那两个工人见状很识趣地走了。他一个人继续喝酒，边喝边说："你收拾完赶紧走，跑这来丢人现眼的。你那二娃哥指不定在家炕头等你等得心慌呢。"我一听这话来气了，从他手里夺走酒瓶说："你说啊你，倒是你，你这加的哪门子班，过节不回家看孩子，在这烂醉算怎么回事？我怎么丢人现眼了？我在家容易吗？二娃哥好心帮我照顾母亲，你呢？在这喝酒！好啊，你有本事出去找啊，就你这样儿谁看得上啊?"我心直口快，说话很直，心里想啥就说啥，其实并没有什么恶意。他还没听我说完，就拿起地上的空酒瓶朝墙上砸去，我被吓住了。他指着我鼻子骂："你××的说完没有，我挣不了钱没脸回家，我文凭低，打工别人都不要，还能找其他女人吗?

你在家和别的男人睡觉，你以为我不知道吗？你××的给我带‘绿帽子’，你这个臭婆娘，贱女人。”这时候我才知道，原来他工作丢了，觉得没有面子回来面对家人。我想着去安慰他，但是他无缘无故怀疑我在外面有了男人，我又一股气上来了。他很快又拿起地上的一个空酒瓶砸到墙上，玻璃到处乱溅，骂我道：“你以为我不知道你，你在家里和别的男人勾肩搭背，娃是不是我的都不知道，你这个臭婆娘，贱女人，还有脸来见我，我和别的女人睡了又咋了，我乐意。”我一听气坏了，天地良心啊！于是上去抓他的脸，但他力气很大，拽住我就打，越打越厉害，还用脚踢我，我疼痛难忍，直呼救命。最让我忍受不了的是，他打完后就开始脱我的裤子，强行要和我发生关系，我无力反抗，最终，他在烂醉后将我强暴了！我哭着跑回了家，看到儿子，眼泪噗噗往下流。第二天，他也收拾了东西回来了。因为家里有老人在，我俩也没有提昨天在工地上的事。

从那以后，他每天都喝酒，并且不管白天晚上都喝得烂醉如泥。最可恨的是，只要家里没人，他只要见我，都要和我强行发生性关系。母亲的病愈发严重，公公婆婆给了不少钱，让我替母亲治病，每当想到这，我又不忍提出离婚，怕辜负了公婆，何况儿子尚小，我也不忍心丢下他不管。就这样，我一直忍了，两个月后，我发现自己怀孕了。公公婆婆不知内情，得知后非常高兴。但是，这个孩子是因为他醉酒后强暴我所得，坚决不能要。曾名鉴知道后，不仅没有带我去做人工流产，而且喝完酒后仍然继续他的禽兽行为。有一晚，我忍无可忍，对他说：“我没有对不起你，你要折磨我无所谓，我宁可用死以表清白，但儿子是你亲生的，我死后请你不要折磨他。”他一听气就来了，按着我在炕上就毒打，我起身反抗但被他卡住脖子，他随手拿起炕头边做针线的剪刀架在我脖子上就骂：“你要死吗，好啊，我成全你，老子今天要把你宰了！我不是无能的男人。”他一边骂一边用膝盖使劲顶我的肚子，我肚子疼得难受（事后才知道小产了）。我求他不要打了，我受不了，他根本不听，像疯狗似的，我突然意识到，他可能意图真想把我打死。我害怕极了，正好这时公公从田里回来了，见状马上跑来救我，他这才罢手。但是我已经被打得遍体鳞伤，流血不止。

小产后，我内心极度怨愤，计划要报复他并逃离这种苦闷的日子。2010年的大年初二，公婆带我儿子走亲戚去了，家里只剩我和他。我找了个借口骗他到炕边，趁他不注意，用早已准备好的麻绳将他制住，弄得他措手不及。他问我想干什么，我说："你想干什么我就想干什么，你是畜生，我要把你弄死。"然后我用皮带勒紧他的脖子，闭着眼睛使劲勒，使劲勒，使劲勒……不知过了多久，我睁开眼睛，他已经不动弹了。我心情乱极了，但丝毫没有害怕，觉得我终于解脱了，不用再害怕每天都要被强暴的日子了，我总算完成了报复计划。

后来，我找到村干部，述说了这一切，在他们的劝导和帮助下，我主动投案自首。说实话，我一点都不后悔，我为了自己杀了他，我挣脱了束缚，我不是弱者，我赢了，他再也不能欺负我了。[①]

访谈5[②]：谭霞，女，25岁，大专，娱乐厅歌手

我出生在东北四平，从小就喜欢唱歌。2004年我考上了本省的一所大专院校，专业是计算机，我对此专业不感兴趣，也没有用功学。2007年毕业后，经老家一朋友怂恿去了北京求发展。北京

---

① 在接受笔者访谈的过程中，董桂花表现得一直很平静，并不断强调从来没有后悔自己的行为。看着她单薄、弱小的身体和苍白、消瘦的面容，笔者很难想象把她与杀人联系在一起。当笔者问道："为什么你在遭受身体暴力和性暴力的时候没有向法院起诉离婚？为什么你没有求助村委会，而是选择报复？曾名鉴对你的家庭暴力行为是违法的，但你没有意识到杀害他的行为也是违法的吗？"她很镇定，仅回答了一句："找谁都是空谈，我宁可自己坐牢，自己才能解救自己。"然后就主动终止了访谈。

② 访谈时间：2011年7月13日。因当事人身处北京且不愿和笔者面对面交流，所以，在征得当事人同意的条件下，笔者采取电话方式进行访谈。在此向帮助笔者提供相关资料的北京市第一中级人民法院S法官表示衷心感谢！

机会多、能人多，平台高，大专文凭在这就如一张废纸。但我没有泄气，为了实现理想当一名歌手，我花血本买了个吉他，并奔波于北京大大小小的娱乐厅。终于，功夫不负有心人，2007 年，一家小型娱乐厅老板允许我每晚上可以为顾客献唱赚钱，但不提供住宿。因我没有多余的钱租房，只能在朋友家暂时借住。为了多赚钱能租上房，我每晚都要唱好几场。就这样，我在北京有了第一份属于自己喜欢的工作，我感到新生活就要开始了。

2008 年 3 月，我记得很清楚，是个周末的晚上，下着小雨，初春的首都有些凉。我照旧到了娱乐厅，那晚生意有些清淡。唱了几首歌后，我发觉在角落里坐着一位年龄大概 40 多岁的男人，他一直很安静。当时，我并没有太在意。虽然我每晚出入娱乐厅，但绝不像常人想象的娱乐厅里的人生活都很糜烂，我本人也洁身自好。坦白讲，在娱乐厅唱歌确实会遇到一些故意耍流氓的男人，但只要自身保持良好心态，不去搭理也不会出什么事。那晚 12 点过后，在我准备收拾东西回去时，角落里的男人走到我跟前，很绅士地说："小妹妹，你唱歌很好听，很有发展潜力。我是 x 学校的教授，希望能和你常联系，我非常喜欢听你的声音。"然后，他居然拿出了证件，我仔细一看，确实如他所说，心里顿时感到敬佩。于是我们交换了手机号码。后来，他经常到娱乐厅来听我唱歌，每次都很绅士，从来没有乱举动。慢慢地，我发现自己爱上了他。

经过了解，他叫杨天飞，46 岁，博士毕业好几年了，为了学术研究耽误了成家，在 x 学校有房有车。我对他不敢有非分之想，他是教授，我自知我们之间差距太大，只敢从心底默默地爱着他。他对我若即若离，有时候好像很喜欢我，有时候又表现得很冷淡，这更加促使我想去猜测他对我的感觉。经过一段时间相处，他终于提出我做他的女朋友。我高兴极了，暗自想找到了依靠。2008 年 9 月，我们正式确定了恋爱关系。因我急于想搬出朋友的房子，所以提议到他学校的房子里住。他非常乐意，于是我们开始同居。但他提出要求，让我对外不要说是他女朋友，称是远方亲戚的妹妹来北京打工。当时，我被幸福冲昏了头，根本没多想，心想也许他是考虑到在学校同居多少会受影响吧。

2008 年，国庆节后的一天，他对我说："小霞，咱俩同居也不是长久之计，时间一长，别人肯定要怀疑我们。我是 40 多岁的人了，也想讨老婆生孩子，但我家人如果知道你的家庭背景和职业，肯定不同意咱俩的婚事，但是老太太想抱孙子，如果你能先给她生个大胖孙子，咱俩的事绝对没有问题。"我一听就傻眼了，未婚生育对我来说还是太离谱。他见我有些迟疑，接着说："我真的太想给你个名分，我真的很爱你，我真的想和你有爱情的结晶，你怀孕后，什么工作都不要干，我养你，我绝对不会欺负我媳妇的。我还要大摆酒席，还要带你回老家看看我曾经成长的地方……"他说了很多甜言蜜语，听得我真的以为他太想和我结婚，只是为了征得他爸妈的同意才出此下策的，加上自从和他同居后，我去娱乐厅的时间也少了，手头也拮据起来，都是他时不时拿钱给我用。于是咬咬牙，同意了。谁曾想到，噩梦开始了。

2008 年年底，我真的怀孕了，他得知后别提有多高兴了，马上给他父母打了电话讲了情况。结果他母亲说："唱歌的小姐绝对不能踏入我们家半步，即使她再生几个娃，我这一关都过不了。再说，娱乐厅里的女人没有好东西的，她说怀的是你的就真是你的了？当年你妈我那么洁身自好，你爸还怀疑过你不是他的儿子呢。何况现在你还找了个小姐，你俩休想结婚，让她去把孩子打掉，我们杨家不要。"我得知后，晴天霹雳！心想我得不到他家人的认可无所谓，只要他要我就行。但出乎意料的是，他更加无耻："我从小就听我妈的，你还是去把孩子打掉吧，然后我们分手，就算我对不起你。只要你不要到处去闹，我会给你一笔钱的。"我气坏了，怎么会遇上这么一个窝囊的男人！我故意说："你一个教授，还是老男人，玩的都是骗人的把戏，我偏要闹，要闹到你被学校开除，名誉扫地为止。当然，孩子我可以打掉，但是你必须和我结婚，结婚后离婚都可以，但是必须结！"我也不知道自己当初为什么会说出这样的话，为什么坚持要和他结婚。

他可能真害怕我在学校闹，当晚又给他母亲打电话商量对策。第二天给我的结果是，我们立即登记结婚，但是孩子必须打掉。我震惊了，既然同意和我结婚，为什么还非要打掉孩子？第三天，我们去民政局登记结了婚。当晚，他问我啥时候去做流产，我心里很气，顺口就说不打算去流产了，我们都结婚了，生孩子是理所应当的。他一听暴跳如雷，没等我反应过来，对着我的肚子就是一顿拳打脚踢，边打边骂："你不去流，我让你流！"我下身很快出现了血迹，顿时感到头晕目眩，肚子剧痛。后来，他把我送到医院，做了刮宫手术，孩子没了。我心情很差，然而，就在这时，他居然提出离婚。我在病房里歇斯底里地叫道："你休想甩了我，我不会和你离的，虽然我读书不多，但也不是法盲，我要到法院告你。"他听了后没说什么，直接走了，一连几天都不见人影，把我一人扔在医院。

小产期间，我出过一次大血，医生说是精神紧张加上身体营养不良造成的。我给他打电话让他来医院，他在电话里骂道："好，今晚就接你回来，好好整死你。"当晚他确实把我接出了医院，但是并没有接回家，而是把我送到一间郊外的小破屋，然后开始动手狠狠打我。先是用毛巾把我嘴巴堵上，扇了我几耳光，接着就是拳打脚踢，还掏出皮带使劲抽我。我疼痛难忍，叫天天不灵。他打了至少有半个多小时后才松手。我因为才小产完，很虚弱，现在被他这么一顿狂打，身体根本受不了。肚子很疼，下身出血非常厉害。我爬到地上求他送我去医院。他见状也有些害怕，开车送我去了医院。经过检查，医生诊断说，出血是因为先前刮宫不彻底，需要再次刮宫。我彻底绝望了。人倒霉的时候真是诸事都不顺，在手术台上，我被告知子宫穿孔大出血，以后可能都不会再有孩子了，我心碎了。刚回到病房，他啥都没问，直接很凶地问我到底离不离婚。这时候的我哪有心情去离婚，想到刚刚才被他拖到郊外狠打了一顿，心里害怕极了，反正孩子没了，干脆离婚好了，免得再遭毒手。于是，我告诉他同意离婚，但是我暂时还不能搬出去住，首先我没钱租房，其次我身体很虚弱，也没力气去找工作。他听后没有任何表情，说："既然离婚，你就自己找地方住，我不会给你一分钱，而且我现在已经有了新的女人。实话告诉你吧，在你之前我和好几个你这样的女人发生过关系，大家都是好聚好散，结果到了你这居然逼我和你结婚生孩子，我要不是担心你出去造谣毁坏我的名声，我才懒得理你。说不好听点，在北京这地儿，你绝对斗不过我的。医院的、法院的、派出所的、政协的都有我的熟人，你如果还想在北京混，就不要惹恼我，否则对你不客气。"他终于露出了本性残忍的一面。我对他彻底绝望了，只怪当初听信了他的甜言蜜语才彻底失去了自我，才落得如此下场。

我一个姑娘只身一人，千里迢迢到首都来寻找梦想，结果遇到这禽兽不如的男人。离婚后，我没有地方可以去，只有在大街上流浪，晚上睡在天桥下面。我将他打我的时间、过程全部记录下来，将医院的病历本全部整理好，找到妇联和派出所，得到的答案均是："现在你们都离了，他也没有再找你，你当初就应当来，现在来晚了，你还是回去好好打算一下，好好想想以后怎么生活，你还年轻，还有前途的。"我心灰意冷，感到这根本就不是人呆的社会。我本来还想把他告到法院的，找他学校的领导开除他，但后来都没有实施。主要还是因为我怕他说的话都是真的，如果真闹了，也许连天桥下都没有我的容身之地。

后来，我终于明白他为什么要答应和我结婚，原因是满足学校的分房条件。他通过婚姻达到了目的，但我通过婚姻却落下了终生不育的残疾和永远抹不去的心理伤痛。①

① 据相关人士告知，谭霞已经打算离开北京回东北重新开始。笔者希望她能够忘记过去，忘记悲剧、忘记不快。在今后的人生道路中，争取做一个自强、自立的人。

访谈6[①]：蒋永丽，女，46岁，小学，餐厅服务员

我的婚姻很不顺，结过三次婚。第一次婚姻是在我22岁的时候，与第一任丈夫一见钟情，半年后我们就结婚了。虽然我们的经济不宽裕，他只是一名工人，而我没有工作，但我们生活很幸福，一年后还生了个儿子。然而，也许是上天故意捉弄我，儿子两岁的时候，丈夫因车祸去世，美好幸福的婚姻生活戛然而止。我当时才25岁，带着儿子回到了娘家，在娘家人的帮助下，我在镇上摆了个小摊。就这样一直到1997年，我32岁，儿子已经上了小学。经亲戚介绍，我和市里的一名离异的环卫工人认识并于1999年结婚，这是我的第二次婚姻。然而，第二任丈夫性格沉闷，加上我俩没有任何的感情基础，平时言语交流很少，这样的日子过下去也没有意思，2000年他提出离婚。于是，我带着儿子离开。第二次婚姻失败后，我对自己和男人都很失望，下定决心不再结婚。但是，老天不放过我，让我遇到他的时候，产生了从未有过的激情。

这几年，我经营小摊生意还不错，还将它扩大到了一个小门面，养活我和儿子不仅没有问题，而且为了儿子以后上学结婚，我还有了一些存款，虽然不多，但日子没有像以前那么拮据了。2002年，一个长得眉清目秀、个子挺高、穿着朴实的男人经常到店里来买烟，一来二去地，我们熟了起来。在聊天的时候，他说自己也做生意，很明白我一个女人带着孩子讨生活的艰辛。渐渐地，他对我很关心，我也觉得自己挺喜欢他，这种感觉和对前两任丈夫的感觉不同。很快地，我们同居了。同居那段日子里，他帮我打理店里生意，接送儿子放学，在外人看来，他就是我儿子的亲生父亲，我心里暗暗高兴，庆幸自己找到了真正的幸福。

2003年的五一，他突然到我店里，拿起一捧玫瑰花，向我求

① 访谈时间：2011年7月21日。2011年3月，笔者曾经联系当事人请求其协助做一次个人访谈，遭到当事人的拒绝。事隔4个月后，当事人主动打电话给笔者，提出可采取电话方式叙述她的案情。于是有了这次访谈记录。

婚！我当时震惊了，周围邻舍也震惊了，面对这突如其来的求婚和爱情，我的决心动摇了：一个女人需要男人的肩膀作为依靠，儿子也需要父亲作为依靠。我很幸福地答应了。结婚后，因他没有房子，我们就把店面隔了一个小空间，一家三口搬到一起住。那段时间他生意也不好，我就提议和他一起经营店面，把儿子养大。可以说，我为了他，为了家，为了儿子，也为了我自己，付出了我所有的心血。但是，他在结婚后不久却告诉我，他和我并不是第一次结婚，他曾经结过四次婚，和前妻（不知是哪一位）生了两个孩子，现在孩子都在他姑姑家。我很气愤，质问他为什么结婚前不告诉我，他说是因为太想娶我了，不敢说，怕我不答应他的求婚。我心想，自己也是结过两次婚的人，也不能对他的要求太高，于是，在他的甜言蜜语的哄骗下，我妥协了。我俩达成协议：各自的子女各自抚养，对方没有抚养的义务。协议达成容易，真正生活在一起的夫妻又如何能将金钱彻底分开？何况他还没有工作，我们就靠一个小店支持这么多人的开支。我一下子感到生活负担重了许多，再婚难道是错误的选择？为了儿子，我每个月从店里的经营收入中悄悄地拿出来一部分存起来，其他的就用作全家开支，他还有吸烟喝酒的习惯，我的生活再次拮据起来。

他第一次对我实施家庭暴力，是在发现我有私房钱的时候。那天，他逼我拿出存折，骂我不相信他，我的钱就应该是他的钱，我的店就应该是他的店。开始他只是骂我私藏私房钱，然后越说越气，上来就给我两耳光，侮辱我说："你一个死了丈夫，离了婚的女人，跟了我不知道是你几辈子修来的福气，你不仅不珍惜，钱也不给我用，为了你的那个儿子，你让我好烟不能抽，好酒不能喝，我干嘛要娶你啊，还不是想着你有个店，外面的那些女人都指望我的钱……"我惊呆了，他对我并不是真心的，而是看中了我的小店，看中了我的存款，曾经的一切都是虚幻的，上天并不是可怜我，而是惩罚我，惩罚我不珍惜自己，惩罚我违背誓言。我提出了离婚，他变本加厉，拿起一把刀指着我就说："离婚可以，你必须把钱拿出来，不然休想。否则你儿子也不会好过。”我知道我遇上了真正的“强盗”。

我害怕他对我的儿子有恶意，为了离婚，我很无奈，把钱拿出来了，一共4万元。他见状，把钱收下后，露出后悔的样子，对我说：“我对不起你，之前是我太自私了，我是真心爱你的，之前是因为没有工作，没办法养活自己和你，我很内疚，心情不好才向你要钱的。我可以不抽烟，可以不喝酒，我只要你不要离开我。”他说了很多，我的心再次软了。心想，钱也许都是害人的，拿出来能够一家人平平安安和和气气的，我也心甘了。但是，一切事与愿违，4万元他拿走后不久，又问我还有没有存款，我问：“你要干什么？那么多钱都哪儿去了？”他说遇到骗子了，钱没了，现在想投资做点小生意，希望我能帮他。我一听火冒三丈，他肯定是在说谎骗我，直接说没有钱了（其实我自己还有1万元的存款），他不信，上来就是一耳光，我气急了，骂他是吃软饭的男人，没出息，后悔嫁错了。他抓住我的头发，用拳头直接打我的脸和身，我受不了，直呼救命，他好像发疯了，一直不肯停手，后来还是因为隔壁邻居听到救命声赶来救的我。事后，我找到了他的父亲（之前从未见过面），本来想着让他帮我劝一下他儿子和我离婚，但是，自从见了他父亲后，我彻底绝望了，因为他的父亲也是家庭暴力实施者，曾经结婚5次，每一次都是对妻子拳打脚踢，甚至将其中一位打到残废。他父亲告诉我说，你作为女人，钱就是丈夫的，丈夫有权打你。我不明白，难道连离婚、家庭暴力这些都是可以遗传的吗？

他三天两头找我要钱，我没有，他就打我，我的脸、脖子、胳膊、肚子到处都是伤，软组织断裂都出现过几次。我忍无可忍，请求法院判决我们离婚，同时，法官告知我可以申请人身安全保护裁定，在未离婚这段时间内，可以避免我和儿子再次受到伤害。我听从了法官的建议，申请了人身安全保护裁定，裁定让他不能对我再实施暴力，距离我200米不能靠近等。人身安全保护裁定很有用，他收到裁定书的时候，很害怕，也不敢对我再动手。我和儿子的生活终于得到了安宁。后来，法院判决我们离婚。虽然现在我心有不甘，为什么上苍总是让我饱受婚姻的折磨？为什么不能给我一个安全稳定的家庭？我永远不能再违背誓言，我不相信婚姻，也不相信男人。

离婚后，我没有了钱，一切只有从头开始，店也不敢再开，周围邻居异样的眼神我受不了，而且我还很害怕前夫会找上门来“算账”。于是，我和儿子重新找了地方生活，我现在唯一的心愿，就是将儿子好好培养成才，才对得起我死去的第一任丈夫，也才对得起我自己。

访谈7①：丁小西，女，29岁，硕士，出版社编辑

在读大学本科期间，我与同班同学周立恋爱，当时我俩在班上算是郎才女貌，很多同学都很羡慕。2004年我们一同毕业后立即结婚，并在当地各自找到了工作，我到一家出版社当了编辑，他到一家广告设计公司干起了设计员。校园里的恋爱让初到社会的我们感到青涩和单纯，我们也曾彼此相依发誓要珍惜这份感情。结婚后，我在职攻读了研究生，2008年毕业。周立不愿再攻研，一直当着设计员。他很聪明，个人也很努力，我们的收入不相上下。按理说，这样婚姻应当称得上幸福美满，然而事与愿违，噩梦从我读完研的那年10月开始。

恋爱以来，我俩吵闹的时间不多，每当有不愉快，即使当时不会和好，第二天他都会向我致歉表示希望重归于好。现在回忆起那时的情形，我感到很幸福。结婚后，可能缘于我们都是刚出学校的大学生，对油盐酱米的日子很陌生，对各自的理想还有很大抱负，吵嘴的时候开始多起来。那时候也只是吵嘴，他从未动手打过我。2005年，我读研重返校园，家里的经济开支、我读研的生活费都

① 访谈时间：2011年9月8日。访谈地点：河北秦皇岛市海港区某小区。

靠他一个人支撑，他的生活压力大了许多，尽管如此，他却从来没有在我面前抱怨。现在想起来，也许是我没有机会被他抱怨，因为，尽管我在离家不远的北京读研，但为了专心读书，我两个月才回家一次。也许是那3年我忽略了他，把家里的一切负担全部扔给了他，导致他心里不平衡才会对我施暴。

2008年9月一晚，我兴致勃勃打算和他商量国庆长假出游的事。他没搭理我，直接走进房间，我也到房间，想继续出游的话题。但是我发现他脸色不对，火气好像很大，我就问他怎么不理我。他拿出烟抽起来，因我平时最反对在卧室抽烟，就说要抽出去抽，卧室不要抽烟，太污染空气。他仍然没理我，我火一下上来了，问他到底要怎样，这样不说话是什么意思。他翻起眼看了我一眼说："你别说了好不好，你一天只知道为自己着想，你管过我吗，现在你研究生毕业了，不得了了，我还是本科生，已经不是你的下饭菜了，你要出游是吗，你去找和你相匹配的男人一起去啊。"我听后气坏了，就骂起来："你这么说什么意思啊，我好心同你商量，你却这样。我哪有说自己是研究生就不得了了，你真是莫名其妙啊。你是不是在我读书期间感到空虚寂寞了，在外面找了女人?"那晚我说话的确不好听，但也是气得实在不行了。他接着说："我和别的女人上床了又怎样，现在那女人要我离婚，不然就要到公司去闹，我几年的努力就都白费了。"我傻眼了，无法相信这是事实，歇斯底里地叫他滚出去，上去抓他的衣服，试图发泄怨愤，谁知道他一手把我拽住，一上来扇了我两巴掌。接着一手揪住我的头发，一手使劲儿拧我的左臂，我疼痛难忍，但是却无法摆脱。我不服气，使劲地想挣脱。他好像发疯了，双手掐出我的脖子，掐得我喘不上气来。他一边掐一边还说："就是你这个自私的女人，让我这么多年没有出头的日子，你只知自己潇洒快活，有了学位，有了外遇，有了晋升，我呢，啥都没有。你这个贱人，我要把你弄死。"我很气愤，但没法还手，又感到很害怕。情急之中，我拿起床头的电话机朝他头上砸去，他总算放开了手，继而冲上来就是对我一顿狠打，还用脚对我一阵乱踢。我痛到不行，只有下跪求饶，朝他磕头，求他不要再打了，我受不了了。他这才罢手，我在墙角躲着不敢挪动，全身很痛。从来没有挨过打的我被他这么一弄，几乎昏厥过去。我提出离婚，我净身出户，成全他和外面那个女人。我本以为他会同意，但他拒绝，并威胁我："你以为离婚了你就会解脱，我不会让你日子这么好过，我要折磨你，把你折磨到死。"从那以后，我几乎每天都在他的白眼和拳头中过日子。身上随时都是青一块紫一块，单位同事问起，我不好意思说，只有想办法搪塞。然而，时间一久也瞒不住，渐渐地一些流言蜚语也流传开，版本有很多种。不过基本都是我在读书期间和一个男人同居怀孕打掉孩子，老公抓了现行后开始对我实施暴力。这样的日子我难以忍受，我也曾一度恨自己为什么要去读研，为什么读了研又要专心学术，为什么要为了一己私念不管不问丈夫3年？我后悔极了，也许这就是我的报应。

2009年年底，周立到日本出差2个月，他刚走不到一个星期，我发现自己怀孕了。本来是件很高兴的事，我却忧心忡忡。因为，尽管我们的生活已经慢慢好起来了，经济上养个孩子问题也不大，但是，他常年地对我家庭暴力，我难以保证他是否会对孩子下毒手。于是，我悄悄地隐瞒着，一直没有告诉他，直到他回国。他回国后，因为他的设计获得了日方公司的首肯，心情看上去很好。可是，回国当晚，他就出门没有回家，我很纳闷（事后才知道原来他在外面一直同那个逼他离婚的女人同居，孩子都半岁了），问他原因，他根本不理我，我就告诉他怀孕的事，他听了后面无表情，只说了一句："是和哪个野男人生的？"我气坏了，最受不了他这样的言语和态度，可是又怕他打我，也就没再吭声。他见我没吭声，拽住我的胳膊质问我孩子到底是不是他的，我觉得他疯了，不想理他。听到他这么说，我已经绝望了。我们曾经的那些美好怎么会变成这样，曾经的他是那么心疼我，爱惜我。我们一起畅想有自己的宝宝，可现在有了宝宝，一切却都变了。他见我神情漠然，以为我是在默认，又开始对我拳打脚踢，那晚我流产了。

孩子没了，我下定决心离婚。他开始后悔，向我表明他这一年多来的种种不应该，可我什么都听不进去了。我欠他的那3年债，自认为已还清。当走出法院的那一刻，我头也不回地走了，不想再见到这个男人，不想再回忆与他的点点滴滴。我不再相信婚姻和幸福，我要呼吁全社会的家庭暴力受害妇女，你们要维权，不能纵容男人，要吸取我血的教训，离婚不可怕，一旦超出了底线就不能容忍，否则就会变为放纵。女人事业成功的同时也不能忽略家庭。离婚并非一种挫折，在一定程度上也是一种解脱。我终于获得了自由，彻底摆脱了精神和身体的被追杀，我想我可以做回以前那个骄傲的自己。①

---

① 在和丁小西访谈的过程中，笔者发现，尽管她已经尽力表现得非常坚强，但从她回忆与周立恋爱的那一段时光，她仍然难以抑制感情，屡次哽咽，想必昔日美好的恋情最后发展到如此厄运，小西也只能忍痛割爱。面对周立长达近两年的家庭暴力，小西的忍耐换来的却是遍体鳞伤和流产的悲剧。笔者仅希望年轻有抱负的她能够重拾信心，未来一路走好。

参考文献

一、中文类参考文献

（一）著作类

1. ［奥］A. 阿德勒：《自卑与超越》，黄光国译，作家出版社 1986 年版。

2. ［德］黑格尔：《法哲学原理》，范扬、张企泰译，商务印书馆 2009 年版。

3. ［法］爱弥儿·涂尔干：《乱伦禁忌及其起源》，汲喆等译，上海人民出版社 2006 年版。

4. ［法］奥古斯特·孔德：《论实证精神》，黄建华译，商务印书馆 2001 年版。

5. ［法］勒内·达维：《英国法与法国法——一种实质性比较》，潘华仿等译，清华大学出版社 2002 年版。

6. ［法］卢梭：《社会契约论》，何兆武译，商务印书馆 2003 年版。

7. ［法］西蒙·波伏娃：《第二性》，舒小菲译，西苑出版社 2009 年版。

8. ［芬兰］E. A. 韦斯特马克：《人类婚姻史》（第 1 卷），李彬等译，商务印书馆 2002 年版。

9. ［美］E. 博登海默：《法理学：法律哲学与法律方法》，邓正来译，中国政法大学出版社 2004 年版。

10. ［美］霍尔等：《荣格心理学入门》，冯川译，生活·读书·新知三联书店 1987 年版。

11. ［美］杰克·唐纳德：《普遍人权的理论和实践》，王浦劬译，中国社会科学出版社 2001 年版。

12. ［美］罗斯科·庞德：《法律史解释》，邓正来译，中国法制出版社 2002 年版。

13. ［美］罗伊·F. 鲍迈斯特尔：《恶——在人类暴力与残酷之中》，崔洪建等译，东方出版社 1998 年版。

14. ［美］迈克尔·J. 桑德尔：《自由主义与正义的局限》，万俊人等译，译林出版社 2001 年版。

15. ［美］梅里·E. 威斯纳－汉克斯：《历史中的性别》，何开松译，东方出版社 2003 年版。

16. ［美］托马斯·潘恩：《潘恩选集》，马清槐译，商务印书馆 2004 年版。

17. ［美］约翰·罗尔斯：《正义论》，何怀宏等译，中国社会科学出版社 1988 年版。

18. ［美］约瑟芬·多诺万：《女权主义的知识分子传统》，赵育春译，江苏人民出版社 2003 年版。

19. ［日］久世敏雄、长田雅喜：《家庭关系的心理透视》，李艳等译，吉林人民出版社 1990 年版。

20. ［瑞士］托马斯·弗莱纳：《人权是什么》，谢鹏程译，中国社会科学出版社 2000 年版。

21. ［英］安东尼·吉登斯：《社会的构成》，李康等译，生活·读书·新知三联书店 1998 年版。

22. ［英］韦恩·莫里森：《理论犯罪学——从现代到后现代》，刘仁文译，法律出版社 2004 年版。

23. ［英］约翰·斯图尔特·密尔：《论自由》，于庆生译，中国法制出版社 2009 年版。

24. ［英］安东尼·吉登斯：《社会的构成》，李康、李猛译，生活·读书·新知三联书店 1998 年版。

25. ［英］F. A. 哈耶克：《自由宪章》，杨玉生译，中国社会科学出版社 1999 年版。

26. ［英］约翰·穆勒：《功用主义》，唐钺译，商务印书馆 1957 年版。

27. ［苏格兰］阿拉斯代尔·查莫斯·麦金泰尔：《谁之正义？何种合理性？》，万俊人等译，当代中国出版社 1996 年版。

28. ［英］麦克．林西等：《家庭暴力者辅导手册》，林明杰等译，张老师文化事业股份有限公司 2000 年版。

29. ［英］R. C. 范·卡内冈：《英国普通法的诞生》，李红海译，中国政法大学出版社 2003 年版。

30. 鲍晓兰：《西方女性主义研究评介》，生活·读书·新知三联书店 1995 年版。

31. 白桂梅主编：《国际人权与发展》，法律出版社 1998 年版。

32. 郭建梅主编：《家庭暴力与法律援助——问题·思考·对策》，中国社会科学出版社 2003 年版。

33. 陈敏主编：《呐喊，中国女性反家庭暴力报告》人民出版社 2007 年版。

34. 陈明侠、黄列：《性别与法律研究概论》，中国社会科学出版社 2009 年版。

35. 陈明侠等主编：《家庭暴力防治法基础性构建研究》，中国社会科学出版社 2005 年版。

36. 陈瑞华：《法律人的思维方式》，法律出版社 2007 年版。

37. 陈苇：《论预防和制止我国家庭暴力的法律对策》，群众出版社 2000 年版。

38. 陈苇：《中国婚姻家庭法立法研究》（第 2 版），群众出版社 2010 年版。

39. 董云虎、刘武萍编著：《世界人权约法总览》（续编），四川人民出版社 1993 年版。

40. 高凤仙："家庭暴力防治法规专论"，台湾五南图书出版公司2004年版。

41. 贺卫方：《司法的理念与制度》，中国政法大学出版社1998年版。

42. 蒋宝德、李鑫生主编：《中国地域文化》（上），山东美术出版社1997年版。

43. 蒋月、张莉编著：《新婚姻法导读》，厦门大学出版社2001年版。

44. 蒋月等译：《英国婚姻家庭制定法选集》，法律出版社2008年版。

45. 乐国安：《西方社会心理学新进展》，暨南大学出版社2004年版。

46. 李世家：《现代台湾与传统伦理文化》，贵州人民出版社2001年版。

47. 李银河主编：《妇女：最漫长的革命》，上海三联书店1997年版。

48. 刘梦：《中国婚姻暴力》，商务印书馆2003年版。

49. 瞿同祖：《中国法律与中国社会》，中华书局1981年版。

50. 荣维毅、黄列：《家庭暴力对策研究与干预——国际视角与实证研究》，中国社会科学出版社2003年版。

51. 荣维毅、宋美娅主编：《反对针对妇女的家庭暴力——中国的理论与实践》，中国社会科学出版社2002年版。

52. 沈宗灵主编：《法理学》，高等教育出版社1994年版。

53. 石元康：《罗尔斯》，广西师范大学出版社2004年版。

54. 宋美娅、薛宁兰主编：《妇女受暴口述实录》，中国社会科学出版社2003年版。

55. 苏力：《送法下乡——中国基层司法制度研究》，中国政法大学出版社2000年版。

56. 台湾财团法人妇女权益促进发展基金会：《数字告诉你，

台湾女性图像（2004 版）》，台湾财团法人妇女权益促进发展基金会 2004 年版。

57. 唐灿主编：《家庭与性别评论》，社会科学文献出版社 2008 年版。

58. 唐雄山：《人性平衡论》，中山大学出版社 2007 年版。

59. 陶勑恒、郑宁：《施暴者教育与辅导培训手册》，中国社会科学出版社 2004 年版。

60. 佟柔主编：《中国民法学·民法总则》，中国人民公安大学出版社 1990 年版。

61. 佟新：《人口社会学》（第 3 版），北京大学出版社 2008 年版。

62. 万俊人：《寻求普世伦理》，北京大学出版社 2009 年版。

63. 汪明亮：《定罪量刑社会学模式》，中国人民公安大学出版社 2007 年版。

64. 王歌雅：《中国婚姻伦理嬗变研究》，中国社会科学出版社 2008 年版。

65. 王海明：《伦理学原理》，北京大学出版社 2001 年版。

66. 王利明：《人格权法新论》，吉林人民出版社 1994 年版。

67. 王政、杜芳琴：《社会性别研究选择》，三联书店 1998 年版。

68. 巫昌祯、杨大文主编：《防治家庭暴力研究》，群众出版社 2000 年版。

69. 巫昌祯：《中国婚姻法》，中国政法大学出版社 2001 年版。

70. 吴丽娟：《让我们更快乐：理性情绪教育课程》，台湾心理出版社 1998 年版。

71. 夏吟兰：《美国现代婚姻家庭制度》，中国政法大学出版社 1999 年版。

72. 夏勇：《人权概念起源——权利的历史哲学》，中国政法大学出版社 2001 年版。

73. 肖树乔：《国际人权、法律和中国受虐妇女现状》，九州出版社2007年版。

74. 谢鹏程：《基本法律价值》，山东人民出版社2000年版。

75. 徐国栋：《民法基本原则解释——以诚实信用原则的法理分析为中心》（增删本），中国政法大学出版社2004年版。

76. 徐显明主编：《人权研究》（第2卷），山东人民出版社2002年版。

77. 薛波主编：《元照英美法辞典》，法律出版社2003年版。

78. 杨大文：《婚姻家庭法学》，复旦大学出版社2002年版。

79. 杨大文主编：《婚姻法教程》，法律出版社1992年版。

80. 杨立新：《人身权法论》（第3版），人民法院出版社2006年版。

81. 杨宇冠主编：《联合国人权公约机构与经典要义》，中国人民公安大学出版社2005年版。

82. 张爱宁：《国际人权法专论》，法律出版社2006年版。

83. 张红艳：《法律透视：婚姻家庭暴力》，中国法制出版社2006年版。

84. 张李玺、刘梦主编：《中国家庭暴力研究》，中国社会科学出版社2004年版。

85. 张文霞、朱冬亮：《家庭社会工作》，社会科学文献出版社2005年版。

86. 周国平：《永恒之女性》，中国华侨出版社2006年版。

87. 朱立恒：《公正审判权研究》，中国人民公安大学出版社2007年版。

88. 秦志远：《论基于性别的家庭暴力的民法规制——中国法与美国法之比较》，群众出版社2012年版。

（二）论文类

89. ［美］波拉·F. 曼格姆：《受虐妇女综合征证据的重新概念化：检控机关对有关暴力的专家证词的利用》，黄列译，载《环球法律评论》2003 年夏季号。

90. ［英］玛丽安·海斯特：《家庭暴力——英国调研概览》，载中国法学会英国文化委员会中国法学会法学婚姻研究会、中国人民大学婚姻家庭研究所编著：《防治家庭暴力研究》，群众出版社 2000 年版。

91. ［英］爱琳·萨姆森：《零忍耐运动》，载巫昌祯、杨大文主编：《防治家庭暴力研究》，群众出版社 2000 年版。

92. 陈苇：《论预防、制止我国家庭暴力的法律对策》，载巫昌祯、杨大文主编：《防治家庭暴力研究》，群众出版社 2000 年版。

93. 温州家暴投诉中心：《对家庭暴力勇敢说“不”》，载《浙江日报》2009 年 12 月 10 日，第 7 版。

94. 《法国家庭暴力触目惊心》，载《钱江晚报》2007 年 6 月 14 日。

95. 《家庭暴力防治法实施一周年调查报告》，载《司法改革杂志》2000 年第 28 期。

96. 《联合国妇女发展基金：中国 35% 婚姻中存在暴力》，载《中国反家庭暴力网络通讯》2008 年 4 月。

97. 《英国家庭暴力 40% 受害者是男性》，载《广州日报》2010 年 9 月 7 日，A12 版。

98. 《在国际劳工组织成员中提高社会性别主流化能力》，载《中国项目组：提高社会性别主流化能力指导手册》，中国社会出版社 2004 年版。

99. 柏晶、白艳：《走出家庭暴力的阴影——对吉林省家庭暴力现象的调查》，载《长春理工大学学报》（社会科学版）2009 年第 3 期。

100. 蔡双喜、金勇：《倾听，寻求和谐的声音——“建和谐家庭·促和谐社会”分论坛发言摘要》，载《中国妇女报》2006 年 6 月 22 日，第 4 版。

101. 曹诗权：《中英维护妇女权益、防止家庭暴力研讨会综述》，载《法商研究》2000 年第 3 期。

102. 曹玉萍等：《家庭暴力的社会人口学特征》，载《中国行为医学科学》2006 年第 3 期。

103. 曾毅：《谈家庭暴力及其预防》，载《求实》2006 年第 2 期。

104. 常艳等：《反家庭暴力的妇女维权新观察》，载《安庆日报》2009 年 5 月 11 日，第 3 版。

105. 陈静霞：《浅析家庭暴力特征形成原因及其对策》，载《甘肃日报》2007 年 5 月 23 日，第 7 版。

106. 陈丽平：《“冷暴力”应否由法律调整分歧明显》，载《法制日报》2009 年 2 月 7 日，第 2 版。

107. 陈敏：《从社会性别的视角看我国立法中的性别不平等》，载《法学杂志》2004 年第 3 期。

108. 陈敏：《关于家庭暴力认定难的思考》，载《法律适用》2009 年第 2 期。

109. 陈敏：《关注绝望的抗争：受虐妇女综合症的理论与实践》，载《中国妇女报》2000 年 11 月 2 日，第 3 版。

110. 陈敏：《家庭暴力离婚案件不宜调解结案》，载《法制日报》2009 年 7 月 17 日，第 3 版

111. 陈明志：《家庭暴力防治法立法精神》，载台北《清流月刊》2001 年第 9 卷第 11 期。

112. 陈荞：《反家庭暴力立法进入预备阶段》，载《京华时报》2011 年 9 月 7 日，第 4 版。

113. 陈苇、秦志远：《我国台湾地区防治家庭暴力立法与司法之研究及启示》，载陈苇主编：《家事法研究》（2006 年卷），群众出版社 2007 年版。

114. 陈苇、倪丹：《我国农村家庭暴力调查实证研究——防治对农村妇女的家庭暴力》，载陈苇主编：《家事法研究》（2007 年卷），群众出版社 2008 年版。

115. 陈苇、冉启玉：《公共政策中的社会性别——〈婚姻法〉的社会性别分析及其立法完善》，载《甘肃政法学院学报》2005 年第 1 期。

116. 陈苇：《我国农村家庭暴力调查实证研究》，载陈苇：《中国婚姻家庭法立法研究》，群众出版社 2010 年版。

117. 陈苇：《我国农村家庭暴力调查实证研究——以对农村妇女的家庭暴力为主要分析对象》，载《法商研究》2007 年第 6 期。

118. 陈勇：《部门联动反家庭暴力》，载《湖南日报》2011 年 6 月 22 日，第 4 版。

119. 陈政、熊亚媛：《茶陵：一个基层法院的诉前调解环境打造》，载《人民法院报》2011 年 4 月 25 日，第 8 版。

120. 陈钟林、张芳：《家庭暴力受虐妇女社会支持网络构建的实证研究——以天津市为例》，载《妇女研究论丛》2006 年第 5 期。

121. 褚杏子：《婚姻暴力下女性被害者之研究——以女性主义观点出发》，台湾大学法律学研究所 2000 年硕士论文。

122. 丁国锋：《无锡崇安法院反家庭暴力从“吃螃蟹”到“家常便饭”，六项机制试水综合审判模式》，载《法制日报》2009 年 7 月 17 日，第 5 版。

123. 杜瑞芳：《关注弱势群体——女性主义法学的启示》，载《妇女研究论丛》2002 年第 1 期。

124. 方金华：《对国外介入家庭暴力考察及启示》，载《重庆交通大学学报》（社会科学版）2008 年第 1 期。

125. 高凤仙：“家庭暴力之立法运动与整体防治网络的建立”，载（台湾）“万国法律” 2002 年第 114 期。

126. 高凤仙：“我国家庭暴力之立法现状与展望”，载（台湾）“万国法律” 1997 年 4 月（第 92 期）。

127. 高凤仙：“论国外家庭暴力委员会之组织与功能”，载（台湾）“司法周刊” 1996 年 8 月（第 790 期）。

128. 高乐田：《传统、现代、后现代：当代中国家庭伦理三重视野》，载《哲学研究》2005 年第 9 期。

129. 高欣：《中澳反家庭暴力研讨培训会在沈召开》，载《辽宁日报》2007 年 7 月 18 日，第 2 版。

130. 高远：《法国对家庭暴力适用重典》，载《中国妇女报》2007 年 8 月 16 日。

131. 郭慧敏：《“反家庭暴力”地方支持模式探寻——来自陕西的经验》，载《妇女研究论丛》1999 年第 2 期。

132. 郭慧敏：《社会性别与妇女人权问题——兼论社会性别的法律分析方法》，载《环球法律评论》2005 年第 1 期。

133. 郭慧敏：《性别平等的法律文本政治——男女平等基本国策语境下的言说》，载黄列主编：《性别平等与法律改革——性别平等与法律改革国际研讨会论文集》，中国社会科学出版社 2009 年版。

134. 韩小红：《出台〈预防和制止家庭暴力法〉势在必行》，载《中国妇女报》2010 年 3 月 15 日，第 A04 版。

135. 红钰：《人身侵犯及家庭暴力成妇儿维权两大热点》，载《通辽日报》2009 年 2 月 11 日，第 5 版。

136. 洪达亮：《浅析保护令相关问题》，载《法官协会杂志》2001 年第 3 卷第 2 期。

137. 侯莎莎：《家庭暴力被正式纳入了公安机关出警范围，民警干预家庭暴力尚无具体操作规范》，载《北京日报》2009 年 11 月 2 日，第 7 版。

138. 胡慧、吴波、张磊：《我国制定反家庭暴力法的必要性分析》，载《青少年犯罪问题》2010 年第 1 期。

139. 黄斌：《通过司法途径推动反对家庭暴力——中澳合作反对家庭暴力培训研讨会综述》，载《妇女研究论丛》2009 年第 4 期。

140. 黄坑：《仁化首个平安家庭“先进示范镇”》，载《韶关日报》2009 年 12 月 3 日，第 A04 版。

141. 黄列：《家庭暴力：从国际到国内的应对（上）》，载《环球法律评论》2002 年第 1 期。

142. 黄列：《家庭暴力：妇女面临的人权问题》，载《环球法律评论》2003 年第 2 期。

143. 黄列：《家庭暴力的理论研讨》，载《妇女研究论丛》2002 年第 3 期。

144. 黄列：《两种反对家庭暴力战略评析》，载荣维毅、宋美娅主编：《反对针对妇女的家庭暴力——中国的理论与实践》，中国社会科学出版社 2002 年版。

145. 黄庆畅：《"人身保护令"接连出鞘》，载《人民日报》2008 年 10 月 7 日，第 8 版。

146. 黄志鸿：《景德镇市反家庭暴力妇女庇护中心成立》，载《中国社会报》2009 年 9 月 11 日，第 2 版。

147. 贾金风：《法国家庭暴力的发生现状与预治》，载《中华女子学院学报》1997 年第 2 期。

148. 江波、杨晖：《探讨传统性别文化与家庭暴力的关系——对陕西农村妇女一项问卷调查结果的分析》，载《中华女子学院山东分院学报》2008 年第 3 期。

149. 姜军：《中澳合作反家庭暴力立法研讨会在宁举行》，载《江苏法制报》2009 年 12 月 10 日，第 1 版。

150. 蒋菡：《家庭暴力多发，委员建议出台制止家庭暴力法》，载《工人日报》2009 年 3 月 9 日，第 7 版。

151. 蒋懿：《我国反家庭暴力的立法研究》，载《时代法学》2007 年第 6 期。

152. 蒋月、林艳琴等：《中国家庭暴力问题实证研究——以福建省为例》，载《金陵法律评论》2006 年第 1 期。

153. 蒋月：《论警察介入和干预家庭暴力——若干国家和地区的经验及其对中国的启示》，载《福建行政学院福建经济管理干部学院学报》2007年第1期。

154. 蒋月、潘峰：《针对未成年人的家庭暴力与防治对策》，载《辽宁公安司法管理干部学院学报》2008年第1期。

155. 蒋月：《我国防治家庭暴力立法的主要问题及对策》，载《福建江夏学院学报》2011年第2期。

156. 蒋月：《英国防治家庭暴力与保护受害人立法述评》，载《政法论丛》2011年第2期。

157. 蒋月：《性别平等视野下的新中国婚姻家庭立法》，载《新视野》2011年第5期。

158. 焦少林：《家庭暴力的主体与特征》，载《安庆师范学院学报（社会科学版）》2005年第3期。

159. 金一虹：《转型期家庭伦理道德的矛盾冲突与新的整合》，载《江海学刊》1997年第4期。

160. 康天军：《彰显人身保护令，有效预防家庭暴力——陕西高院人身安全保护裁定制度的调研报告》，载《人民法院报》2011年9月15日，第8版。

161. 黎光宇：《我国家庭暴力特征、成因及其对策研究》，载《南昌航空大学学报》（社会科学版）2007年第3期。

162. 李步云、陈佑武：《人权与“权利”的异同》，载徐显明主编：《人权研究》（第3卷），山东人民出版社2003年版。

163. 李川：《半边天家园撑起妇女一片天——本市打造妇女工作坚强阵地和温暖之家》，载《天津日报》2010年7月7日，第1版。

164. 李春茹、陈苇、冉启玉：《女性权益法律保障与和谐社会构建——以社会性别平等为视角》，载薛宁兰主编：《国际视野，本土实践——亚洲地区性别与法律研讨会论文集》，中国社会科学出版社2010年版。

165. 李洪祥：《家庭暴力之法律概念解析》，载《吉林大学社会科学学报》2007年第4期。

166. 李莉、李玲：《妇女 NGO 在反家庭暴力中的社会救助机制与行动策略——基于湖北妇女 NGO 发展的调查》，载《中华女子学院山东分院学报》2010 年第 2 期。

167. 李梅：《我国家庭暴力犯罪的特征及其对策》，载《河南司法警官职业学院学报》2008 年第 3 期。

168. 李明舜：《制定反家庭暴力法的立法理念与体系建构》，2010 年中国法学会婚姻法学研究会论文。

169. 李明舜：《制定反家庭暴力法的几点思考》，载《中华女子学院学报》2003 年第 2 期。

170. 李铁柱：《反家庭暴力立法，别忽视“冷暴力”》，载《检察日报》2011 年 9 月 2 日，第 4 版。

171. 李维苇、刘必华：《“疏心大姐”帮安亭妇女排忧解难》，载《东方城乡报》2010 年 10 月 5 日，第 A03 版。

172. 李霞：《家庭暴力法律范畴论纲——基于性别的角度》，载《社会科学研究》2005 年第 4 期。

173. 李银河：《近年来国外对妇女受暴力侵害状况研究综述》，载《国外社会科学》1995 年第 9 期。

174. 林少菊、彭科莲、张范湄：《湖南省家庭暴力中女性犯罪的调查与分析》，载《湖南公安高等专科学校学报》2001 年第 5 期。

175. 凌鸿：《论少年法庭的受案范围》，载《青少年犯罪问题》2002 年第 2 期。

176. 令泉：《温州首发“人身保护令”反家庭暴力立法时机成熟》，载《中国商报》2009 年 7 月 17 日，第 7 版。

177. 刘红荣：《沧州创建妇女信访代理绿色通道》，载《中国妇女报》2011 年 6 月 28 日，第 A02 版。

178. 刘洪华：《家庭冷暴力的立法思考》，载《南华大学学报》（社会科学版）2010 年第 1 期。

179. 刘继华：《谈家庭暴力的法律特征》，载《黑龙江省政法管理干部学院学报》2002 年第 2 期。

180. 刘梦:《个人家庭社会:多元的视角——国外虐妻研究综述》，载《浙江学刊》2001 年第 5 期。

181. 刘培现:《遏制家庭暴力地方法规“呼之欲出”》，载《大同日报》2009 年 8 月 26 日，第 5 版。

182. 刘双玉:《家庭冷暴力法律仍是空白》，载《北京日报》2003 年 6 月 25 日，第 6 版。

183. 刘文:《应借鉴保护令制度防治家庭暴力》，载《中国青年政治学院学报》2002 年第 1 期。

184. 刘晓梅:《英国反家庭暴力的立法、实践及其启示》，载《法学杂志》2006 年第 3 期。

185. 刘亚:《构建和谐平安家园——全州妇联组织‘反家庭暴力’纪实》，载《黔西南日报》2009 年 3 月 14 日，第 1 版。

186. 刘延东:《我国反家庭暴力地方法评述》，载林建军主编:《反对针对妇女的歧视与暴力:跨学科视角国际研讨会》，社科出版社 2010 年版。

187. 龙涛:《联合国项目组在长沙培训民警处置家庭暴力》，载《潇湘晨报》2011 年 7 月 14 日，第 A09 版。

188. 龙宗智:《论书面证言及其运用》，载《中国法学》2008 年第 4 期。

189. 龙宗智:《试论证据矛盾及矛盾分析法》，载《中国法学》2007 年第 4 期。

190. 陆红:《谈美国的家庭暴力》，载《法学杂志》1997 年第 6 期。

191. 罗茜:《反家庭暴力立法是当务之急么?》，载《上海法治报》2011 年 8 月 29 日，第 B08 版。

192. 马俊驹、曹治国:《人权视野中的人格权》，载《政治与法律》2006 年第 5 期。

193. 马忠红:《中美警察干预和处置家庭暴力案件比较研究》，

载《武汉公安干部学院学报》2010 年第 1 期。

194. 莫瑞丽、袁泽民:《从和谐的视野看亲密关系的冲突——家庭暴力与女性犯罪研究》,载《河南大学学报》(社会科学版)2008 年第 2 期。

195. 潘从武:《非婚同居遭“家庭暴力”也受保护　银川出台法规预防和制止家庭暴力》,载《法制日报》2009 年 8 月 10 日,第 7 版。

196. 钱向荣等:《通州 110 一年接到投诉百起以上——农村家庭暴力引人关注》,载《南通日报》2009 年 4 月 24 日,第 B02 版。

197. 任成琦:《夫妻和谐相处反对家庭暴力》,载《人民日报海外版》2007 年 12 月 4 日。

198. 戎明昌:《让家庭暴力受害者敢于说“不”》,载《南方日报》2009 年 8 月 5 日,第 A10 版。

199. 尚栩:《法国去年 193 人死于家庭暴力》,载《赣东都市》2009 年 6 月 18 日。

200. 史长青:《台湾家庭暴力之处理机制:从公力救济到乡镇市调解》,载《台湾研究集刊》2010 年第 5 期。

201. 苏敏:《吕梁地区农村妇女家庭暴力调查与研究》,载《法学之窗》2010 年第 12 期。

202. 孙智超:《五里河派出所探索新家庭“息战”模式——57 份“家庭暴力档案”专管“家务事”》,载《沈阳日报》2011 年 5 月 10 日,第 A05 版。

203. 陶勑恒:《男性施暴者特质的心理学分析》,载荣维毅、宋美娅主编:《反对针对妇女的家庭暴力——中国的理论与实践》,中国社会科学出版社 2002 年版。

204. 田桂营、代斌:《“五心调解法”化解夫妻仇恨》,载《法治快报》2010 年 8 月 2 日,第 1 版。

205. 佟新:《不平等性别关系的生产与再生产——对中国家庭暴力的分析》,载唐灿主编:《家庭与性别评论》(第 1 辑),社会科学文献出版社 2008 年版。

206. 王丹：《反家庭暴力立法的社会性别分析》，载《中华女子学院学报》2011 年第 1 期。

207. 王晖：《关于家庭暴力产生原因的社会性别分析》，载《新疆大学学报》2008 年第 6 期。

208. 王雷：《反对家庭暴力，欧洲各国措施不尽相同》，载《中国社会报》2007 年 1 月 22 日。

209. 王丽玲等：《南京市成立家庭暴力庇护中心》，载《中国社会报》2009 年 5 月 7 日，第 2 版。

210. 王茜：《美国每年有 130 万名家庭暴力受害者，女性占 92%》，http://www.myfp.cn/news/1310163.html. 访问时间：2011 年 9 月 10 日。

211. 王晓丹：《为妇女呐喊——边疆农村家庭暴力的调查与思考》，载《西南民族学院学报》（哲学社会科学版）2002 年第 10 期。

212. 王瑜：《家庭暴力受害者渴望保护伞》，载《工人日报》2009 年 7 月 19 日，第 2 版。

213. 王长路、任然：《立法先行是反家庭暴力根本途径——莫文秀代表、洪天慧委员建议将〈预防制止家庭暴力法〉纳入人大立法》，载《中国妇女报》2008 年 3 月 11 日，第 A01 版。

214. 王长路：《反对家庭暴力，法律框架期待成型》，载《中国妇女报》2009 年 3 月 10 日，第 A01 版。

215. 温如军：《反家庭暴力立法已进最后论证阶段》，载《法制晚报》2011 年 9 月 6 日，第 A16 版。

216. 吴丹红：《司法场景中的证人作证》，载《国家检察官学院学报》2006 年第 3 期。

217. 夏敏：《性别视角下的司法正义》，载《中国审判》2007 年第 9 期。

218. 夏吟兰、郝佳：《家庭暴力法律防治理念刍议——女性主义视角下的社会正义观》，载《妇女研究论丛》2010 年第 3 期。

219. 肖平：《家庭暴力白领占四成》，载《苏州日报》2009 年 8 月 13 日，第 A03 版。

220. 肖仁辉：《家庭暴力的内涵、特征及其防治》，载《福建政法管理干部学院学报》2007 年第 3 期。

221. 徐静村：《关于中国司法改革的几个问题》，载《西南民族学院学报》（哲学社会科学版）2000 年第 1 期。

222. 徐显明：《人权建设三愿》，载徐显明主编：《人权研究》（第 2 卷），山东人民出版社 2002 年版。

223. 薛宁兰：《挪威反家庭暴力的立法、实践及其启示》，载《环球法律评论》2003 年第 2 期。

224. 杨菁、任娜：《中国都市家庭冷暴力研究》，载《社会学》2004 年第 3 期。

225. 杨静：《反对家庭暴力的政策成因——社会建构论的观点》，载荣维毅、宋美娅主编：《反对针对妇女的家庭暴力——中国的理论与实践》，中国社会科学出版社 2002 年版。

226. 杨立新：《规定侵权责任反对家庭暴力的“防火墙”》，载《检察日报》2003 年 3 月 19 日。

227. 叶海燕：《反家庭暴力社工援助项目深圳启动》，载《中国妇女报》2009 年 11 月 30 日，第 A02 版。

228. 叶志海等：《广州和深圳市孕产妇家庭暴力现况调查》，载《中华预防医学杂志》2005 年第 3 期。

229. 于东辉：《家庭暴力防治法立法建构的思考》，载《法学杂志》2007 年第 4 期。

230. 于怀清：《民政部：推广徐州、大连家庭暴力庇护先进经验》，载《中国妇女报》2009 年 7 月 14 日，第 A04 版。

231. 袁粮钢：《罗湖区家庭暴力防护中心成绩显著，对案件有效调处率逾九成》，载《深圳特区报》2009 年 11 月 20 日，第 A07 版。

232. 张彩凤、沈国琴：《家庭暴力案件中警察权的权限及行使原则——社会性别主义视角下的分析》，载《中国人民公安大学学报》（社会科学版）2009 年第 1 期。

233. 张浩淼：《儿童遭遇家庭暴力，维权存在法律空白》，载《重庆日报》2009 年 3 月 6 日，第 15 版。

234. 张佳、陈立源：《家庭暴力，呈逐年下降趋势》，载《太原日报》2009 年 11 月 26 日，第 3 版。

235. 张丽丽：《我省家庭暴力投诉呈现持续增长趋势》，载《甘肃经济日报》2009 年 11 月 25 日，第 2 版。

236. 张美荣：《“被离婚者”遭遇损害赔偿难》，载《北京社区报》2011 年 7 月 28 日，第 8 版。

237. 张萌、杨巍：《带岭区妇联构建温馨“姊妹港湾”》，载《伊春日报》2011 年 2 月 26 日，第 1 版。

238. 张庆：《家庭冷暴力——受虐妇女的另一种痛》，载《广西日报》2003 年 7 月 4 日，第 6 版。

239. 张伟、马钰凤：《家庭暴力司法干预的调查与思考——以陕西省为例》，载《河南省政法管理干部学院学报》2010 年第 3 期。

240. 张希慧：《对 254 起家庭暴力案件的分析》，载《湖南省政法管理干部学院学报》2000 年第 6 期。

241. 张秀鸳等：《谈台湾家庭暴力加害人处遇计划之建构》，载《律师杂志》2001 年第 12 期（总 267 期）。

242. 张亚林：《论家庭暴力》，载《中国行为医学科学》2005 年第 14 期。

243. 赵海旭：《妇女维权流动模拟法庭昨开庭》，载《杭州日报》2011 年 3 月 4 日，第 A02 版。

244. 赵家新：《常州武进：“警察劝架”调解 62 起家庭纠纷》，载《人民公安报》2011 年 6 月 29 日，第 2 版。

245. 赵庆丽、杨彩方：《家庭暴力的特征与宽严相济刑事政策的适用》，载《法治快报》2008 年 3 月 25 日，第 5 版。

246. 赵秋女：《本市首家家庭暴力预警协调处置中心成立》，载《本溪日报》2009 年 4 月 24 日，第 1 版。

247. 赵晓英：《中澳反家庭暴力研讨培训会与会人员来鞍》，载《鞍山日报》2007 年 7 月 20 日，第 A01 版。

248. 周文馨：《甘肃省成立首家反家庭暴力庇护中心》，载《法制日报》2010 年 7 月 20 日，第 7 版。

249. 朱磊：《反家庭暴力立法不能缺少儿童视角》，载《法制日报》2011 年 4 月 16 日，第 3 版。

250. 朱晓青：《消除对妇女家庭暴力的法律举措》，载荣维毅、宋美娅主编：《反对针对妇女的家庭暴力——中国的理论与实践》，中国社会科学出版社 2002 年版。

251. 朱昭武：《德江合兴法律服务进村显成效》，载《法制生活报》2010 年 10 月 20 日，第 2 版。

252. 卓泽渊：《司法体制：司法改革的重点》，载《中国党政干部论坛》2004 年第 9 期。

253. 卓泽渊：《论法的价值》，载《中国法学》2000 年第 6 期。

二、外文类参考文献

（一）著作类

254. Addison and Lawson - Cruttenden, *Harassment Law and Practice*, Blackstone Press, 1999.

255. Kelly Barth, book editor, *Domestic Violence*, Greenhaven Press, 2009.

256. Holly Cefrey, *Domestic violence*, Rosen Pub. Group, 2009. Edited by Michael Freeman. , *Domestic Violence*, Ashgate, 2008.

257. Abigail Sterne, *Domestic Violence and Children*, Routledge, 2008.

258. Eavan Boland, *Domestic Violence: Poems*, W. W. Norton, September 2, 2008.

259. Mandy Burton, *Legal Responses to Domestic Violence* , Routledge Cavendish, September 4, 2008.

260. Margi Laird McCue. ,*Domestic Violence: a Reference Handbook*, ABC - CLIO, 2008.

261. Joyce Zoldak. ,*When Danger Hits Home: Survivors Of Domestic Violence*, Mason Crest Publishers, 2009. Donald G. Dutton, *Rethinking Domestic Violence*, UBC Press, February 15, 2007.

262. *Encyclopedia of Domestic Violence*, Routledge, February 22, 2007.

263. Richard L. Davis, *Domestic Violence: Intervention, Prevention, Policies, and Solutions*, CRC, March 7, 2008.

264. Laura Richards, *Policing Domestic Violence* (*Blackstone's Practical Policing Series*), Oxford University Press, USA, November 15, 2008.

265. Donald G. Dutton, *Rethinking Domestic Violence*, University of British Columbia Press, May 30, 2006.

266 Lorraine Radford, *Mothering Through Domestic Violence*, Jessica Kingsley Publishers, July 31, 2006.

267. Jocelyn, E Andersen, *Woman Submit! Christians & Domestic Violence*, One Way Cafe Press, May 15, 2007.

268. *Indira Jaising*, *Law of Domestic Violence* [*IMPORT*], Universal Law Publishing Co Ltd, July 2007.

269. R. C. Bird, *Domestic Violence*, Family Law Publications, June 2003.

270. Katherine van Wormer and Albert R. Roberts, *Death By Domestic Violence: Preventing The Murders And Murder - Suicides*, Praeger Publishers, 2008.

271. Ellen L. Bowen, *Domestic Violence Treatment For Abusive Women: A Treatment Manual*, Brunner – Routledge, 2008.

272. David M. Haugen, book editor, *Domestic Violence: Opposing Viewpoints*, Greenhaven Press, 2005.

273. *Domestic Violence And Its Reverberations*, Nova Science Publishers, May 11, 2006.

274. Bernice R Kennedy, *Domestic Violence: A. K. A. Intimate Partner Violence (IPV)*, iUniverse, Inc., June 18, 2007.

275. Mike Wilson, book editor, Domestic violence, Greenhaven Press, 2009.

276 American Bar Association, *Commission on Domestic Violence, the Impact of Domestic Violence on Your Legal Practice*, American Bar Association, 1996.

277. Arlie Hoch Child & Marching. Anne, *the Second Shif*. New York: Avon Books, 1989.

278. Arlie Hoch Child, *the Commercialization of Intimate Life: Notes from Home and Work*, University of California Press, 2003.

279. Arlie Hoch Child, *The Time Bind: When Work Becomes Home and Home Becomes Work*, Baker and Taylor Books, 1997.

280. Bainham, Day – Slater and Richards, *What is A Parent? A Socio – Legal Analysis*, Hart Publishing, 1999.

281. Bates LM, Schuler SR., *Socioeconomic Factors and Processes Associated with Domestic Violence In Rural Bangladesh*, Int FAM Plan Perspect, 2004, 12.

282. Beaumont and Mceleavy, *Hague Convention on International Child Abduction*, Oxford University Press, 1999.

283. Bill Atkin, *Dealing with Family Violence, Family Law in New Zealand* 1995, in Bainhamed. The International Survey of Family Law 1995, the Netherlands, 2000.

284. Chris Shilling, *The Body and Social Theory*, London: Sage Publications, 1993.

285. Davis, Cretney and Collins, *Simple Quarrels*, Clarendon Press, 1994.

286. *Domestic Violence*, *Break the Chain*, Published by the Home Office in Collaboration with the Crown Prosecution Service and Others, Janl 1999.

287. Eekelaar and Nohlapo (eds), *The Changing Family*, Hart Publishing 1998.

288. Eekelaar and Sarcevic (eds), *Parenthood In Modern Society*, Martinus Nijhoff, 1993.

289. Elizabeth Anscombe, *Modern Moral Philosophy*, Philosophy, 1958 (33).

290. Emilie Amt Ed, *Women's Lives In Medievd Europe: A Source Book*, New York, 1993.

291. Etienne. Gk, Linda. Ld, James. Am, *World Report on Violence And Health*, World Health Organization, Geneva, 2002.

292. Eve S Bazaar and Carl G Bazaar, *Domestic Violence*, *The Criminal Justice Response*, Second Edition Sage Publications, 1996.

293. Eve S. Buzawa and Carl G. Buzawa, *Domestic Violence: the Criminal Justice Response* (1996 *2nd Edition*), Sage Publications, 1996.

294. Fortin, *Children's Rights and the Developing Law*, Butterworths, 1998.

295. Gill Hague and Ellen Malos, *Domestic Violence: Action For Change*, *2nd Edition*, New Clarion Press, 1998.

296. Hayes and Williams, *Family Law: Principles*, *Policy and Practice* (*2nd edn*), Butterworths, 1999.

297. Kate Standley, *Family Law*, Macm Illan Press, Ltd, 1997.

298. Katz, Eekelaar and Maclean (eds), *Cross Currents: Family*

Law and Police in the US and England, Oxford University Press, 2000.

299. Kelso. Ruth, *Doctrine for the Lady of the Renaissance*, Urbana: University Of Illinois Press, 1956.

300. Kyriacou Dn, Anglin D, Taliaferro E, *Risk Factors for Injury to Women from Domestic Violence Against Women*, N Engl J Med, 1999.

301. Lawson - Cruttenden and Addison, *Blackstone's Guide to the Protection from Harassment Act* 1997, Blackstone Press, 1999.

302. Mayer BW, Coulter M, *Psychosocial Aspects of Partner Abuse*. J of Nursing, 2001.

303. Michel Foucault, *The Archeology of Knowledge*, *in Foucault Live*, *Trans*, *John Johnson*, Semiotext (E) Foreign Agent Series, 1989.

304. Mildred Daley Pagelow, Lloyd W. Pagelow, *Family Violence*, Greenwood Publishing Group, 1984.

305. Silva and Smart (eds), *The New Family*, Sage Publications, 1999.

306. Simith, Dorothy E., *The Everyday World as Problematic*: *A Feminist Sociology*, Boston: Northeastern University Press, 1994.

307. The Law Reform Commission, *Domestic Violence*, Australian Government Publishing Service, Canberra, 1986.

308. Walker, *Alice. In Search of Our Mothers' Gardens*: *A Womanist Prose*, New York: Harecourt Brace Jovanovich Publishers, 1984.

309. Wasoff and Dey, *Family Policy*, The Gildredged Press, 2000.

(二) 论文类

310. Amy Pollard & Julius Court, *How Civil Society Organizations Use Evidence to Influence Policy Processes*: *A Literature Review*, Working Paper 249 From Overseas Development Institute, 2005.

311. Balley - Harris (ed.), *Dividing the Assets on Family Breakdown*, *Family Law*, 1998.

312. Bird, *Domestic Violence and Protection from Harassment* (3rd edn), *Family Law*, 2001.

313. *Commission on Human Rights* (*52 the Session*), Report Of the Special Rapporteur on Violence, (E/CN14/1996/5), Feb 1, 1996.

314. David. Johannes, *Domestic Violence Scandal*, *the New York Times*, 28th March, 2009.

315. Hutchinson, *Roberts and Setright*, *International Parental Child Abduction*, *Family Law*, 1998.

316. Jessica J. Eckstein, *Reasons for Staying in Intimately Violent Relationships*: *Comparisons of Men and Women and Messages Communicated to Self and Others*, *Journal of Family Violence*, 26 October 2010.

317. Joan A. Samuels – Dennis, *Marilyn Ford – Gilboe and Susan Ray*, *Single Mother's Adverse and Traumatic Experiences and Post – Traumatic Stress Symptoms*, *Journal of Family Violence*, 23 November 2010.

318. Judith, *Domestic Violence and Depression*, http: //Domesticviolencestatistics. Org/Domestic – Violence – And – Depression/. 2011 – 9 – 13.

319. Law Commission, *Domestic Violence and Occupation of the Family Home*, LC No 207, 1992.

320. Lea Kacen, *The "Extended Self" and "It" in the Dynamics of Violent Relationships*: *Learning from Personal Life Stories on Social Conflicts*, *Journal of Family Violence*, 20 October 2010.

321. Lisa M. Martirinson, *Comment*: *An Ananysis of Resources for African – American Female Victims of Domestic Violence in Wisconsin Wisconsin*, *Women's Law Journal*, Fall. 2001.

322. *Model Code on Domestic and Family Violence*: *General Provisions*, http: //www. stopdv. org. cn/cn/index. asp. 2011 – 9 – 13.

323. Mullender and Morley, *Children Living with Domestic Violence*, *Whiting and Birch*, 1994.

324. Nichole Miras Mordini, *Mandatory State Interventions for Domestic Abuse Cases*: *An Examination of the Beefectos on Victim Safety and*

Autonomy, 52 Darake L. Rev. 295, winter, 2004.

325. Oetzel J, Duran B, *Intimate Partner Violence In American Indian And /Or Alaska Native Communities: A Social Ecological Framework Of Determinants And Interventions.* An Indian and Alaska Native Mental Health Research, 2004, 11.

326. *Raoul Wallenberg Institute of Human Rights and Humanitarian Law, General Comments or Recommendations Adopted by United Nations Human Rights Treaty Bodies*, Vol1IV, Committee on the Elimination of Discrimination Against Women (Lund 1998).

327. Sattzman LE, Green YT, Marks JS, *Violence against Women as A Public Health Issue, Comments from the CDC, American Journal of Preventive Medicine*, 2000, 19.

328. Scott D. Easton, Carol Coohey, Patrick O' leary, Ying Zhang and Lei Hua, *The Effect of Childhood Sexual Abuse on Psychosexual Functioning During Adulthood, Journal of Family Violence*, 23 November 2010.

329. Simith, Dorothy E., *Sociology from Women's Experience: A Reaffirmation, Sociological Theory 10*, No. 1, 1992.

330. Swindells, *Nezves, Kushner and Skilbeck, Family Law and the Human Rights Act* 1998, *Family Law*, 1999.

331. Taner Akar, F. Nur Aksakal, Birol Demirel, Elif Durukan and Seçil Özkan, *The Prevalence of Domestic Violence against Women Among a Group Woman: Ankara, TurkeyDomestic Violence Against Women in Ankara, Journal of Family Violence*, Volume 25, Number 5, July 2010.

332. *Using the Police and the Courts and What Can the Police Do For Me?, Domestic Violence Handbook* (*1995 Edition*), New York: New York State Coalition Against Domestic Violence, 1995.

333. *Violence against Women in the Family*, *Report by Special Rapporteur Submitted To* 55 *Session*, Commission on Human Rights, E/

CN14/1999/681.

三、法律法规类

（一）中国法

334.《中华人民共和国妇女权益保障法》（2005 年修正）

335.《中华人民共和国婚姻法》（2001 年修正）

336.《中华人民共和国老年人权益保障法》（1996 年）

337.《中华人民共和国未成年人保护法》（2007 年修正）

338.《最高人民法院关于民事诉讼证据的若干规定》（2001 年）

339.《最高人民法院关于审理人身损害赔偿案件适用法律若干问题的解释》（2003 年）

340.《最高人民法院关于适用〈中华人民共和国民事诉讼法〉若干问题的意见》（1992 年）

341. 澳门《澳门特别行政区基本法》（1999 年）

342. 澳门《家庭政策纲要法》（第 6/94/M 号）（1994 年）

343. 台湾“家庭暴力防治法”（2007 年修正）

344. 台湾“家庭暴力防治法实施细则”（2007 年修正）

345. 台湾“家庭暴力加害人处遇计划规范”（2008 年）

346. 台湾“内政部家庭暴力及性侵害防治委员会组织规程”（2002 年）

347. 台湾“立法院议案关系文书”（院总第 1761 号）

348. 香港《2009 年家庭暴力（修订）条例》（2009 年）

349. 香港《家庭暴力条例》（第 189 章）（1986 年）

350. 香港《家庭及同居关系暴力条例》（2009 年修正）

351. 中华人民共和国司法部令《司法鉴定程序通则》（2007 年）

352. 全国妇联等七部委《关于预防和制止家庭暴力的若干意见》（2008 年）

353.《最高人民法院关于适用〈中华人民共和国婚姻法〉若

干问题的解释（一）》（2001 年）

（二）外国法

a. 英国法

354. Children Act 1989

355. Children and Young Persons Act 1933

356. Crime and Disorder Act 1998

357. Criminal Justice and Public Order Act 1994

358. Domestic Proceedings and Magistrates' Courts Act 1978

359. Domestic Violence, Crime and Victims Act 2004

360. Family Homes and Domestic Violence (Northern Ireland) Order 1998

361. Family Law Act 1996

362. Housing (Homeless Persons) Act 1977

363. Marriage Act 1983

364. Matrimonial and Family Proceedings Act 1976

365. Matrimonial Causes Act 1973

366. Protection From Harassment Act 1997

367. Sexual Offences Act 2003

368. The Child Abduction and Custody (Parties to Conventions) Order 1989

369. The Crime and Security Act (Domestic Violence: Pilot Schemes) Order 2011

370. The Domestic Violence, Crime and Victims Act 2004 (Commencement No. 7 and Transitional Provision) Order 2006

371. The Domestic Violence, Crime and Victims Act 2004 (Commencement No. 1 –4) Order 2005

372. The Domestic Violence, Crime and Victims Act 2004 (Commencement No. 6) Order 2006

373. The Domestic Violence, Crime and Victims Act 2004 (Com-

mencement No. 8 – 10） Order 2007

374. The Domestic Violence, Crime and Victims Act 2004 （Commencement No. 11 – 12） Order 2009

375. The Domestic Violence, Crime and Victims Act 2004 （Commencement No. 13） Order 2010

376. The Domestic Violence, Crime and Victims Act 2004 （Commencement No. 14） Order 2011

377. The Family Proceedings （Amendment No. 2） Rules 1992

378. The Magistrates' Courts （Domestic Violence Protection Order Proceedings） Rules 2011

b. 美国法

379. Against The Violence Against Women Act 1996

380. The Violence Against Women Act 1994

381. The Family Violence Prevention And To Provide Services Act 1992

382. Abuse Of Law （Pennsylvania） 1977

383. Anti Domestic Violence Resolution （Mississippi） 1824

后 记

本书系在我的博士学位论文之基础上修改定稿而成。笔者从开始研究家庭暴力至今，历时已三年有余。我虽已尽力，但本书仍然显得还有诸多缺陷，甚至，它并未达到我所预期的目标。回顾本书的选题、写作、修改直至定稿，无不感叹笔者的智识有限，无不感叹学术研究的艰辛。在本书出版之际，恰逢我的而立之年。当步入这应当学会人格自立、学识自立、事业自立的年龄阶段，我唯有一种感受——“生活从来不曾像在患难中那样伟大、丰盈和幸福”，同时，也更为深刻地理解和体会到何为“我知道，我一无所知”。时光易逝，想必在种种欢乐与艰辛之后，留下的也许仅仅是当年的味道。即便如此，我仍愿意选择和执着于这样的研究。回忆博士论文定稿之际，我如同母亲孕育般的喜悦与痛苦：2009 年，入读西南政法大学攻博，在导师陈苇教授的指导下，终于开始对学术研究有所体会，当慢慢能够领悟到学术论文写作的技巧和要领时，当慢慢能够彻底读懂法学类权威外文期刊的文章时，我兴奋得难以入眠；2010 年，开始尝试收集关于家庭暴力的前期研究资料，通过仔细研读前辈们的学术成果，终于写出了我的首篇法学论文——《香港〈家庭及同居关系暴力条例〉述评及其对内地之启示》，内心久久不能平静，因为它代表了我对家庭暴力进行学术研究的开始；2011 年，在导师陈苇教授的指导下，我和同门师弟师妹开始了为期数月的家庭暴力调研，调研提纲和调查问卷的拟定与修改、调研数据的统计与核实，无不倾注了恩师的点点心血；在博士论文写作的多少个日夜里，常常因思想火花的闪现而兴奋不已，因论文写作进展裹足不前而辗转难眠；当偶遇事业成功的昔日好友，我也禁不住问自己，这样的辛苦是否值得？然而，当翻阅着沉甸甸属于自己的作品之时，所有的困惑已然得到诠释，所有的忧愁已然随之消散。2012 年 6 月，我顺利毕业，离开山城，在博士论文后续的修改过程中，慢慢地开始享受学术研究的日子，没有奢华、没有做作、没有卑微、没有浅薄、没有压抑，也没有保留，如此自由的空气伴随着淡淡的茶香，我静坐而思，回顾博士求学生涯，无论是学业，还是生活、做人等方面，都是我平生最深刻的记忆，非三言两语所能道来。衷心感谢这段求学旅程中指导我、帮助我、支持我甚至曾经与我短暂交会过的每一个人……

特别感谢我的导师陈苇教授！陈老师认真严谨的治学态度使我懂得学问之道不仅需要大胆创新，更需要心思缜密；陈老师“授人以渔”式的训练使我在谋篇和写作方面取得了长足的进步；陈老师的每一次鼓励总成为鞭策我学术之路前进的不竭源泉。每当我困惑时，老师总是能为我点亮明灯；每当我面临人生选择时，老师总是站在我的立场为我排忧解难。本书的出版，也得力于陈老师的无限鼓励和帮助。在此谨向陈老师致以诚挚的感谢！

感谢厦门大学蒋月教授，重庆大学程燎原教授，西南政法大学李开国教授、刘云生教授、石慧荣教授、汪世虎教授、孙鹏教授、徐洁教授，在论文的答辩过程中提出了宝贵的意见；感谢西南政法大学赵万一教授、谭启平教授、王洪教授、曹兴权教授的教诲。特别感谢蒋月教授在论文答辩之后给予的修改建议，使我更加有信心在防治家庭暴力的学术研究之路上继续走下去；特别感谢在开题时，赵万一教授、石慧荣教授、汪世虎教授、孙鹏教授、王洪教授在论文预答辩时提出的切中肯綮的点拨与指导，对本书的完善起到了非常重要的作用。

感谢四川省德阳市旌阳区政府罗友模先生，旌阳区法院潘谊红院长、旌阳区妇联丁玉兰主任、城北街道李续良主任、城北派出所钟虎所长、重庆市沙坪坝区民一庭与档案室的法官与工作人员、沙坪坝区妇联工作人员、沙坪坝区童家桥司法所工作人员，他们对本文实证资料的收集给予了巨大支持；非常感谢认真填写调查问卷、配合访谈实录这里又无法一一具名感谢的家庭暴力受害者的帮助。

感谢同门师兄曹贤信博士、于林洋博士、师姐冉启玉博士在论文选题和写作过程中给予的帮助；感谢与我共同努力的同年学友马钰凤博士、李欣博士、王力理博士、曾令健博士的鼓励和支持；感谢同门师弟段伟伟博士、石雷博士、师妹曹贤余博士以及侯菡、石婷、王玲、罗琼、周超、欧阳中梁、成蓓丽、段燕等硕士，很怀念一起实证调研的时光；感谢与我在重庆并肩战斗六年有余的梅晓焰警官，因为有她相伴，攻博路上苦并快乐着；感谢一直关注我前行、支持我论文写作的好友贺云霞、杨濛濛、李晓宇、刘敏娟诸君。

感谢丈夫陈海平博士，在我追求学业最艰难的时候，承受着家庭的压力而任劳任怨，给予我至诚至亲的扶持。感谢生我、养我、育我的父母，没有他们的无私支持和默默奉献，我无法走到今天；感谢小女陈思颐，她的醇美笑脸给予我无限安慰。

最后，一首小诗聊表此刻心情：

窗前鸟语长，竹影碎斜阳。

心事因风起，漫随柳絮扬。

罗杰　谨识

2012 年 8 月 · 秦皇岛 · 燕山大学

附 录

西南政法大学外国家庭法及妇女理论研究中心简介

学术顾问（以姓氏笔画为序）：王建华、方 俐、兰运华、
李春茹、陈 彬、郭渝平

主 任：陈 苇

副 主 任：张华贵、朱 凡

秘 书 长：杜江涌

副秘书长：胡苷用

2003年12月至2004年12月西南政法大学民商法学院博士生导师陈苇教授受国家留学基金资助，由国家教育部公派出国留学作为访问学者到澳大利亚悉尼大学法学院进修家庭法一年。她回国后于2005年1月向学校提出了建立“西南政法大学外国家庭法及妇女理论研究中心”的书面申请。2005年4月1日西南政法大学校长办公会议批准同意该研究中心成立。

本研究中心的宗旨是通过整合本校婚姻家庭法及妇女理论方面的科研与教学资源，联合校内外其他单位与部门的相关人员，以西南政法大学为依托，开展中外学术交流，着力研究现阶段中外婚姻家庭继承法及妇女领域的重大理论和实践课题，为我国婚姻家庭继承法的完善及妇女理论的发展提供有益的借鉴经验，为我国立法机关提出相关建议，为司法部门提供法律咨询服务，争取多出科研成果，出精品科研成果，为创建国内一流、国际知名的西南政法大学而努力。

本研究中心的主要任务包括：1. 开展中外学术交流；2. 提供专业咨询服务；3. 进行理论研究；4. 培养婚姻家庭继承法及妇女

理论的学术人才；5. 组织开展学术讲座等，以期造就一批在本学科领域有一定影响的学术骨干和后备学术带头人。

本研究中心以《家事法研究》论丛作为学术研究阵地，每年计划推出1~2辑，由国家级出版社出版。并创建“研究中心”的网页——中外婚姻家庭法及妇女理论论坛，发表本研究中心成员的学术成果、开展对婚姻家庭问题的讨论，并邀请相关中外专家、学者、立法和司法实务部门人员进入该“论坛”，进行学术交流，以期实现学术研究与立法、司法的良性互动，促进中外学术研究和学术交流。

本研究中心以西南政法大学民商法学院婚姻家庭继承法和妇女理论研究所的人员为基础，并聘请校内外的专家、学者担任学术顾问和特约研究员而组成。

Appendix

Introduction of the Research Center on Foreign Family Law and Women's Theory of Southwest University of Political Science and Law, China

Academic Consultants: Wang Jianhua, Fang Li, Lan Yunhua, Li Chunru, Chen Bin, Guo Yupin

Director: Chen Wei

Deputy Director: Zhang Huagui, Zhu Fan

Academic Secretary: Du Jiangyong

Deputy Academic Secretary: Hu Ganyong

Introduction

Professor Chen Wei, the doctor tutor of the Civil and Business Law School of Southwest University of Political Science and Law, China [hereinafter refers to SWUPL], studied family law in the Law School of Sydney University, Australia from Dec. 2003 to Dec. 2004 with the sustentation of "STATE SCHOLARSHIP FUND AWARD". In Jan. 2005, some days after came back to China, she presented the application for establishing "the Research Center on Foreign Family Law and Women's Theory of SWUPL, China". On Apr. 1st 2005, the President's Working Office of SWUPL approved her application.

The aim of the Research Center, is to develop academic exchange between China and foreign countries, put emphasis on grand important theory and practice problems of family law and women's theory by associating the researching and teaching resources of SWUPL with relevant personnel of other units and departments. All of that we have done and will do have some important meaning: (1) may provide the valuable experiences for the perfection of the laws of family and succession in China and the development of women's theory, (2) may provide relevant suggestions to Chinese legislature, and (3) may provide legal advices to judicial practice departments. We hope that SWUPL will be top ranking internally and famous internationally with our efforts.

The assignments of the Research Center including: (1) developing academic exchange between China and foreign countries in relevant fields; (2) providing professional consultation service; (3) strengthen academic research; (4) training some academic adepts of family law and women's theory; (5) giving academic lectures. We hope that some adepts and reserve academic leaders with certain influence in family law field would be brought up.

The research place of the Research Center including: (1) "Research on Family Law", is the analects of our academic research theses which will be published by a national publishing house one or two times per year; (2) "China and Foreign Countries Family Law and Women's Theory Forum", is the official website of the center. There will be academic products of center's members, discussions on family law and women's theory, and academic exchanges of experts, scholars, and judicial personnel of China and foreign countries. We hope to realize the virtuous communication between the theory and the practice and promote the academic exchange and research of China and foreign countries.

The personnel of the Research Center are mainly composed of scholars from the Marriage, Family and Succession Law and Women's Theory Research Institute of the Civil and Business Law School of SWUPL, China. We also invite some famous experts and scholars around the whole country to be the consultants and special research fellows. They are the members of the Research Center too.

图书在版编目（CIP）数据

防治家庭暴力立法与实践研究/罗杰著．—北京：群众出版社，2013.1

（家事法研究学术文库）

ISBN 978-7-5014-5091-6

Ⅰ．①防…　Ⅱ．①罗…　Ⅲ．①家庭问题—暴力—防治—立法—研究—中国　Ⅳ．①D923.901

中国版本图书馆 CIP 数据核字（2012）第 303369 号

防治家庭暴力立法与实践研究

罗　杰　著

出版发行：群众出版社
地　　址：北京市西城区木樨地南里
邮政编码：100038
经　　销：新华书店
印　　刷：北京蓝空印刷厂

版　　次：2013 年 1 月第 1 版
印　　次：2013 年 1 月第 1 次
印　　张：12.25
开　　本：880 毫米×1230 毫米　1/32
字　　数：330 千字

书　　号：ISBN 978-7-5014-5091-6
定　　价：40.00 元

网　　址：www.qzcbs.com
电子邮箱：qzcbs@sohu.com

营销中心电话：010-83903254
读者服务部电话（门市）：010-83903257
警官读者俱乐部电话（网购、邮购）：010-83903253
法律分社电话：010-83905745